北京高校高精尖学科"文化遗产与文化传播"建设项目资助

————民间文化新探书系————

北京师范大学非物质文化遗产研究与发展中心◎主编

从历史到记忆

冼夫人信仰"回忆形象"的表征与阐释

蔡达丽　著

商务印书馆
The Commercial Press
创于1897

总　序

　　民间文化，又被称为"民俗""民俗文化""民间传统"，其中绝大部分在今天也被称作"非物质文化遗产"，是人民大众所创造、传承并享用的文化，是人类文化整体的基础和重要组成部分，适应人们现实生活的需求而形成，并随着这些需求的变化而不断变化，是富有强大生机和特殊艺术魅力的民众生活艺术。可以说，在人类创造的所有文化中，没有比民间文化更贴近民众的日常生活和心灵世界的了。

　　20多年前，为推动民间文化研究，钟敬文先生曾带领北京师范大学中国民间文化研究所的同人，主编过一套"中国民间文化探索丛书"。这套丛书主要由研究所的成员所撰写，并由北京师范大学出版社出版，自1999—2000年的两年间共出版了包括钟敬文的《中国民间文学讲演集》、许钰的《口承故事论》在内的7部专著。[①] 2002年钟先生去世后，该丛书继续有所扩展，迄今列入其中出版的还有陈岗龙的《蟒古思故事论》（2003）和万建中的《民间文学的文本观照与理论视野》（2019）。尽管每部著作所探讨的问题各不相同，所采用的方法也有所差异，但总体而言，该丛书反映了20世纪中后期以来中国民俗学界热切关心的理论问题以及较普遍采用的方法，特别是对"文本"和"历史"的关注和

[①]　这7部书分别是出版于1999年的钟敬文著《中国民间文学讲演集》，许钰著《口承故事论》，杨利慧著《女娲溯源：女娲信仰起源地的再推测》，赵世瑜著《眼光向下的革命：中国现代民俗学思想史论（1918—1937）》，董晓萍、〔美〕欧达伟（R. David Arkush）著《乡村戏曲表演与中国现代民众》，以及2000年出版的萧放著《〈荆楚岁时记〉研究：兼论传统中国民众生活中的时间观念》，另外，1999年在商务印书馆出版的〔德〕艾伯华著、王燕生和周祖生翻译的《中国民间故事类型》一书也系该丛书之一种。

反思构成了丛书的核心，后来加入的两部著作则体现出语境、主体以及动态过程等新视角的影响。可以说，该丛书呈现了两个世纪之交的中国民俗学的前沿研究状貌，在民间文学和民俗学领域产生了重要影响。

2019年5月，北京师范大学文学院牵头承担了建设北京高校高精尖学科"文化遗产与文化传播"的任务。该项目的宗旨是依托北师大深厚的人文学科底蕴，统合校内外相关研究和教学力量，建设一个以中国优秀传统文化为基础、以非物质文化遗产（以下一般简称为"非遗"）和区域文化为主体、以文旅融合和文化传播为特色的优势学科和新兴前沿交叉学科。同年12月，作为该项目的重要成果，北师大非物质文化遗产研究与发展中心成立，在继承和发挥北师大以往的民俗学学科优势的基础上，为强化非遗研究、人才培养和产教融合，搭建了一个新的国际化的交流合作平台。在高精尖学科建设经费的支持下，北师大非遗中心和文学院民间文学研究所主编并出版了"非物质文化遗产学术精粹"丛书，首次较为全面地梳理、总结并展示了中国学界自21世纪以来在非遗理论与保护实践、口头传统、表演艺术、有关自然界和宇宙的知识和实践、传统手工艺以及社会仪式和节庆等方面的主要研究成就。此次推出的"民间文化新探书系"，是该高精尖学科建设的又一项重要成果。所以叫作"民间文化新探书系"，一方面是要借此向以钟老为首的北师大以及民俗学界的前辈致敬；另一方面，也想以此展现国际国内民俗学界的一些新面貌。

简要地说，本书系有着如下的目标和特点：

第一，聚焦21世纪以来民间文学、民俗学以及相关学科领域取得的新成果。20世纪后半叶以来，随着社会的迅猛发展和巨大变化，新的民俗现象不断涌现，对民间文学和民俗学学科提出了诸多挑战，许多敏锐的民俗学同人对此不断予以积极回应，特别是新世纪以来，有关当代大众流行文化、文化商品化、遗产旅游、互联网、数字技术以及新兴自媒体等对民俗的交互影响的探讨日益增多。另外，21世纪初，联合国教科文组织为应对全球化、现代化和工业化对传统文化的冲击，以及世界各国对其多元文化遗产作为历史丰富性与人类文明多样性的见证而日益高涨的保护需求，制定颁布了《保护非物质文化遗产公约》（2003），使

"非遗"在世界范围内引起广泛关注。中国政府也迅速出台了一系列相应的法规政策，强调"非遗"保护对于传承和创新中国优秀传统文化、增强民族文化自信、促进文旅融合与国际交流等所具有的重大意义。与保护实践的快速发展相呼应，对非遗的研究和调查也成为民俗学等相关领域的热点话题。本书系将着力反映学界围绕这些新现象而展开探究的成果，以彰显民俗学与时俱进的研究取向，和民俗学者紧跟时代的脚步、关心并探察民众当下需求的"热心"和"热眼"，更充分突显民俗学作为"现在学"而非"过去学"的学科特点。

第二，展现经典民俗研究的新视角。民间文化大多有着较长时段的生命史，在人们的生活中世代相传，因此，不断以新视角探讨传统民俗和民间文学的特点和流变规律，既是民俗学界长期以来探索的重要内容，也是本书系所强调的一个重点。

第三，注重扎实的本土田野研究与开阔的国际视野。本丛书的作者不局限于北师大，而是扩展至国内外民俗学及相关领域的学者。在研究方法和理论取向上，本书系既强调立足中国本土的问题意识和扎实、深入的田野研究，也注重开阔的国际学术视野和与国际前沿接轨的探索成果，以增进民俗学对当代社会以及人文社会科学的贡献，深化国内与国际民俗学界的学术交流。

第四，呈现更加丰富多样的研究内容和形式。与"中国民间文化探索丛书"有所不同，纳入本书系的著作不只限于研究专著，还包括田野研究报告、国外理论译介以及相关重要人物和历史事件的口述史等。由于本高精尖学科建设的特点和需求，有关非物质文化遗产、民间文学以及北京"非遗"的田野调查和研究成果，尤其受到重视。

希望本书系能进一步展现民间文化的当代魅力和活泼生机，推动民俗学朝向当下的转向，从而为丰富和活跃当前国际国内的民俗学研究、促进学科发展，发挥积极的作用。

杨利慧

2022年7月16日于北京师范大学

序

高小康[*]

　　《从历史到记忆：冼夫人信仰"回忆形象"的表征与阐释》这部书是蔡达丽同学在她的博士论文基础上修改完成的学术研究专著。达丽是我在中山大学招收的最后一届博士生。本来觉得她属于那种可以中规中矩顺顺当当按部就班学习、毕业、工作的学生，但每个人都有自己的命，她如同当今的许多博士生一样，攻读博士生既是学习的一个阶段，也是生活中的一个重要转折时期。在攻读博士学位的过程中，她经历了自己生活道路上的一道道必过的关隘和偶然遭遇的波折，以至于使论文答辩时间一直推迟到2020年。但无论如何，总算有惊无险，顺利通过了答辩，获得了学位，找到了适合自己的工作，我也因此而舒了一口气……现在看到她的博士论文被选中得以出版，更觉对她来说，读博经历不仅仅是一种历练，同时她也的确从中收获了属于自己的心灵财富，所以我由衷地替她感到欣慰。

　　她的博士论文研究课题是冼夫人信仰研究。民间信仰研究是民俗学、人类学和社会学的典型课题，但传统的文艺美学专业研究领域与这种研究领域的距离比较远。虽然我自2003年在中山大学中国非物质文化遗产研究中心工作以来，就在探索从文艺美学视角研究"非遗"保护问题的思路和路径，但如何把民间信仰保护案例研究纳入文艺美学研究领域，仍然是个具有挑战性的课题。

　　达丽同学这篇博士论文研究的切入点是"从历史到记忆"的视角——把传统民间信仰从过去的"历史"遗留中发掘出来，探讨在特定文化共同体中传承的活的"记忆"特征。其研究方法特点一方面是把冼夫人信仰作为一个文化象

＊　高小康：汕头大学特聘教授。

征系统，探索其中包孕的经济、政治、历史等多维因素，从隐喻与转喻等多种修辞方式中分析其中包含的诸种文化表象及其表征的意指实践；另一方面是借鉴当代空间理论，用异质空间理论解释冼夫人信仰这一局域化的文化空间之异质性，探讨多元文化主体如何经由必要的对话磋商与承认运动过程，最终导向协同构建"美美异和"生态场景的事件与过程；提出"家神"是民间信仰空间中冼夫人的典型"回忆形象"，探索从这个视角理解并体悟那些寄寓于信仰叙事、风尚习俗、地方性知识等文化表层形式之下的"家园"意象，用文化生态壁龛理论阐释冼夫人信仰空间美学意蕴的独特性及其在当代文化生态环境中的活化问题。

上述这些研究思路和成果是达丽同学努力学习和深入思考探索的收获，研究的学术价值在于运用非遗美学理论从文化生态视角对冼夫人信仰的历史文化和非遗保护价值进行了具有建设性的研究，具有较鲜明的现实关怀意义。对于传统习俗在当代文化发展中的意义及活态传承的可能性，作者用文化生态壁龛理论进行分析和阐释，具有理论创新意义。该著作在研究中借鉴当代文化理论方面有许多有特色的见解和论述，虽还可再使所借鉴的理论与针对研究对象的阐释方面更进一步融合，但我看来应当说研究的思路有自己的独立思考，成果有一定的创新性，值得作为"非遗"美学研究领域的成果出版，为"非遗"保护和文艺美学研究提供新的研究视角和成果供参考和交流。也希望达丽同学在此基础上继续开拓研究视野，深化理论探索，不断提高自己的水平，保持可持续发展的势头。毕竟当今踏入高校学术研究之门就意味着进入了刀光剑影的竞技场，只能努力拼搏向前了。

2022年11月
于因疫情被困的广州祈乐苑摞书间

目　录

导　言

　　作为一种不断将历史感融入共时场域实践的民间文化系统，冼夫人信仰既是话语的（discursive）实践持续镌刻的文化象征体系，也是非话语的（non-discursive）具身体验不断嵌入其中的文化记忆麇集空间。如福柯所言，19世纪由一元线性历史逻辑所辖控，"过去"因此成为亟待被超越的存在，而当今是空间的时代，异质元素并置共生的时代，"世界更多的是能感觉到自己像一个连接一些点和使它的线束交织在一起的网，而非像一个经过时间成长起来的伟大生命"①。在这样一个时代，曾被文化现代性启蒙规划所罢黜了的前现代宗教世界观形上系统，又在工具理性肆虐侵蚀心灵的当代文化生态危机境遇中重新被唤回。②作为在后现代语境中重新被估值与评价的传统文化事象之一，冼夫人信仰因其藏储着丰厚人文精神底蕴与民俗审美意涵而再度进入公众视野。就此而言，这种日常生活世界中的传统"复魅"现象，是对现代社会分化机制所造成的社会共通感衰微、伦理范导缺位、个体精神世界荒芜，乃至人为物役等存在异化现象之反拨。本书尝试从历时与共时二维，并在规范的而非描述的意义上对冼夫人信仰进行文化阐释——亦即将问题意识聚焦于"怎么样"的文化意义诠释，而非"是什么"的经验性描述。本书意在探询，作为一个融贯"绝对的过去"、不断转换逝去的"当下"与持续谋划生成的"未来"的异时位，冼夫人信仰借由何种系统维衡机制以推动其范畴重组与结

---

① 〔法〕福柯：《另类空间》，王喆译，《世界哲学》2006年第6期。
② 本书所言指的"文化生态"，同时涵括人与其自身、人与人以及人与世界三个层层外扩的文化关系生态维度，就此而言，所谓"文化生态危机"，不唯指涉全球文化生态危机，亦同时包括民族—国家、族群以及个人精神世界三个层面上的文化生态危机。

构转换？这份蕴藉着岭海方域集体无意识的珍贵文化羊皮卷，如何为多元行动者旨趣殊异的场域实践留出书写空间？国家、精英、民众三者又是怎样在礼俗互动的事件与过程中，既促就了中华文明大一统格局之生成，亦为多样性的地方风尚习俗留出葆育涵养之空间？

第一节　冼夫人信仰研究综述

　　冼夫人信仰是今日仍活态传承于我国粤西南地域社会以及东南亚部分区域的民俗文化事象，其崇拜的神话原型可回溯至由西瓯古国遗裔转变而来的岭南俚人母系氏族社会之"圣母崇拜"处。该民间信仰形态滥觞于新石器时代原始初民的"大母神崇拜"终极原型，至"民知其母不知其父"的母系群婚时代置换变形为"地母崇拜"的原始意象，嗣后在母系农耕社会俚族文化[①]的发展进程中凭借引譬连类的神话思维再度转化为神人同构的"圣母崇拜"形态。曾有民族学团队据考古资料勾勒出今日冼夫人信仰的文化地图，发现它大致上与粤式铜鼓[②]文化圈相重叠。[③]在岭南地域社会被整合进中原帝制王朝的过程中，史传叙事开始诉诸文化霸权途径整合收编冼夫人信仰，并将此文本中的"冼夫人"符号原型具体化为隋末唐初时与王朝国家交往甚密的岭南酋豪冯盎之祖母。

　　冼夫人信仰的历史原型是历经梁、陈、隋三朝而矢志不渝地勠力扶皇舆的

---

①　使用"俚族文化"的提法，主要是虑及"文化"范畴往往裹挟着强烈的社群认同边界，强调精神性、内向性与异质性等蕴涵；而"文明"则更多意指着跨民族性、物质性、外向性诸禀赋，后者更为侧重于物质生产水平、实践知识与伦理关系等维度，涵括社会制度安排与共同体生活方式等可跨域传播的组织模式方面。诚如斯宾格勒与托马斯·曼所言，"文化"是"永恒回归的神话"，讲述着归家的叙事，而"文明"则以"世界城市"之拓为导向；"文明"是普遍的物质进步发展及其外渗、传播，而"文化"则由特殊的本土社群认同意识所型塑、标识、承传。参见 O. Spengler, *The Decline of the West*, NY: Knopf, 1938, pp.36–37; T. Mann, *Reflections of an Unpolitical Man*, NY: Frederick Unger, 1983, p. 179。

②　"粤式铜鼓"即铜鼓分类中的北流型与灵山型，由于此二类铜鼓在目前考古发掘中皆出土于两广地区，故谓之。

③　参见练铭志等：《广东民族关系史》，广东人民出版社，2004 年，第 148—156 页。

谯国夫人冼氏，其史传叙事可回溯至唐臣魏徵主持纂修的《隋书·谯国夫人传》。该史传叙事挪用了一个更早即已存在于岭海方域的族群共享信仰文化符号，并将此符号的"圣母崇拜"所指蕴意悬搁、压制、耗尽，使概念不断化为形式。在"冼夫人"符号进入帝国王朝主流意识形态"神话"系统之际，其原本约定俗成的文化蕴意被"正统性"范畴所移置，成为帝国权威莅临地方的一种修辞。①但又恰恰是这个"事三代主，唯用一好心"的"岭南圣母"回忆形象，奠定了"国家"与"社会"互动的基调，塑就了此后长达一千四百余年地方社会对于作为象征与实体的国家政权之主动认同意向与表述，使得中华民族共同体的"我们的认同"理念浸透于粤西南地域社群的情感结构，并成为自明清以来经由下南洋流徙经历而侨居东南亚等国家与地区的海外同胞们确认彼此身份认同的情感纽带，深嵌于其"恋地情结"②建构与表征的事件与过程当中。

冼夫人出生于南越俚族酋首世家，自幼即以信义威德接人待物，海南儋耳众多部族都归附于她。及至其婚于高州太守冯宝，冼夫人诚约本宗，规谏诸越首领遵循王朝政令规章。在中原政权更替频繁的情势下，冼夫人提兵捍患，传檄无二心，以劳定国，穷极毕生精力维护岭海方域的和平稳定，勋垂节钺，其梁封"保护侯夫人""护国夫人"；陈封"中郎将""石龙太夫人"，卤簿一如刺史之仪仗；隋封"宋康郡夫人""谯国夫人"，开幕府建牙悬肘后印，听发部落六州兵马。隋仁寿初年，冼夫人与世长辞，谥号"诚敬夫人"，其孙裔后辈立庙以祀之。谯国夫人冼氏的封神记录最早见于南汉时期敕封的"清福夫人"，南宋高宗绍兴年间先后被敕封为"显应夫人""柔惠夫人"，赐额儋州宁济庙，进入王朝国家的正祀行列。明清两代分别加封"高凉郡夫人"与"慈佑夫人"。清末民初，帝制政体分崩离析，统领封建中国数千年的王朝国家及其神道设教式的社会治理方案，遭

---

① 需要指明的是，巴特所言指的"神话"，并非原始初民诉诸直觉思维所集体创造的神话，而是特定社会借以支撑其主流意识形态运作效度的意义区分系统。为区分初民的原始神话与巴特意义上的今日神话，这里将后者加上双引号，以"神话"进行指涉。参见〔法〕巴特：《神话》，许蔷蔷等译，上海人民出版社，1999年。

② 〔美〕段义孚：《恋地情结》，志丞等译，商务印书馆，2021年，第136页。

遇来自进步、民主、科学话语的合法性质疑与合理性解构。冼夫人信仰作为帝制中华正祀系统之型构部分，亦在此民族国家政权组织形式初建之期成为“反迷信”的信仰解构运动的众矢之的，特别是在“庙产兴学运动”影响下，仅茂名地区被改作学校、乡公所、区署以及警署之用的冼庙即有十六处。[1]山兜娘娘庙即曾被改作山兜小学之用，庙内古迹文物或散佚匿迹或遭到人为破坏。新中国成立以后，国家推行宗教信仰自由政策[2]，但冼夫人信仰的精神价值与文化意义始终未能得到充分发掘与认识。1957年，电白霞洞诚敬夫人庙（晏公庙）在神水巫祝事件中被当作封建迷信场所强行拆毁。[3] 1958年，由于高州水库建设之需，良德冼太庙连同良德古城一并被淹毁。在“破四旧”运动的冲击下，海南新坡冼夫人庙（梁沙婆庙）亦被毁，冼夫人信仰被贬抑为亟待启蒙改造的封建迷信思想残留，处于失语状态。改革开放以来，随着中国社会经济、政治、文化环境之遽变，加之国家宗教信仰自由政策的稳步落实与推进，冼夫人信仰在民俗文化复兴的浪潮中重新被正名，大量此前被不同程度损毁的信仰实践场所逐渐得到恢复。2003年，联合国教科文组织出台《非物质文化遗产保护公约》。非物质文化遗产（简称“非遗”）概念的提出以及非遗保护观念的传播与普及，对于民间传统文化而言，不啻现代性逻辑与文化全球化阴霾中的一道曙光。2014年，“冼夫人信俗”入选第四批国家级非遗代表作名录，获得进入多元主体共在场域、参与文化间性对话、共建全球文化新生态的契机。

　　冼夫人信仰圈范围涵括两广、海南、辽宁、江西以及港澳台地区，并远播至马来西亚、新加坡、泰国、越南、菲律宾、印度尼西亚等海上丝绸之路沿线国家和地区，是冼夫人精神理念的重要传播媒介，亦是中华文明多元一体格局的生动例证与世界文化多样性的重要代表作。其文化体系由抽象的崇拜观念、具体的仪

---

[1] 民国《茂名县志稿》，第78—79、436、257、255—286 页。

[2] 据我国 1954 年颁布的第一部宪法，“中华人民共和国公民有宗教信仰的自由”并有“保持或改革自己的风俗习惯的自由”。参见何虎生：《中国共产党的宗教政策研究》，宗教文化出版社，2004 年，第 116—117 页。

[3] 在当地地名中，“峒”“垌”“洞”三字同义通用，因“垌”字具有特殊的俚人文化地理学蕴涵，且方志典籍亦多用“垌”，如“霞垌”“庄垌”“雷垌”，故本书统一使用“垌”这一表述。

式实践以及约定俗成的意象系统所型构，涵盖着古典精英文化"大传统"与民间文化"小传统"及其互动对话内容，"融合了祖先崇拜、英雄崇拜和民众的集体情感和愿望"①，包含着圣母崇拜、祖灵崇拜、英雄崇拜、农神崇拜、战神崇拜、守护神崇拜、教育之神崇拜、巫医崇拜、合和神崇拜等多重叠合的崇信内容。并且，该文化空间所蕴藉着的集体无意识，不断因应着波谲云诡的现实情势而复写新内容——其原初的符号理据性在荏苒时光中销蚀，并在伦理共同体周期复现的意指实践中，再度聚合成蕴藉着某种规约性（conventional）意涵的象征符号体系，其叙事母题与审美意象以置换变形的方式不断再生产着系统转换的内驱力。

　　作为约定俗成的象征符号系统，冼夫人信仰的载体形式与文化空间包括：其一，以冼夫人信仰为主题的民间叙事。②这些混杂于社区日常生活的循环叙事诉诸规约性理据再现信仰结构中的冼夫人回忆形象，并借此慎终追远的事件与过程不断调整族群身份认同的表述。其二，以冼夫人信仰为主题的精英叙事。迥异于民间叙事的口传诗学形态，在精英建构的信仰叙事中，冼夫人回忆形象表征与阐释的文化赋义事件，往往受主导意识形态之影响。由此，其空间镌刻踪迹，实则映射出不同时代语境中国家礼制话语对此俗信之定位与评价。而承自宋明理学"知行合一"的古典教化理念，则使得该文化记忆空间成为地方精英践行其文化启蒙理想之重要场域。借此，信仰结构中的冼夫人回忆形象被建构成为某种可有效融贯国家、精英与民众对话的可通约意象，成为礼俗互动书写的一种具象化表征。其三，墓园、庙宇、纪念馆、节日等文化场所。这些围绕着特定回忆主题而

① 叶春生、蒋明智：《拓展冼夫人信仰的文化空间》，载《岭峤春秋》，广东人民出版社，2004年，第148—156页。
② 值得指明的是，本书在广义意涵上使用"叙事"范畴，其涵括所有可被调度至表征领域以进行文化表意、情感互动与信息交流的元素，如语词、音响、举止、表情、服饰等，以及这些元素被指涉的语境化关联方式。在此意义上，"非遗"概念所涵盖的口头传统、手工技艺、表演艺术、社会实践、自然宇宙观与其他类型人文知识等多元形态的文化表现形式，俱可被归结为礼俗互动事件与过程之产物。亦因之，"礼失求诸野"方才成为中国社会在不同转型时期的重要自我反思方式与系统维衡机制。"民间叙事"与"精英叙事"作为信仰结构当中冼夫人回忆形象的"俗"与"礼"之型构部分，彼此并非泾渭分明，而是交叠互渗。

设置的空间，呈现出大、小传统交叠并置、有机共生的形态，兼具物质性、功能性与象征性。围绕着冼夫人回忆形象之表征题旨，借由具身参与实践之径，这些不断生成的记忆场所在社区日常生活场景之外建构出系列真实与想象的文化异托邦，或作为微型宇宙，或作为心理补偿空间。由此，神圣与世俗并置，历史感不断融入当下场域，它们在为族群共享经验提供一个具象化演绎空间的同时，亦象征性地拓展生成着一种亦真亦幻、富于包孕性的空间。在此多元多维的空间中，涂尔干意义上周期复现的集体欢腾场景，使得冗复日常所造成的心灵匮乏得之补偿，社会因之而恢复其蓬勃的创造力与生命力。如果说，在现代化进程中，传统曾遭遇科学进步话语之"祛魅"解构，冼夫人信仰文化由此一度在主流话语场域中失落其"信仰"维度而仅余"文化"型构部分；那么，进入"遗产主义"时代[①]，记忆场所的重构与保护、历史的活化与文化多元共生诸题成为论述焦点，此为冼夫人信仰之全面复兴提供契机。

值得指明的是，信仰结构中的冼夫人回忆形象绝非亘古恒常的惰性意象。相反，其为具体文化情境脉络中不同行动者旨趣殊异的书写实践所生产、修订与重阐。借此，多元族群诉诸建构身份认同表述的能动性实践，凝聚生成粤西南地域社会的伦理共同体，共享可通约的情感交流机制，和而不同、互享互赏、共生共荣。在帝制中华时期，地方精英与编户齐民之间存在着一整套可公度的标准"语法"。依托于这种"正统性"的规范语言，社会不同阶层之间存在着流动晋升的机制。亦即，基层民众可借自组织地缘或血缘团体的形式组建联宗，通过买田捐租与登记纳税的方式，参与至由王朝国家话语主导的冼夫人信仰场域实践中去，由此改变其既得身份认同、提升其社会象征地位、获取科举晋升的机遇。在民族国家时期，冼夫人信仰作为粤西南地域社会集体表象与意指实践的重要文化空间，又在当代民族共同体的想象性重构过程中，成为全球化话语与现代性逻辑同

---

① "遗产主义"时代是借自刘晓春教授的一个语境范畴，用以指涉传统民俗之当代阐释的复杂情境脉络。在当代方兴未艾的非遗保护运动中，传统民俗自其所由生发的社区场景中抽离而出，进入更广袤的社会公共空间，被多元异质力量所争夺、建构与重阐。参见刘晓春：《文化本真性：从本质论到建构论》，我《民俗研究》2013 年第 10 期。

质阴霾中一个异质化的他者空间，一方集体记忆活态藏储与具身承传的文化生态壁龛^①，一个抚慰心灵并引导"异乡人"诗意返乡的记忆所系之处。普遍的流徙与族裔散居经验，使得传统基于亲昵交往的社区生活与共同经验，在后全球化语境中日益成为重构想象的民族共同体（强调基于"我们的认同"的民族性）与人类命运共同体（强调多元文化共生共荣的全球文化新生态建构）之基点。

在此意义上，冼夫人信仰文化更重要的价值，既在于它能建构并维续共同体成员的身份认同感、归属感，表征并强化其文化自尊、自重与自信；亦在于它可基于"透明的合作、对话、协商与咨询"^②的文化互动原则，介入调适多元共在主体的间性对话。事实上，这种开放包容性一直是冼夫人文化的重要精神内涵。亦正是此兼顾主体自我"认同"与间性"承认"二维的文化旨趣，使得冼夫人信仰得之跨越时空阻隔而俎豆不绝，基于风尚习俗、道德责任与审美趣味的传统教化路径，将多元族群整合成自律的信仰共同体。其"以道业诲人"，以达到"躬行于上风动于下"（《增韵》）的审美教育效果，使人成其为诗意栖居者，而非被工具理性所撕裂的异己存在。如伽达默尔所言，"教化"（Bildung）不同于一般的能力培养，而是以自身为目的的社会共通感模塑过程。在此共通感觉的涵养过程中，行动者主动与个己疏离，而将共同体的理想范型纳入自身，自觉内化这种相型或曰原型（archetype）所提供的行为范导原则，以之作为判断合理事物与公共福利的价值标准，由此也就渐次在其具身参与体验的事件与过程中，造就一种与

---

① "生态壁龛"（ecological niche）原为生态学概念，指涉与特定生物种群生存繁衍最直接相关的必要环境组合条件，是交错并置的活的局域化空间，它们构成了整体生态环境的一个个链性节点。英国艺术史学者贡布里希将此概念引入文化生态学研究并提出"艺术生态壁龛"的概念，借此以类比特定艺术形态活态衍化的必要文化环境。高小康先生进一步将此概念拓展至对传统文化空间再生产的思考，认为在现代性逻辑与全球化话语肆虐侵蚀地方性知识的当代语境中，有必要借"文化生态壁龛"概念来重审文化多样性保护的生态难题，从社群、媒介、场景三要素的演变来内在地把握传统价值活化的生态根据，理解、分析与阐释不同地方传统持存繁衍之必要文化生态环境条件组合；从活的民族精神保护与拓展了的文化象征维度，去重识多元文化主体将其历史记忆不断转化生成为活的生态场景的空间实践与集体表征的事件与过程。参见高小康：《空间重构与集体记忆的再生》，《学习与实践》2015 年第 12 期；高小康：《社群、媒介与场景：非物质文化遗产活化三要素》，《中国非物质文化遗产》2021 年第 1 期。

② 联合国教科文组织：《保护非物质文化遗产伦理原则》，巴莫曲布嫫等译，《民族文学研究》2016 年第 3 期。

共同体保持一致的认知、感受与欲求能力。[1]信仰结构中的冼夫人回忆形象之所以历经数千载风尘而仍鲜活如初，缘由即在于这种形象化思维与审美教育方式，将传统内化为一种与此在在世存在的生命展开过程同轨的东西，而非如判断美学所臆想那番亟须通过移情或绝对律令来保证一种利他主义的普遍道德感。这种独特的文化表意与造境实践，具有某种无须诉诸逻辑论证的可信性。质言之，冼夫人文化精神乃是某种渗透于共同体成员身心的集体灵魂，其召唤着文化持有者在情感共鸣的高峰体验中与之相认同，并具象化于他们语境化的认知、感受与道德行为当中。

就此而言，冼夫人信仰文化空间是为特定历史感与地方感所定调了的记忆场所，是经由文化主体赋义活动而被规定了的现象学空间，它与其说是在单数、惰性的意义上被言指，毋宁说总是处于未完待续再生产过程中的一系列差异化场所。这种为场所化了的人性价值所充盈着的空间，是经由文化实践者具身感知、参与体验与情感共鸣之径而动态构筑生成的"家园"，即巴什拉所言指的"幸福空间的形象"[2]。这种美学心灵寓所更重要的价值在于其所蕴藉着的活的民族精神内涵，亦即能够跨越时空阻阂而恒葆凝聚向心力的集体无意识。这种精神内涵不是作为抽象的概念、道理、规则诸宏旨被指涉，而是在建构、理解与运用符号的微观文化行为中不断转化生成为可感意象并嵌入空间之中，借由文化赋义事件而将均质虚无的空间设置成为"恋地情结"依附的地方、场所、家园；并可通过一种形象化思维的感性认知方式，被直觉地把握为系列撞击心灵的生命直观。就此而言，特定共同体在其民俗信仰的观念与实践中，通过口传叙事、仪式祭典、节期安排、景观布局等文化表现形式，在回忆叙事中想象性建构出某种约定俗成的冼夫人形象并进行集体表征的空间设置事件与过程，亦即其通过建构位置（Ort）而为四重整体（das Geviert）提供自由游戏场所的诗意栖居之现实化方式。此即意味着，冼夫人信仰空间绝非作为某种既成对象被给予。相反，它生成于一代代人为了葆育其集体无意识的民族精神而构筑"家园"的空间设置实践、

---

① 参见〔德〕伽达默尔：《诠释学 I：真理与方法》，洪汉鼎译，商务印书馆，2021 年，第 38 页。
② 〔法〕巴什拉：《空间的诗学》，张逸婧译，上海译文出版社，2009 年，第 27 页。

记忆场所建构活动当中。由此，"人与位置的关联，以及通过位置而达到的人与诸空间的关系，乃基于栖居之中。人和空间的关系无非是从根本上得到思考的栖居"①。人们围绕着冼夫人"回忆形象"再现主题而建构的循环叙事，即从既为世界赋形亦为自我赋义的双重维度，建构着该文化空间的诗意蕴涵与栖居潜能。

本书尝试从审美文化角度进入冼夫人信仰文化研究，通过追溯此民俗文化事象之源起并爬梳其衍变踪迹，以理解以下系列问题：其一，大、小传统之交互模塑作用，如何相反相成地促就了该信仰空间之诞生与裂殖？其二，作为一个与现代性分化逻辑异趣的文化场域，冼夫人信仰如何统筹来自政治、经济、社会等多维影响因素，又如何作为兼顾伦理认同与道德自由之德性规约，范导、中介、调适多元社群旨趣殊异的场域实践？其三，冼夫人在精英信仰叙事中历经"蛮妃""女中真丈夫""女师""吾高州冼氏女"诸回忆形象转变，在民间信仰结构中则通常以"冼太嬷""冼太""梁沙婆""婆祖"等年高德劭的祖母形象在场，这两种叙事模式之间存在何种关联？记忆表征如何关联于社会认同？国家制度、精英表述与民众实践之间存在着怎样的互动机制？"地方"借何以认同于"国家"？"习俗"如何与"礼仪"互渗？"地方神明正统化"与"正统神明地方化"的双轨互动机制，如何共同推动着中华文明大一统格局与地方风俗多样性表述之建构生成与结构转换？

第二节　研究思路

本书将表征理论引入对冼夫人信仰的文化研究。启蒙运动将文化视为社会发展的一个普遍化、均质化、标准化的过程，而后现代思潮却尝试重新将文化界定为具体语境中特定族群之共享意义价值及其殊异化的生活方式。就此而言，文化即不断建构与再生产意义的意指（signifying）实践。② 其绝非某种既成之物，而

---

① 孙周兴选编：《海德格尔选集》下卷，上海三联书店，1996年，第1196—1198页。

② S. Hall and B. Gieben eds., *Formations of Modernity*, Cambridge: Polity, 1992, pp. 231–234.

是深嵌于运用符号、象征或语言以生产和传递意义的事件与过程当中。用格尔兹的表述即，作为解释性的符号系统，"文化不是一种引致社会事件、行为、制度或过程的力量"，而是一种"深描"这些事件、行为、制度或过程的"风俗的情景"。①本书正是在此意义上使用"文化"一词，认为表征的运作涉及文化表象（结构）与意指实践（能动性）二维，它"更加强调的是文化的象征层面，强调文化在'做什么'而非文化'是什么'"②。就此而言，通过将冼夫人回忆形象置回其所由生产的语境中进行文化阐释，我们可期深描出特定符号表意事件究竟是如何中介国家、精英与民众三者之对话，从而使得冼夫人回忆形象恒葆活的精神蕴含。就此而言，信仰场域中的冼夫人回忆形象作为活的德性规约理想范型，既为基层民众的正确行动提供价值范导，亦将国家的强力意志或刚性制度转化成某种内化于主体的"习惯、虔诚、情感和爱"，从而将外在抽象的道德责任律法与主体追求快乐幸福的天性融贯于不假思索的习俗当中，以此慰藉主体自我分裂的心灵创伤，并"重建了个体和总体之间的关系，在风俗、情感和同情的基础上调整了各种社会关系"③。

意义是被表征运作出来的，其并非本质其然地固着于事物当中，"符号（signifier）、概念（signified）和它们可被用来指称的事物（现实）之间的关系完全是任意的（arbitrary）"④。传统民俗风尚呈现为一种直观可感、鲜活灵动、此时此地的文化现象。当我们从"价值"而非"实事"角度阐释信仰结构中的冼夫人回忆形象，即应将问题意识聚焦于文化表意实践而非事实探究。迥异于束之高阁的"档案中的记忆"、作为强制义务的"记忆－责任"或疏离外在的"记忆－距离"⑤，有人栖居的记忆主要不是诉诸反思批判、分离静观的形上思辨路径，而是尝试基于情动体验、情感共鸣与审美交融的共通感模塑事件与过程，进

① 〔美〕格尔兹：《文化的解释》，韩莉译，译林出版社，1999年，第16页。

② 周宪：《审美现代性批判》，商务印书馆，2016年，第64页。

③ 〔英〕特里·伊格尔顿：《审美意识形态》，王杰等译，广西师范大学出版社，2001年，第8—9、17页。

④ S. Hall ed., *Representation: Cultural Representations and Signifying Practice*, London: Sage Publications & the Open University, 1997, p. 21.

⑤ 参见〔法〕诺拉主编：《记忆之场：法国国民意识的文化社会史》，黄艳红等译，第13—22页。

入语境中的风俗场景。田野间行走，我们目之所及的冼夫人信仰人文景观错落别致、多元多义、交相辉映，异质于主流话语空间中冼夫人文化之高度整合形态。然而，恰恰又是这些混杂的景观与叙事，持续将此信仰场域建构为不同伦理共同体众声喧哗、诗意栖居的记忆所系之处，并使得源自不同传统的冼夫人回忆形象叠置生成为庇佑共同体安全感与幸福感的万能"家神"。而正是这种"冼太嬷"①与"我们"共在的感觉结构，将多元分化地方族群散落并置的信仰实践场所，整合成为可让心灵在不同情境中反复忆起的"幸福的空间形象"。在后全球化的文化生态语境中，这种能够跨域重构的再生成秉性，使得传统民俗文化成了"我们"在异域他邦中安身立命、诗意栖居之根本。正是这种文化记忆的可意象性与可重构功能，赋予了涵括冼夫人信仰在内的非遗事象以文化生态危机化解与审美救赎的时代精神蕴涵。基于国家礼制与民间习俗互动的视角，本书拟从两个角度切入对冼夫人信仰的研究：其一，精英文化大传统与民间文化小传统交互模塑的视角；其二，基于艺术事件观的空间美学研究思路。

一、"礼俗互动"的视角：精英文化与民间文化交互模塑

从"礼俗互动"视角进入冼夫人信仰文化研究，亟须爬梳不同时空截面中大、小传统胶着互动的方式，理解地方民俗在日趋均质化的当代文化空间中所彰显之异形地质学意义及其独特的"伦理-审美"蕴涵，从"有机体-环境"交互模塑视角对这种差异化的日常生活风格空间做出生态合理性的阐释，基于"人-地"关联情状诠析传统民俗文化空间在当代不可或缺的生态环链价值。

按照布迪厄的阐释，实践感（sens pratique）作为"世界的准身体意图"，以隐性方式动态模塑着行动者的习性（habitus）。然而，这种作为"共同感知、理解和行为图式"的内在化结构，这种与实践场域之间原始、无中介、前反思的"实践信念"（foi pratique），却在精英话语中被片面地表述为康德意义上的"实用信念"（foi pragmatique），亦即出于行动之需而在精神之自由决断情形中所做

---

① 在粤西南地区，信仰空间中的冼夫人作为"家神"而在场；冼太嬷、冼太、冼姑太、婆祖等称谓，均是将她认同为社区年高德劭的老祖母。

出的对一个不确定命题的信从反应。[1]相较于前者，精英阶层对其文化习性的表述倾向于彰显"心智"而遮蔽"身体"，强调"知"的精神反思性而非其"与生俱来"的场域信念关系，注重"理性"而低估"感性"。

美国人类学家雷德菲尔德将这种精英文化与民间文化的殊异旨趣解释为"富于反思性的极少数人"与"不置可否的大多数人"之间的文化冲突，提出著名的"大 / 小传统"二元对立范畴，认为前者以其官方意识允诺的精准性、规范性以及正式的文本化系统而区别于后者。这组范畴还拥有"科层 / 世俗"（hierarchic / lay）、"高雅 / 通俗"（refined / popular）与"上层 / 基层"（high / vogue）等变体，相较于前者的学院培养或庙堂教诲方式，后者主要指涉在普通乡民日常生活与社区场景中自发生成的一种非自觉的隐性知识，其通过口传心授的方式进行传承，对自身的滋长枯荣没有意识。[2]这种赋予上层文化、精英文化、西方都市文明等大传统文化形态以完满幻象的表征，内隐着某种为文化沙文主义立场与文化殖民

---

① 参见〔法〕布迪厄：《实践感》，蒋梓骅译，译林出版社，2020 年，第 80—98 页。

② 值得注意的是，"大 / 小传统"是雷德菲尔德基于其中美洲墨西哥乡村社会研究个案提出的一组范畴，而这组范畴作为二级概念，实质上是作为"杂糅文明 / 原生文明"（hybrid / primary）这组一级概念范畴的支撑。其将中国与印度划归为"原生文明"形态，而将中美洲墨西哥等地视作"杂糅文明"，认为在此两种文明形态中，这种对立分别表现为"精英"与"大众"的冲突，以及"西方城市文化"与"土著乡村文明"的冲突；并且，在这两种文明形态中，前者均会持续对后者产生"文化涵化"的效应。（R. Redfield, *Peasant Society and Culture*, Chicago: University of Chicago Press, 1968, pp. 61—71.）雷德菲尔德的"大 / 小传统"所持的明显西方精英主义立场，在其进入我国以来，已经学界不同维度的订正。费孝通先生指出，中国文化多层并置，源于原始部落简单社会组织的"大 / 小传统"不足以概述中国文化的真实图景。所谓"小传统"亟须再度细分为"地上"与"地下"两层，并且，除了作为文化层次的大、小传统之外，还存在着一种"潜文化"（参见费孝通：《重读〈江村经济·序言〉》，《北京大学学报》1996 年第 4 期）。李亦园先生提出"三层次均衡和谐"理论模型以修正"大 / 小传统"范畴，从"自然系统（天）"—"有机系统（人）"—"人际关系（社会）"三维，重阐中国的士绅文化大传统与民间文化小传统之间的复杂微妙互动（参见李亦园：《人类的视野》，上海文艺出版社，1996 年，第 148—158 页）。王铭铭先生指出，"小传统"不是消极被动且毫无体系可言的粗鄙文化形态，"大传统"看似毋庸置疑的中心位置及其单向的文化涵化意图恰恰是这种精英话语的霸权所在及其亟待修正之处（参见王铭铭：《社会人类学与中国研究》，生活·读书·新知三联书店，1997 年，第 158 页）。庄孔韶先生基于"雅言"与"方言"的交互模塑阐释力证中国文化层次的开放性，指出中国并无前现代欧洲那种雅俗文化之间的坚实壁垒，认为对中国大小传统的文化解释，"要义在于借层化的分解找到文化关联的线索"（参见庄孔韶：《银翅：中国的地方社会与文化变迁（1920—1990）》，生活·读书·新知三联书店，2000 年，第 103—170、487 页）。本书在修正了的意义上使用"大 / 小传统"范畴。

行径提供合法性论证与合理性修辞的一元线性历史进化论观点。这种分类学、谱系学与系统论观点，曾在黑格尔神义论的艺术史观中得之演示。借由构造一种普适性的单线进化艺术系统之径，其试图演绎一部"欧洲艺术、文化和文明相对于其他文化的逐步胜利"的世界历史。并且，作为理念之感性显现的手段、媒介、过程的艺术本身，却不必是历史的。①然而，在中华文明体系中，大、小传统不是呈现为一种"涵化"与"被涵化"的简单关联，精英文化与民间文化在上下五千年的文明发展史中并非前者取代后者，而是呈现出一种礼俗互动、互塑、互渗的交叠共生文化生态。

就中华文明而言，精英文化与民间文化的主要冲突在于，前者倾向于将后者视作"移风易俗"的启蒙教化对象，极端的情形是将后者表征作科学、发展、进步的对立面。然而，民俗传统作为集体历史实践的身体化与客观化产物，实则从文化习性与场域逻辑两方面持续意指着"礼"与"俗"的互动事件及其交渗过程。质言之，作为"我们的记忆"，涵括冼夫人信仰在内的传统民俗所表述的"我们的认同"，不唯涵括"百里不同风、千里不同俗"的地方风尚习俗，亦同时包孕着国家礼仪制度的正统性表述。如人类学家华德英所言，华南水上人个案作为一个理解中华文明的窗口，提醒我们去关注中国人头脑中三重叠合的意识模型，即作为自我认知定位的"自身模型"（immediate model），作为社会正统表述的"意识形态模型"（ideological model），以及作为他者（other）区分辨识的"局内观察者模型"（internal observer's model）。尽管不同地方对于何谓"正统"自有其一套特殊的认知阐释，但均可归结为一种不断靠近"正统"而疏离"异端"的规范化行为与自我启蒙过程。②如果我们将这种"自身模型"主动认同"意识形态模型"的文化实践行为与社会历史现象，指称为"礼"（国家标准化的正统礼仪）与"俗"（地方传统的风尚习俗）交互模塑的过程及其结果，即不难看出，

---

① 〔美〕唐纳德·普雷齐奥西编：《艺术史的艺术》，易英等译，上海人民出版社，2020年，第63页。

② Barbara E. Ward，"Varieties of the Conscious Model: The Fisherman of South China，"in eds.，A.S.A. Monograph & Banton Michael，*The Relevance of Models for Social Anthropology*，London: Tavistock Publications，pp. 113–137.

"礼"亟须"俗"之践行与推广；而"俗"亦因其承自上古礼俗且根植于地方生活土壤的灵活传承机制，持续成为"礼"之范畴重组与结构转换的动力基源。就此而言，作为两种旨趣殊异的社会阶层习性，"礼"与"俗"分别倚重于心智之"反思性"与身体之"实践感"两种不同的现实化路径，基于"知"与"行"的互动模塑而非分庭抗礼关联，相反相成地促成了地方风俗的多元共生结构与中华文明的大一统格局。

从国家礼制与地方民俗交互模塑的过程与事件，理解民俗传统的社会治理机制及其文化系统维衡智慧，是内在地认知、理解与评价中华文明的一种合理的辩证视角。高小康先生曾指出，综观人类文明史，以神话史诗为标志的上古民间习俗无不是嗣后经典化、精英化、程式化的国家标准礼仪之根源。无论是中国抑或是西方，"小传统"作为人类更古老的文化记忆载体与更灵活的文化表现形式，往往能够横跨不同的时代语境而持续为其同源的"大传统"提供自我更新的文化内驱力。雅俗共赏、精英与大众并存的现象阐明了"同一文化中'大传统'和'小传统'的共生性"，作为一个社会之文化结构与历史传统的两个分立发展又互为交渗的侧面。①彭牧先生亦认为，"礼"之精微与"俗"之活力及其密切互动一直是中华文明的传统特质，"儒家之礼作为从上古习俗中固定化、文本化的传统，始终与其根源之俗遥相呼应。在漫长的历史中，一方面是精英以礼化俗，另一方面是民间的俗不断改变礼"②。张士闪先生总结道："在中华文明传承发展史上，国家意识形态经常借助于对民俗活动的渗透而向民间社会生活中贯彻落实，形成'礼'向'俗'的落实，'俗'又涵养'礼'的礼俗互动情势，官民之间良好的政治互动框架由此奠定。民间艺术中的礼俗互动态势，就其本质而言，既是民众向国家寻求文化认同并阐释自身生活，也体现为国家向民众提供认同符号与归属路径。换言之，借助民间艺术等文化形式，民间社会始终发挥着对主流文化的葆育传承能力。"作为传统中国意识形态建构与运作机制的重要话语形式与社会

---

① 参见高小康：《艺术书写：从经典到活的历史》，《文艺理论研究》2022 年第 2 期；高小康：《从记忆到诗意：走向美学的非遗》，《文学评论》2021 年第 2 期。

② 彭牧：《同异之间：礼与仪式》，《民俗研究》2014 年第 3 期。

实在，"礼俗互动"在五四以来的现代民族国家中亦有所延续，应成为理解中华文明的一种内在视角。①

作为一种非整合的边缘审美文化形态，小传统文化从"语义—信息"层面而言，往往因其文化代码共享程度有限而表现为外人费解的地方性知识；而就"审美—形式"方面而言，其又倾向于以某种殊异化的审美趣味来表述、凝聚与强化相应共同体的身份认同。正因此双重区隔，加之经典美学所预置的"美—美感—艺术"三元论框架，使得地方审美经验在公共话语领域中长期处于被遮蔽的状态。在当代全球化、现代化逻辑侵蚀地方性知识的文化同质化阴霾中，"小传统"因其他异化的美学旨趣而被赋予了重阐再估的契机。

冼夫人信仰是中华文明礼俗交互模塑的重要代表实例，该场域当中的文化习性既有"俗"之承袭，亦有"礼"之镌刻。作为粤西南地域社会共享的文化意象系统，信仰结构中的冼夫人回忆形象是国家礼仪制度诉诸精英文化表述路径，而被接合进地方既存传统风尚习俗体系的产物。在帝制中华时期，围绕着"正统性"身份认同主题、儒化雅化主题、文化启蒙主题等型塑生成的文学艺术经典文本系统以及"名宦""先贤"官祀仪式系统，是冼夫人信仰结构当中重要的"礼"之型构部分。这是种倚重于正规教育体系、经典系统文本与体制化研究机构等方式以传播、扩散、维护主导意识形态的文化型构部分，当中涵括经典儒学的核心价值观表述，亲仁善邻、讲信修睦、知行合一、以家达乡等移风易俗的文化启蒙内容与家礼信念，以及为政以德、民为邦本、任人唯贤等官绅阶层的价值范导原则，因此不可避免地与权力相纠缠。在清末民初帝国权力体系分崩离析之际，冼夫人信仰文化中的"大传统"内容因其倏然失却所依傍的王朝赋权而丧尽承传的活力，并在接踵而至的科学进步话语范式中遭遇合法性质疑，由此自公众视域中一度消匿。然而，在"小传统"文化土壤中日滋月盛的冼夫人信仰，却凭借民间口传叙事、社区仪式实践、传统技艺表现等具身感知、参与体验、情感共鸣的灵活审美感知与审美表达循环模塑方式，继续在民间社会空间中得之承续。这种蕴

---

① 参见张士闪：《眼光向下：新时期中国艺术学的"田野转向"》，《民族艺术》2015年第1期；张士闪：《礼俗互动与中国社会研究》，《民俗研究》2016年第6期。

藉着粤西南地域社会民众独特审美趣味表达、情感认同体验与集体无意识内涵的小传统文化形态，更多地依赖于通感联觉的身体处境感受而在社会成员之间模塑生成一种对于合理事物与公共福利的共通感觉，较少作为官方话语的附庸。正是在此意义上，当此文化形态中的"大传统"表述内容或曰官僚化、精英化、儒雅化了的冼夫人形象衰微凋敝之际，其"小传统"型构仍能保持历久弥新的情绪感染力与凝聚向心力。这种主要通过"感觉"而非"理性"、诉诸形象化思维而无须转化为系统推论即可直觉把握某些概念、道理、规则的感性认知方式，亦即维柯所言指的"社会共通感"模塑方式。此涵括了特定习俗规定性的"伦理—审美"范式，恰恰是现代性分化逻辑所匮乏的。就此而言，从礼俗互动视角进入冼夫人信仰文化研究，非但应当关注该小传统文化当中多元分化的地方社群之独特的认知、情感、道德表述方式，亦同时亟须有意识辨析其中可能蕴藉着的某些大传统意涵，发掘地方民俗传统所持续涵养葆育着的中华文明基因，如上举的亲仁善邻、讲信修睦、知行合一、以民为本、以德施政等传统核心价值理念。借此"礼失求诸野"之径，重识民间信仰多重叠合的审美含义及其自觉表述的国家认同。

二、基于艺术事件观的空间美学研究思路

地方文化遗产进入公共领域的时代契机，使得民间艺术之"表意"与"造境"的事件性愈发凸显其重要的社会功能。从艺术事件观角度进入对冼夫人信仰的文化研究，意味着将这种"非遗"事象阐释为文化表象与意指实践的艺术活动，理解不同的场域实践对于该文化空间的镌刻事件与过程，而非将之视为某种被给予的既成结果或无差别的社会事实。如高建平先生所言，从艺术事件观的角度来评价艺术与审美活动，意味着将美学标准与历史标准相统一。[①]一方面，"人通过'事'而与'物'打交道"；另一方面，"'物'唯有融入于'事'，才呈现多样的意义"。在此意义上，"事"性与"物"性的有机统合以及前者对于后

---

① 参见高建平：《从"事件"看艺术的性质》，《文史知识》2015 年第 11 期。

者的本体论优先性，使得我们的生活世界不唯呈现为"事实界"，而更是经由文化赋义实践而持续建构生成的"价值界"。①如果说非遗的"物"性与"事"性分别指涉其物质表现形态与文化记忆内容，那么其"事件性"即意指着民族精神表征与记忆场所建构的事件与过程。在多元文化主体共在的场域，"非遗"实践往往成为特定族群表征其文化身份认同、寻求主体间性承认的一种重要方式。质言之，艺术事件观的阐释，基于文化内部的"认同"与文化间性的"承认"过程，赋予了涵括冼夫人信仰在内的小传统文化以"价值"和"实事"两种意义。

从静观之物到行动事件，艺术事件观的视角将过程哲学引入到对小传统文化的理解，尤为关注其活的生命力表达维度。从行动意涵（action implications）进入一种语境中的文化生态呈现研究，"有助于挑战以独立实体来理解世界的观点。它引导了一种关系的理解方式"。此即意味着，"传统上被归因于个体内部世界的所有能力——理性、情感、动机、记忆、经验，等等——实际上都是关系中的表演"。②而这种关系建构、文化表演、参与体验的过程哲学解释，无疑即是要求我们走出"语言的牢笼"，从社会、历史与空间互动的三维辩证视角理解冼夫人信仰文化，将历时性的演变踪迹与共时性田野布景相关联，在对照反思中理解该文化空间作为"间性主体"生成场域的生态美学蕴涵。

自20世纪90年代，学界在经典美学的反思过程中，开始转向关注具体审美活动的语境及其异质化的审美体验现实化方式。现代美学以主客分立的静观凝视框架为自明基点，由此预设了一个内在蕴藉着特定审美属性的艺术对象与一个富于鉴赏力的主体位置。这种自康德以降被奉为圭臬的判断美学架构，罔顾文化语境对审美活动之影响。因此，当其试图回答单称主体在具体判断实例中所做出的主观审美评价何以具有普遍可传达秉性之际，往往捉襟见肘。这种趣味判断（普遍性要求）与审美判断（特殊性禀赋）之龃龉，究极而言乃因现代美学之共通感阐

---

① 杨国荣：《基于"事"的世界》，《哲学研究》2016年第11期。
② 参见〔美〕格根：《关系性存在：超越自我与共同体》，杨莉萍译，上海教育出版社，2021年，第391—402页。

释仅被囿于审美一域，由此即失却了其共同生活经验内容与传统习俗的规定性维度；传统人文主义精神中知、情、意三维统合的社会共通感，在现代艺术的自律乌托邦中没有位置。然而，包括冼夫人信仰在内的小传统文化承传繁衍的空间是民间社会，"理解民间艺术需要另一种美学原则与审美模式，即审美主体完全投入于对象的介入性审美"①。

从距离化静观到介入性审美，空间美学的研究思路质询并解构了笛卡尔式的"我思"（cogito）主体，同时恢复了审美活动的语境性与过程性。在此意义上，精英话语询唤大众认同的文化启蒙自觉，不复被视为一种拥有绝对合法性的行为。那些混生于小传统文化当中的非主流叙事重新被提及，驳杂混乱的民俗事象被置入小传统美学的视域中重阐再估，曾在主流话语中被再现为"沉默的他者"的基层民众及其审美认同，被重新理解为一种促成多元主体间性对话的不可或缺在场。这种"为承认而斗争"的主体间性对话，在一种解构偏狭民族中心主义立场与"我思"主体的维度上被重新赋义，多元文化生态保护的意识被援引入"小传统"文化的异质美学蕴涵探赜过程中。主流叙事及其均衡、整合、连贯的空间表象，则被视为一种发现既存空间再现权力的症候。散落并置的多元文化生态壁龛及其相互关联方式，成为解构文化霸权表征幻象之切入口，"场所与人性"作为有机整体的空间模式，移置此前被实证科学话语所辖控的纯粹几何学抽象空间型构。

并且，艺术创作与鉴赏被重新置回生活世界的场域，空间不复作为无意义的背景或虚空，而是作为情感投注事件与过程的建构性力量，涵括政治、权力、符码等意识形态化维度，包孕着想象、感知、体验等意向性建构的倾向与痕迹。质言之，空间绝非几何学意义上的二维平面，而是持续被感知、态度、价值观与世界观所界定了的记忆所系之处。"有机体—人"对物质地理的空间感知与评价方式受到了"恋地情结"（topophilia），或曰"人—地"之间情感纽带的影响。①正是在此意义上，列斐伏尔说，现如今"空间的生产"意味着空间本身参与到了意

---

① 季中扬、高小康：《民间艺术的审美经验与价值重估》，《民族艺术》2014年第3期。

② 参见〔美〕段义孚：《恋地情结》，第1—6、136页。

义生产的事件与过程中来。质言之，空间不唯是作为过去社会实践行为的既成产物被给予，其本身亦构成了社会关系再生产的基点。他区分出三种空间形态，即空间实践（spatial practice）、空间再现（representations of space）与再现空间（representational spaces），三者各司其职。尽管精英阶层掌控着空间规划设计的权力，但这种构想的空间亟须诉诸民众集体参与虚构的空间实践来构成一种直观可感的、连贯整合的集体表象，以此来将抽象的空间性（spatiality）作具象化的实例演示，从而范导其成员执行符合特定标准的文化实践，进而保障这种场域逻辑的认同凝聚力。①

　　在《第三空间》中，美国学者索亚（E. Soja）②基于"社会性—历史性—空间性"的三元辩证空间认识论，进一步提出了感知的（perceived）、构想的（conceived）与活的（lived）三种旨趣殊异的空间禀赋，以对应阐释列斐伏尔的上述空间三形态。第一空间是空间生产与再生产的物质基础，其直接联系于特定社群的集体表征实践，以人文景观形态聚合成某种一以贯之的空间表象，进而凝聚、生成、强化社会成员的身份认同感。第二空间则为科学家、规划师、城市学家、技术专家与社会工程师等知识精英设计构想的意识形态化编码空间，是抽象理性与逻各斯演绎的形上场域。构想的空间充斥着编码符号、知识意志与宏大叙事，其把握空间的方式是居高临下式地俯瞰现实，倾向于以抽离于日常生活场景的上帝视角对真实的物质地理空间实施隐性的知识暴力，以设计切割空间蓝图的纸上谈兵方式，生产辖制空间中生命的现代性反思监控程序。而在实际被使用了的第三空间中，构想空间的意识形态管制力量并非直接锻就感知空间整合表象的力量；相反，编码的与未编码的符号交错叠置。就此而言，第三空间是"居住者"或"使用者"栖居于间并参与共谋式、协商式或抵抗式文化解码实践的异质混杂空间，它既是文化霸权实施隐形知识暴力的空间，又是文化协商与文化抵抗实践履行的潜能空间。它既抽象又具体，既浸润着生命体验，又渗透着权力

---

① See Henri Lefebvre, *The Production of Space*, D. Nicholoson-Smith trans., Oxford: Blackwell, 1991, pp. 33-39.

② 亦译"索杰"。

话语。①

　　福柯将这种充满了实践可能性、变动不居、非均衡的彻底开放空间，指认为"他者空间"（other spaces）或"异托邦"（heterotopia）。"异托邦"作为社会学的空间范畴②，首次出现在福柯1967年的一次名为《他者空间》（Des Espaces Autres）的演讲之中，并以《不同空间的正文与上下文》（Text / Context of Other Spaces）为题刊载在《建筑、运动、连续性杂志》之上。③福柯用"异托邦"指涉"被实际实现了的乌托邦"，其真实存在于现实社会之中，是符合某种认同理想的建构，颠倒、对抗、质询着主流意识形态建构的同质均衡社会"正面形象"，扰乱秩序井然的空间表象。但同时，异托邦又是一种局域化、阈限性与边缘化的空间形态，它是某些或被遮蔽或过渡性的特殊空间，因此有必要借重于某些"去蔽"的操作来揭橥其在场与重要意义。正是在此意义上，福柯说，"乌托邦"关于时间，而"异托邦"关于空间。"乌托邦"沉湎于完满自足的幻象表征，奉一元线性的总体历史发展观为圭臬；而"异托邦"则为标举"共时性"（simultaneity）与"并置性"（juxtaposition）禀赋的差异化空间，它关注的是无关进化宏旨的共时场域当中历史感与地方感被意指的方式，是当下时空一体境域中不同地方、场所、位所（sites）交叠并置、互动关联的文化生态。它以既"入乎其内"又"出乎其外"的方式映射出当代空间整合表象背后多维分形自组织的文化生态壁龛，是戳破主流意识形态幻象、让弱者发声、让强者隐退的非常规位所。冼夫人信仰就其共时田野的非均质人文景观与驳杂悖反叙事形态而言，即福柯所言指的这种他者空间或曰文化异托邦。这种异质空间的美学研究思路启示我们去关注不同文化行动者将"历史感"与"地方感"融入其共时空间表象

---

① 参见〔美〕爱德华·索杰：《第三空间》，陆扬等译，上海教育出版社，2005年，第77—87页。

② 彼得·约翰逊在其《福柯"他者空间"概念的阐释》一文中指出，福柯虽然在其1966年出版的著作《词与物》的前言中就已提及"异托邦"此一概念，但其所指涉的仅局限于文本空间范畴，而非社会空间范畴。参见 Peter Johnson, "Unravelling Foucault's Different Spaces," *History of the Human Science*, Vol.19, No.40, p. 75。

③ Michel Foucault, "Des espaces autres," *Dits et ecrits 1954–1988*, Gallimard, 1994. 引文见〔法〕福柯：《另类空间》，王喆译，《世界哲学》2006年第6期。"他者空间"又译"异托邦""其他的空间""另类空间""不同的空间"等。本书视语境兼采"他者空间"与"异托邦"的译法。

与文化意指实践的方式。

　　对于那些实际参与冼夫人信仰空间实践，却鲜能诉诸文字书写而镌刻自身行动仪轨的"沉默的他者"而言，其文化记忆之承传与身份认同之表述采取别一种非文本的诗学方式。就此而言，穿越神祇造像、民间故事、颂神曲目、节庆典仪等多重叠合的共时场域集体表象，我们可期许抵达一个浸润着粤西南基层民众真实生命体验的世界。那是一个由禁忌、欲望、记忆与想象等微妙情愫所构筑的世界。事实上，当我们透过那层习以为常的、看似拥有绝对合理性的"冼夫人"镜像，抵达那个被隐匿起来了的第三维空间，便会倏然发现该文化记忆之场内部的非整合性并惊叹于兼容并蓄的丰腴内涵。作为一种地域社会多元分化社群共同栖居的文化空间，冼夫人信仰实则是形成于不同时空语境的分形自组织文化生态壁龛混生叠置的文化记忆之场。这些旨趣殊异的空间各自以特定约定俗成的方式记述着相应社群的审美禁忌、欲望表达与认同调适等情感交流机制，存储着帝国边陲百越族群曾切身经验的王朝军事征伐创伤记忆。列斐伏尔[1]说，空间实践所致力于生产的连贯集体表象背后，总是隐匿起该空间的真实社会境遇，那是一种前瞻式的集体虚构，其具象化了辖控此空间的权力逻辑凭借话语的转译与表述而再现出来的理想化空间蓝图。用其表述，"一个社会的空间实践总是隐匿着这个社会的空间，空间实践以一种辩证的相互作用的方式预示并呈现出这个空间；它缓慢而确定地生产这个空间，就像它控制并占据这个空间一样"。此空间绝非仅苑囿于抽象演绎的形上再现空间，而是同时倚重于形下的具体文化实践。因此，"社会的空间实践通过对其空间的破译得以揭橥"，对于空间规则的读解与文化解码实践的阐释，可从具体空间实践分析着手。理解冼夫人信仰文化空间的真实图景，我们有必要凭借可被直观感知的空间实践，破译其整合符号表征系统所赖以运作的规则，并在此空间性读解的基础上，理解混生于该民俗空间中的驳杂意象与循环叙事。正是在此意义上，本书将集中探讨参与至冼夫人信仰文化空间中三类异质主体，即国家权威机构（state authority）、地方精英阶层（local elites）与

---

[1]　H. Lefebvre, *The Production of Space*, p. 38.

基层民众群体（the masses）以及就其各自立场出发而建构的记忆叙事；并从"回忆形象"表征与阐释的视角，诠析此三者之互动对话及其旨趣殊异的空间书写。

如果说，"礼俗互动"视角启示我们从国家话语、精英表述与民众实践三者博弈、磋商、共谋的动态过程来理解信仰结构当中冼夫人的回忆形象；那么，空间美学的研究思路则提醒我们去关注集体表象、文化记忆与身份认同之间的胶着缠绕方式。本书尝试论证，恰恰是绵延时序中多元社会伦理共同体基于其冼夫人信仰实践活动而参与建构的回忆叙事与认同表述，非但使得今日我们仍可蘄望"礼失求诸野"，并且将此包孕着基层民众丰腴审美体验之"诗"与生存追问之"思"的局域化世界，建构成为某种宛若莫比乌斯环般迂回曲折，并具奇崛生命力的、引人入胜的记忆所系之处。

第一章 | 冼夫人信仰的原型追溯及其回忆形象建构

冼夫人信仰的人物原型，一般被认为是谯国夫人冼氏，其史传叙事可回溯至贞观年间魏徵主持纂修的正史《隋书·列女·谯国夫人传》。这个不证自明的记忆原点，在《岭表录异》《太平广记》《太平寰宇记》《粤中见闻》《广东新语》以及道光《广东通志》所述及的另一乳长数尺的冼氏形象映照下，倏尔显得疑云重重。符号学的既有成果提醒我们，能指与所指之间的关联是约定俗成的产物，在文化文本的表象系统当中，语言符号与其所指涉的客观外在世界之间的关联实则是偶然的、任意的锚定，意义并不本质其然地固着于客体抑或事物当中。我们认为，冼夫人信仰的原型，涵括了精英文化大传统中的历史"神话"原型以及民间文化小传统中的神话原型，并且前者为后者的衍生形态，是彼时唐王朝整合收编冼夫人信仰中的"圣母崇拜"原型并加以雅化修辞改写之后的结果，目的是为了对以谯国夫人冼氏孙裔冯盎为首的岭南冯冼氏家族进行意识形态规训，询唤彼时在王朝国家眼中频繁"遣山洞群小钞掠州县"的岭南酋豪冯盎。

第一节　冼夫人信仰的神话原型探赜

迥异于冼夫人信仰主流叙事的高度整合形态，粤西南地域社会日常生活场景当中循环复现的冼夫人形象相当参差不齐。为何威镇岭海的冼夫人一旦走出神圣的史传话语空间、步入世俗的民间故事世界，其原本完满整合的形象即倏然裂变成为迥然异质的诸形象呢？本节拟调用比较神话学的“N级编码理论”，对乳长数尺的岭南冼氏口传叙事进行解码阐释，试图表明冼夫人信仰的神话原型为以“雷神崇拜”为原始意象的“大母神崇拜”原型，中经“地母崇拜”形态的置换变形，嗣后在母系农耕社会依凭引譬连类的原始思维又再度转化为亦人亦神的“圣母崇拜”形态，其滥觞之期可回溯至谯国夫人冼氏诞生以前。并且，此崇拜结构中的冼夫人原型则是由西瓯古国遗民演变而成的岭南俚族部落的女酋首冼氏，是类称。按照比较神话的“N级编码理论”，物与图像的线索为一级编码，文字的线索为二级编码，古代经典文献的线索为三级编码，而后世所创作品的线索则为N级编码的神话原型研究方法。①文化文本符号的N级编码理论，对于我们追溯乳长数尺的岭南冼氏神话历史叙事的原型编码具有启发性意义。

一、亦人亦神：从乳长数尺的高州冼氏说起

早在唐代刘恂的《岭表录异》中，时人即注意到岭南民间传说中存在着另一个迥异于正史形象的俚女冼氏，后宋代所辑《太平广记》②卷二七〇中亦然辑录此条，另清人范端昂《粤中见闻》③以及屈大均《广东新语》④中均有载述：

> 冼氏，高州保宁人也，身长七尺，多智谋，有三人之力。两乳长二尺，或冒热远行，两乳搭在肩上。秦末五岭丧乱，冼氏点集军丁，固护乡里，蛮夷酋长不敢侵轶。及赵佗称王，遍霸岭表，冼氏乃赍军装物用二百担入觐。赵佗大尉悦。与之言时政及论兵法，智辩纵横，佗竟不能折。杖委其治高梁，恩威振物，邻郡赖之。今南道多冼姓，多其枝流也。⑤

无独有偶，道光省志转述《寰宇记》的载录云："电白冼氏墓注云：'高凉人，

① 叶舒宪、谭佳：《比较神话学在中国：反思与开拓》，社会科学文献出版社，2016年，第134页。
② ［宋］李窻等编：《太平广记》，中华书局，1961年，第2117页。
③ ［清］范端昂撰，汤志岳校注：《粤中见闻》，广东高等教育出版社，1988年，第214页。
④ ［清］屈大均：《广东新语》，中华书局，1985年，第256页。
⑤ ［唐］刘恂著，商壁、潘博校补：《岭表录异校补》，广西民族出版社，1985年，第186页。

乳长七尺'"①，非但稍稍迥异于上引传说叙事中乳长二尺的高州保宁冼氏，且有墓志铭为证，似乎更显言之凿凿。由于史传叙事标榜真实性，将其话语建构的世界视为现实的转喻，坚称其乃现实毫无扭曲的映像，因而对于上引冼夫人的民间传说，官绅衿士们大抵如阮元《广东通志》的立场，以其为"语既近诞事，别无征"的叙事虚构；又或者跟随刘恂论点将乳长数尺的冼氏视为南道冼姓支流的另一冼夫人，视之为谯国夫人冼氏的先姒或邑人。屈大均即将此二位形象迥异的冼夫人分别列入"粤人五女将"之列，并评论道："保障高凉，有威德。其知名又在侧、贰之先，故论越女之贤者，以冼氏为首。"②康熙三十六年（1697）赴仟茂名知县的钱以垲亦在其《岭海见闻》中写到，"二冼均女子耳，其勇略才识、保障功业皆同"；但赵佗时代的高州冼氏嗣后湮灭无迹，名不见经传，不可与纲目三书而"庙食百世不绝"的谯国夫人冼氏同日而语，并叹息前者所托非人。③不过，按照现实主义的原则，无论是乳长二尺抑或七尺都只能算是叙事虚构，无怪乎声称秉笔直书的史家们对此与惯常经验龃龉的民间叙事，只好弃之不顾而"兹编电白列女惟以谯国夫人始"。

　　然而，我们又不能就此断言，巨乳形态的高州冼氏形象只是一种"语言的疾病"④式的建构，特别是当此类似叙事还可见于另一生活于三国吴赤乌年间（238—251）的九真军安县（今茂名）酋长赵妪的外形描述上。⑤弗雷泽曾指出，"神话是文化的有机成分，它以象征的叙述故事的形式表达着一个民族或一种文化的基本价值观。"⑥乳长数尺作为高州冼氏与安县赵妪形象的提喻在叙事中被强调放大，在母系氏族社会曾经活动过的部落空间中遗留下墓志铭，并在口耳相

① ［清］阮元修，陈昌齐等纂：《广东通志》，岭南美术出版社，2006年，第5081页。
② ［清］屈大均：《广东新语》，第232页。
③ ［清］钱以垲：《岭海见闻》，《四库全书存目丛书·史部》第250册，齐鲁书社，1996年，第271页。
④ ［法］让·德·伏里：《"自然神话"理论》，载〔美〕阿兰·邓迪斯编：《西方神话学论文选》，朝戈金译，上海文艺出版社，1994年，第54页。
⑤ "赵妪者，九真军安县女子也。乳长数尺，不嫁，入山聚群盗，遂攻郡，常著金扌翕踩屐，战退辄张帷幔，与少男通，数十侍侧。刺史吴郡陆允平之。"参见［晋］刘欣期撰，〔清］曾钊辑：《交州记》（丛书集成初编·第3255册），中华书局，1985年，第2页。
⑥ 转引自叶舒宪选编：《神话—原型批评》，陕西师范大学出版社，1987年，第73页。

传的民间故事中循环复现，甚至在史籍记录以及文人笔记中被转述，又绝非偶然，而是隐约地指涉着彼时该地部众独特的审美趣味及其神话历史的记忆图式。

据宗教史以及人类学学者的考察，在太平洋彼岸的墨西哥古代玛雅文明流行着多乳女神的传说，而位于其神格巅峰的大女神玛约尔（Mayauel）甚至被誉为"长着四百个乳房的女人"[1]。云南纳西族的《祭天古歌》中颂赞大地为"乳房丰满而充实的地"[2]。甚至在《帝王世纪》中我们看到周文王竟是个"胸有四乳"[3]的男性王者形象。《魏书·序·昭成帝纪》亦在描述代君什翼犍的体貌时说他"身长八尺，隆准龙颜，立发委地，卧则乳垂至席"，时人以其巨乳为吉征，"烈帝临崩顾命曰：'必迎立什翼犍，社稷可安'"，巨乳甚至为什翼犍赢得了即位的机会。为什么在世界各地原始初民的王者叙事中，巨乳或多乳的意象会被当作王者的奇异性能而在口传叙事中被大肆渲染、反复讲述呢？从上述例子中我们应该可以确定的是，巨乳或多乳应当是鸿蒙时期渲染王者神权的一种形象修辞符号。

关于王者神权的叙事，弗雷泽关于"祭司王"神话原型分析十分具有启发意义。他在《金枝》中借此例子阐释到，原始社会的神权与王权往往是叠合到一起的，族群成员们倾向于视部落首领为半人半神的存在。并且，此笼罩在她身上的神性光环"绝非是空洞的言辞，而是一种坚定的信仰"，在相当多的情况下，她非但是被当作祭司，"即作为人与神之间的联系人而受到尊崇，而是被当作神灵"。[4]隋谯国夫人冼氏的时代，正是岭南俚族的社会组织形式从母系氏族社会渐次过渡到父权制社会的转折点。[5]因此，赵佗时代的冼氏，其生活时代即岭海方域"只知其母，不知其父"的母系氏族社会鼎盛之期，其时岭南俚人"往往别村，各有长帅，无君主，恃在山险，不用王，自古及今，弥历年纪"。[6]按照弗雷泽关于原始初民的神人同构宗教观念以行蠡测，在俚族原始初民眼中，部落

---

① Lewis Spence, *The Religion of Ancient Mexico and Peru*, London: Constable Company, 1945, p. 116.

② 云南省民间文学集成办公室编：《纳西族东巴文学集成》，中国民间文艺出版社，1988 年，第 7—8 页。

③ 张守节《正义》引《史记·周本纪》。

④ 参见〔英〕弗雷泽：《金枝》，徐育新译，中国民间文艺出版社，1987 年，第 17—18 页。

⑤ 参见陈摩人、郭凤翔：《冼夫人与俚族女权社会》，《广西师范学院学报》2005 年第 4 期。

⑥ ［唐］魏徵等撰：《隋书》，中华书局，1973 年，第 1831 页。

首领洗氏无疑即应是被视为能赐福予其部落成员的亦人亦神式存在。弗雷泽说，"这种赐福通常被认为是凡人力所不及的，只有向超人或神灵祈求并供献祭品才能获得"，这些部落的首领甚至可能被视为是掌控自然时序者，能够左右其部落"风调雨顺五谷丰登"诸愿望的实现。①

比照弗雷泽"神人同构"的原始初民宗教观，并据今日粤西南地域社会信仰结构中洗夫人崇拜意象的亦人亦神禀赋，我们看到乳长数尺的形象作为高州洗氏的提喻修辞表征，极有可能是部民们经由原始类比性思维推衍出来的"地母崇拜"投射到其部落首领洗氏身上所产生的神化效果。正是在此意义上，我们认为对乳长数尺的洗夫人传说之阐释，有必要将其回置到神话历史的语境中进行重读，以解码当中可能凭借隐喻或转喻等多元修辞手法隐匿起来了的文化记忆信息，从而发掘彼时尚处于母系氏族公社时期的俚人族群集体参与创作的记忆文本背后的神话历史蕴意。并且，此自鸿蒙时期凝定的集体无意识原型，何以能够在沧海桑田的时空切换当中，恒葆一种指涉"绝对过去"的神圣性光韵？直至今日仍旧积淀于粤西南地域社会民众的心理认同图式当中，成为他们习焉不察的"乡恋"内核并铸就这一共同体独特的文化性格？

按照N级编码理论，文字书写的古代经典为三级编码。乳长数尺的岭南洗氏传说在《岭表录异》《太平广记》《太平寰宇记》《粤中见闻》《广东新语》以及道光《广东通志》中俱有载录，其所表征出来的洗夫人形象与我们惯常的经验相龃龉。那么，此则叙述高州洗氏入觐赵佗并被委任治理高梁的传说，何以要在其讲述部落酋长崛起史的英雄叙事中，特别标示出其故事主人公的巨乳意象呢？其所意欲传达的神话历史隐喻是什么？其原型编码又何如？

二、逆向解码：从"女娲下凡"到"地母崇拜"

在高州市良德县石龙乡，至今仍流传着这么一个"女娲下凡"的传说。②在

---

① 参见〔英〕弗雷泽：《金枝》，第17—18页。
② 李少霞：《女娲下凡传说》，载高州市洗夫人研究会编：《洗夫人研究》，天马出版公司，2009年，第191—193页。

此民间传说中，冼夫人作为女娲的类比被认同。该故事讲述远古之期，炼石补天的女娲潜心为石龙锻就五彩石，最后精力耗尽的她沉沉睡去，躯体化作大王岭与桌木尖两座大山，就连剩余的五彩石也还得龙王孙裔们过来帮忙收拾。此二山依旧保持着女娲的神韵，俯瞰可见一尊仰睡于天地之间的巨型女神形象跃然眼前，大王岭与桌木尖分别为其元首与胸部。并且，时刻心怀天下苍生的女娲娘娘灵魂不灭，旋即下凡投胎转世为冼夫人。生于南北朝时期的冼夫人自小就聪慧过人，能行军用师，信义结于乡里且芳名远播。长大后，冼夫人不仅致力于化解俚汉冲突，带领民众发展生产；还马不停蹄地奔走岭南各地，平定叛乱，止息战祸，帮助维护国家统一。在冼夫人的保护下，岭南地区在中国历史上政权更迭频繁的南北朝时期较少遭遇连绵战火之侵袭。为表对女娲娘娘的敬仰之意，乡民们尊称冼夫人为"岭南圣母"，以她为南天屏障，此称谓一直延续至今。凡间秩序既定，冼夫人即与世长辞返归天庭，自此民众们即按照天界最高女神女娲娘娘的祭祀级别来拜祭冼夫人。嗣后，玉皇大帝为嘉奖女娲娘娘的救世善行，又另派天兵天削山为像，造出了神像山五尊，供民众们瞻仰。

女娲是谁？据《山海经·大荒西经》："有神十人，名曰女娲之肠，化为神，处栗广之野，横道而处。"《淮南子·说林训》云："黄帝生阴阳，上骈生耳目，桑林生臂手，此女娲所七十化也。"晋人郭璞注曰："女娲，古神女而帝者，人面蛇身，一日中七十变。其腹化为此神。"《楚辞·天问》对于"登立为帝，孰道尚之？女娲有体，孰制匠之？"表示疑惑。王逸注云："传言女娲人头蛇身，一日七十化。"《路史·后记·女皇氏》载："道标万物，神化七十。"袁珂先生将这里的"化"解释为"化育"或者"化生"之意，这是对女娲作为创造世间万物的神话解释。从这些神话历史所载述的躯体化生观念中，我们还能读解到女娲的循环再生功能，"一日七十化"的神性使得世界万物皆出此人面蛇身的神祇之躯。此外，除了化生万物，女娲还"抟土造人"，也就是说女娲是人类的始祖和创造者。《太平御览》卷八十引《风俗通》云："俗说天地开辟，未有人民，女娲抟土造人，剧务，力不暇供，乃引绳于泥中，举以为人。"卡西尔认为，"可以把神话界定为对宇宙的面相学的解释"，这意味着神话世界不是一个在机械线性发展逻辑辖控下惰性呆板的纯粹理性世界，而是充满着人学的蕴意，因为神话是一种无意识的虚构，"在神话中，人将自己最深处的情感客观化了"。① 德国学者埃里希·纽曼（E. Neumann）亦认为，这种关于某一原始巨人或者神祇的尸体化生出宇宙万物的信仰叙事，普遍存在于埃及、印度、北欧、墨西哥以及中国的神话中，映射出原始初民对于创生世界问题的诗意阐释。他指出，"如果我们把初民关于躯体／世界的类比同最初的元象征等式即'女性／躯体／容器'的类比结合起来，便可获得人类史前期的普遍象征公式：〔女人＝躯体＝容器＝世界〕，这是一个母系社会时期的基本公式。"② 据周延良先生的考察，女娲是华夏民族拜土意识的置换变形产物，其与鸿蒙之期原始初民对于作为生命之源的自然之膜拜意识相关联，是"地母崇拜"的典型人格化形象，并在"换喻"的修辞中演化为社祭以及高禖祭。③

再看"女娲下凡的传说"。女娲在该地的地方性知识的谱系脉络中是作为三皇（伏羲、女娲、神农）之一在场的，这是一则典型的讲述冼夫人信仰的神话历史叙事。在上述传说中，我们看到在女娲睡化的二峰中，大王岭与桌木尖是作为与女神之头与胸被表征出来的，由此可知石龙先民们宇宙观中的神圣部位为女神的元首及其裸露出来的乳房。这种刻意被凸现出来的部位，往往具有约定俗成的含义，映射出一个社群关于神圣与世俗划分的基本理念。涂尔干即指出，人类身体的特定部位被认为是具有神圣性的，此神圣性在"有些特殊的部位则格外明显"，这些"部分不仅排斥了凡俗事物，而且具有宗教力量。换言之，人的器官深藏着一种神圣本原，它在某些特定的情况下会显现出来。这一本原与导致图腾的宗教性的本原并没有本质区别"。④ 高邑冼氏的长达数尺之乳与女娲传说中睡化裸露于天地之间的胸部具有结构相似性，其俱作为女神崇拜的意象，这是可以肯定的。通过对此神话历史的解码阐释，我们可以得出以下七点转码信息：

其一，女娲炼五彩石补天，这是典型的"地母救世"的神话叙事。但此时女

① 〔德〕恩斯特·卡西尔：《语言与神话》，于晓等译，生活·读书·新知三联书店，1988 年，第 152—153 页。

② Erich Neumann，*The Great Mother: An Analysis of the Archetype*，Ralph Manheim trans.，Princeton: Princeton University Press，1972，p. 39.

③ 周延良：《社祭神话与高禖神话的人类学诠解》，《中国文化研究》1997 年第 4 期。

④ 〔法〕涂尔干：《宗教生活的基本形式》，渠东等译，上海人民出版社，1999 年，第 176—177 页。

娲只是最高级别的女神，她上面还有男性神祇玉帝。故而，此则传说当为母系氏族社会被男权社会移置以后的篡改产物，女神意识并未陨落，然母题却出现了置换变形，女娲不再抟土造人。"父权制社会把远古女神宗教从正统意识形态中驱除，这并不意味着女神宗教的彻底灭绝，它必然因意识的压抑而潜化为集体无意识。"[①]托名"潘仙"[②]的西晋道教男神宗教入主该地，将此前母系氏族的女神崇拜原型移离该地民间信仰结构的意识中心，然而却并未能够取而代之，后者以集体无意识的形态在民间叙事的诸类表征形式中世代承传。[③]

其二，龙王即水神，其孙裔服务于女娲。在今日壮族起源神话《布洛陀》的叙事中，尽管所述神祇已然一概男性化，然其三界建置的世界框架仍保留。太古之期，有混沌的蛋型大气团蓦然爆裂，化作天、地、水三界并同时化生出三兄弟，大哥雷神"督邑"居上界，二哥水神"图额"（壮语蛟龙）居下界，人类祖神布洛陀则管治人间。[④]比照观之，女娲所扮演的角色为三界中管治人间的祖神。此神话亦反映出嗣后人文精神觉醒以后的信仰叙事中的"雷神信仰""人文始祖神信仰"以及"水神信仰"，在鸿蒙之期的混沌不分、物我交融的状态中俱为"大母神信仰"的有机组成部分。

其三，女娲尸化为桌木尖与大王岭二峰，此为"尸化创世"母题的置换变形，其行动者一般是由"大母神"原型演变而来的"地母神"，此在古典文献中有大量载述。并且，此吐纳万物并能起死回生的"地母"意象嗣后一般会被类比

---

① 叶舒宪：《高唐神女与维纳斯》，中国社会科学出版社，1997年，第57页。

② 潘茂名，又称"潘仙"，西晋高凉郡根子镇人，其人身兼道士及药师之职，能诊病致愈，民间传说讲述他在东山修炼制丹，嗣后得道升仙。《太平寰宇记》载潘茂名与高力士有交往，"潘茂名炼丹之水，味甚香美，煎茶试之，与诸水异。高力士奏取其水归朝"。明万历《高州府志》亦述其修炼升仙之事云："晋永嘉中，有潘茂名者，入山遇道士弈棋，立观久之。道士曰：'子亦识此否？'对曰：'人犹蛇窦，出似雁行。道士可其说。'因语之曰：'子顶骨贯生门，命轮齐日月，脑血未减，心影不偏，修炼则可轻举。'授予黄精不死之方，遂于东山炼丹而飞升。"此外，清季阮元主持纂修的《广东通志》与光绪《茂名县志》等方志亦载其升仙神迹。粤西茂名地区至今仍有诸多道教遗址以及民间传说与"潘仙"相关，甚至"茂名"治称，亦滥觞自隋开皇十八年（598）的茂名县之设。据此，我们认为，"潘仙"信仰为该地由母系氏族社会转入男权社会阈限期的宗教信仰嬗变产物，道教神"复写"在母神崇拜原型之上，成为后者的显性形态或表层结构，与之并置共生。

③ 直至今日，旧城冼太庙供应信众于冼夫人神龛前诵读的经书系列中，仍旧涵括《地母经》。

④ 周作秋：《论壮族的创世史诗》，载《岭南文化与百越民风》，广西教育出版社，1992年，第22—36页。

思维诗意化为氏族酋首的神化形象，这是先民们对于大地四季节律循环与植被滋长枯荣之诗性思维的映射。老子即曾有言，"谷神不死，是谓玄牝。玄牝之门，是谓天地根，绵绵若存，用之不勤"（《道德经·第六章》）。

其四，女娲下凡转世为冼夫人。在父系夺权以后，要继续将母系酋首的传人谯国夫人冼氏回置至该共同体部民所崇拜的创世女神的位置处，并显示出其血脉相承性，即有必要借助于下凡投胎的时空转换修辞。其深层的宇宙观仍是灵魂不灭、死而复生的生生母题，即"地母"之灵魂不死与躯体再生论。

其五，冼夫人／女娲于乱世中拯救百姓苍生，这是"地母救世"母题的置换变形，集体无意识的内容依旧可回溯至女娲"熔彩石以补苍天，斩鳌足以立四极"的"地母崇拜"神话意象处。

其六，玉皇大帝削山为像以慰藉乡民对冼夫人／女娲的缅怀情愫。在粤西南片区，将山川河泽等自然景观附会成冼夫人创造、移置、改造成果的故事很多。如在民间传说中，旧城冼太庙前的大鱼塘，是冼夫人将原想铲除高凉山的大谢王之神铲挪位以后的产物。又如今高州长坡镇、东岸镇以及电白县七径镇米良村委会益煲岭一带流传着的民间传说"驱鬼烧窑"，海南儋州宁济庙附近乡民口耳相传着冼夫人有"移城之功"。再如"凿井救民"的民间口传故事，传承的是高州雷峒尚为瘴乡疠地之期，母系氏族酋首冼氏带领各峒都老至大西山凿井三口以疗治瘟疫的文化记忆。[1]沃林格曾借"广场恐惧症"来阐释人们面对广袤无垠而杂乱无章的外部世界所产生的那种焦虑情愫，指出正是这种无法诉诸视觉与触觉而把握感性对象的切身恐惧感与失落感，催生了抽象冲动的艺术意志。这是种诉诸纯粹直觉思维感知外物的审美冲动，目的不在于理性认知，而在于"把特别容易唤起人们功利需求的外在世界的单个事物从其对其他事物的依赖和从属中解放了出来，并根除它的演变，从而使之永恒"，以此来超越现象流逝的胁迫感，感受"幸福和有机形式的美"，诗意地栖居。[2]乡民们借此类叙事将关于部落首领冼氏的文化记忆嵌入社区的自然人文景观当中，从审美心理的维度分析，可将其视为

---

① 儋耳婆具"移城之功"的传说，参见［明］曾邦泰等纂修：《万历儋州志》，海南出版社，2006年，第22页。
② 参见〔德〕W.沃林格：《抽象与移情》，王才勇译，辽宁人民出版社，1987年，第16—21页。

克服"广场恐惧症"的抽象冲动，亦反映出在冼夫人／女娲在乡民记忆叙事中是作为熟络感、安全感与家园感的意象而在场的。

其七，佛祖遣弥勒佛辅佐冼夫人／女娲广播福泽。此叙事隐匿地意指着佛教在当地为后起的、外来的宗教信仰类型，奉命至高邑的弥勒佛施恩人间的时序较之冼夫人／女娲的女神时代更晚，且并未取代冼夫人／女娲所代表的女神信仰，二者并置共生。

据此我们认为，该神话历史所讲述的"女娲"为该地的"地母崇拜"的人格化形象，该信仰意象借"投胎"之说肉身化为冼夫人，从而为后者之神圣王权赋予超越于世俗的光韵。

三、从"地母崇拜"到"圣母崇拜"："冼""洗""沈"

冼夫人的姓氏"冼"原作"洗"，音 [xiǎn]。"冼"为后起字，其最早见于宋仁宗庆历年间的《集韵》，注曰"克冼，寒貌"[1]。谯国夫人冼氏的史传叙事自《隋书》至有清一代的《茂名县志》，俱作"洗"氏。今日高州一带我们目之所及的冼氏族谱、墓碑、宗祠以及冼夫人庙宇的匾额，均写作"冼"，乡民们将此解释皇帝为以劳定国的冼夫人加封之际的赉赏之作，以示其姓氏之尊贵。然而，此解仅限于口头传说，各冼氏族谱等文字书写材料俱未载录。[2]清人冼宝干撰《岭南冼氏宗谱》，将"冼"姓来源解释为秦汉之际真定郡沈汭为避仇家而随同里旧交赵佗戍守岭南并改姓。[3]剔除该宗族祖源记忆叙事中将冼氏先祖附会为

---

① [宋] 丁度等编：《集韵》（明州本），429.10.1.

② 参见冼周：《冼夫人姓氏考析》，《前沿》2012年第8期。

③ "冼氏之先，盖出沈子国，亦周之苗裔。在秦，居真定郡。有名汭者，以义侠闻，为仇家所持，因秦法严，改今姓。始皇三十三年，遣赵佗将谪卒五十万人戍五岭，汭与佗同里，且有旧，往投其帐。至岭南，遂家焉。是为冼姓入粤之始。子孟程……辟为长沙界守御，寻擢南海水军副都总，……孙好谋，少有大志，初除横浦令，转宿卫都尉……擢龙骠大将军……自是子孙蕃衍于岭南……以广东为大宗，分为二支：居广州者为南海冼氏；居高州者为高凉冼氏。虽郡望不同，乃汭公之后。"参见 [清] 冼宝干撰：《岭南冼氏宗谱·卷一之一·氏族源流》（宣统二年刻本）。冼氏族谱所载的岭南冼氏来源有中州沈子国随赵佗戍守岭南避仇说、福建珠玑巷冼劲唐时出任南海知县说，以及岭南土著说。笔者认为，珠玑巷迁来说为岭南族谱惯见的修辞，而上文我们在阐释乳长数尺的高凉冼氏之际亦然表明，岭南冼氏在秦时已为当地土著女酋首，而非中原汉人之后。然而，沈子国说中关于改"沈"为"冼"者，又似乎有一定的可信性，与神话历史类型的叙事有几分相似。

中州避仇侠客的文过饰非，值得注意的是该族谱记忆中阐明，"冼"姓由"沈"姓演变而来，此二字在粤语中音近。"沈"字甲骨文作"𤃣"，金文作"𤄷"，小篆作"𤄷"①，《说文》卷十一水部解"沈"字云："陵上滴水也。从水，冘声。一曰浊黕也。"甲骨文"沈"字作"𤃣""𤃣""𤃣""𤃣""𤃣""𤃣"等形，"所举前四形象沉牛羊祭牲于江河之中，为象意字，所举后二形从水，冘声，而初始象意之'沈'字不见周金文及后世典籍"②。在《甲骨文前编》中记载了殷商时期封土为丘的祭社甲骨卜辞中亦有"沈"字的身影。如"贞煮于土，三小牢，卯二牛，沈十牛"（页24，片3），"辛□，沈于土牢"（《铁云》册1，页14，片3）等③。在殷商时期的祭社甲骨卜辞中，"沈"指涉掩埋式的祭祀方法。《周礼·春官·宗伯》有"以貍沈祭山林川泽"④句，其中以"沈"的方式瘗埋献祭牺牲所崇祀的对象是山林川泽之神。又据《礼祭·祭法》，"燔柴于泰坛，祭天也；瘗埋于泰折，祭地也。"孔颖达解释到，泰为坛，折为封土祭祀的地方，"天神在上，非燔柴不足以达之。地祇在下，非瘗埋不足以达之"。据郭沫若先生《甲骨文字研究》，"（甲骨文）'土'为古'社'字"⑤。由此可知，"沈"为祭祀地祇的一种方式，与土地崇拜意识有关。

母系氏族社会的土地崇拜形态为地母神祇，又称"地祇""地媪""社神"等。⑥东汉刘熙《释名·释地》训"也"字说，"土，吐也，吐生万物也"。《说文》卷十二下与卷十三下分别训"也"字与"地"字曰："𠃌，女阴也，象形"；"𡐦，元气初分，轻清阳为天，重浊阴为地，万物所陈列也。从土也声。"段玉裁注："坤道成女，玄牝之门，为天地根，故其字从'也'。"传统阴阳哲学从宇宙发生论角度对地的概念作阐释，确认了大地是与阳性的"天"相对的阴性存在，又是

---

① 张世超、孙陵安等：《金文形义通解·卷十一》，中文出版社，1996年，第2615页。该辞书中解"冼"字义又云："国名。姬姓。或云姒姓，或云嬴姓。在今河南汝南东南。公元前五〇六年为蔡所灭。"如前所述，高凉冼氏为土著女酋首，故不取此中州汉人迁移说。

② 张世超等：《金文形义通解》，第2615页。

③ 徐中舒：《甲骨文字典》，四川辞书出版社，1998年，第14、24页。

④ ［清］阮元校刻：《十三经注疏》，中华书局影印，1980年，第757页。

⑤ 郭沫若：《甲骨文字研究》，载《郭沫若全集考古编》第1卷，科学出版社，1982年，第11页。

⑥ 至今茂名地区庙宇所见土地神都仍是一对老公公老婆婆，信众分别称之为"天聋"跟"地哑"。

外物赖以生存之基础。①由于土地能够吐生万物并且具有春来冬去的自然循环时序，于是，在初民神秘互渗、比类取象与推己及物的原始思维转译下，同样具有生殖、哺育以及再生能力的部落老祖母，即十分可能被视为地母神祇之化身，被部民尊奉作半人半神的存在。他们"从现象的普遍联系出发加以分类，并不考虑事物的本质和规律。这样，可由经验观察所提供的事物外表、性状上某一方面的共同点，就成了前科学的分类根据"②。

我们知道，关于甲骨文"美"字滥觞说其一为"羊人为美"，因其字形"𦎫""𦍋""𦍌""𦍍"③就直观而言十分类似于一个头戴羊角羽饰的巫师舞者形象。④类似地，"沈"字的甲骨文亦然十分类似于在山川河泽之间手舞足蹈的祭师巫者形象。早在《后汉书》即载："越人俗信鬼，而其祠皆可见鬼，数有效。昔东瓯王敬鬼，寿六百岁。后世怠慢，故衰耗，乃命越巫立越祝祠，安台无坛，亦祀天神帝百鬼，而以鸡卜。"⑤越地信鬼而谄神，是直到明清之际缙绅衿士群体仍旧默认并勠力移风易俗的事实。并且从"后世怠慢，故衰耗"句可知，巫者在彼时地位极为尊崇，为王者尚且要避忌她几分。另陈梦家先生曾据甲骨卜辞研究指出，直至殷代社会，"王与巫史既操政治大权，又兼为占卜的主持者"，占卜巫事甚至被视作政治事类。⑥又俚族之"洞"意指"两山夹着河流的广大区域，后又用作古越人的行政级别，地位高的可指府县，低的仅指村落"⑦。即十分可能甲骨文"沈"字所描摹的是，一位在山川河泽之间的空地上戴着祭祀头饰跳着巫舞的峒主。粤地当时散落分布着百越先民，岭南俚人"往往别村，各有长帅，无君主，恃在山险，不用王，自古及今，弥历年纪"⑧，尚处母系农耕社会。其部落酋首

---

① 叶舒宪：《中国上古地母神话发掘》，《民族艺术》1997年第3期。
② 俞建章、叶舒宪：《符号：语言与艺术》，上海人民出版社，1988年，第138页。
③ 徐中舒：《甲骨文字典》，第416页。
④ 另一为"羊大为美"。参见季羡林：《美学的根本转型》，《文学评论》1997年第5期；〔日〕笠原仲二：《中国古代的美意识》，北京大学出版社，1987年，第3页。
⑤ 〔汉〕班固：《汉书》，中华书局，1962年，第1241页。
⑥ 陈梦家：《殷墟卜辞综述》，中华书局，1998年，第46页。
⑦ 周忠泰：《冼姓再考》，《广西师范大学学报》2013年第3期。
⑧ 〔唐〕魏徵等撰《隋书》，第1831页。

既司巫祷之职，又同为部落酋长，集神权与王权于一身。早期的仪式与神话之间存在"互文（context）、互疏（interpretation）、互动（interaction）关系"[①]，操演地祇祭祀巫术仪式的母系氏族酋长被部民群体的类比思维诗意化为地母崇拜的具象性投射对象，由此神人合体。在此基础上，我们认为，高凉冼氏之姓极有可能由"沈"衍变而来，俚族先民将其部落既深谙与地祇沟通之术，又具备戍守乡土家园贤能的部落女酋长视为"沈"祭的崇祀神灵地祇之拟人化化身，因而尊称她为"沈圣母"，视其为南国屏障，由此型塑生成了"圣母崇拜"的女神信仰文化。

事实上，早在20世纪30年代，闻一多先生即指出，夏人奉祀深山氏女娲为禖神，殷商人崇祀简狄为禖神，周人尊奉姜嫄为禖神，楚人则推崇高唐神女为禖神；并且，上举禖神俱为母系社会祖妣，掌管部落姻缘以及胤嗣[②]。杨堃先生亦指出，鸿蒙时代神话中的女娲、简狄、姜嫄实则俱为女性生殖器之象征衍化物，"在氏族社会，每一氏族即是一个原始国家，便有一个始祖母"，这个始祖母即是部落的女酋长或掌控生育婚姻等诸事项的神圣女性，其往往被尊奉为氏族的圣母，在只知其母不知其父的时代境遇中充当着部落生殖崇拜的亦人亦神角色[③]。另据叶舒宪先生考察，在母系氏族社会进入农耕阶段以后，遍布世界各地的"地母神"崇拜意象表明，原始初民们认为土地能够吐纳万物，并且以冬去春来的周期性节律循环再生，便凭借引譬连类的诗性修辞而将同样能够周期性出现经血以及怀孕生殖、哺育幼儿的母亲崇拜与土地崇拜相关联。在此阶段，地母之乳被认为是生命之源，具有哺育万物的特殊功能，因而母亲之乳亦然被视为生命力的象征而被礼赞[④]。在高邑冼氏传说以及转世化生为冼夫人的女娲传说中，都强调了女神之乳。冼夫人在民间信仰空间中一般被冠以"冼圣母""冼祖婆""冼太嬷""冼太"等位高权重又不失亲切的老祖母称谓。并且，直至今日，民间祭祀冼夫人的神弦歌还在传唱着"身为玉女仙骨缘，下凡投胎在高凉（《颂冼太词

---

①　彭兆荣：《人类学仪式研究评述》，《民族研究》2002年第2期。

②　闻一多：《高唐神女传说之分析》，载《闻一多全集　一》，生活·读书·新知三联书店，1982年，第97页。

③　参见杨堃：《女娲考——论中国古代的母性崇拜与图腾》，载《杨堃民族研究文集》，民族出版社，1991年，第498—516页。

④　叶舒宪：《高唐神女与维纳斯》，第109页。

语》)"①等冼夫人信仰叙事认同，记忆中冯宝并不在场。粤西地区正一火居道士召请降神的《冼太夫人神咒》更指冼夫人"未曾回家结鸳鸯，姑嫂二人去救国，死条性命在高凉"，强调冼夫人处女成神。在阳西蓝袍村一带的"冼太诞"旧例中，乡民文化记忆中的冼夫人形象乃是跣足文身，巨乳搭肩，行军用时之际竟可同时奶婴孩。②在粤西南地区民众的冼夫人信仰心理结构中，她同时职司高禖与生殖、哺育，是该地民众虔诚崇祀并灵验尤甚的合和神。

在母系农耕社会中，地祇崇祀意识凭借初民们原始思维的类比修辞，被投射至搬演此巫术仪式的酋长身上，由此型塑生成了部民群体对其首领神人同构的"圣母崇拜"。今日遍见于粤西茂名地区的冼夫人神像俱手持宝扇，民间信仰中的冼夫人法器为"鹏羽宝扇"，此民间叙事中作为冼夫人信仰的提喻意象迥异于精英书写中的"犀杖""锦伞""绣幰"等隐喻帝国王权的意象。此扇据说乃一把由十二条骨构的奇幻羽扇，名曰"鹏羽宝扇"。其取材自昔日女娲炼石补天之际自天柱折崩处飞出的那只大鹏鸟之翼，十二支骨对应十二地支，因而一扇即可动天地，调整五行布局，绝地天通。在著名的"冼太大斗大谢王"民间传说中，冼夫人斗法大谢王黄孝的神器即为"鹏羽宝扇"。当其在高凉山上斗法，大谢王持法器银锅铲一挥，瞬间将屹立在南梁州中枢的高凉山削减至千余仞，这座传说中原本海拔四千余仞的峻峰作为高邑地标式的人文景观，据说是冼太部武屯营的山头。冼太见状，旋即取出"鹏羽宝扇"并运输真气，吓得大谢王只得抱头鼠窜，撒腿就跑。当冼太策马追击至一处大平原时，大谢王蓦地挥动银锅铲就地面铲出一个几百顷的大池塘，意欲借此躲避冼太愈来愈近的身影。与此同时，大谢王又将残留铲中的沙石泥土混合物一并朝冼太投掷而去，沉积为一座巍峨大山横亘于冼太马前。被山川河泽阻绝的冼太却并未方寸大乱，只见她手持"鹏羽宝扇"，气运丹田，顷刻间崇山坍塌，川泽成田，散落的飞沙走石更是飘散至百里以外

---

① 此类型的神弦曲还有，"俚族人多冼姓众，母系社会女如金""故而母亡她接位，英姿勃发显其能"（木鱼书《冼夫人颂》），"冼太代母当首领"（《冼太新歌》）等。（参见《（木鱼书）冼夫人颂》，载中共电白县宣传部、电白县冼夫人研究会编：《电白俚乡歌谣》，书艺出版社，2011年，第17—20页。）

② 白雄奋、李爵勋编：《冼夫人文化全书》第二卷，中山大学出版社，2009年，第690页。

的大田顶山，其大而沉者坠落累叠成岭，其微而轻者上浮萦绕成云，倏然但见山岿入云，与天相接，云雾缭绕，此为大雾岭之初塑。冼太继续策马前行，一直追至大谢王屯营之所大谢岭处，方才弃马登山。遁入山洞的大谢王早已闻知"鹏羽宝扇"之威力，不敢露面。冼太为引出藏身溪峒之间的大谢王，遂用"鹏羽宝扇"在此岭阴阳二面各施一扇，顿时岭体被削去了千余仞，溪峒尽毁，大谢王降服。更为重要的是，此扇在大谢岭处构筑的二十四条坑道，嗣后发展成为二十条村落，至今仍存。此冼太斗法大谢王的民间传说亦然见于关庆坤的长篇章回小说《冼夫人演义》。在该文本第六回的"比武败逃匿山洞，五指异人荐高徒"故事讲述中，"鹏羽宝扇"之用除了上述锻造山形、调整自然之序与人文之序的功能以外，还具有起死回生的"创生"效力。据说在冼夫人斗法大谢王之际，两方的兵卒与喽啰亦正处激烈混战中，大谢王师傅五指异人因不忍见死伤无数，遂用五行相克法抽去所有兵卒的生命气息，使之皆立如雕塑，破解之法竟是此把"鹏羽宝扇"。只见冼夫人凝神聚气，内运神力，三挥此扇，瞬息五行相形、物风竞生，形容枯槁的兵卒喽啰们皆如梦初醒般再度复活。

这些看似荒诞不经、逻辑混乱的叙述，实则变相地延续着女娲创世、救世的神话叙事。借此循环复现的社区日常口传，民间故事迂回曲折地将信仰结构中的冼夫人回忆形象链接至原型意象女娲处。大雾岭、大谢岭及其二十四条山坑聚落形态，借此日常叙事的循环再现而被赋予约定俗成的文化蕴涵，被塑造成为表征冼夫人信仰回忆叙事的记忆叙事能指，成为进入社区历史纵深维度与理解"我们的认同"的重要人文景观。渗透于此口头叙事文本脉络的，是一个社群对其文化记忆、身份认同与传统精神的感知、体认与阐释。借此叙事，粤西南基层民众将其"社会自我"认同的想象性建构过程关联于信仰结构当中的冼夫人回忆形象表征与阐释过程，由此而在其生活世界之外构筑出另一神圣性空间。如高小康先生所言："经验是记忆的内容，而符号则是释读的媒介。"①民间口传作为一个百越遗民的集体记忆之场，不断借信仰叙事之径而将冼夫人回忆形象涵

---

① 高小康：《人与故事》，东方出版社，1993年，第38页。

养在活的文化生态环境当中，使之在母题置换与审美意象复写的过程恒葆活的文化精神内涵与自我更新内驱力。就此而言，冼夫人回忆形象作为族群共享的"社会自我"认同意象，实则承载着基层民众日用而不觉的集体无意识，是"我们的认同"所赖以建基之实践智慧、伦理共识与情感共鸣的集中体现，其以历史隐喻的神话叙事修辞铭记住那个部落首领冼氏锻造山形地貌并拯救天下苍生的"神圣往昔"。故事中具象化的人、事、物凭借转喻的修辞，将现实世界表象为一个充满神祇与灵力的艺术化世界，从而为单维冗复的世俗生活世界创设出另一与之并行不悖的超越性的、诗意化的精神补偿世界。在此意义上，我们可将此类渗透于社区日常生活肌理的冼夫人回忆叙事，视为岭海方域集体共享的神话历史。借此"历史的隐喻，神话的现实"[1]，信仰结构中的冼夫人回忆形象成为某种可被直觉把握的概念、道理、象征。正是这种循环复现、耳濡目染、习焉不察的传统教化方式，造就了粤西南民众共享的感觉结构与精神品性。亦是在此社会共通感的模塑过程中，冼夫人被认同为庇佑幸福感与安定感的"家神"，当其在场，即无处不是"家园"。如果以上论证成立，那么现在仍需回答一个问题，即"地母""女娲"或"圣母"意象的终极原型是什么？

四、物与图像的叙事： 铜鼓铸蛙与云雷纹饰

承上所述，冼夫人信仰的原型可追溯至母系氏族社会的"地母崇拜"形态处，嗣后又经由原始初民引譬连类的神话思维而被比附为人神同构的"圣母崇拜"形态，此为今日我们耳熟能详的冼夫人信仰结构的原始意象，其作为粤西南地域社群集体无意识的心理原型，历经叙事母题与抒情意象的置换变形而活态传承繁衍。按照N级编码理论，我们认为俚人铜鼓边缘的立体铸蛙[2]与鼓身的云雷纹饰图像，是为冼夫人信仰原型的重要一级编码。原因有三：其一，俚人铜鼓是部落酋首权力与财富的象征，并作为礼乐法器被运用至多种场合当中。据考古发掘，广东迄今出土铜鼓127面，其覆盖面积高达23个县市，中心分布区在

---

[1] Marshall Sahlins, *Islands of History*, Chicago: Chicago University, 1985.

[2] 铜鼓铸蛙包括青蛙和蟾蜍，以下以蛙类统称。

信宜、高州以及罗定一带，此地域范围即古高凉县与西江流域二俚人聚居中心，所出土铜鼓大抵俱为北流型与灵山型两种粤式铜鼓，民族学者和考古专家将其命名为粤式铜鼓文化圈。[①]目前考古发掘与民俗遗留证据俱表明，冼夫人信仰文化圈与贵铜鼓的岭南俚人文化圈吻合。其二，俚人击鼓聚众的史书记载主角包括冼夫人之孙冯盎的族人冯子猷。其三，由西瓯古国遗民演变而来的俚人未汉化者即今之壮族，今日壮民的雷崇拜、蛙崇拜及其相关民间叙事和信仰仪式，俱表明冼夫人信仰的原型可回溯至以"雷神"崇拜为原始意象的"大母神崇拜"原型处。粤式铜鼓上的铸蛙和云雷纹饰，是该铜鼓文化圈"圣母崇拜"之转喻，故而被赋予了神权与王权合一的象征蕴意。

作为族称出现的"俚"最早见于吴万震的《南州异物志》。[②]稍后，晋张华《博物志》亦载："交州夷名曰俚子。"俚人贵铜鼓，视其为财富与权力象征，用其作发号施令的器具，并在宴聚庆典、迎神赛会和丧葬仪式等多种场合击鼓鸣角为乐。早在齐武帝永明三年（485），《南齐书·祥瑞志》即载，"越州南高凉俚人海中网鱼，获铜兽一头，铭曰：'作宝鼎，齐臣万年，子孙承宝'"。剥落文过饰非的修辞，我们可看到彼时高凉俚人崇尚铜鼎并以之为占卜铭器。又裴渊《广州记》云："俚僚铸铜为鼓。鼓唯高大为贵，面阔丈余"，可知俚人以铜鼓作为权力与财富的象征。另《隋书·地理志》亦载，俚人豪富贵族往往"铸铜为大鼓，初成，悬于庭中，置酒以招同类。……欲相攻则鸣此鼓，到者如云。有鼓者号为'都老'，郡情推服"[③]。阐释俚人铜鼓惊人聚众功能的例子，当推冼夫人孙裔冯盎的族人冯子猷之例，时子猷载金炫富长安，御史许瓘奉命至洞"视其赀"，子

---

① 目前广东出土铜鼓的地区包括：（1）南路地区的徐闻、海康、廉江、化州、电白、茂名、高州、信宜、阳春、阳江；（2）西江流域的罗定、德庆、郁南、云浮、怀集，珠江三角洲的中山、南海；（3）粤东的惠东以及海南岛的万宁、陵水、东方、昌江和临高等县市。另在文昌、台山、中山、开平、高明、鹤山、广宁、德庆、清远、佛冈、曲江、乐昌和连山等县市亦发现诸多以铜鼓命名的地名。上述区域俱不出俚人聚居分布区域范围。参见练铭志、马建钊、朱洪著：《广东民族关系史》，广东人民出版社，2004 年，149—150 页。

② 上载"广州南有'贼'曰俚"，其据"苍梧、郁林、合浦、宁浦、高凉五郡中央，地方数千里"。

③ ［唐］魏徵等撰：《隋书》，第 888 页。

猷即"率子弟数十人，击铜鼓，蒙排，执瑾而奏其罪"。^①此外，俚人铜鼓还被用作迎神赛会和丧祭礼器。据《太平寰宇记·岭南道》"新州豪渠之家，丧祭则鸣铜鼓"，又唐人许浑《送客南归有怀》载"瓦尊迎海客，铜鼓赛江神"。俚人铜鼓有重要的神圣与世俗功用，既可号令聚众又可慑服郡情，既是权力与财富的象征，又是俚人独特的礼乐法器。

在考古发掘的岭南俚人铜鼓边缘，俱浮雕着四至六只间隔均匀而通体镂空的立体铸蛙，部分呈两到四只蛙类叠砌的"累蹲蛙"。青蛙在岭南方言中亦称"蚂蜗""虾蟆"或"蛤蟆"，蟾蜍称"癞蛤蟆"。今日广西北部红水河流域南丹、东兰、天峨等县的壮族村寨年度周期复现的蛙婆节或蚂蜗节，即为岭南俚族先民蛙崇拜的活态传承文化载体，其再现了岭南稻作文化自母系氏族农耕社会时期开始便已然成型的地母神崇拜祭祀仪式场景。蛙婆节的祭祀典仪一般遵照"请蛙婆—祭蛙婆—游蛙婆—葬蛙婆—铜鼓山歌会"五个程序推演，每年正月初一开始举行，历时长达五天或一个月不等，以村（屯）单独或联合举办的形式操演，祈祷风调雨顺、六畜兴旺。^②最先找到"蛙婆"（青蛙）的男性为当年仪式的"蚂蜗郎"，其中"杀死蛙婆"的场景与人类学家弗雷泽《金枝》中所阐释的"杀死神王"和"杀死谷精"^③结构相似。正月时节，大地尚处冬至至立春的阈限阶段，万物未及复苏，冬眠之中的蛙类被视为生命力虚弱的象征。弑杀"蛙婆"的崇祀仪式象征有二：其一，祭杀仪式中的蛙类被视作人神交流的媒介，其死而成神，灵魂上天向雷神禀报人间祈愿，尸骨可卜吉凶，头一年之尸骨若果呈现为黄者，则为吉兆；其二，借此阈限性仪式的演绎，灵力衰微的神王之生命能量及其绝地天通的神性，被认为是灵力不泯、死而复生，转移至新一代的接任者处，如此便保证了社群生生不息的繁衍延续。

---

^① "盎族人子猷，以豪侠闻。贞观中，入朝，载金一舸自随。高宗时，遣御史许瑾视其赏。瑾至洞，子猷不出迎，后率子弟数十人，击铜鼓，蒙排，执瑾而奏其罪。帝驰遣御史杨璩验讯。璩至，卑职以结之，委罪于瑾。子猷喜，遣金二百两、银五百两。璩不受。子猷曰：'君不取此，且留不得归。'璩受之，还奏其状，帝命纳焉。"［宋］欧阳修、宋祁等撰：《新唐书》，中华书局，1975年，第4114页。

^② 梁庭望：《壮族蛙神艺术及文化内涵》，《民族艺术》1996年第3期。

^③ 〔英〕弗雷泽：《金枝》，第621页。

　　俚人铜鼓是部落酋首权力与财富的象征，并作为礼乐法器被运用至多种场合当中，其绝地天通的灵力被认为是为"蛙精"所赋予。有关俚人铜鼓与蛙类神圣性关联的文字文本叙事，最早可回溯到唐人刘恂的《岭表录异》，其载述了一则唐僖宗时期高州"蛙即鼓精"的异闻："乡野牧童闻田蛤鸣。欲进捕之，蛤跃入穴中，掘而取之，得一铜鼓。其上隆起，多做蛙龟状，岂蛤鸣乃铜鼓之精邪？"在粤西南一带的民间传说中，蛙类为天祇雷神之女，其非但能为民众祈雨求水，而且深谙稻谷植育之法，被崇奉为丰产之神。[①]"蛙"字的甲骨文作"𧖬"，金文作"𧖬"，皆象腹鼓之蛙类形状。《尔雅·释鱼》曰："蟾诸（蜍），在水者黾。"《说文解字》释"蛙"字云："黾，蛙黾也……象其腹也。"[②]又《集韵》释古"孕"字为"女黾"，从女从黾。[③]蛙与生殖崇拜相关，当无疑议。另《说文·女部》释"娲"字云："古之神圣女，化万物者也。从女呙声。"刘毓庆先生曾考证到，从"呙"得声之字，"多与圆形或容器有关"，而"娲"字本意所指亦为"与女性有关的呈圆状之物或容具"，体现为"玄牝之门"之生殖崇拜蕴意。[④]在读音上，"蛙"与"娲"同音异形，在无文字的口传时代十分容易混淆。叶舒宪先生等人的文章亦已然证明"蛙图腾"与女娲崇拜之间的关联。除此以外，在山兜隋国夫人冼氏墓出土六件瓮罐，且当地俚族先民的丧葬习俗是二次葬（洗骨葬）[⑤]，此

---

①　今日广西壮族的《蚂蚜歌》至今仍旧传唱着："蚂蚜是天女，雷婆是她妈，她到人间来，要和雷通话，不叫天就旱，一叫就下雨，你们伤害她，老天就惩罚。……找来蚂蚜尸，抬她去游村，送她回天去，感动雷婆心……古人做的事，世代永流传，年年这时候，抬蚂蚜出游，求雷婆下雨，保五谷丰收"，以及"青蛙青蛙从天下……谁敢轻而触犯它，雷公叫他头开花……"等民歌。参见李坤荣：《铜鼓之乡说铜鼓》，《民族艺术》1992年第2期；胡仲实：《试论雷神形象的历史演变》，载《岭南文化与百越民风》，广西教育出版社，1992年，第70页。

②　[汉]许慎著，[清]段玉裁注：《说文解字注》，上海古籍出版社，1981年，第13、150页。

③　[宋]丁度等编：《集韵》（明州本），609.4.2.

④　詹鄞鑫、徐莉莉：《神秘·龙的国度》，中州古籍出版社，1990年，第14—15页。

⑤　2006年6—7月，自北而南排列的信宜荔枝岗、马岭岗，高州塘尾岭、屋背岭、牛角山、亚公山和光山七处南朝至唐朝的俚人遗址被洛湛铁路文物考古调查勘探队发掘出来，考古工作人员仅在马岭岗即发掘出船形竖穴土坑墓七座，坑旁放置斜壁平底双耳盆以及浅腹圈底钵等罐状随葬物品，并出土多个瓮棺，一般为灰色四耳陶罐，高约三分米，单个竖立，瓮棺底部有小孔。此外，在海南的"军屯坡"亦然出土了卧躺着连续置放的六个瓮棺的墓葬。据叶舒宪先生，瓮棺是"人工制造的地母子宫的典型形态"，作为地母子宫象征的容器。

为"地母崇拜"心理原型的物的叙事，即相信大地母亲是作为死亡与再生的双重性在场并灵魂不灭。"从神话思维的类比逻辑看，容器意象的中央部位是母腹的象征，因为容器和母腹均有容纳的特征。"[1]模仿这种"大地子宫"的先民们开始制造出形形色色的人工仿制式"大地子宫"，作为生命逝去与重生的再度循环阈限。宗教史学与人类学的研究表明，经血的规律性出现与怀孕之际的形体改变两种独特的女性存在方式，催生了史前的女神崇拜神话与禁忌。[2]可以周期性蜕皮新生，并拥有惊人生殖能量的蛙类被诗意化为不死的象征，成为部落的图腾，并进而被母系农耕社会初民引譬连类的原始思维比附至其部落酋长身上，从而认为这些亦人亦神的氏族老祖母深谙超人的巫术，能够不断地化身变形，死而再生。

此外，广东省博物馆杨豪先生关于粤式铜鼓的研究亦然为我们提供冼夫人崇拜原型乃"圣母崇拜"的线索。其曾对岭南铸蛙铜鼓、铜鼎、铜锣以及陶瓮、陶缸、陶釜等出土器物上的蛙图像进行考察，对比分析今日仍旧留存状蛙文身习俗并文扎蛙类图腾的尚蛙区域，发现古代岭南以蛙类为图腾的地域范围，实质上不出两广。[3]上述崇尚铜鼓并尊蛙类为其图腾的族群，大抵是秦汉之际的西瓯和骆越族人，嗣后演化为俚人；由西瓯、骆越族人所演化而来的岭南俚人，分别崇尚铜鼓、铜锣。又据民族学学者练铭志先生等人的考察，俚人为百越未融于汉族的后裔，其分布脉络遍及广西邕江、郁江与浔江等流域以南，广东西江、北江、东江、韩江流域以及海南省，另岭北湖南朗州和永州亦有少量分布。岭南俚人分为两支：其一，由西瓯古国遗民演变而来的贵铜鼓一支，其嗣后演变为壮族，域内地名多为那某、罗某、多某、扶某、谭（潭）某、兰某、美某、文某等称谓，民

---

① 参见叶舒宪：《中国上古地母神话发掘》，《民族艺术》1997 年第 3 期。

② See Mata Weigle ed., *Spiders and Spinsters: Women and Mythology*, Santa Fe: Sunstone Press，1982，pp.155-196.

③ 其中，广西集中在浔江以南、郁江与邕江以东、合浦一带，与浔江沿岸的藤县、平南、象州，郁江西部的贵县、横县、宾阳、武鸣，左江西部的龙州、大新和桂西北的东兰、凤山等境。广东则主要是在西江以南，包括郁南、云浮、罗定、茂名、高州、信宜、阳春、电白、化州、廉江、湛江和雷州半岛，以及海南省的琼山、海口、陵水与五指山区等地。参见杨豪：《岭南与云南的青蛙族群研究》，《广西民族研究》1986 年第 3 期。

族学学者将之命名为二类地名区；其二，由骆越族后裔演变而来的贵铜锣一支，其嗣后演变为黎族，域内地名多为番某、抱（保、包）某、布某、打某、什某、毛某、方某或芬某等称谓，为一类地名区。上述两支岭南俚人的地域分界线大致自西往东沿着今日广西壮族自治区贵港、玉林等市以至于广东省高州市铺展开来，该线以北地区，即西江、浔江和郁江等三江流域一带大抵为由西瓯遗裔演变而来的俚人一支所居，这些二类地名区的范围内贵铜鼓以及崇祀冼夫人的习俗惯例，一直延续至今日。这些贵铜鼓的西瓯遗裔俚人聚居区域内自穷乡僻壤至通都大邑俱可见诸香火鼎盛的冼夫人崇祀庙宇，乡众们祭拜"冼圣母"的社区仪式仍旧周期性循环复现。[1]

"蛙图腾"的原初形态只是一种指示符，其依赖于邻接性关联将意识意向性感知到的对象作自我中心的统觉共现。但随着周而复始的实践，其原初的理据性销蚀，在形象累叠过程中渐次转变为隐含着一整套社会历史文化惯例的规约符，裹挟着一整套蕴意丰腴而隐晦的文化代码。因此，作为女娲崇拜表征的"蛙图腾"可能是共相，然不同社会历史文化语境中的迥异社群对其解释不尽相同。在作为神权与王权合一象征的俚人铜鼓的云雷纹铸蛙阐释语境中，我们可以确定的是，"蛙图腾"与"地母崇拜"以及嗣后置换变形的"圣母崇拜"之间的象征指称关系。承上所述，铜鼓非但是俚族重要的权力与财富象征，更是在重大的人生阈限仪式中被作为神圣的礼乐法器而加以使用，此铜鼓上的铸蛙被认为是具有绝地天通灵力的"蛙精"，那么现在的问题是，遍布鼓面及鼓身的云雷纹饰蕴意何在？其与作为"圣母崇拜"表象的冼夫人信仰之间的关联又如何？

初民敬畏雷声及闪电，以其为雷神。然"神"为后起字，电乃其初文。"雷"之甲骨文作"𪊲"，金文作"𤴐"，俱从"申"并附口形、田形或点形。"申"为"电"之初文，其甲骨文作"𦥯"，六书之中皆象闪电之形，后假借为干支方才从"雨"从"申"。康殷先生认为，"从字形看，殷人已视雷、电为一事"[2]。雷神崇拜滥觞于原始初民之自然敬畏意识，当无疑议。在今日广西凤山、东兰以及巴马一

---

① 参见练铭志等：《广东民族关系史》，第143—156页。
② 康殷释辑：《文字源流浅说》，荣宝斋出版社，1979年，第380页。

带的壮族聚落社区口传叙事中，雷神的形象是一位躯庞体大的女神，据说其肚皮足以吞没日月，恫吓人心的闪电乃是她蓝色的头发，漫天密布的乌云则为她的巨型生殖器，下雨之时乡民们奔走相告"雷婆屙尿"。雷婆的部将为大批龙虎，"云从龙，风从虎"，每当山雨欲来，狂风大作，猛虎狂龙便侵袭人间，将风、雨、雷、电崇拜一并归结于雷婆崇拜处，并且雷婆专司生育繁殖之职。①此与"大母神崇拜"的原始意象相类似。

作为比较宗教哲学术语的"大母神"（the Great Mother），又称"大女神"（the Great Goddess），其指涉前父系氏族社会人类崇奉的最高神祇原型，大母神为后世诸女神乃至于一切神祇之终极原型。②斯通在《当上帝为女神》一书中基于苏美尔、巴比伦、埃及及中国等多处的神话研究指出，大母神是女神宗教信仰的崇拜中心，其终极原型往往与鸿蒙时期女性作为创世始祖的神话观念相联系，她是天地万物以及人类的母亲。③而作为表象的大母神神祇雕像之典型特征是赤身裸体、丰乳肥臀、腹部隆起并刻意凸显其生殖部位。④在中国，大母神的原型可借老子哲学思想中最为玄妙的"道"之范畴来进行理解。"这一原型有时被确认为是'天地之根'，即独立生育了整个世界的'原母'或'玄牝'；有时又被表现为神秘的'道'及其创生功能的隐喻"。"大母神"原型区别于"地母崇拜"之处即在于其功能的专一性，即"只作为生育之象征"。当其嗣后在母系农耕社会中与土地生养能力相认同之际，方才从"单一的生命赋予者"置换变形为"'生—死—再生'这样一种生命循环的主宰者"。⑤

早在"民知其母不知其父，与麋鹿共处"⑥的母系氏族群婚之期，雷神崇拜即已存在，其原初形态与原始初民的生殖崇拜相关。殷墟卜辞中曾载"祭酉，余卜贞，雷妇又（祐）子"，由此可知雷神崇拜最初专司生育繁殖之职，与"大母

---

① 胡仲实：《试论雷神形象的历史演变》，载《岭南文化与百越民风》，第67—68页。

② 叶舒宪：《老子哲学与母神原型》，《民间文学论坛》1997年第1期。

③ Merlin Stone, *When God Was a Woman*, London: Harcourt Brace Jovanovich, Inc., 1976, pp.18—19.

④ Robert A. Segal, *Joseph Campbell: An Introduction*, N.Y.: Garland Publishing, 1987, Chap.5.

⑤ 参见叶舒宪：《老子哲学与母神原型》，《民间文学论坛》1997年第1期。

⑥ 《庄子·道跖》。

神崇拜"意象相符。并且，自"帝令其雷"的甲骨卜辞蠡测，雷神信仰亦然经历了一个母系氏族女神崇拜为男权社会话语所驱逐的过程，"雷公""雷王"之谓当属后起，"随着向父权制的过渡，妇女在宗教中的主导作用被男子排挤掉了，女性的精灵变为男性的精灵"。[1]在上古神话的文本叙事中，雷神被载述为三皇五帝之黄帝和伏羲之父。据《史记正义》，黄帝之"母曰附宝，之祁野，见大电绕北斗枢星，感而怀孕，孕二十五月而生黄帝于寿丘"，以雷神为黄帝之父。黄帝的形象是"生日角龙颜，有景云之瑞，以土德王"[2]，《晋书·天文上》说轩辕大帝即黄帝之神，其形"黄龙之体"，其"主雷雨之神"。又《太平御览·卷七八》引西汉时人所作之《诗含神雾》云："大迹出雷泽，华胥履之，生宓牺"，宓牺即伏羲，以为雷神乃伏羲之父。[3]黄帝与伏羲乃雷神后裔，然其原型亦为女神崇拜。闻一多先生即曾著《五帝为女性说》力证黄帝崇拜的原型乃母系氏族部落的酋长，为女神信仰类型。[4]龚维英先生亦指出，从《淮南子·天文训》"其佐厚土，执绳而治四方，其神为镇星，其兽黄龙，其音宫"之描述可知，尚黄、以"后土"为神佐的中央土神黄帝应当本为地母化身，且为"五方上帝"。[5]此外，袁轲先生据民国陈志良先生所辑录成册的《西山瑶故事》指出，今日苗、瑶等少数民族的口传叙事，亦然为伏羲与雷神的血缘关系提供了神话历史的叙事合理性支撑。[6]值得注意的是，伏羲在民间口传叙事中的原型亦是女神，此在今日粤西地区奉祀的伏羲神祇造像中依旧可窥一斑。譬如说，粤西高州东岸镇奇壬岭的盘古大仙庙中即奉祀着"伏羲姊妹"，"冼夫人"与"伏羲姊妹"之神龛分列盘古大王神龛左右，此空间表象隐匿而持续地意指着一个陨落的女神崇拜时代，与西王母被安置为玉帝之配偶的叙事结构相似。

"雷神"连缀于"鼓"的文字材料滥觞于《山海经》。在《山海经·大荒东

① 〔苏联〕柯斯文：《原始文化史纲》，张锡彤译，人民出版社，1955年，第81页。
② 〔西汉〕司马迁撰：《史记》，中华书局，1959年，第2页。
③ 〔宋〕李昉：《太平御览·卷七八》（文渊阁四库全书）Apabi 电子图书。
④ 杨宽：《中国上古史导论》，载《古史辨》第七册上，上海古籍出版社，1982年，第401页。
⑤ 龚维英：《试论雷神的性别演变——汉壮族雷神神话比较研究》，《社会科学战线》1987年第3期。
⑥ 袁轲：《山海经校注》，上海古籍出版社，1980年，第52页。

经》中，雷神转变成了"夔"这种一只脚的"雷兽"形象，其居住在东海流波山上，状如牛并且苍身无角，每当潜入水中必当风雨大作，其光如日月，其声如雷鸣，黄帝在于蚩尤酣战之际即"以其皮为鼓，橛以雷兽之骨，声闻百里，以威天下"[1]，终于大败蚩尤。郭璞注："雷兽，即雷神也。"在《山海经·海外东经》，出于雷泽中的雷神形象又变了形象，其"龙身而人头，鼓其腹则雷"（"则雷"二字原无，从《史记·五帝本纪》正义引补）。[2]但无论"雷神"的神话意象如何转变，"鼓腹"始终被作为中心意象来加以表述。从原始思维的"换喻"修辞中，我们可以看到"腹部"在"雷神"形象表征中的重要性。依据前述纽曼之"女人＝躯体＝容器＝世界"的母系氏族神话编码公式[3]，"雷神"无疑亦是母神的原型编码意象。另据叶舒宪先生的考察，"牛、锅釜、腹"等神话意象实质上俱为地母象征系统中的一些古老的类比形象，譬如《周易·说卦传》中即有"坤为牛"，"坤为腹"，"坤为地，为母，……为子母牛"等说法。[4]尽管"雷神"崇拜的意象在母系氏族衰落之后的男权社会中或沦为非人的神兽，或被指派至"黄帝妻雷祖"（《山海经·海内经》）的次级位置之上，甚至被状摹为凶神恶煞的雷婆，我们还是可以从"地母崇拜"的置换变形轨迹反向逆推出其鸿蒙之期的"大母神崇拜"的原始意象。此外，在今日广西壮族的"东林葬母"传说中，用牛皮制成的"雷鼓"据说可制伏凶神恶煞的"雷公"，以抵抗他惨绝人寰的"吃族中老人"之命令，让人间免受其侵扰。联系到"雷兽""夔"的牛状神话形象，牛皮实则为"雷神"的"换喻"修辞，牛皮所制之鼓亦称"雷鼓"，亦即此为"雷神"作为护生的"善神"形象一面。而制定"弑老及食老"陈规的"雷公"则男性化，并且站到了纯粹"恶神"的一面。"雷公"之所以是男恶神，原因在于此形象所表征的人物原型乃是奴隶制下的封建土司头人雷王。[5]此可被视为一个在父权社会压抑下原初"大母神"原型被激活的例子，这个激活了的原始意象还是原初那个爱

① 袁珂：《古神话选译百题》，上海古籍出版社，1980年，第129页。

② 袁珂：《山海经校注》，第329页。

③ Erich Neumann, *The Great Mother: An Analysis of the Archetype*, p. 39.

④ 叶舒宪：《中国上古地母神话发掘》，《民族艺术》1997年第3期。

⑤ 参见胡仲实：《试论雷神形象的历史演变》，载《岭南文化与百越民风》，第70—74页。

生、护生、守护生命的女神形象，是"善"之化身。

厘清了"雷神"的原型为"大母神崇拜"之后，我们便不难理解俚人铜鼓上密布的云雷纹之蕴意，其作为"雷神"的能指，故而能够赋予铜鼓以神圣的权力。并且，此权力的象征涵指亦然随着"雷神"崇拜形象的演变而不断发生意指的位移。如果我们将"黄帝与伏羲乃雷神后裔"的上古典籍叙事与"蛙婆乃天祇雷神之女"的民间口传叙事进行对比研究，便不难发现，"黄帝""伏羲"与"蛙婆"（女娲）所占据的位置是重合的，即是氏族人神参半的"神王"类型，其由"地母崇拜"置换变形而来，在母系氏族农耕社会转换为"圣母崇拜"的女神信仰形态。而这些"神王"俱被表述为"雷神"之女，可见"雷神"所占据的应当是"大母神"的终极原型位置。而在粤西南地区的民间传说中，女娲与祝融被认为是同一神祇的不同称谓，二者俱为南方之神的别称，代表颜色为黄色与赤色。关庆坤的长篇章回小说《冼夫人演义》第四回"谈因果欲惩乱首，惜无辜让贼脱身"亦然将此说法援引入内，称夜授冼夫人神功的老妪神祇乃是女娲与祝融的叠加形象，小说称她"原是三皇中的女娲，死后被封为南方之神，更名祝融，又号回禄"[1]。在后世民间叙事中作为南方最高神祇的女娲与祝融，要么被讲述成为冼夫人的祖宗或先师，要么即直接地被置入与肉体凡胎的冼夫人相对应的神祇位置，以强调冼夫人的神性血脉。

诚如郑元者先生所言，史前图腾崇拜意识与信仰的产生动机与其说是纯粹审美，毋宁说是人类渴望借助图腾动物之灵力去刑克现实生存环境中的致命威胁因素，"他们在幻想中乞求与图腾物的'同一'，借助于图腾的力量去抑制、征服其他自然力的潜在威胁"[2]。岭南地区为雷电重区，谯国夫人冼氏的娘家山兜丁乡，其所隶属的电城镇原名即为"神电卫城"[3]，该地名所裹挟的编码即是俚人初民对于雷电的原始自然崇拜意识。另，今茂名高州雷垌马鞍坳古道二侧之山岩之上发现俚族"花码字"（这种民间文字当地老人还有将其作日常记述用者），上

① 关庆坤：《冼夫人演义》，新疆青少年出版社，2002年，第52页。

② 郑元者：《图腾美学与现代人类》，学林出版社，1992年，第45页。

③ ［清］杨霁修、陈兰彬等纂：《高州府志》，台北：成文出版社，1967年，第18页。

书初民占卜遗留信息"六卜越雷王作反"与"夫人天下，官正王上"。①再者，今海南省海口市美兰区东北部与文昌市北部地区，均将冼夫人称为"南天闪电火雷圣娘"。可见，由古西瓯族演变而来的岭南俚人，除了共享贵铜鼓与冼夫人信仰两种传统习俗外，还有一个共同点，即雷神崇拜。而从雷王权力受到（冼）夫人钳制这点信息来看，雷母崇拜意识尚可对封建土司头人雷王产生制约效用，这从侧面印证了冼夫人崇拜的终极原型为雷神崇拜，作为类称的"冼夫人"是"亦人亦神"的神王，由此即映射出冼夫人信仰的自然崇信维度。

"图腾意识作为史前人类最早的宇宙观，它胶结着无数往后得以发展的精神颗粒"②，原始初民面对雷电等自然威胁之际，将其敬畏意识托寓于行雷之际漫布田垄的蛙类，想象这些自然生灵即是雷母之女，并渴望借其中介力量以与雷神交流沟通，以此化解生存的恐惧与焦虑情愫。如果说，"雷母崇拜"所代表的是生生不息的"大母神崇拜"原型，那么，嗣后在农耕社会中大地春夏秋冬四季循环运转的节序更替，则被比附为"死而复生"并兼司生死神职的大地之母的身体之"开"与"闭"，由此产生了"地母崇拜"意识。在岭南俚人母系农耕社会中，稻田中漫布并拥有惊人生殖力的蛙类被初民引譬连类的思维诗意化为"蛙精"或"谷精"，"女娲"为蛙类的人格化形象。他们以蛙类为图腾，在神话叙事以及巫术操演中表达其"地母崇拜"意识，祭杀"蛙婆"的巫术被认为是借助可以"死而复生"的地母神祇力量以调和自然与人文秩序，以此祛除邪恶鬼魅等威胁人类生存之恶灵，重整社区内部秩序。据此我们认为，那个藏储于粤西南地域社会民众文化记忆中的冼夫人信仰原型，乃是滥觞于西瓯古国遗裔集体无意识当中的"雷神崇拜"原始意象，此"大母神崇拜"原型在母系氏族农耕社会置换变形为以"女娲"为人格化意象的"地母崇拜"形态，并在初民引譬连类的原始诗意修辞作用下被比附为人神参半的"圣母崇拜"类型。另从"蛙精"之谓以及俚人铜鼓的生殖祈祝功能可推知蛙类为俚人铜鼓文化圈的图腾崇拜对象，俚人铜鼓之所以集神权与人权于一身，正是因为其铸蛙和云雷纹饰的神性

---

① 参见张均绍编：《寻找冼夫人足迹》，中国国际文学出版有限公司，2018年，第24—26页。

② 郑元者：《图腾美学与现代人类》，学林出版社，1992年，第4页。

光韵。

冼夫人信仰循环复现于社区的日常生活场景之中，浸渍着粤式铜鼓文化圈社群民众感性之生命体验并凝聚着其集体智慧。在正常形态的社区生活中，乡民们每月朔望必至冼庙拜祭祈祷并集体唱诵神弦歌，更在社区新生命诞生之际赴冼庙祷告上契，视冼夫人为社区新成员的守护神。而每当天灾人祸侵袭域内，乡民即举行祷神仪式，借神舆巡游的路线与圈定的范围来象征性重新确认或调整社区的"内/外"界限。这些因应着迥异社会历史文化语境而不断置换变形的冼夫人信仰叙事母题与抒情意象的型塑，俱指向一个既能调整自然宇宙秩序，又可整肃人文社会既存结构的母系氏族女神崇拜原型处。她们作为"智者、救星和救世主的原型意象就埋藏和蛰伏在人们的无意识中，一旦时代发生动乱，人类社会陷入严重的谬误，它就会被重新唤起"，从而抚慰失衡的心理，补偿受创的精神。[①] "丰足性是人的正面原始经验之一，是他对女性作为提供营养的容器的经验的一部分，因此乳房得到了强调。"[②]这种经过了审美变形的民间叙事形式，一旦被回置到岭南母神崇拜历史文化语境当中，便会剥落其怪异性而变得可以理解，特别是联系到民间叙事中惯常的年代倒错、逻辑混乱、怪诞夸饰等审美趣味。正是在此意义上我们认为，冼夫人信仰文化的神话人物原型并非仅仅指涉今日攫获普遍认同的谯国夫人冼氏一人，而是彼时粤西南片区母系氏族社会中的部落首领冼氏这一代代传承继替的女酋长群像。这些自鸿蒙之期走来并不断置换变形的文本系统、原始意象与仪式系统，作为乡民们与其所信仰的偶像冼夫人之间独特的交流方式，为冼夫人信仰之传承繁衍提供了活态的文化生态壁龛。

第二节 "神话"化：盛唐史传叙事对冼夫人信仰之收编

贞观十年（636），在魏徵主持编纂的官修史书《隋书》中，我们今日耳熟能

---

① 〔瑞士〕荣格：《荣格文集》，冯川译，改革出版社，1997年，第143页。
② 〔德〕诺依曼：《大母神原型分析》，李以洪译，东方出版社，1998年，第122页。

详的巾帼英雄冼夫人以南越酋首的身份，首次出现在《谯国夫人传》中，此时距离冼夫人寿终正寝不过三十余载。①除《隋书》外，《北史》与《资治通鉴》亦将谯国夫人冼氏入传。

一、从神话原型到历史原型：史传叙事视域中的冼夫人形象

在正史的脉络中，冼夫人作为彼时拥有十余万家部落规模的南越首领世族高凉冼氏之女，其与一个真实与想象的中原王朝之交往互动过程，以两次偶然事件为基础铺陈开来。

其一，在地域社会内部空间中发生的"冯冼联姻"事件。《隋书》卷八十②、《北史》卷九十一③与《资治通鉴》卷一百六十三④中俱有记载⑤，大意均为讲述一个北燕王族在其南下归宋后，因得土著酋首之助，而改变此前"累世为方伯"却"号令不行"的窘境，渐次达致政通人和管制之效的故事：

> 初，燕昭成帝奔高丽，使其族人冯业以三百人浮海归宋，因留新会。自业至孙融，世为罗州刺史，融子宝为高凉太守。高凉冼氏，世为蛮首，部落十余万家，有女，多筹略，善用兵，诸洞皆服其信义；融聘以为宝妇。融虽累世为方伯，非其土人，号令不行；冼氏约束本宗，使从民礼，每与宝参决辞讼，首领有犯，虽亲戚无所纵舍，由是冯氏始得行其政。⑥

冯业以"三百人浮海归宋"，成为北燕王朝遗裔入粤始祖，这一鲜卑化的汉人家族尽管在彼时的岭南地域社会之中拥有官职，却"他乡羁旅，号令不行"。

---

① 《隋书》"纪传"部分的纂修时间为贞观三年至贞观十年，"志"部分则完成于贞观十五年。另，据今存高州冼太庙的《重修谯国冼氏庙碑》，冼夫人于"仁寿二年以寿终"，即公元 602 年。不过，关于冼夫人的存年问题，学界目前仍未达成共识。

② ［唐］魏徵等撰：《隋书》，第 1800 页。

③ ［唐］李延寿撰：《北史》，中华书局，1974 年，第 3005 页。

④ ［宋］司马光编著，［元］胡三省注：《资治通鉴·梁纪十九》，中华书局，1976 年，第 5539—5540 页。

⑤ 《北史》与《资治通鉴》对此事件叙述几无异，仅体例有别，以及对于冯业与北燕昭成帝冯弘（北燕文成帝冯跋之弟）关系厘定上有出入，《隋书》与《北史》谓其子，《资治通鉴》称为其族人。

⑥ ［宋］司马光编著：《资治通鉴》，第 5562—5563 页。

三代为守牧的冯氏家族入粤为官而不得治世的故事，可被视为一个外来权力机制的渗透意图在本土社会既存秩序的阻力下被挫败的隐喻。此中从侧面揭橥，在王朝尚未在岭南建立起有效的州县制度的情境中，国家行政管制在地方社会的实际扎根，亟须经由土著酋豪之中介，亦即诉诸羁縻策略，倚靠当地德高望重的部落首领进行间接管治。在此冯冼联姻叙事中，浮海归宋的冯族所占据的表象位置，即王权莅临南越之统辖权威。由于彼时这种帝国的赋权在当地并不被认同，因此冯氏转向"信义结于本乡"且能"抚循部众"并"压服诸越"的南越酋首冼氏。其时，俚女冼氏已是芳名远播，她非但能规谏其兄南梁刺史冼挺不复侵掠旁郡，在本族内部每劝亲友为善以止息怨隙；并且在行军用师、运筹帷幄方面，亦巾帼不让须眉。当其请置崖州，"海南、儋耳归附者千余峒"。梁大同初，时任罗州刺史的冯融为其子高凉太守冯宝聘此生长于斯的俚女为妻，冼夫人与中原王朝的结缘即在此情境脉络中展开。自此，冼夫人"诫约本宗，使从民礼"，对亲族亦一视同仁、无所舍纵，南越方才"政令有序，人莫敢违"。①

其二，以高州刺史李迁仕在侯景之乱中征兵援台的叛变之事为基点而展开的地方动乱与平叛叙事。历史学者提醒我们，侯景乱梁为南方土著豪族的崛起提供历史契机，原本在南朝士族主导的秩序中被放逐至文化与政治边缘的南方土豪峒首，即《魏书·僭晋司马叡传》中所言指的"巴、蜀、僚、俚诸族"的"江左土人"，纷纷借此机会登上政治舞台。②因此，在此叙事脉络中，文本叙事溢出了地域社会内部空间，在国家与地方互动的视域中，着力渲染冼夫人审时度势、明辨时局的过人才智。

梁太清二年（548），降梁甫定的东魏叛将朔州羯人侯景在寿阳（今安徽寿县）起兵叛梁，次年攻陷梁都建康，梁武帝萧衍饿毙于台城。西江督护陈霸先将兵赴援，北上勤王。其联手成州刺史王怀明等人，并之以南海所召义兵，于七月驰檄征剿心怀异志的广州刺史元景仲，告捷即出迎梁宗室萧勃镇守广州。嗣后，陈霸先又受命佐成临贺内史欧阳頠平定叛乱，前高州刺史兰裕及其弟兰京礼所煽

---

① 参见［唐］魏徵等撰：《隋书》，第 1800—1801 页。

② 万绳楠：《陈寅恪魏晋南北朝史讲演录》，黄山书社，2000 年，第 214 页。

动的始兴等十郡失序状态得到遏制。十一月，萧勃遂以陈霸先监始兴郡，此为陈都督调遣部将杜僧明、胡颖等将二千人屯戍岭上以延外士之始。郡内各路英雄豪杰与之共谋义举者纷至沓来，邑人侯安都、张偲等相继率其所部计凡千余人附于陈都督，筹划讨伐侯景与北上勤王之事。然梁宗室曲江侯萧勃关注的焦点乃征兵援台，对于陈霸先所欲举之事的反应，则是遣钟休悦劝谕休兵自保。陈都督自觉道不同，遂"遣使间道往江陵，禀承军期节度"，投奔梁武帝第七子萧绎。大宝元年（550）正月，陈霸先率其所部之将自始兴郡出发，抵达大庾岭。萧勃为阻止义军北上，遣其心腹谭世远为曲江令，并联合起兵据南康的蔡路养所部之将，屯扎于南野，试图阻绝陈霸先一众人等勤王之径。陈都督大破之，进驻南康，湘东王萧绎授其为员外散骑常侍、持节、明威将军、交州刺史，改封南野县伯。六月，陈霸先修葺崎头古城并徙居是处。[①]时高州刺史李迁仕占据了秦汉迄隋唐之际由南越之地北上的必经关隘大皋口，欲联手萧勃以举事。[②]李迁仕派遣使臣前来召见冯宝。冯宝不知所以然，欲如令前往。夫人识破迁仕诡计，及时阻止了其夫君，并阐释个中缘由，即"刺史无故不合召太守，必欲诈君共为反耳"。冼夫人审时度势、料事如神，认为李迁仕当其被召援台即称有疾缠身，实则乃暗地里铸兵聚众，以为冯宝若如令前往，必遭扣押为质。是以冼夫人建议其夫君"顾且无行，以观其势"。果不其然，李迁仕旋即便叛，派遣其方主帅杜平虏率领众兵屯驻于江西赣石。当此危急形势，冼夫人沉着分析、巧妙斡旋，终于大破李迁仕之局。嗣后，落荒而逃的李迁仕败走保宁都，冼夫人领兵与长城侯陈霸先会师于赣石。初面陈都督的冼夫人即慧眼识珠，归家而谓其夫君曰："陈都督大可畏，极得众心。我观此人，必能平贼，君且厚资之！"[③]

及至冯宝捐馆，岭南大乱，"夫人怀集百越，数州晏然"。陈永定二年（558），冼夫人遣其九岁之子冯仆率南越诸首领至建康朝觐陈武帝，起家拜阳春郡守。嗣后，蓄意谋反的广州刺史欧阳纥召冯仆至高安，诱其共叛。冼夫人闻知

---

① 参见［唐］姚思廉撰：《陈书》，中华书局，1972 年，第 3—4 页。

② 曾一民：《唐代广州内陆交通》，国彰出版社，1987 年，第 4 页。

③ ［唐］魏徵等撰：《隋书》，第 1801 页。

毅然决然地发兵拒境，遣使告谓其子曰"不能惜汝，辄负国家"；并率领百越酋长同往出迎章昭达，形成内外夹攻之势，"纥徒溃散"。冯仆以其母之功而得信都侯爵号，加平越中郎将，封石龙太守。诏使持节册封冼夫人为"中郎将石龙太夫人"，赍赐绣幰油络驷马安车一乘，给鼓吹一部，并麾幢旌节，卤簿一如刺史之仪。借此，冼夫人得授帝国赋权，成为彼时王朝国家在南越行使辖控权力的代理。"至德中，仆卒"。未几，陈朝三十二载而亡，岭海未有所附，冼夫人以其威望而荣膺南越数郡之信赖，"号为圣母，保境安民"。史载陈将徐璒以南康拒守，隋高祖所遣招抚岭南的使者上柱国韦洸，至岭下而逡巡不敢进。在此朝代鼎革情境中，冼夫人见到其昔日曾献予陈王的扶南犀杖与兵符，验知陈亡，遂谨遵陈后主谕令归附隋朝，并旋即"集首领数千，尽日恸哭"。嗣后，冼夫人遣孙冯魂率众迎韦洸进驻广州，岭南入隋。高祖册冯魂仪同三司，敕冼夫人"宋康郡夫人"号，开设府署、辟置僚属。

未几，番禺俚帅王仲宣携诸越首领叛隋，围韦洸于广州并进兵屯衡岭。冼夫人派遣其孙冯暄前往解救，暄因与土著酋首陈佛智素相友善，并不进兵，贻误战机。冼夫人知之勃然大怒，投暄入狱，并遣冯盎率兵讨陈。盎战剋陈并斩之，进军南海会鹿愿军，大败王仲宣。叛乱平定后，冼夫人护卫隋使臣裴矩巡抚诸州，诏恩亡叛，"苍梧首领陈坦、冈州冯岑翁、梁化邓马头、藤州李光略、罗州庞靖等皆来参谒。还令统其部落，岭表遂定"[1]。借此地方动乱与秩序重组契机，冼夫人赢得隋高祖之赞赏并得封"谯国夫人"，仍开幕府建牙悬肘后印，掌控六州兵马的听发权，"若有机急，便宜行事"。其夫冯宝被追赠为广州总管、谯国公，孙冯盎拜高州刺史，冯暄亦无罪释放，出任罗州刺史。隋高祖特别降敕书给冼夫人，谕令其"训导子孙，敦崇礼教，遵奉朝化"。此后每岁大会，冼夫人俱以王朝赐物陈设于庭并谆谆教诲其孙裔"宜尽赤心向天子"。不久，又爆发了一起俚僚因番州总管赵讷贪虐而遁逃叛变的事件。冼夫人知悉后，即刻派遣长史张融上禀朝廷。在隋廷惩治赵讷后，冼夫人亲载诏书，以王朝使者身份出巡十余州，招

---

① ［唐］魏徵等撰：《隋书》，第 1802—1803 页。

慰亡叛俚僚，所至皆降。为表嘉奖，隋高祖将临振县一千五百户赐给夫人作汤沐邑，又追赠冯仆为崖州总管、平原郡公。隋仁寿初，冼夫人与世长辞，谥号"诚敬夫人"。

表 1-1　王朝国家与地方社会互动脉络中的冼夫人生平回溯①

"国家 / 地方"互动事件	地方酋豪应对策略	王朝国家之敕封赉赏
1.他乡羁旅，号令不行	戒约本宗，使从民礼	
2.侯景叛梁，刺史诱反	智败迁仕，慧眼识君	
3.太守捐馆，岭表大乱	怀集百越，数州晏然	诏仆为阳春郡守
4.刺史纠叛，诱仆为乱	大义灭亲，举兵扼境	封仆信都候，加平越中郎将，转石龙太守；册夫人为中郎将、石龙太夫人，赉绣幰油络驷马安车一乘，给鼓吹一部，并麾幢旌节，一如刺史之仪
5.陈亡隋兴，岭表未附	恸哭陈主，慷慨迎冼	表魂仪同三司，册冼为宋康郡夫人
6.仲宣围洸，酋首多应	提兵救洸，系暄州狱；遣盎讨智，击斩佛智；锦伞骛骑，卫装诏巡	拜暄罗州刺史，罪不进愆；拜盎高州刺史；追赠宝广州总管；封谯国夫人；开府悬肘后印；降敕书褒美，赐物五千段
7.赵讷贪虐，俚獠亡叛	遣史裹报，绳讷于法；亲载诏书，招慰亡叛	赐夫人临振县汤沐邑一千五百户，赠仆崖洲总管、平原公
8.隋仁寿初，夫人辞世		赐物一千段，谥号诚敬夫人

迥异于"乳长二尺"的高凉冼氏，正史叙事空间中表征出一个契合士大夫价值评断准绳与精英趣味的汉化俚帅形象。其折冲御侮、勋垂节钺，在岭南地方社

---

① 据《隋书》《北史》及《资治通鉴》中关于冼夫人的生平叙事整理概述。

会与中央王朝的关联乃"义仅羁縻",而数州拥戴其为"岭南圣母"的历史境遇中,仍心无临淄地向化中原。其在朝廷命官无法顺利推行中央行政律令的情况下"戒约本宗,使从民礼",积极整顿地方秩序;在侯景叛梁而李迁仕诱冯宝反叛的动荡时局中,又能够巧妙地施计挫败李之阴谋;在与陈霸先赣石会师之际,即慧眼识君;在广州刺史欧阳纥以冯仆为人质诱其叛变之刻,仍能大义灭亲,举兵扼境;嗣后入隋,更是不遗余力地整顿地方秩序,两次帮助朝廷平定叛逃事件并锦伞出巡诸州。然而,当我们将目光转到《梁书》与《陈书》,便会惊愕地发现,夫人以节钺之勋,却在此二断代史中几乎缺席。在《隋书·谯国夫人传》中,我们曾瞻仰过的"岭南圣母"冼夫人连同其提兵捍患、建功屡矣的戎马生涯可谓难觅踪迹,仅在王勇的传记中以次要配角"高梁女子冼氏"之名在场。而至于魏徵在《隋书》中不吝笔墨大肆渲染的江西赣石大捷并举会陈都督之事,在姚思廉所勾勒的陈史脉络中,主角亦被置换成了周文育。①明代岭南儒学大师黄佐主持纂修的《广东通志》,亦为姚思廉版本的冼夫人叙事提供了支撑。②并且,胡三省注《资治通鉴》之际就曾对基本上沿袭了《隋书》中关于冼夫人历史叙事脉络的《资治通鉴》所载情节提出了异议,认为从时间跨度来看,审时度势机敏如冼夫人者,不可能对于陈国已亡这等大事件,在局势已定、事发逾两年之际,仍一无所知。③

　　上举作为在场之缺席的症候,彰显着文本隐匿起来的意识形态建构痕迹。"历史陈述'可信度'的达成主要并非仅根据众说纷纭的'事实',而是来自人类对事物的'可理解性'所做的努力"④。话语叙事中的历史是文本化的"过去",史实在纂史者意向性建构的筛选甄别作用下,必然隐含着文本编织的想象、矫形、重组等修辞策略,史传叙事由此不是"实事"而只是主观化、审美化、语境化的"价值"。亚里士多德曾言,"诗人的职责不在于描述已经发生的事,而在于描述可能

---

① 参见［唐］姚思廉撰:《陈书》,中华书局,1972年,第214、138页。

② ［明］黄佐纂修:《广东通志》,大东图书公司(香港),1977年,第70页。

③ 考异曰:隋帝纪:"十年八月壬申,遣洗等巡抚岭南,百越皆服。"按,陈以九年正月亡,至来年八月,并闰计二十一月,岂有冼氏犹不知者!冼氏传又云晋王遣陈主遗夫人书,则事在九年三月前也,帝纪所云,盖谓百越已服,奏到朝廷之日也。参见［宋］司马光编著:《资治通鉴》,第6057页。

④ 王德威:《想象中国的方法》,生活·读书·新知三联书店,1998年,第301页。

发生的事，即根据可然或必然的原则可能发生的事"①。新历史主义学者孟托斯②亦指出，史料典籍虽是我们抵达已逝世界之据，但"历史之文本性"表明历史叙事的旨趣不在事实探究，而在价值阐释；在信史与观念之间存在着话语表述方式的意识形态与诗学蕴涵之中介运作效果。剔除文过饰非的叙事修辞策略，我们认为，《隋书·谯国夫人传》言而未尽及其缄默之处即在于，彼时岭南冯冼氏家族与李唐王朝之间互动交往的频仍摩擦，这些摩擦一度引致央廷重臣的"岭南失序"论，朝臣之言甚至触发了整个统治集团的恐慌与焦虑情愫，此为该文本被生产出来的具体社会历史语境，亦是该文本话语空间中"症候式"的空缺与沉默。在此基础上，有必要在重阐意义上使《谯国夫人传》反转为"读者抵达文本阐释功能的作品"，将其"空缺"与"暗示"在文本间性的诠析中揭橥。唯其如此，文本方可"僭越其初始预设的受众边界"以实现无限衍义的自发阅读。③

按照福柯的定义，"话语由一组符号构成，其被加以陈述，被确定为某种存在方式"④。陈述是符号表征的话语实践，通过陈述，符号型构的话语非但可指称事物，并且产生不可再度还原为符号的现实效果，话语论致力于描述并阐释这些系统建构符号论述对象的话语表征实践，分析权力假托"真理"或"知识"之名以规训主体的文化霸权运作方式。沿福柯的话语理论，霍尔在《表征的运作》中提出三重预设的"主体—位置"理论⑤，认为在表征中，具象化特定意识形态蕴涵的类型化"主体"，横跨文本内、外二重维度在三个相得益彰的位置上被生产出来。其一，在文本内部，"表征的主体"支撑特定话语所建构的诸类意识形态化的"知识"与"真理"之运作，其具象化了各种类型化的抽象权力意志，并且仅在话语范畴之内具有意义。此文本表征中作为可见在场的显在"主体—位置"，实

---

① 〔古希腊〕亚里士多德：《诗学》，陈中梅译，商务印书馆，1999 年，第 81 页。

② Louis A. Montrose, "Professing the Renaissance: The Poetics and Politics of Culture," in K. M. Newton ed.,*Twentieth-Century Literary Theory: A Reader*, New York: St. Martin's Press, 1997, pp. 242-243.

③ Pierre Macherey, *A Theory of Literary Production*, London: Routledge, 1978, pp.70-71.

④ See Michel Foucault, *The Archaeology of Knowledge*, London: Routledge, 2002, pp.54-121.

⑤ See S. Hall, *Representation*, pp.55-57.

质乃文本处心积虑隐匿起来的隐在"主体—位置"的一种替代性在场，后者作为缺席的在场，为此文本赋义，由此将其主观化的意识形态倾向与价值判断准则等权力意志内容作普遍化、自然化的表征。其二，在文本内、外互动的"文化的循环"层次上，话语同时生产了询唤认同、规训主体的"理想读者"位置，此"主体—位置"面向所有真实的受众，但唯有那些自觉使其自身"'被主宰了'话语的意义、权力和规则"者，方可占据此位置，成为话语的"权力/知识的承载者"。此"主体—位置"被假定为"支配—霸权"解码者所标示出来的位置，然其在具体的"编码—解码"过程中，总是不可避免地涉及流变的社会历史语境，并被受众群体的迥异解码元语言所干扰，因而往往呈现为悬而未决的意义延宕之状。

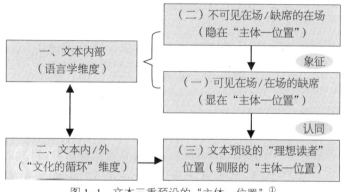

图1-1　文本三重预设的"主体—位置"①

帝国的神话作为元语言表征其"语言—客体"南越女酋首冼氏，它仅仅依赖于由符号序列所组构的话语之陈述、罗列、展示，却并不自我论证。它从一个先在的符号链，即岭南西瓯遗裔俚人族群共享的"圣母崇拜"系统中挪用此符号，却在将该符号置入"神话"系统位置之际挤压、遮蔽、悬置其原初的历史社会文化蕴意，直至它完全转化为空洞的形式，以此迎接王朝国家的"正统性"认同涵指之植入。文本话语空间所勾勒出来的"祖母圣像"作为王权之隐喻，将冼夫人其他无涉宏旨的诸观相作区隔化处理，使文本边界仅锚定于"国家/地方"互

----

① 据霍尔表征理论自绘。

动交往的主题记忆，并将"汉 / 俚"这组二元对立项隐匿编织入内，借文本运作的表意实践来夯实这种价值判断。如果说，在文本内部，《谯国夫人传》中"冼夫人"所占据的显在"主体—位置"是由李迁仕、欧阳纥、王仲宣、赵讷等异端他者所标出；那么，此看似完美无瑕的"祖母圣像"究极而言不过是一个"在场的缺席"，其被表征运作出来的"可见性"，依赖于文本话语空间叙事合法性的真正赋权者——帝国王权之赋授。质言之，李唐王朝占据着《谯国夫人传》的隐在"主体—位置"。作为"缺席的在场"，此权力集团筹划建构了谯国夫人冼氏之立传主题，择定了以劳定国、提兵捍患、历事三主而传檄无二心的宏大叙事框架，并将该文本的话语建构对象，即心无旁骛地向化中原的南越女酋首冼氏，作符号化的象征抽象，将其平面化作帝国权力的隐喻能指，借此询唤受众、驯服主体。

二、历史"神话"化：唐王朝对冼夫人信仰结构的征用

巴特曾在其"神话学"理论中，揭橥文化符号建构意义并卷入权力争夺的隐匿意识形态运作机制。"神话"表意系统是一个由直接意指的语言层与含蓄意指的"神话"层共同型构的二级符号体系：在第一层级的语言系统中，能指与所指构成符号联想体（associative total），基础描述性的信息被传达；此符号联想体在第二层级的神话系统中被重新置入能指的位置，从而关联于"文化、知识、历史"等社会表意活动主题，借此，"（文化的）外部世界渗入（表征的）系统"。①（图1-2）如其所言，"神话"作为元语言（metalanguage）谈论语言—客体（language-object），其意指作用"交替呈现能指的意义与其形式、一个语言—客体和元语言、纯意指作用和其纯想象的意识。这种交替可以说在概念里聚集，被使用时是暧昧的能指，既理性又想象，既随性又自然"。因此，"神话一直是一种语言掠夺"，第一层级系统的符号一旦被挪用至"神话"的能指位置，其原初现实语境的历史性、偶然性、任意性即被祛除，变作空洞的能指。"神话"的特色是"把意义转化为形式"，其使得偶然虚构的意识形态运作机制隐藏起其压抑、

---

① Roland Barthes, *Elements of Semiology*, A. Lavers & C. Smith trans., London: Jonathan Cape, 1967, p. 92.

扭曲与剥削秉性，仅呈现、展示、陈述却并不论证或阐释。借此，概念吸收所指并重组意指活动的因果逻辑。①

图 1-2　罗兰·巴特的"神话"表意系统图示②

事实上，正史将冼夫人入传，发生于唐廷对南越酋豪③冯盎滋生信任危机的历史情境。在"冯盎欲叛"之王朝恐慌与"魏徵纂史"之危机处理过程中，一面基于"祖先崇拜"意识而建构的文化之镜被生产出来，该镜致力于再现一个忠贞峻节、明识远图、心无旁骛地向化中州的冼夫人回忆形象。围绕着"我事三代主，唯用一好心"这句撰史者有意识让冼夫人说出的话语，此镜先期预设了一个"理想受众"的位置，以此询唤认同、规训主体。其隐匿起李唐王朝的意识形态辖控欲望与其中的文化霸权运作逻辑，借文本表征的可见主体，即完满整合的冼夫人镜像，以传达作为在场之缺席的王朝统治集团意志。正是这面虚拟循环的文化之镜，借由一个理性自治、连贯整合的祖母圣像之再现事件，召唤着冯冼家族自觉完成其"自我理想"认同的形塑过程。一方面，通过前瞻性地认同于此看似毫无裂隙的冼夫人镜像，以冯盎为首的冯冼豪酋集团被此镜像所俘获，无意间内化其所裹挟着的语法规则，不断在其与王朝的交往中调适自身的言行举止，不再僭越规则以举其事，不再逾越章法以成其谋。另一方面，此"祖母圣像"又通过为冯冼家族提供可供模仿演绎的正统实践行为范导之径，以文治方案移置武力征伐，

①　参见〔法〕巴特：《神话》，第 179-180、182、191 页。

②　R. Barthes, *Elements of Semiology*, p.114.

③　彼时，尽管以冯盎为首的岭南冯冼氏家族所辖控的区域并非系李唐王朝的羁縻州，而属正州行列，然从正史书写中对冯盎的称谓，王朝国家对于许敬宗嫁女与冯盎子事件的批判态度与惩罚机制，可知央廷彼时对于冯盎的定位乃"异我族类"的南越酋豪，是被主流话语驱逐至边缘的贬抑性他者。

化解了一场行将爆发的战争。

贞观二年（628）春，基于"岭南酋长冯盎、谈殿等迭相攻击，久未入朝，诸州奏称盎反，前后以数十"①之因，唐太宗给冯盎颁发了一封敕书，文中提及冯氏豪酋集团在众议中是"已破新州，复劫数县"之不安分状。唐太宗坦言，其在数州奏表均指冯盎欲叛的情境下，依旧谕令旋旆"不入卿境"之因，乃基于冯盎的两点举措：其一，令子入侍一如既往；其二，遣朝集使入京奉事不绝。在此敕书中，唐太宗提到，在闻知冯盎有异图之后，其曾于上一年派遣刘弘基等臣亲莅调查始末，据说冯盎在当时对其劫州掠县的罪愆表示悔过，并允诺遣子入侍，是以方才令整装待发攻打冯盎的军队班师回朝。"去冬"，唐太宗又令员外散骑常侍韦叔谐等至冯盎辖境"殷勤慰谕"，谈判的结果是谕令其"不得遣山洞群小钞掠州县"，并且依式遣子入侍以及使臣朝集，定期向王朝国家禀报其所辖境域的政治、社会、经济等相关状况。并且，唐太宗表示，设若到五月末冯盎仍未能遣子入朝为质，即"发兵屠戮"，警告冯盎"宜深识机微""自求多福"。②贞观年中，唐太宗再度颁敕书予冯盎，言又有朝臣屡奏盎心迹不纯，劫掠州县之举并不因上次忏悔而停止，据说"新州以南，多被毒害"；并提及，尽管频繁颁遣敕书，命令冯盎入朝觐见，却始终未得见之。③可见，彼时岭南冯冼氏豪酋集团在王朝国家眼中的"遣山洞群小钞掠州县"行为及其所引发的结构化残余印象，在某种意义上而言间接促成了帝制中央对于是方区域进行移风易俗的文化整合与身份认同规训的冲动。据《资治通鉴》与《新唐书》，在诸州奏称冯盎欲反的情况下，唐太宗的态度是"命将军蔺暮等发江、岭数十州兵讨之"。但魏徵却谏言说"中国初定，岭南瘴疠险远，不可以宿大兵。且盎反状未成，未宜动众"，建议派遣信臣持节前往冯盎处慰谕。后来果如魏徵所料，太宗因此还慨叹过："魏徵令我发一介之使，而领表遂安，胜十万之师。"④由此可知，魏徵对于彼时以冯盎为首的岭南冯冼氏豪族集团的态度是主张教而化之的。故而，其在嗣后主持编修的

① ［宋］司马光编著：《资治通鉴》，第 6039 页。
② 参见［唐］许敬宗编，罗国威整理：《日藏弘仁本文馆词林校证》，中华书局，2000 年，第 477—478 页。
③ 参见［唐］许敬宗编：《日藏弘仁本文馆词林校证》，第 478—479 页。
④ ［宋］司马光编著：《资治通鉴》，第 6039 页。

《隋书·列女传》中推举冼夫人乃女性"忠壮"之代表，盛赞其"明识远图，贞心峻节"，极力刻画一个忠勇贤明、仁义兼备并且心无临淄地向化中原王朝的冼夫人，显然是着意于借此完满的"祖母圣像"询唤其孙裔，消除彼时王朝国家与冯冼氏酋豪集团之间的信任危机。唐太宗就曾说过，"夫以铜为镜，可以正衣冠；以史为镜，可以知兴替；以人为镜，可以明得失"①。《隋书》所建构的这面冼夫人信仰文化之镜，其建构的初衷是让冯盎一众观看之并主体化。

何以镜像凝视会有如此强大的建构性功能？拉康曾对六到十八个月大的婴儿之照镜行为进行考察，发现它们"观看"的过程，实则亦是自我认同意识觉醒与主体化的过程。根据拉康，视觉装置镜子——作为主流意识形态询唤机制之隐喻，通过为照镜婴儿提供一个看似完满的"镜像他者"之径，将象征秩序的"语法"或曰"父法"（Law of the Father）表征为一个"自我理想"（ego-ideal）形象，召唤着照镜婴儿与之相认同，并允诺那些自觉内化此等逻辑程式的行动者即可被赋予一个象征秩序中的合法性位置，成其为主体。在此象征认同的建构过程中，照镜婴儿往往将其目光投向某个已身处象征秩序（the symbolic order）的真实人物，并将此"父法代理"理解为一个"假定能知的主体"（the subject supposed to know），将此人认同为象征秩序之完满化身，借此以完成其"理想自我"（ideal-ego）认同的建构。"在拉康看来，主体的确立一方面通过前语言阶段在自己镜像上的固守，从而将我变成错觉的幻想机制，另一方面又通过进入以父亲为代表的象征系统。"②在此意义缝合的过程中，"父法代理"形象之整合性、威严性与绝对合理性诱惑着未被结构化的"照镜婴儿"去自觉模仿他/她的行为，遵照其所表述的语法律令来调整自我期待。可以说，正是这个已然涉足象征秩序的他者及其象征性注视的殷切目光，促成了"照镜婴儿"之结构化冲动。那屡萦回不去的目光，敦促着初期苑囿于封闭自恋认同（narcissism）渊薮的"照镜婴儿"，自觉步

---

① 〔后晋〕刘昫等撰：《旧唐书》，中华书局，2000年，第1717页。
② 〔德〕毕尔格：《主体的退隐》，陈良梅等译，南京大学出版社，2004年，第3页。

入间性互动的公共空间，内化语法，成为象征秩序中被结构化的一员。①

借用拉康的精神分析理论，我们即不难理解《隋书》所编织出来的这面文化之镜，究竟是如何依赖于一个经过格式塔矫形的完美镜像来完成其意识形态询唤运作的。在“冯盎欲叛”与“魏徵纂史”的地方社会与王朝国家交往过程中，以冯盎为首的岭南冯冼氏酋豪集团与以唐太宗为首的李唐王朝，分别占据着“照镜婴儿”与“父法”生产者的位置。而“镜子”空间中那个被表征出来了的高度完满整合的冼夫人形象，即相当于那个已身处“象征秩序”当中的“父法代理”。其自一个“祖母圣像”的高度象征性地凝视着冯盎一众，循循善诱地询唤着其与王朝国家所设置的“父法”相认同。可以说，《隋书》所表征出来的“祖母圣像”之显影过程，贯穿于此帝国西南边地女酋首被史传征用的建构叙事始末，其在“国家／地方”互动危机纷呈的语境中，被王朝纂史者有意识地选择、表述、凝定。这是一个基于“当下”视域而书就的“过去”，是被王朝国家所期许的、免于调兵遣将的“文化启蒙”修辞策略所描绘的“未来”蓝图而框定的“过去”。在这个有选择的、刻意再现的“过去”中，一个王朝与粤西南边地之间的辖控矛盾昭然若揭。

福柯提醒我们，尽管话语借由一组符号构成，但其所造成的实际效果不可再度还原为符号。经过格式塔矫形的冼夫人形象，作为一个询唤认同的完满镜像，在一个王朝国家与地方社会的交往记忆中被生产出来。那个文本运作出来的圣化了的冼夫人形象，之所以能够对于彼时岭南的冯冼氏势豪集团产生如此卓著的结构化效果，恰恰是谯国夫人冼氏其人，在岭南俚人铜鼓文化圈的文化记忆中首先即是“圣母崇拜”意识的投射对象，除却勋垂节钺的戎马生平，她首先还是岭海方域社群认同的老祖母。其德高望重，数郡附之，号曰“圣母”，其孙裔之慎终追远情愫更是为甚。如此，帝国话语系统的收编与整合，实质上相当于征用真实

---

① J. Lacan, *The Seminar of Jacques Lacan*, *Book I: Freud's Papers on Technique 1953-1954*, Jacques-Alain Miller ed., J. Forrester trans., Cambridge: Cambridge University Press, 1988, p.215.

的谯国夫人冼氏乃至于岭海方域女酋首冼氏群像之克里斯玛（Charisma）①，并在帝国的"神话"表征运作过程中，将此符号与其原初语境切割开来，以帝国的"正统性"认同意识形态概念移置此符号本有的"圣母崇拜"涵指，从而确保帝国"神话"元语言的阐释有效性及其询唤认同、驯服对象的"文化的循环"效果。在魏徵纂史之后，被收编整合进彼时帝制王朝"正统性"话语体系中的"冼夫人"及其克里斯玛被吸纳为代表国家权力意志的主流话语系统之组成部分。当其子孙后裔将目光投向《隋书》，蓦地在那里发现了他们崇敬有加的祖母；并且，此完满的"祖母圣像"，已然身处帝国王权的象征秩序当中，其殷切的目光始终象征性地注视着其孙裔，循循善诱地训导他们务必"敦崇礼教，遵奉朝化"。在此象征性的注视目光以及表述话语之敦促下，岭南冯冼氏势豪集团始终谨遵"祖母"嘱托，即便在王朝裁撤高州都督府，分割其地并移其治所之际，亦然驯服卑

---

① 克里斯玛（Charisma），又译"卡里斯玛"，在《新约·格林多后书》中原指某种神赐的天性禀赋或人格特质，鲁道夫·索姆（Rudolph Sohm）借此概念阐释早期基督教领袖之超自然的人格魅力，马克斯·韦伯（Max Weber）在此基础上提出三种权威类型理论，即克里斯玛型、传统型与法理型，并以犹太先知为克里斯玛型权威之典型，指出这种体现于宗教领袖身上的人格魅力尽管有其天授神赐的神圣性起源，但"被支配者对卡里斯玛之承认与否，是卡里斯玛是否妥当的决定性因素。这种承认是由被支配者自由给予的，并须由具体事实——起初通常是一项奇迹——来保证。此种承认乃是对某种启示、对英雄崇拜、对领袖绝对信任的完全献身"。质言之，克里斯玛型人物发挥其人格魅力的方式类似于文化意识形态的询唤机制，它不是单向强权的楔入，而是内隐着一个受众自主选择与自愿信从的自觉内化过程。并且，克里斯玛型领袖能够在历史的特殊时刻发挥"'创造性的'、革命性的力量"，以其超凡能力解决社会危机问题，重组既存象征秩序。社会学家希尔斯（Edward Shils）进而指出，尽管韦伯将克里斯玛型领袖的超凡人格魅力理解为其与人类生存及其身在世界的中心区域（central zone）之间隐秘存在的某种形而上关联，理解为一元德性总体规约借由信仰而对社会产生的价值范导作用，但这种魅力实质上并非某种前现代的权力支配范式或非理性的宗教迷狂。相反，其可具象化于"社会中的一系列行动模式、角色、制度、象征符号、思想观念和客观物质"当中，作为伴随着社会共同体砥砺前行的"实质性传统"（substantive tradition），以道德感召、伦理规约、行为范导的方式渗透于共同体的生活世界。人类学家王斯福（Stephan Feuchtwang）与王铭铭即曾在《草根克里斯玛》一书中以此概念为中心考察了中国闽南文化区四位地方领袖的生命史，指出克里斯玛型人物之人格魅力总是隐含着特定伦理共同体的道德判断，克里斯玛型人物的感召力恰恰来自该社群对于正确行为与合理事物的共通理解。参见〔德〕韦伯. 韦伯作品集Ⅱ：经济与历史 支配的类型 [M]. 康乐等译. 桂林：广西师范大学出版社，2004: 355-356.；〔美〕希尔斯. 论传统 [M]. 傅铿等译. 上海：上海人民出版社，2009: 4, 327. See also Edward Shils, "Charisma, Order and Status," American Sociology Review, Vol. 30, No. 2, 1965, pp. 199-213.; and Stephan Feuchtwang and Ming-ming Wang, Grassroots Charisma, London & N. Y.: Routledge, 2001."

谦。①贞观五年（631），冯盎依式入朝觐见。未几，"罗、窦诸峒獠叛"，唐太宗诏令冯盎率众二万充作诸军先锋，盎如式而行，"斩首千余级"，为李唐王朝平定叛乱。王朝国家果然如其所允诺那番赍赐给冯冼家族锦衣玉食，并恩命冯盎入侍的质子返乡探亲。②

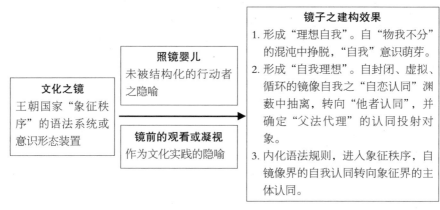

图1–3　"照镜婴儿"自我认同与主体认同的结构化过程③

冯冼豪酋集团的地方自治权力巅峰即在冯盎时代，其光芒亦随盎薨而渐黯淡，这点我们可借高州都督府的建立与废撤之轨迹以行管窥。武德四年（621），李唐王朝平南疆而先后即其山形地势而在岭南设置五个都督府或都护府④；五年，置高州总管府；六年，改隶广府；七年，改总管为都督，并割雷、崖、儋、振四州来属广府；八年，废潘州入高州；二十三年（649），裁撤高州都督府，"析高州，所管县为恩、潘二州，分盎诸子为刺史"⑤，高州迁治良德县，以其旧潘州州

---

① 贞观二十三年（649），高州都督府裁撤以后，高州迁治良德县，即今电白区霞洞镇晏公庙附近；并以其旧潘州州治齐安县别置恩州；家族向心力较前涣散，治所较前荒僻。

② 参见［后晋］刘昫等撰：《旧唐书》，第3288页；［宋］欧阳修等撰：《新唐书》，第4113页。

③ 据拉康"镜像阶段"理论与"象征秩序"理论整理，并据本书研究主题阐释绘制。

④ "岭南五府"包括广州都督府（下辖广州都督府、康州都督府、循州都督府和高州都督府）、桂州都督府（下辖南尹州都督府、钦州都督府和桂州都督府）、龚州都督府、交州都督府（下辖驩州都督府和交州都督府）与崖州都督府。参见［后晋］刘昫等撰：《旧唐书》，第1761页。

⑤ ［清］杨霁修等纂修：《高州府志》，第705页。

治齐安县别置恩州。①长寿二年（693）②，冯盎孙裔潘州刺史冯君衡③"因以矫诬罪成，于乎裂冠毁冕，借没其家"④。可以说，《隋书·谯国夫人传》及其所持续意指着的"忠贞峻节之祖"的冼夫人信仰框架，将此帝国王权与冯冼豪族的矛盾冲突，延迟了六十余载。

第三节　从历史原型到记忆建构：南宋冼夫人信仰之嬗变

卷入文化循环的表征运作同时涵括符号表意的诗学与政治学二重维度，当中涉及复杂的意识形态博弈与文化主导权争夺过程。在具体语境中，权力机构依赖于文化表征范式的垄断性先验预设逻辑，圈定其被表征内容并制定标准化的表征形式。"神话"是基于先验既存的一条符号链系统而运作出来的建构产物，语言层具有确指意义的现实符号被援引作纯粹的能指形式，"神话借助预先确立的符号（它'充满'意指）而生效，且'消耗'它直至它变成一个'空洞的'能指"⑤。然而，"神话"又并不隐藏任何事物，它的功能是扭曲，并不是使事物

---

① 参见［后晋］刘昫等撰：《旧唐书》，第1720页；［宋］欧阳修等撰：《新唐书》，第1109—1113页。
② 据杜文玉先生，岭南冯冼氏酋豪家族在此年遭受灭顶之灾，彻底失去其辖制其世袭的古高凉区域辖制权力合法性。参见杜文玉：《高力士家族及其源流》，载《唐研究》第四卷，北京大学出版社，1998年，第184页。
③ 据《唐故开府仪同三司兼内侍监上柱国齐国公赠扬州大都督高公墓志铭并序》，在王朝国家分冯盎地与其三子之际，"智戫为潘州刺史"，后"潘州府君生君衡。潘州薨而君衡袭位"，亦即冯君衡为冯盎孙裔。
④ 冯、冼氏家族就此没落，据冼夫人墓园亦是那时被砸毁，也正因此良德（今霞垌）与山兜的冯、冼氏族人便被迫奔走他方。冯君衡儿子冯元一更是以阉儿身份入侍玉阶，年方龆龀便"来仪上京"，被岭南讨击使李千里进献入宫，因小过被逐出宫廷，得内官高延福收为义子，更名高力士。后岭南节度使于泷州觅得其母麦氏，方才迎还。王朝国家敕封其母为越国夫人，追崇其父为广州大都督。参见［宋］欧阳修等撰：《新唐书·高力士》，第5858—5859页；［唐］张说：《冯君衡墓志铭》《冯君衡神道碑》，以及［唐］苏预：《高元珪墓志铭》，分别载《隋唐五代墓志铭》，天津古籍出版社，1991年，第111、2605、146页；［唐］张说：《为将军高力士祭父文》，载《全唐文新编》，吉林文史出版社，2000年，第2632页；［唐］韩炎：《唐故开府仪同三司兼内侍监上柱国齐国公赠扬州大都督高公墓志铭并序》，载《全唐文补遗Ⅰ》，三秦出版社，1994年，第35—37页。
⑤ ［英］霍克斯：《结构主义和符号学》，第135页。

消失。①唐廷对岭南铜鼓文化圈俚人的冼夫人信仰之收编整合，并未致使该族群共享图式中的"圣母崇拜"蕴涵弥散殆尽。盛唐史传叙事对此信仰结构之"神话"化篡改，实则仅使其初始符号链在国家与地方的互动过程中发生审美表象的置换变形。长寿二年，"冯君衡事件"致使岭南冯冼家族与盛唐王朝之交往互动戛然而止，冼夫人信仰被移离主导话语空间中的合法性位置。随着冯冼酋豪家族之没落，该信仰结构从倚重于生动交往经验的集体记忆空间中隐退，至北宋已是"遗民不可问"，似处于"庙貌空复存，碑版漫无辞"的集体失忆状态。②然而，从嗣后南汉与南宋朝廷对冼夫人信仰的重新赋权举措来看，民间文化记忆中的冼夫人实则一直在场。并且，应当正是由于冼夫人信仰在彼时该岭海方域仍存树大根深的信众基础，对涵括黎族在内的粤西南土著仍具举足轻重的认同凝聚意义，方才使得该信仰结构在沉寂数朝之后能够重回国家的"正统性"话语演绎空间。谯国夫人冼氏南汉获封"清福夫人"，南宋高宗时期又在海南儋州汉、黎杂居的农耕社会语境中二度受到敕封。

如果说，在"冯盎欲叛"的王朝恐慌事件中，我们看到了该依托于祖灵信仰逻辑而形塑的文化之镜最初是如何被生产出来并在文化的循环中发挥着认同整合的结构化功能；那么，伴随着冯冼家族之没落与地方社会权力格局之调整，此面奇崛瑰丽的文化之镜至南宋之期，已然因应着新的社会情势而被复写上另一层社区万能神的信俗意涵。在南宋文人笔记中，此面信仰文化之镜裹挟着厚重的历史感与浓郁的地方感。它既保留了盛唐之期的大传统书写镌刻的祖先崇信内容，又在南宋朝廷渗透琼海方域的文化整合意图中被赋予新的蕴意。事实上，彼时荣膺帝国授权的这种自然灵力崇拜意涵之创造者，不唯是王朝国家或士大夫精英，作为文化持有者的岭海黎人土著亦然参此共谋。因此可认为，正是彼时琼海黎峒频仍的动乱事件、"信巫诡神"的地方风俗、纷至沓来的谪官迁客，以及王朝中央对琼海香料之渴求与经济开发之欲望，综合催生了信仰结构中冼夫人回忆形象的新一轮分叉衍义。

---

① 〔法〕巴特：《神话》，第 181 页。

② 〔宋〕苏轼：《苏东坡全集》，中国书店，1986 年，第 83 页。

据《正德琼台志》，冼夫人信仰进入南宋王朝正祀体系，冼夫人凝定为一个帝国的标准神明，其"敦崇礼教，遵奉朝化"的史传叙事形象退隐其次，作为底本。其"弥寇攘之患，格丰登之祥"的神祇意象，则经由彼时地方精英之设计统筹，并经宋廷赋权，逐渐成为多元地方社群借以向王朝国家表达正统性身份认同的可通约符号。经此中介，儋州生黎峒首与王朝派遣有司达成某种共识，即通过挪用此象征符号以演绎"土酋归附"仪式的文化规范实践，来表达其正统性身份认同：

> 宁济庙，在州治南，祀谯国夫人。夫人在梁时，儋耳归附者千余峒。及没后，于儋又有移城之功，故唐宋来，州人庙祀之。……黎人归附，有司例诣庙研石歃血约誓改过，不复钞琼。至宋绍兴间，贵州教授乡人羊郁乞赐号，封显应夫人，庙额曰"宁济"。高宗《庙额诰》：儋耳在海岛之中，民黎杂居，厥田下下。弥寇攘之患，格丰登之祥，惟神之功，宽朕之忧。顾未加翟茀，阙孰甚焉。其改为小君，赐二百年之称号。尚凭宠命，弥广灵鳌。阙后，知军叶元璘又请加封"柔惠"。[1]

该土酋归附的仪式演绎空间是儋州宁济庙，是琼海方域有史可据的最早奉祭谯国夫人冼氏的庙宇。另据《宋会要辑稿》，"城南儋耳夫人祠，伪汉封永清夫人。高宗绍兴二十一年（1151）十一月，赐额宁济；三十二年（1162）十一月，封显应夫人"[2]。其位置在"州治南"[3]，在该地占据显要的"可见性"位置。赵汝适的《诸蕃志》对这场淳熙元年（1174）发生在宁济庙的峒首归附有更为详尽的状摹，时五指山生黎峒首土仲期率其依傍部伍八十峒，丁口一千八百二十归附宋廷，其与琼管公参官员约定在显应庙中研石歃血、起誓改过、不复劫掠。在

---

① ［明］唐胄等纂修：《正德琼台志》，海南出版社，2006 年，第 551—552 页；［明］曾邦泰等纂修：《万历儋州志》，第 22 页。

② ［清］徐松辑：《宋会要辑稿》，第 794 页。

③ ［明］李贤等纂修：《大明一统志》，海南出版社，2003 年，第 18 页。

此历史再现的话语空间中，文本之隐含作者的目光饶有趣味地聚焦在这些正在显应庙中参与归附仪式的生黎峒首身上，并细致状摹他们颇具"标出性"蕴意的服饰装束：

> 髻露者以降帛约髻根，或以锦帛包髻，或戴小花笠，皆髻二银篦，亦有着短织花裙者，惟王仲期青巾红锦袍束带。自云祖父宣和中尝纳土补官，赐锦袍云。①

"标出性"由语言学术语"标记性"转译而来，指二元对立项中出现频率较低的"异项"特质，承载着与"正项"相悖的文化图式、审美趣味与价值观念等社会历史文化蕴涵。并且，"有意把异项标出，是每个文化的主流必有的结构性排他要求"。然而，此二者之间并不无泾渭分明的边界，而是存在着模棱两可的"中项"。在"正项/中项/异项"的三元组合中，"中项易边"会带来文化象征秩序的结构重组契机，因为"一旦异项过大，中项对主项的认同感就减弱到危机程度"，从而导致"正项"与"异项"易位，初始结构被颠覆。因此，未被结构化的"中项"，往往会遭遇来自"正项"与"异项"两端不遗余力的争夺。而"正项"为争取"中项"，通常又会采取降低初始标准之策以力求吸纳后者，以此来维持其既得特权位置。②相较于冠带青衿、华服象佩、文质彬彬的中州缙绅，彼时穿行于溪峒之间、飘摇于江海之上，椎髻跣足、剺发文身、执矛持盾、信巫诌神的百越峒主酋豪，在传统士大夫的意识形态世界中，不是标出汉文化"正项"的"异项"，而是帝国象征秩序勠力吸纳的"中项"。因此，在帝制中华时期，这种"正项"为祛散"异项"颠覆潜力而最大限度地询唤"中项"认同的文化整合策略，在王朝默允基层行动者借文化表演的"正统实践"（orthopraxy）以向国家表

---

① ［宋］赵汝适：《诸蕃志》，杨博文校译，中华书局，1996年，第221页。

② 参见赵毅衡：《文化符号学中的"标出性"》，《文艺理论研究》2008年第3期。

明心迹的"正统观念"（orthodoxy）①表征事件中，得到了淋漓尽致的演绎。在王仲期率其麾下僚属赴儋州冼庙践行归附朝廷的象征仪式中，帝国权力当局即着意于借可见的正统实践以甄别峒主酋首头脑中抽象的正统性身份认同观念。因此，王朝官员特别注重归附者的服饰装束与言行举止，甚至以此作为一种向化中州的集体表象。此作为一种王朝与地方互动对话的权宜之计，非但为前者维护其在既得秩序中的特权位置提供保障，并同时赋予后者以某种建构自我表述的能动性空间。经此文化共谋而非分庭抗礼的交涉，一方面，岭海土著借由改变身份认同表述的正统行为方式而获得安身立命的空间；另一方面，因之而拓容的"中项"亦在某种程度上保障了帝国辖控秩序之稳定性与有效性。

　　冼夫人驱鬼筑城的民间传说，则更早见于南宋李光谪儋之际撰写的《儋耳庙碑》，明《正德琼台志》亦有记述，讲的是在距离儋州新治冼夫人庙三十余里的旧城，即濒海而立的高麻都南滩浦，其地时常遭遇水患之灾。"一夕，风雨交作，忽一妇人趋鬼工持畚锸，惟闻筑作声，至旦而城移今所矣。一妇盖诚敬夫人冼氏也"②。在李光的版本中，该传说更是与儋耳新州治的井然秩序以及民皆温饱气象相关联，云"今凡二百余年，地形爽垲，东望黎皋，下临长江，百川灌注，濒海而水易泄，故无旱涝之患，歉岁惟食诸"③。文中将冼夫人信仰与彼时儋州的民风习俗穿插状摹，认为冼夫人"生有功于国，没能庇其民，天有水旱，民有疾苦，求无不应"；并提及彼时琼海宇外之文教之风方兴未艾，认为近年儋州民风稍变，皆因"中原人士谪居者相踵，故家知教子，士风浸润"。李光，字泰发、泰定，号转物老人，越州上虞人，宋徽宗崇宁五年进士，官累至参知政事。因与秦桧不和，自绍兴十一年（1141）起屡遭贬谪，三贬至儋州昌化军。绍兴二十八年（1158），复任左朝奉大夫，逾年致仕，返乡至江州而卒，追赠资政殿学士，

---

① See James L. Watson, "Rites or Beliefs? The Construction of a United Culture in Late Imperial China," in Lowell Dittmer and Samuel S. Kim eds., *China's Quest for National Identity*, Ithaca, NY: Cornell University Press, 1993, p. 84.

② ［明］唐胄等纂修：《正德琼台志》，第 843 页。

③ ［南宋］李光：《儋耳庙碑》，载氏著：《庄简集》（文渊阁四库书），第 11—13 页。

敕赐谥号庄简。①此文作于绍兴丙子（1156），时李虑及其谪儋日久而能"蒙冒烟岚，脱于万死"，以为是冼夫人之灵力于溟漠之间的庇佑之功，乃至儋耳庙恭诚拜谒，稽首再三，并作此文。

综观地方志书与文人笔记，冼夫人信仰均被视为一种与庠序之教并行不悖的地方开化之社会表象。如《正德琼台志》引高宗《庙额诰》来进行论证，李光所撰的碑记亦强调，在谪臣入儋以前，此风教未开的琼海方域之所以能够恒葆民勤其业、植藷为食、习尚俭朴的社会风貌，且丰凶年亦不见沿路乞讨者，冼夫人信仰功不可没。据《儋耳庙碑》，冼夫人以其灵力镇守一方，历代王朝对其赉赐加崇封号屡矣，"五代伪刘之世封清福夫人，绍兴己亥（1155）诏封庙额"；乡人亦认为此神祇灵验甚矣，"过于南海、城隍二神"，故"每岁节序，群巫踏舞，士女辎轇，箫鼓之声不绝者累日"，自通都大邑至穷乡僻壤，无不虔诚祀之。可见，在彼时缙绅阶层的意识形态世界中，在未及"士风浸润"的儋州前开化时期，冼夫人信仰致力于将中州礼俗文明援引入识字程度相当有限的儋州基层社会，并且已然取得成效颇著的移风易俗和文化整合效果。文章以"年丰米贱佳吉蠲，歌诗送迎巫蹁跹"作结，将冼夫人信仰的盛行，与儋州地域社会的安绥以及瘴烟蛮雨之境的丰年庆典并置呈现、交错表象，可谓意味尤长。

为进一步解码上述"正项"争夺"中项"的冼夫人信仰回忆叙事，我们有必要缕清该文本所由生产之语境。考儋州沿革，唐虞三代为南服荒徼，《禹贡》不入，《职方》不书，秦为越郡外境。元鼎六年（前111），汉武帝派遣伏波将军路博德等征讨吕嘉，遂平南越。元封元年（前110），置南海、苍梧、郁林、合浦、交趾、九真、日南、珠崖、儋耳九郡，督于交州刺史。其中，珠崖与儋耳二郡共领县十六，户二万三千。始元五年（前82），省儋耳郡。初元三年（前46），用贾捐之谏，省珠崖郡入合浦，为都尉治。②梁大同（535—545）中，冼夫人请置崖州，遂在儋耳废郡地置崖州，治所设在义伦县（今儋州市西北）。③在冼夫人生前"归

---

① ［明］李贤等纂修：《大明一统志》，第24页。

② 参见［清］蒋廷锡等纂修：《大清一统志》，海南出版社，2003年，第29—30页。

③ 练铭志等：《广东民族关系史》，第147页。

附者千余峒"的儋州，生黎峒首等本地土酋尊崇以信义著称的冼夫人当无疑议，然其对于演化为宋廷权力象征符号的神祇冼氏之崇奉，则有必要回溯当时的语境。

在帝制中华时期，王朝国家诉诸移风易俗路径以整合地方社会的文化启蒙方式通常有二，即庠序之教与神道设教。在对琼海地域社会进行文化整合之际，南宋朝廷优先选择了后者；而至于该宇外之境的庠序之教则要稍迟，因为诉诸士人教育培养的路径，亟须谪臣逸士或者中原流民的带入。直至北宋绍圣四年（1097），谪儋的苏轼仍撰诗感怀，喟叹此海外方宇庠序之教的惨淡经营：

> 闻有古学舍，窃怀渊明欣。摄衣造两塾，窥户无一人。
> 邦风方杞夷，庙貌犹殷因。先生馔已缺，弟子散莫臻。
> 忍饥坐谈道，嗟我亦晚闻。永言百世师，未补平生勤。
> 今此复何国，岂与陈蔡邻。永愧虞仲翔，弦歌沧海滨。[1]

相形之下，在文字普及程度相当有限的南宋儋州地域社会中，"神道设教"之径具有毋庸置喙的整合效度，特别是在宋廷觊觎琼海香料的情境中，官府催购令与香料供不应求的龃龉已屡次引起黎峒之反抗。[2]一方面，宋廷"道场科醮无虚日，永昼达夕，宝香不绝"[3]，亟须从海南低价收购大量香料。自北宋神宗元丰年间始，朝廷开始在海南编订税籍。[4]"每年省司下出香四州军买香"，时"官吏并不据时估实值"，低价购纳香料的官员将压力施加到当地编民"香户"身上。然而，这些由僧道、乐人、画匠等所组成的"香户"并非植香为业的黎人，"官中催买既急，香价遂致踊贵"，矛盾滋生。[5]另一方面，植香为业的黎人"皆力

① ［清］王文诰辑注：《苏轼诗集》，中华书局，1982年，第2254页。
② 据林天蔚先生的考察，北宋太宗、真宗二朝，朝廷香料主要来源是诸蕃朝贡，及至南宋，香料价格踊贵，渡江之后，版图日蹙，香料在财政中占比高达10%—20%。参见林天蔚：《宋代香料贸易史稿》，中国文化大学出版部，1986年，第356—371页。
③ ［宋］陈敬：《陈氏香谱》，上海古籍出版社，1991年，第33页。
④ ［清］徐松辑：《宋会要辑稿》，中华书局，1957年，第14页。
⑤ ［宋］李焘：《续资治通鉴长编》，上海古籍出版社，1987年，第9—10页。

耕治业，不以采香专利"，故"非时不妄剪伐"。①又，彼时海南黎人"俗皆恬杀牛"，其"病不饮药，但杀牛以祷"，而海南本地并不产牛，其牛之来源赖于"客自高化载牛渡海"，时黎人以香易牛，得而祭鬼。②亦即，黎人植香、采香、贸香非但以供生计，更与其风俗习惯与宗教信仰相关联。在此情境脉络中，冼夫人信仰无疑成为调和官府与黎峒矛盾之重要媒介。

黎峒土著俗信鬼神，早在《后汉书·郊祀志第五下》③即言"越人俗信鬼"，并在昔日东瓯王敬鬼而寿辰六百岁，而后世怠慢则日趋衰耗的叙事中，揭橥越人信俗的原始巫术特色。时汉武帝既灭南越，越人土著勇之进言即举此例，武帝听后入风随俗，即命"越巫立越祝祠，安台无坛，亦祀天神帝百鬼，而以鸡卜"④。事实上，直至清人笔记中，琼海之境仍被文人儒士视作一个淫祀充斥的异域而进入文本表征，《南越游记》说，"琼州土俗多淫祀，梵宇之外，木偶、土偶、雕塑者不可胜计，其神号亦伙，迎神时，銮舆彩仗，炫耀道周"⑤。据赵汝适《诸蕃志》所述，宁济庙得敕庙额之际，恰是"海外黎峒多窃发"时，王朝统治者将此琼海黎区局部动乱情境脉络中"惟儋独全"的社会绥靖境况，阐释为冼夫人其神于溟漠间的庇佑之力。⑥若说黎峒土著信鬼谄神乃风俗所致，但为何王朝与精英亦乐于参此共谋？

历史学家韩森曾指出，以11世纪后期为界，此前信徒们主要借由重塑造像与修葺祠庙等方式以表述其对所祀神祇之尊崇敬意；而此后，经由王朝国家礼部审批拟文，并由央廷自上而下敕封神祇爵号的方式开始流行。借此官方介入超自然灵力世界之径，国家正祀体系与王朝敕封等级往往成为甄辨神祇灵验性之重要指标。历代王朝依据"正统／异端"二元分立项，对民间信仰进行结构化调适或文

① ［宋］陈敬：《陈氏香谱》，第33页。
② ［宋］苏轼：《苏东坡全集》，第20—21页。
③ ［东汉］班固：《汉书》，第1241页。
④ ［西汉］司马迁撰：《史记》，第1399—1400页。
⑤ ［清］陈微言撰：《南越游记》，广东高等教育出版社，1990年，第172页。
⑥ 参见［宋］赵汝适：《诸蕃志校译》，第218页。

化整合干预。①这种将超自然范畴与世俗秩序相关联的方式，直接型塑生成了帝制中华时期"神道设教"的民间社会管制策略，使得嗣后中国民间信仰中政治话语与宗教隐喻呈现出一种对称的映射关联。人类学学者即发现，在中国民间信仰结构中"帝国的隐喻"持续作为缺席之在场发挥作用，真实与想象的国家权威象征在地方集体表象的节俗仪式中对应着超自然秩序中的"神"之范畴，并为帝国官僚等王权代理人所充实。②质言之，王朝乐于参此共谋，原因即在其着意于借敕封神祇的"凝视"目光以象征性莅临地方社会，借此以整合多元分化的社群之认同。可见，在官方话语表述中，原本作为琼海方域土俗的冼夫人信仰结构，被耦合进宋廷正祀系统的意识形态建构过程，实则仍不出巴特意义上的"神话"化运作。其自一个先在的信仰符号链上挪用"冼夫人"符号，将其原本的所指蕴意放逐、压抑、悬置，以植入先验预设的"正统性"认同概念，由此生产出隐喻帝国权力的正统性神明符号。质言之，王权对冼夫人信仰赋权的制度设计初衷在于借驭神以驭人，亦即凭借冼夫人信仰以将生黎峒首及其麾下整合进国朝体制，使之成民或化为熟黎。

　　作为帝国权力话语规训基层民众的神祇"凝视"，十分类似于福柯"全景敞视监狱"模型中那屡投自中心瞭望塔的真实与想象的目光，其象征性地将被凝视的对象投入无可遁形的恐惧与焦虑中，以此来保证其无孔不入的"监控"效果。"全景敞视监狱"原为英国建筑师边沁之设计理念，其中心为瞭望塔，塔墙安有一圈透明窗户，光学玻璃的效果使得置身瞭望塔的看守员既可监视一切，又遁形

①〔美〕韩森:《变迁之神》，包伟民译，浙江人民出版社，1999年，第76—101页。
② 工斯福的《台湾的家祀与公祭》、武雅士的《神、鬼与祖先》、王崧兴的《台湾人的家屋与灵力》以及郝瑞的《当鬼成神》四篇论作，俱从象征人类学视角阐释了中国民间信仰差异现象背后可通约的文化逻辑结构，即超自然界的"神—祖先—鬼"范畴，分别隐喻着人文象征秩序中的"帝国官僚—祖宗先贤—社区陌生人"三种社会角色。See Stephan Feuchtwang, "Domestic and Communal Worship in Taiwan," in Arthur P. Wolf ed., *Religion and Ritual in Chinese Society*, California: Stanford University Press, 1974, pp. 105-130; Arthur P. Wolf, "Gods, Ghosts, and Ancestors," in *Religion and Ritual in Chinese Society*, pp. 131-182.; Wang Sung-hsing, "Taiwanese Architecture and the Supernatural," in *Religion and Ritual in Chinese Society*, pp.183-192; Harrell C. Stevan, "When a Ghost Becomes a God," in *Religion and Ritual in Chinese Society*, pp.193-206.

于其他投自塔外的反视目光。环形监狱分割为诸多设有两扇窗户的格子房，其向外一扇采光以使被囚者无可匿迹，向内一扇则对准瞭望塔以使被囚者完全暴露在真实与想象的全景监视目光中。如福柯所言，全景敞视监狱在"看"与"被看"、"可见"与"不可见"的分阁中注入权力。置身于环形监狱中的人成为全面彻底的被看者，然其本身却并不被赋予观看的权力。相形之下，身处权力中心的"看守者"却可敞视一切，在逆光作用下始终作为缺席之在场。由此，一种"有意识的和持续的可见状态"宛若阴霾般笼罩在被囚者身上，那屡象征性的凝视目光透过"一种虚构的关系自动地产生出一种真实的征服"，由此确保了权力规训主体的有效性。[1]借此概念反观帝制王朝"神道设教"的文治方案，那缕尽管不可见却又无所不在的神祇之"看"，实则发挥着与瞭望塔凝视相类的主体规训效果。借此无可遁形的持续被视经验，借重于"举头三尺有神明"的敬畏感，基层行动者被薪望可谨言慎行，循规蹈矩，以此而臻至令行禁止的认同型塑与文化整合效果。正是基于这种考量，宋廷开始加大其对于民间信仰事务的介入程度，试图从意识形态上垄断基层民众的意识形态世界，操纵他们对于"正统性"的感知、认同与表述。宋元丰三年（1080）闰六月十七日，太常寺博主王古上奏疏题请"诸神祠无爵号者赐庙额，已赐额者加封爵"，并得准行。自此，"妇人之神，封夫人，再封妃。其封号者，初二字再加四字"，旨在"赐命驭神，恩礼有序"，即以王权驾驭神权，以此驯顺万民。[2]

另据人类学家华琛（J. L. Watson），王朝国家诉诸敕封赐额诸径以收编整合地方神明，目的在于将标准化的信仰结构语言加诸于多样性的地域崇拜现象之上，以此介入基层民众意识形态世界并询唤其认同。然而，这套"神明标准化"（standardization the gods）的话语体系在其区分"正统"与"异端"的过程中，并未另设阐释代码以供进一步概念解析，如此"留白"即为基层行动者提供了多

---

① 参见〔法〕福柯：《规训与惩罚》，刘北成、杨远婴译，生活·读书·新知三联书店，1999年，第226—227页。
② ［清］徐松辑：《宋会要辑稿》，第767—768页。

元的解码可能。①由于地方精英始终努力与王朝话语建制保持一致，因此经其中介，标准化的神明崇祀仪式表演其非但旨在生产地方社会的"正统性"认同集体表象，亦同时着意于传播官方话语的正统意识形态价值观念。而这种将抽象观念作直观可感实践演绎的传统教化方式，一方面会加深基层行动者对"正统性"观念的感知与理解，另一方面又会在这种具身体验的事件与过程中不断被复写上新的内容，并最终导致既存的结构语法、概念范畴与行为范式等发生变迁。事实上，正是这套兼容结构强制性与阐释能动性的共享语言机制，将地方的多元传统与异质族群整合进帝制中华大一统的文化格局当中，成其为中国。

就此而言，由王朝国家设计推行的权力话语在其卷入文化的循环过程中，实则并未如制度的创设者所预期那番而被解读。在王朝国家看来，生黎峒首向化中州的决心可借文化习性培养之径内化于身体，因为仪式表现可模塑参与者的实践感，实践行为的生成图式（知）与具体的实践行为（行）往往在仪式操演中渐趋一致。然而，这些制度设计者忽略了一个重点，即文化习性作为感知、评价、行为图式，生成于特定族群具身参与的实践过程，葆育在其生存活动展开的动态，而非仅仅作为意识形态之表象，可被某些外在化的目的任意篡改。因此，尽管以王仲期为代表的生黎峒首严格遵照中州王朝着装标准打扮自身，其"青巾红锦袍束带"并"自云祖父宣和中尝纳土补官"，但这些刻意的仪式表现行为并不一定

---

① 值得指明的是，华琛曾在严格意义上区分正统实践（正确行动）[Orthopraxy（correct practice）] 与正统观念（正确信仰）[Orthodoxy（correct belief）]，认为作为同一信仰体系的两类基本要素，前者在建构与维续文化大一统方面往往更为有效；并且，正统实践并非必然与正统信念相关联，而更多体现为一种文化的权宜之计。华琛这种将实践与观念二分的观点，嗣后遭到不同研究者的商榷性修正。如在华琛强调"正统实践"作为帝国文化整合机制焦点的地方，历史学者罗友枝即一针见血地指出，王朝国家对于"正统实践"之强调并不必与"正统观念"相对立。事实上，自宋以降，倡导知行合一的宋明理学即在王朝国家正统意识形态世界中占据着举足轻重的位置。在此知识框架的影响下，国家权威话语不可能单方面倚重于行为标准化而忽视观念的整合。本书在修正的意义上使用此组范畴。See James L. Watson, "Standardizing the Gods: The Promotion of T'ien-hou（'Empress of Heaven'）along the South China Coast, 960–1960," in David Johnson et al. eds., *Popular Culture in Late Imperial China*, Berkeley: University of California Press, 1985, pp. 292–324; L. Dittmer and S. S. Kim eds., *China's Quest for National Identity*, p. 84; Evelyn S. Rawski, "A Historian's Approach to Chinese Death Ritual," in *Death Ritual in Late Imperial and Modern China*, pp. 20–34.

严格契合宋廷所初始创设的意图进行，而十分可能是这些地域精英的某种文化权宜之计。亦即，其利用自身在此权力场中的既得位置，主动遵循中州冠裳礼服标准，内化央廷"正统"语法规则，将自身升格为王朝国家主导话语的表征工具，以此来攫获符号权力，并进而借此权力资本的累积以为其在地方社会中所坐拥的政治与经济特权提供合法化验证，追逐权力资本符号利润的最大边际效应。而从儋州本地土酋对于冼夫人信仰符号的能动性挪用行为来看，谯国夫人冼氏的克里斯玛人格魅力是建构其可通约对话的基点。

在王朝对地方神明进行正统化赋权的事件与过程中，亦必然伴生正统神明如何重新在地化的难题。质言之，"地方神明正统化"与"正统神明地方化"作为"礼俗互动"过程的一体两面，将国家、精英、庶民均卷入其中；并且，在排斥"异项"、吸纳"中项"为国家顺民的话语博弈过程中，三者不是分庭抗礼，而是参与共谋，尝试寻绎某种可通约的对话基点以达成一定程度上的共识。正是在此意义上我们可认为，冼夫人信仰作为媒介，搭起了"国家"与"社会"、"礼"与"俗"、"中州"与"边地"互动的平台。并且，其依赖的不是逻辑、概念或外在强制的法律语言，而是实践的隐喻与约定俗成的规范实践，因此能够横跨不同的场域而建构生成系列风格相似的生活空间。正是借此以言行事式（performatif）的文化表演仪式，宋廷得之边陲绥靖。而生黎峒首等未被结构化的"中项"在场，亦开始借由参与到由国家话语介入影响的冼夫人信仰场域实践之径，不断重新将一些异于传统土俗的合理性正统礼制元素吸纳进来，从而造成一种礼俗互动、互渗、互阐的效果，以此渐次趋近于由中原王朝政权与中州礼乐文明所占据的"正项"一端，从文化认同维度上真正地融入中华民族大家庭。就此而言，冼夫人信仰是宋廷怀柔远人的政策得以顺利施行之关键，但这种规训主体、询唤认同的文化霸权策略，在其在地化的过程中被反转成了与地方土俗的交叠共生、互享互赏的地方性的正统，其真正融入基层民众感觉结构的部分，不是象征秩序的结构强制性，而是地方社群基于其所处文化生态语境而自主选择吸纳内化的部分。因为文化象征系统意欲发挥社会结构化的功能，即需在世俗维度上确保服务于生存活动的场域实践逻辑亟须能够向世界"表达一些意图、希冀、愿望或命令"①。一言以蔽之，即改善生存活动本身。

本章小结　信仰结构中的冼夫人
记忆原型及其回忆形象的生成机制

　　冼夫人信仰滥觞于岭南铜鼓文化社群的"雷神崇拜"，此"大母神崇拜"原型至母系农耕社会转变为以女娲为人格化形象的"地母崇拜"形态。围绕着"蛙图腾"崇拜与禁忌而建构的神话叙事与巫术仪式体系，在周而复始的循环复现中，渐次生成该社群的"圣母崇拜"意识。初民们诉诸引譬连类的原始思维，将其部落女酋首冼氏比附为亦人亦神的"神王"或"圣母"，并将这种崇信意识以俚人铜鼓的艺术化形式予以具象表征。因此，在由西瓯古国遗裔演变而来的岭南俚人社会中，粤式铜鼓既是礼乐法器，又是权力与财富的象征，那鼓身遍布的云雷纹饰与立体铸蛙即为神权与王权合一的重要视觉隐喻。

　　信仰结构中的冼夫人回忆形象作为一个表述国家认同的标准符号，在今日看来似乎是个一以贯之、亘古恒常、毋庸置疑的事实。然而，作为差异能指的"冼夫人"符号与"正统性"认同这一先验预置概念的偶然性关联，实则缘起于彼时帝制王朝对其西南边陲之脱域恐慌。如前所述，冼夫人信仰的滥觞之期应当可溯回至岭南俚人母系氏族部落时代，此西瓯古国遗民群体的圣母崇拜意象系统，在该岭海方域进入与中州王朝的历史交往之期，为提兵捍患、勋垂节钺的谯国夫人冼氏所夯实。由于冼夫人之克里斯玛魅力，此符号在魏徵纂修《隋书》之际被整合收编，调度至罗兰·巴特意义上的"神话"系统第二层级，其原本丰腴的"圣母崇拜"蕴意被悬搁，转而变为一个空洞能指，与制度设计者在先预置的"正统性"意涵相关联。并且，借由自然化修辞之表征运作，其意识形态建构痕迹被谨而慎之地隐匿，以此保证该文化象征系统之霸权运作效果及其认同询唤效度。如

————
① 〔法〕布迪厄：《实践感》，第137页。

巴特所言，"神话的能指以一种暧昧的方式呈现：它同时既是意义又是形式，一方面充实，一方面又很空洞"①。《隋书》对于信仰结构中的冼夫人回忆形象之征用，实则从一个较其书写实践更早即已存在的岭南俚族传统文化符号链上开始其建构。该文本所再现凸显的谯国夫人冼氏屡平叛乱、历事三主、向化中原之历史叙事，意图定点不在集体怀旧，而在借回忆叙事以言塑行、询唤认同、规训主体。因此，在此帝国有目的建构的"神话"第二层级，在由冼夫人与其他正派配角、反派角色以及始终在场的央廷辖控权威等元素所交互型塑的意义世界中，王权话语在"文明／野蛮"、"中州礼乐／南蛮陋俗"、"向化之民／化外之贼"诸二元分立项之间做出褒贬区分与价值判断，借"祖母圣像"之回忆叙事以具象化一种"正统性"认同的规范性实践行为范式。

长寿二年，"冯君衡事件"阻断了此前王朝国家与地方社会依赖于冯冼酋豪家族之中介而维续的良性互动交往，政治暴力的阴霾一度导致冼夫人信仰从自发生成的集体记忆环境中销声匿迹。至北宋苏轼谪儋之际，粤西南边地的夫人享祀之庙已是破宇荒墟，出现了"遗民不可问"的集体失忆社会表象。及至南汉，冼夫人被敕封为"清福夫人"，又在南宋高宗年间享崇二度加封，信仰结构中的冼夫人回忆形象遂由基于生动交往经验的集体记忆意象，置换变形为依赖于特定物质媒介或表现形式而进行意指与传播的文化记忆空间表象。谪官迁客的流徙契机，促成了士大夫价值评判系统在此岭海方域的扎根与滋长。序序之教与信仰之塑，在此琼海被整合进中华大一统格局的时空阈限中，成为两种并行不悖的移风易俗策略。借此文化启蒙的自觉实践，儒士精英在促进国家与社会对话的具体事件中，开始参照王朝正统神明之享祀标准与琼海方域汉、黎杂处且"黎峒多窃发"的现实语境，依据当地"信鬼诋神"的民风习俗，有意识地介入到冼夫人信仰的文化记忆建构书写过程当中。凭借冼夫人"有移城之功"等灵异叙事，宋廷着意于询唤生黎峒首等土著酋豪之认同与归附。唐宋以降，依赖于谯国夫人冼氏之超自然灵力叙事，归附黎人土著与王朝官员之间渐次达成某种默契，此可自其

---

① 〔法〕巴特：《神话》，第182页。

共赴儋州宁济庙进行"研石歃血约誓"仪式的文化表演中窥得一斑。南宋绍兴期间，贵州教授乡人羊郁乞赐号，高宗敕封夫人为"显应夫人"，赐"宁济"庙额，并颁《庙额诰》，指谯国夫人冼氏能"弥寇攘之患，格丰登之祥"，以其灵力佑儋，宽解朝廷南顾之忧，象征性表述了居庙堂之高者对此信仰结构中的"冼夫人"符号之权力赋授与让渡。

盛唐王朝借纂史之径以整合收编信仰结构中的"冼夫人"意象，使得该符号被叠加了一层隐喻帝国王权的象征意涵。如果说，从自然灵力崇拜的神话原型置换变形为祖灵崇拜的历史原型所表征的是冼夫人信仰之"祛魅"过程，那么，在自宋以降的帝制中华历史长时段，该信仰结构又屡经其崇信原型复苏的逆转性建构事件。经此"祛魅"与"复魅"之交替变奏，信仰结构中冼夫人的两种记忆原型已基本完成其初始建构，即基于"圣母崇拜"意识的神话原型与基于"祖先崇拜"的历史原型。并且，这两种原型并不构成简单的移置替换关联，而是并置共生、交相辉映。事实上，伴随着交往记忆的断裂与文化记忆的兴起，依赖于特定物质载体或表现形式而不断在溯回神圣往昔的回忆叙事和参与体验过程中重构生成的回忆形象，使得上述两种崇信蕴涵不断在共同体感性认知经验的情感交流过程中被赋予新的融贯组合方式。如在南宋琼海方域，裹挟着彼时彼地"历史感"与"地方感"的冼夫人回忆形象，即生成为"儋耳婆"等亦祖亦神的可感意象，兼司城郭保护神与农业保护神之职。

"回忆形象"是一个文化记忆研究的重要概念。最早将符号文本的形象再现方法援引入记忆研究领域的是德国犹太裔学者阿比·瓦尔堡（A. Warburg），其《记忆女神图集》的研究方法嗣后在弟子潘诺夫斯基（E. Panofsky）处进一步发展成为古典圣像学（iconology）的方法论，涵括前图像志描述、图像志分析与图像学阐释三个维度，主要是诉诸"符号性价值世界内在含义的研究来理解艺术图像"①。将"回忆"连缀于"图像"的提法，滥觞于哈布瓦赫的"回忆图像"（Erinnerungsbild）概念。为避免陷入一种"永恒现在时"的泥淖，扬·阿斯曼提

---

① 〔美〕E. 潘诺夫斯基：《视觉艺术的含义》，付志强译，辽宁人民出版社，1987 年，第 48 页。

出了可不断复写历时记忆再现图景的"回忆形象"（Erinnerungsfigur）概念。"回忆形象"涵括文化记忆系统中所有兼具时空关联性、群体关联性与可重构性禀赋的再现形式与集体表象，此为特定社群诉诸文本、仪式、纪念碑等物质表现形式以及背诵、实践、观察等交流机制以想象其"社会自我"的重要身份认同建构语言机制。"回忆形象"既包括承载特定文化记忆内容的再现符号，又涵盖阐释这些记忆内容的约定俗成文化叙事方式。回忆形象"需要一个特定的空间使其被物质化，需要一个特定的时间使其被现时化"，以标示出回忆的具体时空坐标。这些作为参照框架的时间与空间"并不总意味着地理或历史上的具体"，作为一种蕴藉着集体经验的时间与储藏着共同体记忆的空间，每一次的回溯与唤醒都将文化记忆的历时叙事再现为共时并现的心像图景。这些被激活了的象征，将抽象的概念糅合进可被直观感知的表现形式之中，强调感知者的身在性。举凡周期复现的节庆仪式、循环讲述的神话故事、定期瞻仰朝谒的庙宇神龛，甚至日历、街道、墓园、经文等，俱可成为"回忆形象"之容身寓所与再现场域。"回忆形象"本身外在于日常生活，其复现于矢量向前的时间之流被阻断的异质"时间的岛屿"之中，借由节俗、诗歌、景观诸可感形式而将文化记忆自回溯再现的场景处拓容，使当下的时空视域扩展至宇宙洪荒，以此构筑"'回溯性沉思'的不同记忆空间"，让个体在其情感共鸣的审美交融体验中回应集体灵魂之召唤。正是在此意义上，阿斯曼引哈布瓦赫之文本阐释道，回忆形象"既是模型、范例，又是教材。它们体现了一个群体的一般态度；它们不仅重构这个群体的过去，而且定义它的本质、特征及弱点"。质言之，回忆形象保存了表征共同体独特性与持久性的身份认同代码（code），其既为群体提供凝聚认同的社会自我形象，又不断划定"自我—他我—世界"之间的边界。并且，"回忆形象"中的历史再现倾向于忽略变迁，因为"每个群体都追求永存于世，所以都倾向于尽可能地隐藏变化，并把历史看成一种没有变化的持续"。然而，"回忆形象"本身又是可重构营造的，因其所再现的"过去"本身即历经记忆机制之筛选与表征策略之矫形。因此，此中仍可被具象化的部分只是"社会在每一个时期中，借助这个时期的参照框架所能重构"的部分，由此也就决定了回忆形象的结构开放性及其不断因应现实情境而发生置换变形的系统自主更新与自我维衡潜能。[①]这种回忆形象生成的灵活机制及葆育涵养文化基因的独特方式，正是涵括冼夫人信仰在内的传统民俗文化能借口传心授的体化实践之径而跨越时空阈限、恒葆活的民族精神蕴涵之关键。

如果说，冼夫人信仰是一面粤西南多元社群共享的文化之镜，那么，镜中表征出来的冼夫人回忆形象即为这些群体想象其"社会自我"而锚定的镜像。综观信仰结构中的冼夫人回忆形象之表征与阐释的衍变踪迹，可探赜不同时空语境中多元社群对于冼夫人文化精神的异质化理解阐释与认同取向。

---

① 参见〔德〕扬·阿斯曼：《文化记忆》，金寿福等译，北京大学出版社，2021年，第6—7、31—34页。

第二章 | 从"蛮妃"到"吾高州冼氏女"：明清信仰结构中的冼夫人回忆形象

古高凉，一个充满诗意想象与苍莽韵味的地名，其包括今漠阳江流域与鉴江流域的广袤地理疆域。这片枕山面海的南中国边地，在正史中远非绥靖之区。明中期以前，在士大夫的共享意识形态世界中，此乃一个"诸彝集胞络"且"潢池绿林殆无宁日"的地方。是由地方精英衣冠引领的移风易俗实践，促进了中州礼乐文明与粤地风尚习俗的持续对话，并最终改变了主流话语对于该岭海方域的刻板印象。在此以"礼"化"俗"、借"礼"阐"俗"的事件与过程中，信仰结构中的冼夫人回忆形象作为一个沟通国家、精英与民众对话的文化符号，不断在"正统神明地方化"与"地方神明正统化"的双向互动过程中调和结构与能动性的张力。在此意义上，明清地方精英集体参与修订冼夫人回忆形象的文化实践，以直观可感的方式，具象化了这场王朝礼制与地方风俗的交互模塑过程。在此历史时段的精英书写文本中，冼夫人渐次挣脱"蛮妃"的刻板印象，儒化雅化为契合士大夫审美趣味与价值评判标准的"女师"，至道光戊申年粤西状元林召棠为儋州宁济庙作碑记之际，已是被置回粤西南地方感觉结构的"吾高州冼氏女"。

第一节　记忆之场中的"蛮妃"：嘉靖倭乱与瞻仰朝谒

明隆庆丙辰年（1569），嘉靖"邺中七子"之一的吴国伦因得罪权贵严嵩，屡遭贬谪，复徙高凉。彼时，高州府境寇贼出没如狒。吴太守甫赴其任，即"备倭之役，妻孥所不及顾，日夜董介胄"[1]。除巢伏溪峒间的百越少数族裔与亦商亦盗的商船帮会组织外，浮海而至的外侵者倭寇亦构成了倾覆该地王朝法统秩序的潜在威胁。对于入侵为害的倭寇，吴太守未雨绸缪，自赴任即暂搁对簿公堂的民事诉讼诸务，全力备战。其日夜战袍加身，敦促城池修筑，增设侦察兵并补充士卒飨食，出奇计袭击倭寇，"间出奇兵捣其营而俘其众"[2]。倭寇逡巡而莫能进犯，逾月而遁。吴太守率部追至里麻，翦灭倭贼。嗣后，倭陷化州，吴太守谕令陈参将奔往解救，又亲莅雷、阳二郡指挥作战，以夹攻之势将此等外侵者尽悉擒拿。而对于同为中国子民的社区秩序滋扰者——瑶民、疍家、海运贾人等，吴太守则采取了迥异于侵境倭寇的处置方式，尝试诉诸抚绥之策，教而化之。时罗旁诸山瑶人劫掠高邑编民境域，信宜、阳春瑶民时叛时服。吴太守躬亲抚慰亡叛，招徕流徙无籍之徒参与高州府属六邑开垦荒徼的复业活动，在社区秩序断裂重组的阈限性阶段，为逋逃流民创生（重新）进入正统性身份认同轨道之契机。史载当倭寇海贼绥靖以后，其非但招揽流民入籍，且捐俸开馆，税建南岳书苑，大力发展地方经济与文化教育，一时士向化而民归心。当其解组去迁，"黔之南学宪父老立祠江浒"[3]以祀之。

文中虽未明言招揽入境的垦荒流民自何而来，但嗣后本地诸多遵循"自闽入粤"范式建构的祖源记忆，均将其开基祖迁徙定居高州府属六邑的时间节点锚定于此前后。在社区秩序激烈动荡后的重组过程中，流民入籍垦荒的机遇为诸多面目模糊的文化能动者提供改变其身份认同表述的契机。在此社会象征秩序的重构过程中，帝国官绅阶层的移风易俗实践与基层行动者的能动性表达，相得益彰地促就了地方权力格局调整阈限中可通约的"正统性"身份认同表述范式之凝定生成。在权力借由知识生产与话语运作而产生询唤效应的文化循环怪圈中，王朝国家、地域精英、庶民氓众，皆无一可逃逸其外，权力的流动性将所有场域实践者均深深卷入其运作过程，参与对话、博弈、磋商、共谋的承认运动过程。无论这

---

[1]　［清］杨霁等纂修：《高州府志》，第137—138页。
[2]　［清］杨霁等纂修：《高州府志》，第89页。
[3]　［清］杨霁等纂修：《高州府志》，第89页。

些场域实践者之参与方式是设计并推行特定话语表述的"空间再现"，抑或生产连贯整合集体表象的"空间实践"，在其实际介入行动、设置空间的事件与过程中，均会被其他共在主体之旨趣殊异的场域实践所影响。其结果是，兼容话语之抽象演绎与非话语之具身体验双重维度的活的（lived）"再现空间"被生产出来，构想的（conceived）空间与感知的（perceived）空间于此接合。尽管在该兼容了编码与未编码符号的现实空间中，我们对于吴太守究竟循何路径招慰百越土著几无头绪，然自其抗倭间隙、贼情吃紧关头仍亲诣冼庙并作《咏冼夫人》组诗的文化表演行为，我们可大胆推测，"蛮妃"冼氏即为其借以抚绥这些时叛时服的王朝"化外之徒"之关键筹码。

因此我们看到，当吴太守削群丑、遽销兵须臾，即赴冼庙瞻仰朝谒，赋诗八首。[1]在吴明卿笔下，偏居一隅的高凉墟"诸彝集胞络"，已经汉化的帝国编民与瑶、疍、僮等少数族裔杂居共处，让人不禁想起曾于此崛起且将兵神似西汉名将卫青与霍去病的"高州女刺史"冼夫人。其以"蛮妃"身份不负梁、陈、隋三朝之托，在"义仅羁縻"的情境脉络中忠贞峻节，提兵捍患，以劳定国。在中原新主屡换、朝代鼎革频仍的情境中，南越方域依赖此"蛮妃"而狼氛绥靖。她心无临淄地向化中州，服膺中原政权辖控，建底定之勋，扫除顽凶，荡涤蛮烟，传檄无二心，百越族群皆来归附，号曰"岭南圣母"。吴太守反诘，"十人故有妇，岂必皆巍冠？"可见，在其对勋垂节钺的岭海俚帅谯国夫人冼氏做出肯定性评价之际，乃是悬置了彼时士大夫的正统意识形态偏见，站到其所属阶层的文化凝视之看外部，进入岭海方域的历史人文纵深空间，从"文化之镜"的第三维（而非纯粹二维平面的虚拟表象），以文化持有者的具身体验视角，内在化地直觉把握地方社会感觉结构中的冼夫人回忆形象。

吴太守慨叹，当其赴任高州，"冼氏骨已朽，百越犹英声"，大小局部动乱此起彼伏，族群冲突仍是不容轻忽的社区秩序威胁主因。比较"顽凶荡以除，

---

[1] ［明］吴国伦：《冼夫人庙》，载苏汉材整理：《历代文人诗钞》，高州市历史文化名城保护办公室编，1993年，第22—24页。

百蛮皆内附”的冼夫人时代，尔今却是“群丑虽暂削，何当遽销兵”的危难时局。正是在此借古鉴今的回忆过程中，吴太守祈祷神庥，佑其故土。从“天风鸣海涛，犹疑鼓吹作”句可知，吴太守对于冼夫人之回忆叙事缘起于其对该岭海方域之失序恐慌与焦虑情愫。正是在此孤立无援的境遇中，能以其克里斯玛魅力感召“百蛮”皆来归附的冼夫人给予其治郡之灵感。显然，吴太守亲诣冼庙瞻仰拜谒这一极富象征蕴涵的文化行为，其演绎目的不在表象过去，而在改变当下。质言之，借此可见的文化表演事件，其绝非仅仅意在追溯夫人之赫赫功勋，而是试图借“过去”影响“当下”，并进而参与至可期之“未来”的建构过程。

如诺拉所言：“记忆场所存在的根本理由是让时间停滞，是暂时停止遗忘，是让事物的状态固定下来，让死者不朽，让无形的东西有形化，将意义的最大值锁定在最小的标记中。”[1]对于载诸正史的谯国夫人冼氏之回忆叙事，吴太守在夫人的众多身份中择定了“蛮妃”与“高州女刺史”两种意象，可见其叙事框架一方面仍是秉承传统士大夫的价值评判定见，在“蛮”与“民”之间划出边界；另一方面又将冼夫人认同为沟通此二者对话之必要文化媒介。质言之，“蛮妃”与“高州女刺史”两种意象恰恰映射出，传统知识精英内在分裂的自我认同及其创生礼俗互动文化场域之启蒙自觉。特别是自“高州女刺史”这一回忆形象观之，我们不难见出，吴太守赋诗之举，意在型塑“自我理想”认同形象，以威镇岭海的谯国夫人冼氏之心理统觉意象为“假定能知的主体”，借以调整其所思所行。在此意义上，吴太守所建构的这组二律背反式的回忆形象，从侧面揭橥出在传统士大夫的意识形态世界中，“礼”与“俗”既是一对泾渭分明的二元悖立范畴，亦必然存在着某种融贯沟通的互动机制。事实上，正是这种将正统国家礼制语言与多元地方风尚习俗相与整合的文化启蒙理想，使得冼夫人信仰成为吴太守眼中必要的族群间性沟通文化媒介。其希冀，借此可通约的文化交流机制，可达致祛散狼氛、绥靖滋扰、安州定县的意识形态整合效果。因为“礼”与“俗”之的龃

---

[1] 〔法〕诺拉编：《记忆之场》，第24页。

龉不在自然体质，而在文化认同。

因此可认为，在"三家杂汉夷""鬼符书辟瘴"的岭海方域，正是多元分化社群对于亦人亦神、真实与想象的"冼夫人"之可公度的认同情愫，赋予了此文化符号以某种集体灵魂式的情动特质与感召势能。从吴太守八首联诗的整体叙事来看，其在今昔对比中屡次强调"蛮"之在场：彼时高凉墟中异质、匿名、流动的"集胞络"未知之"蛮"，在冼氏借其衰德而受百蛮内附场景中直观可视的、接受询唤之"蛮"，在"当下"狼氛尚未荡涤情境中仍英声赫赫的、百越不驯服之"蛮"。吴太守坦言，冯家以浮海归宋的鲜卑汉臣身份入粤，号令不行，全然仰仗"一节忠三君"的谯国夫人冼氏"犀杖持效忠，绣幰锡衰德"。其军威镇粤西南边区，其人"文筓束兜鍪，姣服冒犀甲"，俨然一副中州女帅形象。并且，这种"幕府开九真，军符凛三峡"的溯古叙事，目的不在集体怀旧，而在援古入今，一句"威仍岭海压"，道尽了彼时作为此岭海方域之司土者的吴太守对于冼夫人之崇信的具体内容。其相信，信仰结构中的冼夫人回忆形象所表征的认知、情感与道德蕴意，断然不会随夫人之仙逝而湮灭，能够整合多元认同并促进民族团结的冼夫人精神理应产生延及后世、永承不替的社会影响。因此他强调，冼夫人"精灵俨至今，血食安衽法"，勋德不灭、名高绩殊。可见，吴太守在信仰场域中所建构表征的冼夫人回忆形象，乃是一个能够凭借德治教化之径以敦促好仇杀、无故执矛持盾的百越族群怨隙化解、融洽共处的克里斯玛型人物。此意味着，吴太守认同于冼夫人诉诸礼治而非武力方式处理多元族群交往情形中的必然与偶然性冲突，认为仰仗于庠序之教与德治之行，可感化吸纳未被结构化的场域行动者，教而化之。借此以言塑行、援古鉴今的回忆叙事，吴太守对于谯国夫人冼氏之"蛮妃"与"高州女刺史"的意象型塑与表征，实均致力于将某些能促成国家与社会良性互动的概念、意涵、道理置入其中，在不断向前的"当下"视域中通过回溯冼夫人其人其事，以建构一整套可通约、可模仿、可践履的正统性认同规范实践语言。借此文治方式，吴太守希冀可构筑多元文化主体和洽共处的良好地域文化生态环境。就此而言，始终作为缺席之在场的冼夫人回忆形象，实则从"语义—信息"与"风格—形式"二重维度，夯实了该"知—情—意"三位一体的文化意象对社区秩序维衡之重要意义。经此兼具坚实民众认同基础与厚重历史人文底蕴的回忆形象之传播与领受的文化循环过程,吴太守认为高州府属六邑必将走出族群冲突与局部混战的阴霾,达致"父老殊晏然"、无须"烦长卿谕"的认同重组、文化整合与审美治理效果。

综上,在社区秩序之断裂重组阈限中,谪官吴太守蓦然发现了"蛮妃"冼氏在粤西南多元分化族群中的共享文化认同根基,其借"丰碑永堪勒"之句盛赞冼夫人之德治与教化功勋,并诉诸援古鉴今之径,尝试在同为司土者的"高凉郡夫人"之生平回溯中汲取某种能够有效治郡的灵感。正是在此回忆叙事与认同重构过程中,吴太守在其书写文本中勾勒出了蕴意丰腴且部分契合地方民众感觉结构的冼夫人回忆形象。而正是这种回忆形象之修订举措,使得岭海方域帝国编民与百越族群共享文化记忆纵深空间中那个能"压服诸越"且"传檄无二心"的南天圣母形象在公共领域中被再度激活,自"江湖之远"重回"庙堂之高"。此赋予了彼时掌控话语权的知识精英以重识谯国夫人冼氏的契机,使其能够真正进入文化持有者的内在视角,在浸入体验与情感共鸣的基础上再度理解基层社会共享文化空间中的冼夫人回忆形象,并以她为师,学习如何以德为政、以民为本、厚德载物、讲信修睦,由此也就渐次改写了士大夫群体眼中的冼夫人刻板印象。由于吴明卿彼时在全国文坛领域屈指可数的地位,其对于冼夫人的崇奉情愫,激荡起一股崇冼祀之风。其结果是,岭海方域官绅衿士集体参与修订冼夫人回忆形象的书写实践,即在不久以后发生。

第二节 "冯宝妻"与"冯仆母":万历府志之儒化矫形

明万历四十二年(1641),高州知府曹志遇在其主持编修的《高州府志》十卷本中提及"旧志以冼氏妇人也,不为之立传"[1]。尽管早在嘉靖四十三年

---

① [明]曹志遇纂修:《高州府志》,第97—98页。

（1564），高州通判吴恩即在其所撰之《重修谯国冼氏庙碑》中提及，隋仁寿二年，冼夫人寿终正寝，官方置祠祀之；但没有任何迹象表明，彼时信仰结构中的冼夫人回忆形象已然攫获精英群体之肯定性评价。在碑记中，吴通判强调夫人生有英烈，为"女中之桓文"，故能"没有明祀"且"赏延后世"；但此叙事文本同样指明了彼时高州冼庙之修缮维护、日常运营以及神诞节期的大部分资费，均来源于"土人"。就此而言，彼时士大夫阶层意识形态世界中的冼夫人回忆形象，并未表征出一种自明的"正统性"。[①]而在笔者目之所及的文字材料中，明代以前关于冼夫人信仰的记载，仅有北宋苏轼的《和陶拟古九首之五·咏冼庙》[②]、南宋李光的《儋耳庙碑》[③]与赵汝适的《诸蕃志》[④]。万历年《高州府志》将旧志不为夫人立传归咎为社会性别（gender）的偏见，然"邑姜与旦奭并称，寡妇清与端木同传"，传统史传志书空间中又并非无女子，此实则从侧面揭橥彼时精英眼中的冼夫人回忆形象之"前正统"位置。为何冼夫人之名本于盛唐之期即已胪列正史，却在嗣后遭此邑乘不载之窘况？为将冼夫人载诸府志，纂修者甚至不得不"班氏表古今人物"，引"子推之母、子余之妻、聂政之姊"等明章较著者反复论证。

　　其实只要稍事比较便不难发现，冼夫人迥异于上述名载史籍者之处，恐怕还是生长蛮夷之乡、驰骋沙场、历事三朝这三点，与儒家士大夫价值评判准绳相龃龉。刘向《列女传》与左丘明《左传》等经典文本所推崇褒赞的子推之母、子余之妻、聂政之姊等，俱为彼时儒士大夫价值观念世界中合乎男性精英道德理想的教化符号，她们的回忆形象之人格魅力不在自身，而是依附于其子、其夫、其弟，被建构为封建道德之隐喻，作为驯服而沉默女性刻板群像而在场。在她们入驻史传并被反复玩味、传诵、鉴赏的过程中，其本己生命实则已被悬置、压抑、耗尽，变作空洞符号，被耦合入在先建构的意识形态框架，成为缙绅衿士群体投

① ［清］杨霁等纂修：《高州府志》，第 112 页。
② ［北宋］苏东坡：《苏东坡全集》，第 83 页。苏轼于宋绍圣四年（1097）被贬至儋州。
③ ［南宋］李光：《庄简集》，第 11—13 页。
④ ［宋］赵汝适：《诸蕃志校译》，第 25 页。

射欲望与幻想的凝视对象，询唤着现实生活世界中未被结构化的女性与之相认同。从万历年《高州府志》援引此等列女范例以论证冼夫人入传之合理性来看，修志者之立场可谓鲜明甚矣，即通过质询传统士大夫价值评判标准以修正该系统对冼夫人的错误表象。如其所言，冼夫人"其事奇，其功大，其人即不得侔于邑姜，而贤于寡妇清辈远矣！彼皆列于史册，此顾绌于郡乘，何所见与古人异耶？"然而悖论在于，这种书写实践实质上仍在男性精英意识形态偏见的范导下进行。因为该志对冼夫人回忆形象之修订，彰显出一种鲜明的儒化雅化倾向。并且，纂志精英遵循传统士大夫的道德评价标准，将冼夫人片面化地表征作"冯宝妻"与"冯仆母"等传统女德传主形象。而夫人"下孙暄于狱，诲后厚以忠烈"之举，则被阐释为"有烈丈夫之风"，承载着男性精英自恋认同的欲望投射目光。

　　高世瑜先生曾将创自刘向《列女传》这一传记体例文本择取传主所依秉性，按照"贤明""忠勇""仁义""孝道""才慧""贞节""节烈"诸类目进行爬梳归类。其以《后汉书》、《晋书》、《魏书》、《南史》、《隋书》、两《唐书》、《辽史》、《宋史》、《金史》、《元史》、《明史》、《清史稿》十二个正史文本为考察对象，按照线性时序抽丝剥茧，发现横贯整个帝制中华时期，《列女传》著述体例之衍变踪迹实则无不出自"列女传"嬗变为"烈女传"。自《金史》以降，"节烈"作为压倒半数的列女秉性，成为士人大阶层借以将女性群体驱逐至一个绝缘于社会的家庭空间之中的惯用道德评价范畴。而伴随着女性社会参与功能之弱化，"贤明""忠勇""仁义""才慧"诸秉性，渐次从列女入传所依评价标准中被移除，女性被珍而重之的特质囿于家庭一域，成为男性之附庸。①

---

① 参见高世瑜：《〈列女传〉演变透视》，载邓小南编：《中国妇女史研究读本》，北京大学出版社，2011 年，第 11—12 页。

表2-1　历代《列女传》传主立传所依秉性①

文本	卷目	人数	列女入传所依禀性	人数最众占比
《列女传》	8卷	124	"母仪"（16）、"贤明"（18）、"仁智"（19）、"贞顺"（16）、"节义"（19）、"辩通"（18）、"孽嬖"（18）	"仁智"（15%）"节义"（15%）
《后汉书》	卷84	19	"忠勇"（1）、"贤明"（2）、"贞节"（2）、"仁义"（3）、"孝道"（4）、"才慧"（5）、"节烈"（5）	"节烈"（26%）"才慧"（26%）
《晋书》	卷96	37	"忠勇"（4）、"贤明"（11）、"贞节"（3）、"仁义"（2）、"才慧"（5）、"节烈"（12）	"节烈"（32%）"贤明"（30%）
《魏书》	卷92	17	"忠勇"（3）、"贤明"（2）、"贞节"（6）、"仁义"（1）、"孝道"（3）、"才慧"（2）、"节烈"（1）	"贞节"（35%）"忠勇"（17%）"孝道"（17%）
《南史》	卷73	14	"贞节"（3）、"仁义"（3）、"孝道"（8）	"孝道"（57%）
《隋书》	卷80	16	"忠勇"（2）、"贤明"（4）、"贞节"（3）、"仁义"（1）、"孝道"（3）、"节烈"（4）	"节烈"（23%）"贤明"（23%）
《北史》	卷91	17		
《旧唐书》	卷193	31	"忠勇"（10）、"贤明"（3）、"贞节"（7）、"仁义"（7）、"孝道"（16）、"才慧"（1）、"节烈"（13）	"孝道"（28%）"节烈"（22%）
《新唐书》	卷250	52		
《辽史》	卷107	5	"仁义"（1）、"才慧"（2）、"节烈"（2）	"节烈"（40%）"才慧"（40%）
《金史》	卷130	22	"忠勇"（4）、"孝道"（1）、"节烈"（17）	"节烈"（77%）

---

① 据高世瑜先生统计数据并检阅相关文献有所增删地统计绘制。参见邓小南编:《中国妇女史研究读本》,第11—27页。

续表

文本	卷目	人数	列女入传所依禀性	人数最众占比
《宋史》	卷460	50	"忠 勇"（3）、"贤 明"（1）、"贞节"（3）、"仁 义"（4）、"孝 道"（6）、"才慧"（5）、"节烈"（33）	"节烈"（66%）
《元史》	卷200 卷201	165	"贞 节"（34）、"仁 义"（7）、"孝 道"（22）、"节烈"（102）	"节烈"（62%） "贞节"（21%） "孝道"（13%）
《明史》	卷189 卷190 卷191	278	"忠 勇"（1）、"贞 节"（48）、"仁 义"（15）、"孝 道"（22）、"节烈"（192）	"节烈"（69%） "贞节"（17%） "孝道"（8%）
《清史稿》		700 余人	"忠 勇"（49）、"贤 明"（12）、"贞节"（约100）、"仁 义"（48）、"孝 道"（83）、"才慧"（23）、"节烈"（约400）	"节烈"（57%） "贞节"（14%） "孝道"（12%）

　　自上表观之，"节烈"作为列女入史之甄别标准，其挤占其他女性禀赋、建构"无才便是德"的列女群像建构过程，亦即将"贤明""忠勇""才慧"诸人性光辉被划归为男性特质的价值区分、道德教化与景观生产过程。这些横亘在官修史书景观世界中的刻板群像，企图将自通都大邑至穷乡僻壤的血肉女子，一并询唤至此精心编织的虚拟镜像前，与之相认同，接受规训、习得语法、模仿行为。迥异于刘向初创《列女传》体例之美刺初衷，自南朝范晔《后汉书》开此体系，不同时代精英书写的列女群像均从侧面映射出擅用知识的士大夫群体究竟是如何在其集体参与虚构女性幻象的创制过程中，将其书写对象之生命气韵压榨罄尽，把列女驱逐至一个"患难颠沛，杀身殉义"的仪式表演场域当中，成为封建道德桎梏中的男性附庸，无涉她们个人价值的社会实现过程，无关智慧、才能、胆识等被归诸于男性之特质。今日，我们回溯《列女传》将"列女"矫形为"烈女"的众生像型塑过程，这种集体殉道的偏轨踪迹，更是将纂史者的文化霸权操控意图暴露无遗。《明史》之纂修者在卷三〇一的《列女传》序言中，亦曾精辟地论

述了此嬗变仪轨，指出市井乡野中屹立不倒的坊表与乌头绰楔，既是"烈女"景观之直接表象，亦是"烈女"群像之再生产基点。然其却以此为声教所披、伦常所系的社会常态现象，认为"名节重而蹈义勇"者并无不妥。①正是在此情境脉络中，圣化的"烈女"作为楷模被不断建构成型，作为规训传统社会中女性自我认同之完形镜像。借此以言塑行的话语表征运作机制，契合士大夫价值评判准绳的"烈女"成为男权凝视目光中驯顺而卑微的"主体"。

借此反观万历《高州府志》为冼夫人立传之举，尽管修志者肯定了冼夫人之赫赫功勋并为之立传，又旁征博引地论证这种书写行为之合理性与合法性，并基于国家与社会互动视角褒赞冼夫人向化中原、教化百蛮之功，认为"当陈隋之时而无冼氏也者，高凉非中国。有高凉而无冼氏也者，则椎结跣足之俗，未必解辫发袭冠裳也"②。然究极而言，"冼夫人"仍只是作为"属下阶层"（the subaltern）在场：其一，修志者对于冼夫人戎马生涯之功勋的评判准绳，来自儒士大夫价值体系，其将中州礼乐文明绝对凌驾于南越本土传统之上，罔顾夫人在彼时情境脉络中所以选择向化中原的历史本相，乃是意在借援礼入俗之径以化解族群冲突，以文治方案移置武力征伐等潜在暴力冲突局势，保境安民。其二，志中冼氏仅只作为男性精英的附庸在场，提兵捍患、以劳定国的谯国夫人合理的再现形象被型塑为"冯宝妻"与"冯仆母"，却唯独无法自我表述。譬如，其卷七《纪事》如此叙述"冼夫人平李迁士反"事件：

> 大宝元年夏，高州刺史李迁仕反，高凉太守冯宝妻冼氏袭击，大破之。陈太建元年冬十月，前广州刺史欧阳纥据广州反，阳春太守冯仆以兵拒之。二年春，陈封冯仆为信都侯，其母冼氏为石龙郡太夫人。③

比较于《隋书·谯国夫人传》，该志将陈太建元年广州刺史欧阳纥叛乱事件

---

① ［明］张廷玉：《明史》，第 7689 页。
② ［明］曹志遇纂修：《高州府志》，第 97—98 页。
③ ［明］曹志遇纂修：《高州府志》，第 108 页。

的平叛之功归于冯仆。府志没有提及《隋书》等正史文本曾浓墨重彩刻画的冼夫人大义灭亲、忠贞报国情节，更省略了次年二月欧阳纥召冯仆至南海并诱其同反之事。给读者造成的错觉是，"冯仆母"冼夫人以其儿平叛之功而幸得央廷封功加爵。但据正史，发兵拒境的是冼夫人，其"率诸酋长迎章昭达"，而仆则是"以其母功，封信都侯"。①借此，驱驰戎马而冼夫人终究被耦合进契合传统儒士道德评价标准的"贤妻良母"位置，其明显卓越于其他在场男性角色的治郡才慧与忠勇仁义等人性光芒却被谨而慎之地忽略遗忘或一笔带过。

　　诚如赛义德在《东方主义》扉页上那句引自马克思的发人深省的名言所言指的那番："他们无法自我表述，他们必须由他人代述。"②斯皮瓦克亦直陈，"属下阶层无法自我言说"③。古今中外，意识形态辖控范畴中的属下阶层之形象再现，往往呈现为匿名、沉默、刻板的物化、客体化与工具化形态，其丧失自我言说的契机而沦为空洞的能指符号，仅仅作为在先预设概念之纯粹表征形式，或曰权力话语之无差别的传声筒。并且，这些沉默的属下阶层作为贬抑性他者，又再度被置入标出性的两极：其一，被指派至一个经过格式塔矫形的圣化形象位置处，型塑生产惰性静止的奇观或景观（spectacle），等待权力话语之力比多（libido）投注；其二，被建构成为妖魔化的禁忌在场。如此，擅用知识的男性精英作为设计者，实则殊途同归地将其建构对象再现为某种毋庸置疑的价值偏见之直观可感形象，以此来将"一种建立在特殊文化和历史语境中的任意性关系"表征为本然如是、毋庸置疑的真实本相，借自然化表征策略以将文化霸权的循环机制隐匿起来，作为缺席之在场驯服与之相认同的主体。④

　　事实上，在精英文化大传统范畴中冼夫人信仰回忆形象的异质性，除却万历

---

① 参见〔唐〕魏徵等撰：《隋书》，第 1801 页；〔唐〕李延寿撰：《北史》，中华书局，1974 年，第 3005 页；〔宋〕司马光：《资治通鉴》，第 5804—5805 页。

② Edward W. Said，*Orientalism*，New York: Vintage Books，1979.

③ Gayatri Chakravorty Spivak，"Can the Subaltern Speak?," in Cary Nelson & Lawrence Grossberg eds., *Marxism and the Interpretation of Culture*，University of Illinois Press: Urbana,1988,p. 308.

④ 〔印〕莫汉蒂：《在西方的注视下》，载罗钢等编：《后殖民主义理论》，中国社会科学出版社，1999 年，第 417 页。

府志所明言的社会性别偏见之外，还在于夫人之族属及其历事三朝二因。明初"夷夏之辨"盛极一时，明太祖于吴元年（1367）十月所发的《奉天讨元北伐檄文》①仍旧余音袅袅，震慑人心。此北伐纲领号召"驱逐胡虏，恢复中华"，认为"中国居内以制夷狄，夷狄居外以奉中国，未闻以夷狄居中国治天下者也"，强调"夷狄"受辖于"中国"，将中原华夏族裔与四方少数民族族裔之间边界特意放大凸显。尽管此檄文关于"我族"与"他种"身份认同区分的强调本是着意于声讨元廷，然其还是直接造成了明初"夷夏之辨"的话语盛行氛围，作为俚族酋首的冼夫人其"非华夏"的族属，再度使其在士大夫意识形态世界中位列"属下阶层"。此外，冼夫人生逢乱世，曾经历事梁、陈、隋三朝，此与传统儒士大夫眼中的忠贞峻节认同相左。吴梅村的《临仙阁》即曾诉诸戏剧化的艺术变形法师，迂回曲折地指明了这种传统儒士阶层的道德评判尺度。其将冼夫人在陈没隋兴之际的抉择，篡改为解散部武并入山修道。此外，我们可借"侯王罗大人"的神化过程蠡测彼时缙绅阶层对王朝鼎革契机中转事他君者的看法。"侯王罗大人"的原型是宋末元初转事元主的石城人罗郭佐及其诸子，尽管嗣后罗门父子皆战死沙场，然而明代的主流话语依然对所谓的"罗五节"之称颇有微词。及至清代满族入关称帝并大倡"华夷一家"之际，罗门父子五人方才在官方话语中正名。然嗣后王朝国家对其事迹之宣传，仍仅限于民间信仰的传播途径，以神化了的"侯王罗大人"之名，巧妙地绕过了传统儒士大夫价值观念的评判争议。事实上，在神道设教的帝制中华时期，冼夫人信仰直至明季仍未能在精英意识形态世界中被赋予一个自明的合法性位置这种文化怪象，早在嘉靖年间儋州宁济庙的一次迁址事件中即可窥得一斑。儋州宁济庙即前述南宋高宗赵构曾赐额并作《庙额诰》的冼庙，其本址坐落于"州治南，儒学右"。嘉靖二年（1523），魏校在广东捣毁淫祠，儋州同知顾岑曾以此夫人享祀庙宇不宜"逼近儒学"为由，将契合王朝正祀标准且位列"先贤"的显应夫人神像迁入五显庙中。此次极具象征意涵的迁庙事件，表明彼时冼夫人信仰一度被移离开主导意识形态的中心位置，不复作为帝

① ［明］《明太祖实录·卷二六》，"吴元年十月条"，第401—404页。

国毋庸置疑的权力隐喻。而从其在彼时琼海境域中被重新指派的位置来看，此信仰结构中的冼夫人回忆形象曾被王权赋予的"主体—位置"倏尔被取消。就此看来，万历《高州府志》将冼夫人列入"忠勋"[1]一类，当是不无争议。

综上，蛮妃夷妇、驱驰戎马并历事三主，应当是彼时精英将谯国夫人冼氏置于传统儒士大夫价值体系之"属下阶层"之深层原因。而要跨越这种价值评价的定见，亟待岭海本土精英之崛起，或曰，亟须冼夫人回忆形象的建构表述权被移交至同时深谙"礼"之精微与"俗"之灵动者手中。

第三节　"女中奇男子"：顺治碑记中的男性自恋认同镜像

清顺治己亥（1660），电邑知县相斗南为城北长乐街青莲庵右的官祀冼庙撰记。[2]基于传统缙绅儒士的价值理念，其对冼夫人以劳定国之生平褒赞有加。然而，一个擅用知识以建构其对象的男性精英与其所生产的矫形"女师"之间的不平等权力关联，却在这种赞誉措辞背后，被隐匿地编织入文本脉络之中。

文章开篇引述彼时王朝礼制正统《祭法》之崇祀标准，曰"以劳定国则祀之，能御大灾捍大患则祀之"。但在正统士大夫的意识形态世界中，上述牵涉宏旨之行"乃烈丈夫所为"，而冼夫人则为女流之辈。为解决这种认知龃龉，相知县援引其主政期间电邑安绥之境况，以调和这种标准语法与具体表象之冲突，指自其来电赴任，至今已逾年，而辖境"风和雨顺，海若之波不扬，庄山之日愈丽"，以此为冼夫人"能御大灾捍大患"、保境安民的灵验性提供现实佐证。相知县言简意赅地回溯了冼夫人屡平寇乱、折冲御侮之生平：

> 至剪逆谋定大乱，慑服洞獠，坚赤心以向天子，识时审势，卜天命之向

---

① ［明］曹志遇纂修：《高州府志》，第97—98页。

② ［清］章鸿等纂修：《广东省电白县志》，第357—359页；碑文参见［清］孙铸等纂修：《重修电白县志》，第54—55页。

背，如祀典所云，能御大灾而捍大患者，非夫人其谁属哉？余治电之余，朔望仰止，重夫人之德，表夫人之功，而深信尸祝之在人心也，是为记。①

阿斯曼提醒我们，人们不会无缘无故地回忆过去。②此处，相知县之所以重新指涉这段已逝历史，表面上是援引《祭法》条规以论证冼夫人契合"以劳定国则祀之"的崇祀标准，但从其强调夫人之德，旌表夫人之功，每逢朔望行朝谒祭拜之礼的文化表演行为来看，其更深层旨趣实则在于表示"深信尸祝之在人心"，希冀可借自身演绎的瞻仰崇祀冼夫人之文化规范行为以询唤民众对王权辖控权威之认同。借"剪逆谋定大乱"六字，相知县高度凝练概述了历史上冼夫人的三次平定地方动乱事件——即平欧阳纥与王仲宣之乱，以及诏慰因赵讷贪虐所致逋叛之俚僚；并将此岭海方域秩序断裂与结构重组契机中在场的冼夫人记忆，单向地表征为夫人"坚赤心向天子"。而在此明识远图之褒赞措辞背后，地方土著势豪与基层民众何以不约而同地认同于冼夫人的内在化观审视角，以及百越族群基于历史记忆的集体经验维度则被悬置。在其回溯中，帝制王朝与百越族群的交往冲突以及冼夫人如何作为关键性要素在其生前逝后不断化解沟通这些龃龉的认同整合与承认运动过程，则意味深长地被隐匿起来，仅在"识时审势，卜天命之向背"等寥寥数语可踪其迹。

比较冼夫人传记的经典文本《隋书》，此通碑文删去了冯暄因与陈佛智友善而违抗军命不进军的情节；在论及陈亡隋兴境遇中冼夫人迎洗入境事件上，又有意无意地弱化了《隋书》在阐释朝代鼎革问题之际不惜笔墨状摹的"恸哭陈亡"仪式表演场景；并在回溯夫人奉诏巡抚、抚慰亡叛的两个场景——即平番禺俚帅王仲宣叛与状告惩戒番州总管赵讷二事之际，语焉不详地将之合二而一。在处理史料之际，相知县巧妙地隐匿起一些关涉朝代鼎革与族裔冲突的敏感话题，文章没有提及冼夫人的族属，而着意于建构烘托出一个"壮纠桓之气，建底定之勋"的"女中奇男子"形象。在此历史表象中，我们仅只遇见删减过后的记忆叙事，

---

① ［清］孙铸等纂修:《重修电白县志》，第54—55页。

② 参见〔德〕扬·阿斯曼:《文化记忆》，第72页。

以及这种叙事所再现的已经矫形化修辞粉饰的冼夫人回忆形象,一个躬擐甲胄、宣慰圣谕的"女中奇男子",一个被赋授了"开幕建牙悬肘后印"特权的谯国夫人冼氏。其相夫教子扶孙,更以无二志向化天子之赤心而得以赍赐汤沐邑并遗后谥典。在此再现的历史场景中,文本尤其强调既有邑乘"所载述冼氏之功德甚详",甚至爬梳出历代王朝所给予夫人之赍赐封赏,其意图可谓明晰甚矣:

> 陈主遣使持节,敕命为石龙夫人,仪从一如刺史。及隋……时嘉其有功,进谯国夫人,开幕建牙悬肘后印,便宜行事。其孙盎与暄俱拜刺史,不居然大将军哉!……更蒙上赏赐汤沐邑,遗后得与谥典,其所以酬夫人者,洵亦不诬。①

在碑文中,相知县以三百五十五字凝练概述了《隋书·谯国夫人传》之纂叙,而上引王朝封赠部分即占去三分之一篇幅。借此,其意图定点不唯在于论证夫人"壮纠桓之气,建底定之勋"的丰功伟绩早已荣膺历代皇权之肯认,她享祀的"正统性"毋庸赘言;更在于实例化演示正统性认同的规范行为,以言塑行。质言之,此文本之所以不吝笔墨地钩沉出权力中心所赋予该认同位置的诸类特权,意在阐明何为士大夫意识形态世界中的正统性认同表征行为,并进而借此可模仿的设计程式询唤认同、规训主体、移风易俗。此外,相知县还不忘从共时社区场景中寻找论据,指出大人享祀之庙,非但在电邑得受"父老相与重修而鼎新之",就是在旧县治电白堡处,乡民亦感夫人功德,故"今高凉亦大庙貌焉"。这种状摹高州府境崇祀冼夫人之典礼焕千秋俎豆,"为一郡所重"的集体表象,意在从僭越一时一地具身体验的全知视角,高屋建瓴地论证夫人之威德非但著于生前,并且及于后世,声施不绝。

在此文本脉络中,被相知县调度至当下表征场域,可为大人乃"女中奇男子"提供合理性论证与合法性支撑的有意义叙事,可概述为以下七点:其一,少晓王师之义,幼即谙习筹略之术;其二,机智破迁仕,慧眼识陈主;其三,太守捐馆,怀集百越;其四,欧阳纥叛,提兵扼境;其五,迎洸入粤,岭南入华;其

---

① 〔清〕孙铸等纂修:《重修电白县志》,第54页。

六，平仲宣叛，卫裴矩巡；其七，岁陈赐物，教育子孙，敦崇教化，尊奉礼教。诚然，相知县高度肯定谯国夫人冼氏提兵捍患、折冲御侮、以劳定国之勋，认为夫人"可与郭汾阳、霍嫖姚并传不朽"，即便较之"权倾天下而朝不忌，功盖一代而主不疑"的唐代武举人郭子仪以及戍卫边陲建功屡矣的霍去病亦毫不逊色。然而，在相知县所勾勒的冼夫人回忆形象中，契合粤西南基层社会民众感觉结构的"冼夫人"实则是缺席的。在此瑰丽如是的文化之镜中，"冼夫人"不过是士大夫意识形态世界中一种虚拟的投射映像，一个刻板的帝国王权隐喻，一个了无生气的正统话语传声筒，一个约略了历史感纵深维度的乌托邦镜像，一个罔顾文化持有者具身体验与集体灵魂的物化对象。它是构想的（conceived）空间再现中被生产出来的男性精英之完形自我，是央廷外派至此的官员透过外在视角而想象性建构的自恋镜像，仅存在于制度设计的蓝图当中，充满了理想主义的色调。

　　此外，这种权力不均衡的表象建构亦在于，尽管"有筹略之才"并"似晓王师之大义"的冼夫人作为故事主角频频出场，然却只能作为惰性沉默的知识奴役对象，被指派到一个用以确证男性知识分子主体性认同的位置，作为贬抑性他者在场。男性知识精英飞扬跋扈的主体性意识及其确认彼此连带性关系的群整合意识，俱决定了"冼夫人"只能出现在一个已经矫形、惰性刻板、物化的位置上。因此，在此话语建构的叙事空间中，相知县将冼夫人与冯氏的姻亲关系，以及嗣后冼夫人为冯氏家族所带来的政治军事荣耀，一并归功于冯太守的慧眼识珠：

> 追梁大同初，适高凉，冯太守识力超人，观其不轻信李迁仕之绐，身率大军，卒成袭击之功；自与陈霸先会于赣，而预识其非常人。[1]

　　并且，相知县之立场尤为鲜明，即以"坤柔为德"与"刚勇见节"分别作为女性气质与男性气质之传统标识。就此而言，"提兵捍患，功垂鼎铭"乃男性建功立业之经典行为，然却偶然闯进一女子——正史叙事中的冼夫人回忆形象显然并不契合传统的"烈女"镜像。但精于发掘地方传统社会历史文化资源的官绅衿

---

[1]　［清］孙铸等纂修：《重修电白县志》，第54页。

士们又断然不会放弃这样一个理想的帝国隐喻符码。于是,这些地域精英开始将其自反的目光投射至自身,在传统女性被男性精英挤兑而出的、为"忠勇""仁义""才慧""贤明"等禀赋所充盈着的镜像空间中,发现了一个陌生而熟悉的"冼夫人"——作为男性精英理想自我(ideal-ego)认同的投射。于是,相知县将冼夫人标举为"女中奇男子,千古推为第一",并将织锦为回文旋图诗的才女苏若兰与冼夫人并举,指出前者能文、后者能武,故均为"女流之所难":

> 邑志首载苏若兰织锦回文,堪续《离骚》,予令电邑读电志,亦载冼夫人提兵捍患,功垂鼎铭。故苏氏之能文,冼氏之能武功,均女流之所难。予适于两地之邑乘,见之真女中之丈夫也。[1]

在此,能文或能武作为难能可贵的"才慧",被调度至一个论证苏、冼二人乃"女中之丈夫"的话语建构场域当中。这在表面看来,是泛泛女流之辈作为面目模糊、沉默无语的他者,衬托起苏、冼之熠熠闪烁的主角光环;但实际上,在此表述背后,真正的主体乃是作为缺席之在场的男性知识精英。因为正是这些擅用知识以建构对象的"能言者"在为诸如苏、冼此类的故事主角赋授特权,使之从女子之芸芸众生像中凸显出来,头顶光环。质言之,此类"女中奇男子"形象,究极而言不过是男性精英之完形自我的表象,是彼时士大夫群体想象性投射的人格面具。就此而言,相知县所建构的冼夫人回忆形象作为彼时士大夫意识形态世界的一个生态剪影,映射出其集体自恋认同的倾向。在他们尊冼夫人为"女师"的表述背后,民众感觉结构中的冼夫人回忆形象以及真实的历史人物谯国夫人冼氏实则均被悬置。就此而言,冼夫人在此场域中可得褒扬、嘉许,乃至钦佩、认同,并非她身上彰显出的某种女性特质得到了男性精英之肯定性评价,而是在她身上,擅用知识的官绅衿士发掘出了某些与自身相仿的特质。正是这些区别于其他被驱逐至话语边缘的女流之辈的男性气质,为此单维、沉默、虚拟的"冼夫人"回忆形象赢得了彼时地域精英之青睐。在此,男性知识分子之自恋认

---

[1] [清]孙铸等纂修:《重修电白县志》,第 54 页。

同意识欲盖弥彰。借由将其集体参纂的理想自我（ideal-ego）形象投射至作为文本主角的“冼夫人”之径，相知县所意欲完成的，是从功垂鼎铭的冼夫人身上识别出其所属阶层某些卓绝超群的特质。因此，其称冼夫人为“女师”，视建底定之功而垂节钺之勋的谯国夫人冼氏为一个已然置身于象征秩序当中的完满膜拜对象。而此位置在拉康的精神分析理论中，则是由“父法代理”①所占据的。

如波伏娃所言，女人作为第二性，与其说是天生的，毋宁说是社会建构之产物；是社会性别（gender）而非自然性征（sex）将女人置于“第二性”的位置，作为逆来顺受的沉默他者。质言之，性别不是与生俱来、自然体质上的生物性差异，而是一种被男权／父权中心话语所建构、辩护、维续的社会区分文化标签。这种贬抑性标签，将掌控话语表述权的男性定位为主体，而将作为知识建构对象的女性置入权力不均衡的二元对立项之另一极，并借先验预设的逻各斯以支撑这种建构，给予此表象以毋庸置疑、浑然天成的自然修辞解释。正是这种权力借由知识之生产与话语运作而型塑的表征效果，将真实的女性暴力删减为单维刻板的沉默形象，把她们驱逐至边缘，沦为男性主体之优渥特权的背景与例证。概述而言，在男性精英集体参纂的女性表象中，存在两类单维刻板的女性他者：其一，圣化的他者；其二，妖魔化的他者。②毋庸置疑，冼夫人在相知县所生产的文本中，显然是作为前者而在场的。

---

① 在拉康的精神分析理论中，“父法”若想实现其对“照镜婴儿”之结构化作用，即必须诉诸“父法代理”以将其规则律令予以具象化表征。此位置由特定的现实社会角色所占据，如真实的父亲，其被想象性地认同为一个“假定能知的主体”，宛若造物主般拥有全视视域，未卜先知。此“父法代理”在社会象征秩序中所占据的确定位置及其完满整合表象，使得“父法”被认同为一种毋庸置疑的真理秩序。其引诱着未被结构化的行动者步入朝向自我异化的渊薮，而掩盖自身的匮乏与残缺，并遮蔽起意义的缝合秉性。See J. Lacan, *The Seminar of Jacques Lacan, Book XI: the Four Fundamental Concepts of Psychoanalysis*, Jacques-Alain Miller ed., A. Sheridan trans., London: Hogarth Press and the Institute of Psychoanalysis, 1977, pp. 77-93.

② See S. de Beauvoir, *The Second Sex*, H. M. Parshley trans. & ed., London: Jonathan Cape Thirty Bedford Square, 1956; S. M. Gilbert & S. Gubar, "the Mirror and the Vamp: Reflections on Feminist Criticism," in *the Future of Literary Theory*, R. Cohen ed., NY: Routledge, 1989, pp. 144-166.; E. Showalter, "Feminist Criticism in the Wilderness," *Critical Inquiry*, Vol. 8, No. 1, 1981 pp. 179-205.

表 2-2 　擅用知识的主体 / 知识的建构对象

擅用知识的主体	知识的建构对象		询唤认同: 文本预设的"话语—主体"位置
	圣化的主体	沉默的他者	
男性知识精英分子	冼夫人、苏若兰	女流之辈	理想受众的解读位置

这种"圣化的主体"所占之位看似是话语的中心,因为其相比较于被文本指派到另一次级贬抑位置上的"沉默的他者"而言,似乎已然摆脱那种被话语建构、被知识施虐的命运。然而,设若我们跳出文本所建构的世界,站到一个"文化"与"社会"互动的角度重审此文本之建构、传播与领受的文化表征与意指循环过程,便会发现,无论是以正面形象而被再现的"圣化的主体",抑或为确证前者之优越性而在场的"沉默的他者",实则无一例外只是无法自我表述的知识建构对象。而真正能够掌控文本话语权的主体,并未在文本之中显现自身。他们是冼夫人信仰回忆形象的生产者,是真正擅用知识以表述自我,建构认同并促成意义传播的士大夫阶层。这些能够巧妙地斡旋于"国家"与"社会"之间的能动者,孜孜不倦地学习内化王朝礼制的标准话语,将正统性表述的评价规则、建构程式与惯用语汇谨记于心,并希冀循此路径以践履其移风易俗的文化启蒙理念,充满了理想主义的色彩。在此文本脉络中,经过矫形的"冼夫人"尽管以其圣化的主体光环而迥异于其他女流之辈,然其所映射出来的却只是彼时地方官绅群体所构想的理想自我形象。此自我期许的意象将"冼夫人"设置为一个"假定能知的主体",一个帝国王权的代理,这种表象将彼时士大夫意识形态世界的乌托邦特质一展无遗。因此,相知县呼吁全邑绅民去阅读该碑文,希冀借此被指派至"圣化的主体"位置的"冼夫人"完形表象,声数未通的邑人可习得何为王朝期许的规范行为,借道德感化以驯导顺民,询唤异我族类之"正统性"认同。然悖论在于,此高度意识形态化的能指实乃虚有其表的空洞符码,其悬置了真实的冼夫人记忆及其多元多维的社会历史文化秉性,由此不可能真正发挥民众感觉结构中的冼夫人回忆形象那种表征思想、型塑认同与范导行为的社会整合功能。

第四节 保境安民与移风易俗：
康熙碑记中的"高凉郡夫人"

康熙丁酉（1717），电邑知县周文杰撰文《重修高凉郡夫人庙记》。[①] 该文所言之冼庙，与相斗南无异，均为神电卫城西北隅长乐街青莲庵右的官祀冼庙。曾有学者指出，"明代以后，地方社会中大型的民间庙宇既是地域社会的标志，更是社区管理的中心、国家政权与民间政权的交接点"[②]。该官祀冼庙频繁出现在邑乘中，乃地方官员重视其符号价值之文化表象。他们积极参与该庙宇的象征意涵建构与文化传播实践，意图定点在于借"冼夫人"符号以询唤多元社群对王权辖控之认同，引导社会舆论，并以契合士大夫价值理念的国家正统礼制话语来范导基层民众的冼夫人信仰实践。据道光《广东省电白县志》[③]，该庙自明成化迁治神电卫以降，至章鸿主持纂修县志为止，已经三次修葺。先是知县相斗南于顺治十七年（1660）重修并撰文作记[④]，其认同冼夫人"以刚勇见节"，认为此"女中之桓文"功勋昭著鼎铭，功德非但著于当时，且延及后世，对电邑绅民德育教化仍具现实意义，遂趁其"治电之余，朔望仰止"。五十四载后，山阴周文杰于甲午岁"需次铨曹除授吴江令"，奉旨调任电白县，当其莅任，巡视邑境，见此地"南临大海，浩森无涯"，"北则崇峦，界连春州"，一时间惴惴不安，"惟以陨，越是惧"。逾年，岁次乙未，其捐俸倡修该庙，并于竣工后两年撰文"铭石志其始末"。第三次修葺则在嘉庆丙子（1816），由署电茂场大使武廷选主持，"添设一亭"。

周文杰所撰碑文首先基于士大夫视角，对电邑山陬海盗的潜在危险做出表象。文本字里行间所弥漫着的恐慌情绪从侧面揭橥此地自古即非绥靖之区，历史上局部动乱频仍，在外派官员眼中是个随时可能陷入失序混局的地方。据碑文，电邑海域浩瀚、崇峦葱郁、枕山靠海的物质地理形貌，被赋予了文化地形学的阐

---

① ［清］孙铸等纂修：《重修电白县志》，第 55 页。

② 吴真：《民间信仰研究三十年》，《民俗研究》2008 年第 4 期。

③ 参见［清］章鸿等纂修：《广东省电白县志》，第 660—670 页。

④ ［清］孙铸等纂修：《重修电白县志》，第 54—55 页。

释。其浩淼无涯的南面海滩，为"淫蛟妖蜃之属，狭岛屿而弄波涛者"提供了得天独厚的便利；而其与阳春接壤的北部崇峦，又总能让人忆起无迹可寻的山寇滋扰前情后事。由此，他总结道，"电严邑也，山海交错，不无隐忧"。并特别回溯成化四年（1468）电白堡的府县迁治事件，表示其对于那些"聚散莫可踪迹"的"不逞之徒"仍余惊未甫。

在铺叙了上述历史人文地理概况后，周知县笔锋一转，提及其尤为钦慕冼夫人之治郡才能，指她"知大义，禀朝廷，约束屡定祸乱，安辑岭南十余州，不罹锋镝"。然而悖论在于，此邑中有司致祭的官庙竟呈破宇荒堮状；明明是"民间水旱风灾，疾病冤抑，事无巨细，莫不祷于夫人"的灵验之神，却偏偏"庙貌勿称崇德报功之谓"。周知县将这种祀事不勤的社会表象归咎于"祀祭之礼，盖懈不度"，认为此庙"人几无所赴愬"乃"司土者之责"，认为有必要通过捐俸倡修之举以扩大冼夫人信仰之文化影响力。并且，不忍目睹该庙"委荒烟蔓草间"仅此倡修缘由之一，而更深层之因则在，其相信敬为神明的冼夫人可葆电邑海氛绥靖、合境安然。

特别有意思的是，在此倡修中，周知县对冼夫人之认同较其前辈有所转移。如果说，在相斗南的回忆形象阐发中，在场的"冼夫人"更多是作为一个男性知识精英借以投射其自我理想认同而虚构的幻象；那么，周之版本对冼夫人之认同则不唯在她"开幕建牙悬肘后印"、折冲御侮并建底定之勋，更在"高凉郡夫人"作为一个横跨邑内多元分化社群认同边界而具有普遍询唤感召力的符号，可被调度至多元文化主体共在的场域，作为模塑社会共通感、推进公共德育建设、实施启蒙教化策略的重要媒介，起到化解族群矛盾冲突、整合多元认同、兼容迥异表述的社会结构化功能。可见，周知县接过了相斗南论证冼夫人信仰之德育教化效能的阐释之棒，明确表示"冼夫人"可为邑中绅民提供必要的德性规约与行为范导，调和不同伦理共同体的认同表述，化解社会矛盾冲突。

据周知县，在其带领下，"同城文武泊绅衿士民"争先恐后、众志成城地参与此次冼庙修葺。碑记全文千余字，而单就冼夫人生平回溯即占去约五分之一篇幅：

　　夫高凉在当日为百越地，中朝未尝为之设立官职，咸属土豪分据。夫人之父，若兄夫，若子，皆世之长其土者。其时声教未通，朝廷亦特羁縻之而已。乃夫人生而贤明，多筹略，善抚循部众，举动一本于忠义，相其夫、子，教其子、若孙，俱能尽心向天子，无异志，历授陈隋褒嘉，庞赉逾格。殆明太祖，又封高凉郡夫人，春秋崇祀，盖夫人之功德被民，捍大灾而御大患者屡矣。其祠宇俎豆，遍于高凉，理固宜然。……夫忠孝节义，根于天性，人心原所自有，惟是禀气之偏，受物欲之蔽，则渐至渐灭销亡而不觉。使有人振作而鼓舞之，莫不油然以生，奋然以起者，止还其固有，非由于外铄也。①

显然，这种溯古不在怀旧，而在借古塑今，通过回忆叙事以影响当下。质言之，其意图定点聚焦于 "冼夫人" 符号对此帝国边区民众之教化功能。事实上，在明清地方精英所书就的文本中，冼夫人基本上均是作为一个不断将中州礼乐文明援引进 "声教未通" 的岭海方域之角色而在场。这表明，经过吴国伦、曹志遇、相斗南等官绅衿士之集体参纂，初始作为 "蛮妃" 在场的冼夫人回忆形象已然被渐次修订为契合士大夫传统价值观念评判标准的 "女师"，其能够为这些擅用知识的主体提供某种 "自我理想" 认同的镜像。因此，在其确认彼此社群连带的身份认同建构过程中，信仰结构中的冼夫人回忆形象绝非某种无涉现实的无功利鉴赏对象，而始终是一个可有效沟通王朝国家与地方社会对话、融会正统礼教与多元表述、调和结构与能动性张力的理想司土者形象。

中国的文化大传统，即作为士人文化精髓的夏、商、周三代礼乐文明。其于春秋之际崩坏，嗣后经孔子等儒学先师之重阐，至汉代已然形成了以 "仁" "义" "道" "德" 为中心的礼乐文明秩序。这一文明秩序经汉、唐两代王朝统治集团之推崇，特别是借由与科举制度相关联的方式，遂以中州礼乐文明形态，积淀成精英意识形态及其社会价值理想的中国文化大传统，成为缙绅衿士借以确认其彼此身份认同之社群连带关系的想象基点。魏晋南北朝 "三教合一" 的契机，为宋明儒学之转型奠基，儒家主以纲常名教与政治伦理教化的文化结构，吸纳道、释体系的哲学思辨意识并加以整合，由此促成了程朱理学之勃兴。至

---

① ［清］孙铸等纂修：《重修电白县志》，第 55 页。

此,作为中国精英文化大传统的礼乐文明,非但有强调介入社会的伦理教化实践一面,亦涵括注重个人内省与哲学思辨之维。特别是经朱熹等宋儒之阐发,"人事之仪则"与"天理之节文",统归于亘古恒常之"道统",是所谓"人心惟危,道心惟微,惟精惟一,允执厥中"。①黄榦的《书晦庵先生家礼》提出应严格依循"道统"以规约具体风尚习俗,以此甄至民风淳朴之礼乐盛世;而一旦遭逢礼乐崩坏的"世降俗末","道统"湮没,则需儒士挺身救世,"以礼为强世之具",自觉担负重阐"道统"之本原、拯救"人心邪僻,天理湮晦"之社会责任。②由此,"六合"与"万事"之人伦日用源于亦归于"一理"的文化启蒙理想模型,遂在宋明理学以"道统"和"天命"为中心范畴的形上阐发中,被标举为毋庸置疑的自然之法。中州礼乐文明对于四方夷狄与边区氓众的教化之责,自此成为中国传统文化精英引为己任的一种自觉。

因此我们看到,依照"内圣外王"与"修齐治平"的政治理想与道德准则,地方精英试图将信仰场域中的冼夫人回忆形象模塑成为集"天道"与"人文"于一身的"道统"之具象化、拟人化范型,以完成其集体虚构的自我理想认同,建构起彼此的社群连带关系。在周知县的叙事版本中,"冼夫人"作为一个重要的道德符码,其教化作用非但发生在"土豪分据"时代的百越地,且"延赏后世"。由此,"高凉郡大人"被擅用知识的精英置入其想象性建构的盛世乌托邦之中心,作为井然秩序与澄明意义之保障,既持续隐喻着帝国权威在地方社会之缺席的在场,亦是让粤西南边区化为海滨邹鲁、使其民风习俗契合道统规约之礼乐盛世的现实化基点。在此意义上,"高凉郡夫人"作为司土者之自我理想认同意象,跨越了自然与人文二域,被同时赋予了具体伦理情境的涵指与普遍道德规则的蕴意,成为礼乐文明秩序的某种现实化演示,亦即孔子所言指的"克己复礼为仁"之典范。就此而言,"高凉郡夫人"这一回忆形象彰显出中国道德哲学传统中伦理与道德共生的独特旨趣。迥异于西方道德哲学的康德谱系,我国传统道德哲学并不着意于从绝对的道德命令中去达成某种伦理认同;相反,"'礼'的伦理是

---

① [宋]朱熹:《四书集注》,第1页。
② [南宋]黄榦:《勉斋集·卷二二》,第7b—8a页。

'仁'的道德的现实内容和价值目标"。由此，宇宙天地的自然之法与人事仪则的条规章程不是以强力意志的方式对主体发出指令，而是作为某种价值范导，可借自我克制的自觉行为而内化于心并顺应于世，以调和"人欲"与"天理"之间龃龉，借"背负着伦理经验的道德"形态在礼乐盛世中演绎仁义道德的现实内容。①按照这种阐释，冼夫人生前能以中州礼乐文明范导其行为，相夫教子协孙，革除粤地"椎结箕踞"旧俗，使岭海方域声教渐通，即"克己复礼为仁"，故天下归心、功德被民、殁有明祀；冼夫人逝后，其崇功厚德亦不会消弭殆尽，而是作为一元总体德性规约始终在场，生生不息。每当邑中绅民因"受物欲之蔽"而渐次偏离其"忠孝节义"之天性，崇祀冼夫人的正统性认同仪式演绎即可再度"激发人忠义之气"，从而拯救日趋沉沦而不自知的偏轨人心，范导并示谕官绅衿民去践履合乎礼法的仁道之举，此为"高凉郡夫人"功德被民之另一方面。而这种"有功德于民则祀之，能捍大灾御大患者则祀之"的享祀资格评判标准，经由经典文本《礼记·祭法》之阐发，基本上成为中国传统知识精英论证其所崇祀对象之"正统性"与崇祀行为之"合法性"的基点。

第五节 "吾高州冼氏女"：本土精英之崛起与明清咏冼艺文创作高峰

《隋书·谯国夫人传》等经典化了的史传叙事文本及嗣后以其为"底本"所撰写的系列诗、词、碑铭、方志等文人创作，"再现了一种记忆或一批由一个群体共同持有的记忆"②。正如奉"四书五经"之官版章句为圭臬的缙绅衿士所笃信的那番，任何叙事均有其所循所依之经典，《隋书》《北史》与《资治通鉴》即为此类契合精英趣味的标准叙事范式，当中所蕴藉着的价值观念与审美趣味无疑会对后世文人书写中的冼夫人形象产生影响。特别是在中国精英文化传统生成其

---

① 参见樊浩：《伦理，到底如何关切生命？》，《天津社会科学》2015 年第 6 期。
② 〔法〕哈布瓦赫：《论集体记忆》，第 320 页。

经典概念的历史情境脉络中,自宋以降即已形成的崇尚古典倾向,在明七子的极致复古主张中可窥一斑。① 在此语境中,此等唐宋士大夫苦心孤诣的笔耕之作对于后世冼夫人回忆形象书写即形成了一种经典化的审美风格规约、艺术创作标准与意识形态范导。亦因之,传统官绅儒士意识形态世界的冼夫人回忆形象尽管不乏时代精神之镌刻,特别是在本土智识精英崛起后而自觉不自觉地从该形象之口传诗学形态中汲取养分,但其艺文创作的儒化雅化倾向以及基于文人结社等活动而形成的精英认同与文化区隔却一脉相承。一方面,这种回忆形象以偶然的历史情境为书写契机,不可避免地涉及话语权之争夺与文化霸权之楔入,代表王朝国家对冼夫人回忆形象之规范化书写与最高评价标准。另一方面,这种形象又绝非某种范囿于意识形态的再现或表象领域当中的编码符号,仅关"套话(verbalism)、赘语(verbiage)或空话(empty words)",或只"联系于知识、符号(sign)、代码(code)与正面形象(frontal image)"。② 相反,其必然受到主流话语与历史意识等社会共时态的广义大他者(Other)因素之介入影响,并关联于特定伦理共同体之认知图式、审美趣味与情感认同之需,在表征与阐释过程中发挥着不可还原为符号的社会结构化功能。

道光戊申(1840),粤西状元林召棠撰《儋州宁济冼太夫人庙碑记》,其对冼夫人之回忆叙事,从戒约本宗的移风易俗之举,到破李迁仕,识陈霸先,除欧阳纥,定王仲宣之"功勋炳著",到代表王朝中央巡抚诸州的两次仪式以及惩处贪虐大吏的政治大事件,侃侃而谈:

> 谯国夫人者,吾高州冼氏女也。幼贤明,多筹略,抚巡部众,压服诸越,信义结于遐迩,海南儋耳归附者千余洞。及归高凉太守冯公室,约束本宗,政令有序,人莫敢违。在梁任知高州刺史李迁仕欲反,则设计破之;知长城侯陈霸先能平贼,则厚资之。至陈,除欧阳纥。至隋,定王仲宣,功勋炳著,更仆难终。当岭南未有所附,数郡共奉为圣母,保境安民。及受历朝封敕,率忠贞

---

① 参见高小康:《从记忆到诗意:走向美学的非遗》,《文学评论》2021 年第 2 期。
② H. Lefebvre, *The Production of Space*, 1991, pp. 33, 129.

以报。有叛亡，亲披甲，乘介马，张锦伞，历十余州，谕诸俚僚，使遵朝化。
时得开幕府，置长史以下官，大吏贪虐，论治其罪。

并论述道，“窃以中原多故，使岭南无夫人，吾见日事攻杀，民无孑遗矣”。
此即意味着，冼夫人以其功在社稷并能敦崇礼教而得“纲目三书，国史列传”，
是林援以论证夫人“庙食千秋”之合理性的前提。并且，林尤为强调谯国夫人乃
“吾高州冼氏女”，认为“夫人专祠，海南少见，岂以非德教所及耶”，视冼庙为
地方开化之空间表象，将冼夫人信仰直接关联于移风易俗的文化启蒙话语。

但这种本土精英之崛起并不意味着冼夫人回忆形象之艺文创作标准就此偏移
其经典美学传统，尽管民间文艺及其对于文化持有者主体意识之涵养不可或缺，并
始终蛰伏于这些土生土长的知识分子之无意识认同维面。事实上，“吾高州冼氏女”
的文化主体认同意识觉醒，连同彼时咏冼艺文创作与方志篡修高峰，均为彼时粤
西南地域社会士大夫化的一种文化表征。在此确认彼此身份认同过程中，官绅衿士
凭借拜谒冼庙等群体集会创作艺文，或赋诗唱酬、以文会友，或撰文题记、铭刻金
石，由此自觉不自觉地参与冼夫人文化记忆之场的建构过程。这种基于生动交往的
文人雅集活动在某种程度上促成了冼夫人信仰在基层精英圈子中的流行，因为参与
到这些空间实践中来本身即被理解为一种特权；而参与此场域的任何实践，均有必
要首先谙习此场域之信念。此类方兴未艾的精英分子交往互动方式，不觉间使得冼
夫人信仰在地方权力的文化网络中再度被置入中心位置，成为权力之隐喻。在他们
主导筹划并生动演绎的冼夫人信仰空间实践中，瞻仰拜谒、赋诗唱酬与有司致祭等
仪式表演方式，在其周期复现中逐渐凝定生成一整套可辨识、可意象、可模仿的规
范信仰实践。其结果是，在确认彼此社群连带关系的同时，非但“精英/大众”之
间的界限被挑明，并且大众在竞争入场之际亦不遗余力。此放大特权并凸显差异的
信仰界限，借力精英与大众对话之张力，吸引力争上游的乡民习得此套标准化的祭
冼语言，购置田产、登记纳税并参与科举，以此争取他日可被赋授此官绅雅聚的社
交特权，一同参与篡修冼夫人回忆形象的文人集会活动。

由于这种精英信仰结构中冼夫人回忆形象之儒雅化、正统化、意识形态化的
标准建构、表征与阐释过程，与彼时一批生长于斯的缙绅衿士之崛起休戚相关，

因而，此历史社会情境是冼夫人信仰空间中中华文明礼制语言写入的重要时空截面。自道光丙戌年（1826）邵咏、崔翼周等一批新电邑精英分子参与邑乘修纂工作，迄光绪己丑年（1889）吴川县陈兰彬与茂名县杨颐作为桑梓府、县志乘总纂，高州府属六邑的方志纂修表述权，由此前经中央委派至地方任职的外来官绅处，转移至本土精英手中。这种地方儒士总纂府志邑乘的转变具有重要的文化象征含义，其意味着生产地域社会集体表象的话语权掌控者，自知"礼"而外在于"俗"的外地官绅，转移到濡染地方风俗且谙习国家礼制的乡人手中。他们所依据的经典文本是《隋书》，并凭借诗、词、歌、赋、楹联等艺文创作，以提炼、抽象出指涉"正统性"认同的冼夫人"回忆形象"体系。在他们不遗余力地参与其中的空间实践当中，我们看到了这些地域精英究竟是借由何种路径，将一个曾在正史文本传统中静寂许久的"冼夫人"符号重新拉入公众视野，并创造性地挪用该符号曾被彼时权力中心所赋予的"正统性"隐喻涵指，以生产出一个代表国家正统意识的"回忆形象"体系的建构过程。此为援"礼"入"俗"、以"礼"节"俗"，乃至于借"礼"释"俗"等礼俗互动方式提供深度对话之契机，亦是该信仰空间中中华文明礼制内涵生成的重要历史情境。

如果说，咏冼诗词创作的始作俑者为北宋苏轼，那么到了明清之际，此前寂寥如是的场域倏尔热闹了起来，其明代有李东阳、王宾、林春泽、吴国伦、王弘海等官绅儒士，清代有屈大均、王世祯、吴兰修、谭莹、李文泰等文人墨客，民国有许景邵等知识精英，可谓代不乏人。这些艺文创作，大抵乃兴感畅怀和赋诗唱酬之作。嘉庆戊寅年（1818），失佚已久的冼夫人墓负碑赑屃被山兜躬耕稼穑的乡民无意间发掘出来，以此历史事件为窗口，我们不仅看到次年电白知县特克星阿与电茂场大使张炳原址重立"隋谯国夫人冼氏墓"碑的行动，更发现《高州城冼夫人庙题诗十首》与《电白山兜娘娘庙八首》等系列艺文创作之涌现。其中，前者系知府戴锡纶携府属六邑官员拜谒高州冼太庙的唱酬之作；后者则为番禺寄籍举人仪克中奉宪赴高州府境调研辑录金石情境中与本地精英以诗会友、感兴所赋之诗。时电白县学优贡生邵咏①与邑人邵济陪其一同前往山兜谯国夫人冼

---

① 邵咏，字芝房，电白树仔莘陂村人，道光邑乘的纂修者之一。

氏墓实地调研，撰写《广东通志》采访。夜宿须臾，初至此地的仪克中听着土人自述之"己卯秋，特明府正斋张龊使，苞塘树坟碑后，隐隐闻乐音者一月"语，又直面着该处"年深赑屃瘗秋草，夜静笙箫讶古祠"之场景，不禁慨叹"却见两方传马鬣，遥思十郡拜娥眉"。其将彼时新旧电白县境的冼夫人茔墓之争，与冼夫人时代岭南圣母持谕代宣圣谕、招慰亡叛的仪式场景并置，认为十郡酋长不约而同俱拜谒臣服作为历史隐喻，实则揭橥该地不同社群对于冼夫人克里斯玛之可通约的认同情愫，尽管这种认同的具体内涵与传统叙述往往旨趣殊异。①道光壬寅年（1825）春，仪克中上赋诗作《秋日与邵芝房过山兜访冼氏墓》，以及由邵咏等陪行邑人兴感唱酬诗作计凡八首，经由社信黄曙光敬书并刊，勒石为碑，今犹存山兜娘娘庙。另有部分地方官员为冼夫人的官祀仪式而撰的神弦曲，如道光甲辰（1844）的南海举人谭莹，其在任化州训导期间即撰有《高凉冼太庙神弦曲》。另如赵峒的《题冼庙四首》组诗，将彼时新电邑县治神电卫城视为冼夫人钟灵所寄之故土，将邑内"河清海晏无他事"的海氛清肃之状，与"击鼓吹箫乐岁穰""士女报蒸尝"的春祭秋祀之景并置再现，以此论证冼夫人能御大灾捍大患的祭祀礼制合理性与合法性。

自苏轼以降，文人儒士所撰之艺文作品中渐次凝聚生成了一些用以指代亦人亦神的冼夫人之约定俗成意象，譬如"锦伞铁骑拥牙幢""犹存锦伞月昏黄""锦伞已与蓬蒿没""往日蛮风摇锦伞""锦伞勤王古史留""展帐宣威张锦伞"等句的"锦伞"意象；"绣幰锡衰德""三朝绣幰自天来""幰车戡乱群雄灭""绣幰胜罗绮""大旗铜鼓张绣幰""绣帏专阃建牙旗""绣幰遥颁惊宠至""绣幰安车幕府张"等句的"绣幰"意象；"犀渠破群疑""犀杖持效忠""南朝事去余犀杖""犀杖传天诏""犀杖居然救使颁"等句的"犀杖"意象。此外，还出现一批用以类比谯国夫人的历史及传说人物，如"昔闻木兰女""木兰不用尚书郎"及"木兰代父无奇策，怎比高凉乱削平"句中的"木兰"，"女中勋业似桓文"及"保民真不愧桓文"中的"桓文"，"请缨后有秦良玉，立柱前无马伏波"句中的"马伏波"与"秦良

---

① 参见［清］章鸿等纂修：《广东省电白县志》，第707页。

玉"，"彩豪承佑天阙下鳅生觐尧舜光华"句中的"尧"与"舜"，"前南越王后东莞伯英雄昭史册天生巾帼共三人"句中的"南越王"与"东莞伯"。

作为主体意向性建构的产物，形象或意象是具身主体在其审美经验过程中，借由直观感知与情感参与而达致的情物交融之审美境界中所见得的可感意象。"夫以应目会心为理者，类之成巧，则目亦同应，心亦俱会"①，描述的就是这种审美过程中主体以其心灵神气会于万物神象的审美自由体验。如朱光潜先生所言："情趣是感受来的，起于自我的，可经历而不可描绘的；意象是观照得来的，起于外物的，有形象可描绘的。情趣是基层生活的经验，意象则起于对基层经验的反省。情趣如自我容貌，意象则为对镜自照。"②经由审美交融的文化赋义事件与情感投注过程，外在物象内化为与主观情趣交融互渗的意象；而这种感知者精神图像的外化与表达，则又构成了既存文化图式的一种实例化演示或范畴重组过程。就此而言，审美感知意味着将在先的文化价值赋予审美经验，而审美表达则作为一种可促就文化价值因应着现实情境进行结构化重组的过程，调适结构与能动性之间的张力。

依赖于信仰场域的回忆形象之型塑，粤西南地域社会崛起的本土知识精英致力于遵循王朝"正统性"话语进一步儒化冼夫人。在声称秉笔直书的回忆形象建构过程中，冼夫人被置入粤西南地域社会这一典型的坏境中被塑造成为表征王朝与地方良性互动的典型媒介性人物。他们将"两郡显奇勋仰瞻巾帼英雄冠六朝百十年人物，群生蒙厚泽永冀神灵赫濯护五岭二千里江山"及"绣宣猷海邦中圣母建桓文事业，彩豪承佑天阙下鳅生觐尧舜光华"等楹联镌刻进府属有司致祀的冼庙空间，将亦人亦神的冼夫人推至享崇毋庸置疑高位的岭南圣母祭坛，从保障南国与向化中原二重维度，借谯国夫人生能"戡四百峒蛮酋平迁诛纥讨智除宣烈炳三朝青史"、殁可"经三千年封号清福显应柔惠郡君慈佑百代苍生"，以论证冼夫人法施于民、以劳定国、御灾捍患。凭借悬置与其"教化"主题这一意图定点无关的其他信息，譬如感性视域中的冼夫人印象与地方崇冼习俗中不甚符合中州

① ［宋］宗炳：《画山水序》，载俞剑华编：《中国画论类编》，人民美术出版社，1986 年，第 583 页。
② 朱光潜：《诗论》，生活·读书·新知三联书店，2012 年，第 75 页。

礼仪标准的粗俗鄙陋审美趣味表征诸处，粤地精英实则勠力挣脱此前中州儒士凝视中那个被表征出来的"南越异域"刻板形象，那里有着"父子别业，兄弟异财，无故带刀持矛执刃"的"越人"，其椎髻徒跣、信巫诡神、祭鬼求愈、淫祀遍野。①这些本土知识精英频繁地出入府属邑属官祀冼庙当中，撰写楹联并勒勒于间，以可见性方式表征国家权威的在场与地方无异中州的文明开化。在邑举人崔翼周笔下，冼夫人"善读阃外春秋"②。而岭海方域"自隋之后，渐袭华风，休明之化，沦洽于兹。椎跣变为冠裳，侏离化为弦诵，才贤辈出，科甲蝉联，彬彬然埒于中土"③，时人达成共识，以冼夫人作为将中州文明礼仪援引入岭海方域之名宦与先贤。相形之下，"使南越人九十余年不得被大汉教化，则尉佗之大罪也"④。由此可见，彼时移风易俗是儒士阶层自我理想认同的一套元语言评价机制，而其信仰结构中的冼夫人回忆形象即为这套话语在不同语境中的建构产物。

中国传统社会的地方精英，其角色定位异常暧昧。一方面，他们深深地扎根于本土社区，笼罩于地域社会生活卷帙之中，浸润于乡野陋俗之间，穿行于蛮风瘴雨之隙，身上由此总是沾染着某种剔之不去、习焉不察的地方印记。作为地形学的重要书写者，粤西南这片土地所裹挟着的历史感与地方感氛围，对其而言乃切肤之生命经验，而非纯粹抽象的概念、道理、象征。另一方面，作为主流话语之规训主体，其所接受的儒家正统礼教文化，又无时无刻不在敦促着他们自觉担负起移风易俗的社会教化之责，奉中州礼乐文明为圭臬，在地方上推行"正统"意识，教化乡民，整合习俗。正是这种"俗"与"礼"的双重身体化镌刻，使得传统儒士阶层奉地方风俗教化为己任。并且，这种连贯整合集体表象的生产，往往可为其攫获王朝国家所赋授的政治、经济、文化与社会特权。借此空间再现的话语建构与空间实践的集体表象，国家与社会之间通过礼俗互动的事件与过程，既建构了中华文明的大一统格局，亦兼容了地方传统的多样性表述。钱穆先生曾

① ［清］阮元等纂修：《广东通志》，广州：岭南美术出版社，2006年，第1799页。
② ［清］孙铸等纂修：《重修电白县志》，第195页。
③ ［清］陈梦雷编：《古今图书集成·卷一三七五·职方典·高州府部汇考三》。
④ ［清］屈大均撰：《广东新语》，中华书局，1985年，第232页。

就此发表过精辟言论,认为正是士人文化将帝制中华时期的泱泱大国整合成为一个兼容性极强的统一结构体系,地方精英不遗余力地"在他们各自的社区身上加上了一种思想意识——'礼'",这是王权中心能够容忍那些与其设计推行范式异趣的地方风俗之最大限度,亦由此构成了"礼"与"俗"互动之基点。因之,"礼"乃融贯多重叠置之"俗"的中华民族共性所在,"中国人言社会,则尤其重其礼俗。俗亦礼也,惟俗限于一时一地,礼则当大通于各地各时"。[1]在此情境脉络中,那个曾荣膺三朝帝王赏赐、殁而寖为神明的冼夫人,无疑为这些新生代的本土精英提供了一个将国家制度话语与民间意识形态相接合的基点。

表2-3 咏冼诗词辑录[2]

作者	题名	诗词内容
戴锡纶	高州城冼大人庙题诗十首	天使图麟别出奇,一身岭海手维持。长雄自谢真王贵,诚敬人怀圣母慈。漫数军声慑娘子,便论家法守孙枝。只今庙貌留乡里,多少须眉拜女师。
百顺		巾帼也负汗青奇,朱雀分符半壁持。四世勋名安反侧,千秋祈报仰人慈。云霄陟降盘风马,海角讴思唱竹枝。想见扫氛图蔓日,来苏无敌是王师。
秦沅		巾帼戎韬六出奇,火贻扰攘一身持。梁陈隋录钟铭阀,仆益暄蒙竹荫慈。印铸黄金开幕府,云栖白鹤护松枝。高凉祠庙山河水,忠孝真堪百世师。
特克星阿		女子能兵惯出奇,平生忠孝更坚持。世当扰攘天谁补,民获安全佛比慈。岭海金汤铜一柱,春秋萍藻炬千枝。名贤器识英雄略,何限男儿有我师。
冯晋恩[3]		巾帼天南独擅奇,葵心豹略与扶持。诸州反侧常身定,累世忠贞总母慈。慰劳玺书来绣,扶疏祠木有攀枝。紫阳史笔千秋在,郑重当年一旅师。

① 参见钱穆:《礼与法》,载氏著:《晚学盲言》上册,东大图书股份有限公司(台北),1987年,第400页;〔美〕邓尔麟:《钱穆与七房桥世界》,蓝桦译,社会科学文献出版社,1995年,第117页。
② 据《历代咏冼诗词注评》整理绘制。参见章旺根编著:《历代咏冼诗词注评》,云南美术出版社,2018年。
③ 冯晋恩,云南沾益拔贡,时署信宜县事。

续表

作者	题名	诗词内容
郑域轮	高州城冼夫人庙题诗十首	健妇雄飞已大奇，风颠巨海沸能持。强如赵尉忠尤顺，略比钱王武更慈。食报应看祠百世，铭功早秃笔千枝。三朝易换心难改，岂独孙曾合取师。
胡岩		殊姿钟得海山奇，女子身能半壁持。草蔓心图双手妙，陆沉独拯一航慈。当年鼓吹瞻英荡，此日馨香荐荔枝。彤史明禋皆不朽，何如宫壶奉大师。
黄凤诏		巾帼英雄事已奇，鲸呿波佛独支持。兵能定乱王无忾，律可回春母本慈。素壁诗真舒伞锦，空庭树尚比棠枝。千秋里党虔祈报，岂数寻常说女师。
张太凯		天心诚敬又权奇，百越当年手护持。寇靡遄诛惟仰圣，孙如有罪不言慈。新恩誓报珍连袭，故主难忘杖一枝。茂绩至今犹庙貌，居馨端弗愧师师。
丁嵩		驱除安抚略雄奇，多少生灵赖扶持。闺阁韬垂骏烈，边隅保障布鸿慈。贡来赵尉惭烽树，宴罢刘王感荔枝。三世一心惟服事，汗青铸似女中师。
仪克中	电白山兜娘娘庙诗八首	会须割据可乘时，娘子军声百代知。却见两方传马鬣，遥思十郡拜娥眉。年深碛瘆秋草，夜静笙箫讶古祠。共说尧夫有潜德，阐幽从此赖丰碑。
邵咏		石龙艳说策勋时，遗烈空山猿鸟知。黄土千年犹鼓角，红颜五代胜须眉。草封城垒余残石，烟锁林峦见古祠。才子多情真不朵，秋风徙倚觅荒碑。
邵济		平原野草暮秋时，中有孤茔百代知。往日蛮风摇锦伞，只因烟月照娥眉。玺书宣慰平诸郡，箫鼓喧阗闹古祠。诚敬依然凭想象，争看幼妇读残碑。
杨缙斑		千古胎元地，峥嵘庙宇新。三朝推圣母，百越仗夫人。志业留铭碣，丹青付缙绅。英雄多少辈，愧杀女儿身。
邵一鲁		梁隋诸将孰忠贞，巾帼英雄最著名。毓秀空山留故宅，埋香坏土认荒茔。中原鼎沸频更主，岭表云封不被兵。圣母威灵终古在，丰碑七尺镇佳城。

续表

作者	题名	诗词内容
黄开广	电白山兜娘娘庙诗八首	兜宫何处是关情，巾帼常存士女英。人过岭南花改色，牛眠江夏石留名。山河自落苍梧月，风雨犹驱草木兵。忠孝三朝人百代，感怀最是此孤茔。
黄曙光		兜宫古墓草青青，谁抱深心写旧情？泽润苍梧怀百越，香流巾帼冠群英。云封马鬣螺髻古，雾锁龟纹鸟篆平。百代夫人遗迹在，同僚有意拜精诚。
严儒晖		边陲部落外蕃侯，谯国勋名冠九州。百越关河归保障，六朝臣主砥中流。惠车戡乱群雄灭，锦伞勤王古史留。拜谒坤仪寻旧垒，无双智勇足千秋。

本章小结　"可见的形象"与"思"：视觉的社会建构与社会的视觉建构

明清时期，"女师"意象作为粤西南地方精英意识形态世界中可通约的冼夫人回忆形象，揭橥此符号在大传统文化视域中的"载道"蕴涵。自宋以降，缙绅儒士尤为强调纲常名教与人伦日用的世俗生活内容，认为有必要依循作为天理之节文的"道统"以建构相应的规范化人文仪轨。在帝制中华时期，庠序之教与神道设教构成了两种并行不悖的"礼俗互动"机制。借此双轨机制，中华文明之大一统格局与地方风俗之多样性文化生态均得之动态模塑。就此而言，信仰结构中的冼夫人回忆形象之建构、表征与阐释的文化循环过程，亦即"上下与天地合流"的精英阶层践履其移风易俗文化启蒙理想的过程，或曰传统缙绅儒士群体通过集体参纂信仰结构中的冼夫人回忆形象之径以想象"社会自我"并凝聚认同的共同体建构过程。在冼夫人回忆形象型塑的艺术高峰场中，此"道"作为语境化、意识形态化与审美化的"天道"与"人伦"综合体，在明清王朝国家加强地方行政管制力度的情境脉络中，体现为"时代精神" 之表征，其召唤着具象化信仰结构中的冼夫人回忆形象之经典文本生成。

形象既是视觉的社会建构，亦是社会的视觉建构，其以 "可见的形象" 持续意指着 "思" 之在场。西方文化美学史上关于回忆形象之阐释，早在柏拉图处就已见端倪。他说，"苏格拉底强调，记忆女神的礼赐有如蜂蜡，我们渴望保留的记忆都可以镌刻在雕塑中，留下标记，一如戒指、镶边或者玺章那番。我们保存我们的记忆，我们的知识就在其中"①。从广义的语言观来看，所有的模仿与再现的行为都是一种 "诗"。因此，当海德格尔说语言是存在之家时，他所意指的是集体过去的实践行为及其所形成的观念以形象化的方式保存在我们的语言当中，由此形象是 "诗" 与 "思" 之对话互渗，是实践智慧在文化记忆中镌刻的精神图像，其隐含着 "我们的故事" 之叙述方式的习俗规定性。人们在世界中讲述着自身经验世界的故事，并将其作为意义探询的符号拓展境域，在回忆的修辞中为现实世界赋形，在转喻与隐喻的语义策略中体味自身的存在意义，诗意地栖居。正是在此意义上，其写道，"回忆，九缪斯之母，回过头来思必须思的东西，这就是诗的根和源。这就是为什么诗是各时代回源头之水，是作为回过头来思的去思，是回忆。诗仅从回过头来思、回忆之思这样一种专一之思中涌出"②。诗是作为集体无意识在不同时代语境中的象征符号与语言再现，其在神性黯淡、经验贫乏的时代允诺予沉沦者一个自我救赎的契机。在此回忆圣殿之中，群体共享的文化记忆凭借叙事母题与抒情意象的不断置换变形，构筑天、地、神、人和谐整一的艺术与审美超越境界。

由于西方文化美学史研究受其视觉中心主义传统之影响，在图像学或圣像学谱系中，形象意指 "可见的形象"（eidolon），由此与源自希腊动词 "去看"（to see）的 "思" 之观念相关联。在柏拉图传统中，"eidos"（形象、种类或种属）区别于 "eidolon"（超感觉现实），前者作为不增不减、不生不灭的永恒理念、相

---

① Jacques Derrida, *Memories: for Paul de Man*, Cecile Lindsay, Jonathan Culler, and Eduardo Cadava trans., New York: Columbia University Press, 1986, p. 3.

② 孙周兴选编：《海德格尔选集》下卷，第 1213—1214 页。

型、原型，后者则只是一种类乎"幻想"（phantasma）的像似的感觉印象。自笛卡尔确立"我思"主体以降，西方形而上学传统中的"思"之对象，从希腊传统的"可见的形象"转变为"有形的物"。笛卡尔把形象理解为外在世界刺激感官并经由知解力而在"思"的活动中所产生的印象，斯宾诺莎将形象理解成作为"思"之结果的观念总体之片段化存在，莱布尼茨认为形象只是作为"思"之载体的可感存在，休谟主张形象即"思"之全部。然而如此一来，"只存在一些物：诸物彼此互相关联，并且构成所谓意识的某种集合"。形象就唯余可感的物质维度，变成某种与"思"相分离的派生的、次级的、贬抑的在场。[①]然而，形象绝非"思"之附庸，形象与其说是静止的图像，毋宁说是一种凭借表征实践而不断型塑并叠加的整体心象统觉，其居间、流变并恒葆生成性。因此，"形象并不简单是一种特殊的符号，而是米歇尔·福柯称之为'物的秩序'的一条根本原则。形象是普遍观念，生发出各种特殊的相似物（和谐、模仿、类比、共鸣），这些相似物通过'知识形态'把世界聚拢起来"。形象既是"视觉的社会建构"，又是"社会的视觉建构"。根据相似性（likeness）、相像性（resemblance）与类似性（similitude），形象的家族谱系涵括图像、视觉、感知、精神、语词五部分，每部分又再度细分为诸项。举凡绘画、雕塑、地图、梦、幻象、诗歌、记忆、图腾、景象等俱可谓之为"形象"。

就此而言，图像学究极而言即研究形象的修辞学：其一，它关注形象被艺术书写再现的方式，亦即"如何谈论形象"的问题；其二，它关注形象借由叙事、描写、劝说诸方式自我言说的方法，亦即"何为形象"的问题。米歇尔提醒我们亟须注意"形象（和思）叠加自身的方式"，不管是柏拉图的洞穴、亚里士多德的蜡版、洛克的暗箱抑或维特根斯坦的象形文字，所有这些超形象的例子均表明，形象可以有精神的、语言的、图画的、感知的等多元模式。但"不管形象是什么，思都不是形象"。质言之，形象既有其物质载体，亦有其精神蕴涵。形象远非映照现实的透明窗口，而是一种内隐着特定修辞方式与表征机制的符号体

① 参见〔法〕让-保罗·萨特：《想象》，杜小真译，上海译文出版社，2014年，第1—13页。

系，它"颇像历史舞台上的一个演员，被赋予传奇地位的一个在场或人物，参与我们所讲的进化故事并与之相并行的一种历史，即我们自己的'依照造物主的形象'被创造，又依自己的形象创造自己和世界的进化故事"。在此故事中，"词是思的形象，而思是物的形象"。外在客观世界中的物质实存，当其消失，原始印象仍可以观念或精神形象的方式活在我们的心中，而词语所表达的是观念，亦即思的形象。由此，"流自物体自身的形象"转而变为"来自语言表达的形象"。就此而言，我们透过文化文本（广义的语言、"词语"）所试图把握的"世界"与作为文本状摹原始印象的"客观实存"，实则隔着两层意识形态的表征机制。并且，将词（观念的形象）与观念（精神形象）相关联的方式，涉及文化表征机制或曰社会的习俗规定性，其更多是一种意识形态的运作结果。用米歇尔的表述即："'形象'一词只有在我们试图建构我们如何认识一棵树与另一棵树的相似性的理论时才与这种相似性相关。"[1]

作为一个广义的文化符号范畴，形象首先是一种具象化的心理统觉，这种依赖于"像似性"（iconicity）以聚合多重涵指的符号类型，在文化交往实践中，非但型塑社会个体的与群体的自我形象，并且建构生成一整套约定俗成的社会元语言机制。皮尔斯在其三元符号学理论中根据符号再现体指向对象的意义理据性关联形态，划分出像似符、指示符和规约符三类符号。其中，像似符是一种基于相似性心灵感知与类比联想而构筑的符号类型。形象是"社会主体以像似符号为导向的传播效果聚合，也是主体在社会中的重要符号化存在方式，由于每个具体认知都包含相应的元语言规则，因此形象也是一种主体的评价性元语言集合"[2]。在此意义上，文化文本的形象再现即为一种主体间性的符号交往过程，其诉诸形象语言修辞所表征的心象图景，非但能够"将不在场的（感性以及知性）'意义'在场化"，并且可以"把不在场的'对象感知'在场化"。[3]易言之，形象思维同

① 参见〔美〕W. J. T. 米歇尔：《图像学：形象、文本、意识形态》，陈永国译，北京大学出版社，2021年，第2—10、22—24、35页。
② 胡易容：《图像符号学：传媒景观与世界的图式把握》，四川大学出版社，2014年，第160—161页。
③ 赵毅衡：《符号学哲学：意义世界的形成》，第171页。

时涵括了感性的具象化再现能力和理性的整体认知能力。诚如维特根斯坦所言,对于外在知觉对象的感知与想象,包孕着一种知性意味上的形象化思维,"每一种形式,不管具有何种形式,要一般地描画——正确或错误地——现实,必须与现实具有共同的东西,这种形式就是逻辑的形式,即现实的形式"。依赖于将世界作心象化统觉的修辞方式,形象思维在想象的修辞中将对世界的逻辑认知再现为关于世界的心理图像。说文化记忆在感知者的审美直觉中被把握为一系列直观可感的形象、心象、意象,是在感官知觉(风格形式)与意义涵指(语义信息)有机统合的意义上,强调集体记忆可借约定俗成的符号表征程式,将抽象的概念、道理、规则转化生成为直观可感的审美意象。所以,维特根斯坦才说,"语言是由命题组成的,而命题是现实的图像(bild)。作为现实的图像,语言与现实之间的同构关系不同于绘画与景物的关系,而类似于地图与城市的关系,是一种逻辑上的对应关系"①。就此而言,回忆形象作为生成于文化意指实践动态中的审美意象,其既指明了空间实践的文化赋义行为之集体契约维度,揭橥了集体表象实则持续意指着特定伦理共同体的德性规约层面;亦启示我们亟须采取一种局内人的视角,真正站到文化持有者的位置,感同身受地理解冼夫人回忆形象究竟是如何集中体现着不同地方社群的认知、情感与道德能力,理解其将真、善、美三种价值质性葆育涵养在活的文化生态环境中的独特方式。

在爬梳历代缙绅衿士阶层在该信仰空间集体参与修纂冼夫人回忆形象的过程,我们不难发现,精英文化范畴之中的岭南圣母冼氏之形象基本上维系于《隋书·谯国夫人传》等经典文本,其不断地重返历史、回溯事件之书写,致力于将特定的道理概念与价值判断附丽其上,以高度凝缩化的方式将冼夫人信仰空间意识形态化。在整个帝制中华卷帙浩繁的精英文化范畴中,冼夫人形象被神圣化的背后,实乃一个寂寥惰性的话语场域,其糅合了主流意识形态建制对于粤西南地域社会的原始想象以及居高临下式的文明启蒙话语叙述。这种连贯、均质、整合的空间表象,使得该信仰空间的"正统性"叙述愈发凸显其意识形态的辖制性症

---

① 〔英〕维特根斯坦:《逻辑学哲学》,郭英译,商务印书馆,1962年,第27页。

候。在上文我们回溯过历代缙绅衿士集体参与虚构的冼夫人信仰空间实践脉络，缕清了在实践信仰、建构认同的社群连带关系确认与他者区分划定过程当中，高度意识形态化的 "冼夫人" 符码究竟是如何被修订、商榷与调适的正统化过程。在此意义上，我们可将这些自觉参与至该信仰空间实践中的精英分子视为该空间 "正统性" 禀赋的生产主体，以及持续被此空间性（spatiality）意指着的文化代理。

表 2-4　精英信仰结构中的冼夫人回忆形象[1]

回忆形象	道理、观念、概念
1.戒约本宗，使从民礼	法施于民，以礼化俗
2.智破迁仕，慧识霸先	审时度势，明辨局势
3.太守捐馆，妇承夫志	怀集百越，效忠央廷
4.灭亲平叛，纥徒溃散	不徇私情，忠贞峻节
5.恸哭陈亡，慷慨迎洗	明识远图，大局为重
6.平仲宣叛，卫裴矩巡	折冲御侮，以劳定国
7.惩讷贪虐，抚慰亡叛	恩威并施，宣述圣谕
8.赐物陈庭，岁示子孙	训导子孙，敦崇礼教，尊奉朝化
9.勋垂节钺，遗后享祀	法施于民则祀之，以劳定国则祀之，能御大灾则祀之，能捍大患则祀之

与其他涉足空间的异质匿名行动者一样，精英阶层自身亦持续被空间所指涉、定义；精英在进行空间话语建构的同时，亦为空间话语所建构。列斐伏尔等空间理论家提醒我们，空间性作为过去行为的结果，先在辖控着实践之场域逻辑，规定文化行动者参与实践的资格与方式。为了被指认为地域精英社团之合法成员，任何行动者俱需自觉遵循该信仰空间中已然确立起来的语法程式，致力于建构、传播、维护空间整合的秩序语言及其正面形象。与此同时，福柯又提醒我

---

[1]　笔者自绘。

们亟须关注镜子装置的历史感纵深维度，从异质地形学的内在视角重审作为完满幻象被给予的文化镜像乌托邦。[1]沿此思路，我们将会发现可见的二维平面背面，尚存一个不可见第三维空间。正是由于这种历史感与地方感不断锲入场域共时态的文化隐性维面，赋予了地方精英及其所书写的女神形象以充沛的情感能量，使之不唯作为抽象的空间指符，而以血肉丰满之躯与一个传递着俚族初民情感结构的文化符号相遇，并在此遭际中通过再度象征化的意指实践，不断激活该情感表现符号所蕴藉着的原初生命情态，在情感共振的交感体验中捕捉到具体往昔再现场景中那被折叠起来了的时间褶层。从这样一种记忆场景重构的文化生态关系重审这群精英的冼夫人回忆形象表征活动，无疑可见，他们绝非帝制王权之惰性代理，仅被囿于抽象的空间再现领域。相反，他们试图通过重新配置既有再现系统中冼夫人回忆形象之图像与价值的象征关系，以此达致调整地方等级差序、建构礼俗互动良性对话机制的文化生态建构效果。

质言之，地方精英依赖其所掌控的社会历史文化资源，基于自身的利益考量而参与到具体的空间实践与抽象的空间再现中来，在表象既存结构逻辑同时，亦商榷性重阐王朝自上而下加诸于地方的意识形态结构。围绕着信仰结构中的冼夫人回忆形象建构主题，借由纂修方志、拜谒冼庙、赋诗唱酬、祭仪操演等空间实践，这些精英将其集体参与虚构的冼夫人回忆形象，当作自我理想阐释。不断据此在场、可见的"女师"意象调整其认同意识与言行，将其对于作为缺席之在场的帝国权威之认同投射至此形象之上，并不断参照社会历史情境对其进行修订。从浑然天成、直观可感、可具身经验的记忆环境，到抽象化、编码化、意识形态化的记忆场所，"在记忆之场的内部，没有任何东西妨碍各种必需的记忆分配和分类的构想"[2]。地方精英建构冼夫人回忆形象之动力，来自其以"礼"化"俗"的文化启蒙理想。在此未完待续的文化对话议程中，地方传统的创造性表达与国家礼仪的认同整合框架不断因应着具体情境脉络而动态模塑可通约的风格形式与情感表现范型，冼夫人回忆形象即为如此一种既裹挟着权力—话语镌刻痕

---

① 参见〔法〕福柯：《另类空间》，王喆译，《世界哲学》2006 年第 6 期。

② 〔法〕诺拉编：《记忆之场》，第 29 页。

迹，亦契合基层民众感觉结构的文化符号。借此中介，地方风俗的多样性与王朝礼制的整合性并存，生成为中华文明大一统格局之一体两面。

巴柔说："一切形象都源自自我与'他者'、本土与'异域'关系的自觉意识之中，即使这种意识是十分微弱的。因此，形象即为对两种类型文化之间的差距所作的文学的或非文学的，且能说明符指关系的表述。"①如果说，直至黄佐《广州人物传》②中，仍将"蕉荔之墟，弦诵日闻"的蛮中化之之功，归于浮海归宋的鲜卑化汉人冯融的话；那么，在高邑知识精英崛起之后，这种溪峒之间"乐樵苏而不罹锋镝"的移风易俗之勋，则被置回粤西南地域社会的内部感觉结构当中。俚女冼氏不是作为"冯宝妻""冯仆母"，而是作为"高凉郡夫人"在场，她被表征为该岭海方域的"社会自我"，代表着缙绅衿士自我理想之余，亦同时是粤西南区域慎宗追远感觉结构中年高德劭的老祖母。在"冯君衡事件"以后，伴随着暴力冲突政治事件的发生，冼夫人信仰在岭南方域一度由前景转入后台。然而，这种被压抑放逐了的集体无意识并未就此消殒；相反，凭借口传叙事与体化实践诸形式，"圣母崇拜"原始意象始终藏储于粤西南基层民众的感觉结构中。如杜赞奇先生所言，"神话和历史演变之间的关系之所以复杂，原因不在于神话的断裂性，而是在于神话同时既连续又断裂"。就此而言，神话以一种"复刻符号"（superscription of symbols）的方式隐喻着历史。③这种历史不是外在僵化的"信史"，而是具体社会历史情境中基于特定群体情感需要而不断再生重构的"我们的记忆"与"我们的认同"。这可从嘉靖年间，高州太守吴国伦在其蘄贼"遽销兵"间隙，亲谒冼庙瞻仰拜祭并赋诗八首的举措中窥得一斑。质言之，冼夫人在此"诸彝集胞络"的岭海方域，是化解族群认同冲突、绥靖高州府境之关键。朝廷官员通过能动性调用此象征性符号，即可蘄望在王朝国家与地方社会之间建构起良性循环的对话交流机制，从而化解军事征伐冲突给地方所带来的戕害。这种以"冼夫人"符号作为王朝国家介入地方社会重要文化治理媒介的

---

① 孟华编：《比较文学形象学》，第155页。
② ［明］黄佐撰：《广州人物传》，广东高等教育出版社，1991年，第36页。
③ 张颂仁等主编：《历史意识与国族认同：杜赞奇读本》，上海人民出版社，2013年，第4页。

表述，还见诸万历《高州府志》对于俚女冼氏之儒化矫形书写，清顺治己亥新电白知县相斗·南所撰碑文中的"女中奇男子"形象再现等精英文本。康熙丁酉年在《重修高凉郡夫人庙记》中，电邑知县周文杰甚至直接将邑内绥靖之功归诸于冼夫人神佑，直言"电严邑也，山海交错，不无隐忧。二三十年来，海不扬波，山无伏莽，固由圣天子之威灵有所振詟而慑服之"，但更在于"夫人之神灵，在天为星辰，在地为河岳，自能潜护而默佑"。而从道光戊申年粤西状元林召棠所撰之《儋州宁济冼太夫人庙碑记》观之，该岭海方域多元分化族群对作为"吾高州冼氏女"的冼夫人之可通约认同意识，是该信仰结构能跨越族群边界而产生普遍凝聚向心力之基点。

第三章 | "圣母"复魅：清末信仰空间中的洗夫人回忆形象

以清末信仰空间中的"圣母"复魅现象为窗口，基于"正统神明地方化"与"地方神明正统化"的双向互动过程，本章尝试阐释信仰结构中的洗夫人回忆形象，究竟如何通过巧妙地与帝国"夷夏之辨"话语相斡旋，以将一个精英设计蓝图中外在强加的"帝国隐喻之神"拉入社区生活，并将之转化生成为地方多元族群内在认同的"我们的祖先"或曰"家神"的事件与过程。以此礼俗互动的双轨机制为观察视点，结合具体的社会语境分析，我们可期进入一个今粤西南地域社会多元社群的历史感纵深维度，从镜子异托邦的第三维理解洗夫人信仰的独特文化地形学蕴涵或曰地方感；阐释何以在这些旨趣殊异的文化生态呈现中，洗夫人会被人们不约而同地尊奉为年高德劭祖先神，亲切地冠之以"南天圣母""洗太""洗太嬷""婆祖"等称谓。

列斐伏尔在其著名的空间生产理论中提出了空间实践、空间再现与再现空间三种空间形态。索杰从"社会性—历史性—空间性"三元辩证空间认识论维度，对此三种空间形态做出了感知的（perceived）、构想的（conceived）与活的（lived）解读。①以此为框架，本章首先尝试在清末义军挑战清廷辖控权威的时空阈限中，考察地方精英如何通过集体撰述洗夫人"显圣"的神异传说，迁昭忠祠入洗庙，题请"敕赐谯国夫人暨部将封号，并准择裔奉祀"奏疏、重订方志邑乘、重修府属六邑洗庙并致祀拜谒等空间再现与空间实践方式，建构生产出构想

---

① See H. Lefebvre, *The Production of Space*, p. 33. 参见〔美〕索杰：《第三空间》，第 77—87 页。

的（conceived）与感知的（perceived）冼夫人信仰空间，以此既向王朝中央表征地域社会的"正面形象"；亦同时勠力询唤地方民众的认同，从而保证"连续性以及一定程度的内聚力"，维护其集体表象之整合性。另一方面，冼夫人信仰场域又绝非某种仅含"正面关系"与整合表象的符号化空间；相反，它是体现出复杂符号组合生态的活的（lived）再现空间，"涵括编码与未编码的符号，联系于社会生活的隐秘面或底层"。因此，本章第二节尝试以清末冼夫人麾下"五虎将"受封事件为窗口，结合今日冼夫人信仰多元旨趣的文化生态呈现，诉诸历史人类学的研究理路，兼涉历时史料爬梳与共时田野布景，以此蠡测该信仰形态为多元地方族群提供实际"庇佑"、助其安身立命的方式。在此基础上，文章尝试论证，正是这种具身参与感知的情感投注事件与生命体验过程，赋予了冼夫人信仰以"幸福空间的形象"意味，使之成为多元族群的内在认同与依恋的"家园"。

第一节 从"女师"到"圣母"：
清末精英话语空间中的冼夫人回忆形象

以清末信仰空间中的冼夫人回忆形象生产与阐释活动为考察对象，本节尝试从彼时地方精英的冼夫人信仰空间再现与空间实践着手，论述在高州府境内象征秩序断裂重组契机中其集体参纂的冼夫人"显圣"叙事之意图定点何在——即通过建构一个帝国权威的隐喻符号，亦即武雅士意义上对应着帝国官僚阶层的"神"之范畴，将"冼夫人"置入代表着王权中心莅临社区的帝国代理位置。"帝国的隐喻"是人类学家土斯福（Stephan Feuchtwang）提出的一个概念，意指中国民间宗教活动当中惯常习见的隐喻修辞行为，即通过仪式模仿再现帝制中华时期王朝国家的行政、经济与社会管治体系，以文化象征方式持续意指着作为缺席之在场的帝国权威辖控力量。本书借用这一表述，主要不是为了指涉民间信仰实践对于帝国秩序的象征性模仿，而是为了表明地方精英在社区秩序断裂重组阈限中试图征用民间信仰感觉结构中的"冼夫人"符号，将之建构成表征帝国权威的能指。但这一"帝国"的隐喻编码，在其进入文化传播的循环流通过程中，充满了协商式甚或抵抗式解码的可能。正如王斯福先生所言，中国民间宗教作为"帝国"之隐喻，绝非意味着前者乃后者之惰性复制；相反，民间习俗往往会挪帝国符号为己用，在意义再现过程中逆转乃至颠覆其设计者原初意图。就此而言，"隐喻"意味着"结构"与"能动性"的持续互动与博弈。①

一、帝国的隐喻：从光绪《高州府志》的撰述纰漏说起

同治甲子（1864）五月初三，署广东巡抚郭嵩焘向清廷题请"敕赐谯国夫人暨部将封号，并准择裔奉祀"之疏，礼部奏准并加封"慈佑"匾额予旧城冼太庙，光绪《茂名县志》载述此事。嗣后，《高州府志》转引郑业崇邑乘中的此条记录，但却将郑之"广东巡抚郭嵩焘奏请加封号，礼部谨奏为遵"句移至"又一庙在电白宝山之下（今为邑之北旧城关塘村）"前，使受敕祠庙之光韵自旧城冼太庙移花接木到彼时府城东南隅的高州府属冼庙，意味尤长。

自道光庚戌（1850）春凌十八大寨起义始，迄同治癸亥（1863）秋九月郑金诱杀陈金釭投诚止，高州府境内战火连绵，地方暴乱此起彼伏。该时空视域中的系列动乱事件，揭橥高州府属六邑中王朝行政管制之危机。在声势浩荡的"陈逆"被剿杀而义军或死节或归顺朝廷后，地方精英在其重构社区内部秩序的结构重组过程中，为消除统治集团嗣后可能滋生的疑虑，避免来自王朝权力中心的武力镇压，并驱散百废待举境遇所引发的民众恐慌情愫，他们遂积极地挪用国家象征，以生产表述地域社会"正统性"认同的集体表象。诺拉提醒我们，无论民族记忆抑或社会心态史均试图以最鲜活的方式把握其对象，然而"与所有历史对象不同的是，记忆之场在现实中没有所指对象，它们是自身的所指对象，是些仅仅指向自身的符号，纯粹的符号"②。在岭海方域动乱重组契机中，《高州府志》罔顾事实，挪用御赐匾额之光韵以荫护其官祀冼庙，既是空间再现的知识暴力使然——此为型塑高州府城正面形象的权宜之策；又是彼时重申、确认、强化高府

---

① See Stephan Feuchtwang, *The Imperial Metaphor: Popular Religion in China*, London: Routledge, 1992.

② 〔法〕诺拉:《记忆之场》，第 31 页。

冼庙信仰共同体认同之有效取径。

如亚里士多德所言，修辞学是自"约定俗成的东西中得出结论"①，言语行为由此即为既存语言结构之派生物，其自已然发生与正在发生的生活土壤中攫取符号，组构其话语表述。"自我或他者的身份绝不是一件静物，而是一个包括历史、社会知识和政治诸方面，在所有社会个人和机构参与竞争的不断往复的过程"②。福柯亦指出，话语既是允许行动者发挥其能动性的文化实践，亦是既存权力结构之表象。"话语承载着生产和权力，它加强权力，又损害权力；揭示权力，又削弱和阻碍权力。同样，沉默和隐秘庇护了权力，确立了它的禁忌，但它又放松了它的控制，实行多少有点模糊的宽容。"③权力借由知识建构与话语表征以实施其文化霸权的运作，当其在一定程度上实现初始询唤意图，又会面向流动的社会现实语境转而构筑另一套话语系统，以此确认、强化或调适既存的象征秩序。不同的社会群体依靠于迥异的权力秩序，置身不同的话语体系及其建构不同层次的等级秩序。

光绪《高州府志》的纂修时间距离陈金钉起义被平，不过二十六年，余惊未甫。其参与纂修官员，如总纂陈兰彬，即曾亲历上述地方动乱事件并积极介入其中，嗣后更因平乱之功而加官晋爵，以叙功加四品衔，赏花翎。④陈兰彬，字荔秋，吴川人，咸丰三年（1853）进士，选翰林院庶吉士，供职于国史馆，参与纂修史册，为林召棠弟子。咸丰十年（1860）其母病重，乃告假还乡，时任高文书院山长。其料理公务之余，更是"自率诸生、练乡兵，设方略"，积极组织训练乡勇以自卫。这年冬天，有人向其密报"发逆今踞水汶，来年春必图郡城"，称陈金钉计划由岑溪入攻信宜城。陈即刻"飞函广东布政使伊霖告急"，伊霖调潘其泰统率果勇来郡邑支援。在潘军到达之前，曾任潘之部属的陆龙芝先期率领二三十名散勇入境候命。茂名举人杨廷桂与知府蒋立昂筹划，"谕龙芝募勇百名，

① 〔古希腊〕亚里士多德：《修辞术》，颜一等译，中国人民大学出版社，2003年，第1356页b30。

② 〔美〕赛义德：《东方不是东方》，唐建清等译，《天涯》1997年第4期。

③ 〔法〕福柯：《性经验史》，余碧平译，上海人民出版社，2002年，第13页。

④ 汪兆镛纂辑：《碑传集三编》，大东图书公司，1978年，第985页。

即作其泰前锋，连夜给果勇号衣"，后潘率果勇军于三月初六日抵达，"人心始定"。而事实也确实证明，次年正月二十日，陈金钆部属邓金、刘超分路攻取信宜，"破蒲竹径堡"，二月四日即已踞信宜城。十七日陈金钆抵达信宜县城镇隆，义军没有直接攻击高州府治所在地茂名，即是陈兰彬"叙功"之果。此为其一。另外，同治二年（1863）癸亥四月，"太子少保提督崑寿来督师"。九月，官军部属"克复嵩坡、石骨，贼巢内茂名殷户李安、余巧珍被胁陷贼，愿为内应。主事陈兰彬等允之"。此时正值陈兰彬居桑梓服母丧之际，得李、余愿为内应之诺，遂献方略于崑寿，"遣陆能富如密约破嵩坡贼巢"，并于初五日"督带李安等至石骨，余巧珍开栅，复石骨"。崑寿"用公计"，非但顺利连破三合会诸据点，更秘密通过郑金两名部下陈瑞焘与甘文鉴，游说劝服郑金诱杀陈金钆。光绪年《高州府志》载文、瑞二人乃"被胁从贼"的邑生员，其与方耀营的幕僚陈龙书素相友善。在陈兰彬的穿针引线作用下，"龙书约文鉴潜出见崑寿，许以自赎金，乃诱金钆杀之，剃发归顺，余党散去"。此为其二。

陈金钆义军挑战彼时地域社会既存秩序的努力被挫败。然而，动乱与平乱的秩序断裂与重组契机倒是在某种程度上推动了王朝国家与地方社会之间的文化对话，并为一些在此事件中自觉维护王朝国家在地域社会中已然建立的权威象征系统的地方官绅衿士，提供了晋升的机遇。在总纂《高州府志》之际，陈兰彬所署的官职已为左副都御使。其与因休学假而暂居桑梓的江苏学政大理寺少卿杨颐商议重修府志，告谓高州知府，称府志已逾六十余年未修，"亟宜重辑"[2]。时知高州的杨霁遂委任陈与杨任总纂，"定章程，严体例"，开始重订。嗣后，这种重修府志的真正意图，亦在该版府志的《事纪》中欲盖弥彰。其对于凌十八、陈金钆等人所领导的农民起义之描述、渲染与阐释，与其说是意在真实刻画事件本身，毋宁说是以信史之名建构一个物质性、功能性与象征性的记忆之场，以此来实施其话语表述的价值范导规训与社会结构化功能。如诺拉所言，记忆之场"并非没有内容，并非没有物的存在和历史"，然而，"使记忆之场成为场所的，正

---

① 参见〔清〕杨霁等纂修：《高州府志》，第763页。

② 〔清〕杨霁等纂修：《高州府志》，第9页。

是它借以逃脱出历史的东西。它是殿堂（Templum）：是一个圆圈切入不可确定的尘世（空间或时间，空间与实践），圆圈中的一切都很重要，都在象征，都在意指"。①在这样一个社会秩序断裂重组的契机中，我们看到地方精英们所勠力筹划设计的再现空间或曰镜子乌托邦中频繁再现出一个"复魅"了的岭南圣母身影，一个经由冼夫人"显圣"叙事而建构出来的"帝国的权威"隐喻符号。

因此，在方志纂修过程当中，这些地域知识精英分子所意欲进行的，与其说是消极地隐匿、规避动乱事件，毋宁说是积极地阐释、建构地方认同。借此秩序重组契机，冼夫人信仰作为一种重要社会文化传统资源，被调度至一个致力于沟通王朝国家与地方社会的话语场域，从文化维度被赋予了某种既可表征帝国权威，又能询唤基层民众认同的"正统性"象征蕴涵。冼夫人作为历史上真实存在过的克里斯玛型人物，其在地域社会中的威望，早于南汉至迟南宋之际，已然荣膺中央统治集团的青睐，进驻王朝"正统"神明之列；而自明清之艺文志书，我们亦可觅得其位列国家正祀系统之叙事，并对有司致祭的官祀仪式窥得一斑。然而，该信仰形态在精英文化中的流行，实则经历了一个合理性论证的"正统化"过程。在此谨遵精英文化澄明秩序理想的"雅化"过程中，儒家思想体系中的纲常名教与人伦日用方面的内容，不断借由地域精英的礼仪实践而得以传播、渗透，此信仰结构之道德教化蕴涵遂呈现为一种持续积累的共时态。并且，这一诉诸文本学链条而贯串起不同生态呈现的过程图景绝非某种往昔情境之简单叠加，而是逡巡于记忆与遗忘之间，因时而异；且"讦谟定命，远犹辰告"，致力于融贯主导公共话语与基层民众认同。因而，"冼夫人"被型塑成中州礼乐文明之隐喻符码，被赋授文化启蒙之功能。由此我们便不难理解，何以谦贵要在该版府志序言中强调山海交错的高州自秦汉置郡迄今，不复荒徼，声教日暄，"诗书声明，文物之盛，媲美邹鲁之征"②。而杨霁亦指，郡邑之志，若邦国之史，绝非"惟是饰观听"，而意在辨风正俗、治乱正失、针砭时弊、拯救偏倚，其资治效能堪比明镜。并且，穿插于此方志邑乘可引导社会舆论之表述始末的是，彼时该地频

---

① 〔法〕诺拉：《记忆之场》，第 31 页。

② 〔清〕杨霁等纂修：《高州府志》，第 7 页。

仍之动乱事件：

> 郡自道光之末年，小丑芽蘖。咸丰间，连年防剿，民劳财殚矣。迨陈逆入
> 境，信城不守，蹂躏遍四五县，而草草了局，旋有李匪之变，至壬午季冬，会
> 匪复煽，电城失而幸复，郡城几于沦陷。

自道光辛丑迄己酉（1841—1849）九年间，境内即陷入暴乱计凡四次。[①]修志者将"陈逆入境，信城不守"，归咎为连年防剿所引致的民劳财殚。据杨之叙述，"陈逆"定后，此境亦远非绥靖，三十年间"祸乱相寻"，战事此起彼伏。在《改建高邑昭忠祠记》[②]中，举人杨廷桂强调去京师八百里的高州府"民俗多尊君亲上"，重申高邑官绅军民"正统性"认同的集体表象；并坦言该地"负山包海"的物质地理形构，使得贼寇多易巢伏其中，自凌十八揭竿起至李何娘之乱平止，高邑属境内者剿"贼"者计凡十一次，"皆随起随扑"，积极应对。此外，高邑绅民始终与王朝保持一致性认同，以至于"恒不惜其躯命，以敌王所忾"。其特别指出，自嘉庆初年始，邑内持续组织练勇，以实际的剿贼行动支援官军，在境域内外。凡王土所辖之区，一有叛逆事件发生，高州练勇即候命奔赴，并在诸如川楚、八排、罗境、容县、金陵等地动乱评叛事件中屡创战功，"所至皆有声绩"。在赘述了如此之多的剿贼记录后，杨举人方才进入正题，提及咸丰十一年（1861）春二月的信城沦陷之事，并极力渲染高邑练勇与陈金缸部伍"贼党"的激战厮杀情境；当中"民"与"贼"、"正统"与"异端"之间的区分，泾渭分明。

在地方动乱频仍的社会情境脉络之中，地域社会建构忠于王朝之集体表象尤为关键。而方志与缙绅儒士所撰艺文碑记，即为生产这种表象之重要表征意指实践方式。因为彼时的方志纂修者普遍认为，邑乘乃"政教之资，其有裨于治

① ［清］杨霁等纂修：《高州府志》，第769页。
② ［清］杨廷桂：《改建高邑昭忠祠记》，载许汝韶编：《高凉耆旧文抄》（广东省图书馆藏）。

道"①。而文人衿士所建构的文字材料亦然，它们基本上可被视为这些擅长于挪用王朝国家的权威知识的"主体"进行话语演绎的场域，目的在于型塑地域社会的"正统性"认同表述范式，进而沟通国家与社会之间的对话。这些地域社会的知识精英，对于方志及缙绅文稿在促成王朝与地方良性互动方面的作用，抱有坚定信念。或许正是出于这点考虑，光绪《高州府志》方才将旧城冼庙的敕封牌匾移花接木至高州冼庙的记录当中，特别是当地方的秩序远非就此安绥。高州冼太庙作为彼时高州府及其所属六邑辖制范畴的官祀级别最高的庙宇，将王朝敕封的"慈佑"牌匾象征性地"安置"于此，自是可以生产一种以"正统性"认同为中心的集体表象。

这种"冼夫人"与"王权"保持一致的文化景观表象，意在传达两点信息：其一，地域社会的集体意志由"冼夫人"符号所表象，"慈佑"匾额安置于高州官祀冼庙，意味着地方社会主动向王朝国家表达其正统性身份认同的意向；其二，民间信仰结构中的冼夫人回忆形象是社区一元德性总体规约的"圣母"意象，"慈佑"匾额安置于高州官祀冼庙，意味着"天道"与"王道"保持一致，清廷神道设教的"天命"说亟须从这种基层民众的感觉结构中汲取养分，以争取作为邦本之民的认同。就此而言，光绪年《高州府志》的这种看似无意的纰漏实则恰恰折射出彼时社会语境中冼夫人信仰的强大社会感召力以及统治集团对此民间信仰形态的肯定性评价态度。在一个境内外举义军屡矣且天灾祸害接踵的民不聊生时局中，亟须为清廷的"天命"说提供合法性论证，否则帝国的统治秩序将会岌岌可危。就此而言，彼时地方精英刻意转向高邑辖境内俎豆馨香的冼夫人信仰，一反常态地在不同场景中屡次挪用"冼夫人"符号，大肆渲染传播冼夫人的神迹，目的即在于力证"王道"之合理性，将此符号建构成为隐喻帝国权威的能指，以直观可感的文化景观方式在地方生产着帝国权威的文化表象，并进而嵌入基层社区的生活世界。尽管这种表象方式兼顾国家话语与基层民众双方的场域实践旨趣，但其慰藉社会失序恐慌的方式是将一众挑战帝国既建象征秩序者统统

① ［清］杨霁等纂修：《高州府志》，第6页。

归入“异端”。特别是当这种判断所由给出之合理性论证，是彼时在粤西南民众意识形态世界中占据着一元总体德性规约位置的“冼太嬷”，这种建构的痕迹就愈发欲盖弥彰地揭橥彼时地方精英的意识形态操控意图，即其试图进入、影响、涵化基层民众的意识形态世界。

二、“拜上帝会”的启示：建构“正统”、排斥“异端”

在神道设教的帝制中华时期，基层民众与帝国王朝之间的文化对话，往往是经由“上下与天地合流”的地方精英阶层来实现的。这些由乡绅衿士（gentry）、地方官员（scholar-officials）与地主阶层（landlords）等掌控着地方知识、权力话语与农业经济诸维命脉的地方精英（local elites），是地方象征等级秩序中占据着“主体”位置的一群。[1]在推动冼夫人信仰结构“正统化”的过程中，正是这些擅长于挪用主流意识形态话语的精英分子，借由其集体参与虚构的“社会自我”形象生产实践，而将一个在帝国眼中已然偏离正轨的地域社会，重新拉回王朝的象征秩序当中。这是一个挪用信仰以建构认同的文化创造过程，在此过程当中，话语的博弈主要围绕着民间信仰主题进行，而参与到此意义争夺过程当中的，既有被斥责为淫祀邪教的“拜上帝会”，亦有帝国“正统性”崇祀体系中的“冼夫人信仰”。在此，之所以会强调“冼夫人信仰”在精英文化大传统范畴当中的“正统性”蕴意的一面，原因在于，此时的“冼夫人信仰”已然被调度到一个与“拜上帝会”等农民起义军所借以聚众的非法宗教形式相与竞争的场域之中，而不复是此前它自身内部兼而有之的大众文化与精英文化传统之间的意义争夺。

道光庚戌（1850）秋，广东信宜以种蓝为业的燕古人凌十八，在信宜城东北百四十里的大寮，借“拜上帝会”聚集民众竖旗起义，为广东地区太平天国起义的先声。光绪年《高州府志》训斥这一天主教信仰形式为愚民惑众之妖术。[2]在凌十八尚未举事之前，这一外来宗教形式的强大号召力已使信宜城的州邑缙绅衿

---

① See J. W. Esherick and M. B. Rankin eds., *Chinese Local Elites and Patterns of Dominance*, University of California Press, 1990.

② ［清］杨霁等纂修：《高州府志》，第750页。

士群体不无恐慌。他们发现，大寨附近的村民几乎全部加入此教。他们到县衙禀报，却未能阻止一场势在必发的农民起义。此次农民起义的宗教结社形式，挑战了清廷基于"天道"与"天命说"而在地方建立的象征权威秩序。

本书感兴趣的是，在文化表征的维度上，意义的争夺是如何围绕着"信仰"这个主题而进行话语表述、结构生产与询唤认同的文化循环过程。据《广东地区太平天国史料选编》，"凌十八每到一处都打烂神像、菩萨，捣毁神庙。如在平沙就曾经捣毁了一间庙堂"；"起义军在玉林捣毁了很多神庙，比如'观王寺''四穿阁''天后宫'等"；"他们驻在天后宫之后，提出'先杀神，后杀人'的口号。把宫内神牌、偶像全部捣毁，然后又杀了一批敢于顽抗的官吏"。[①]而光绪年《高州府志》亦载"贼遇神庙辄毁其像而溺其垆"[②]。这基本上可被视为凌十八所领导的起义军，对于清政府已然在地域社会之中建构起来的辖制权威象征系统的一种挑战。

在帝制中华时期，中央对于民间信仰的管理主要是借由"正统"与"异端"的王朝国家权力话语表述来进行分类统摄的。借由将溢出王朝掌控能力之外的宗教信仰形式指派到"异端"的边缘位置，帝国所意欲保障的是其对于流动现实语境中异质、匿名的个体与群体之辖控有效性，以此看似连贯整合、毋庸置疑的文化象征秩序来保障帝国权威统治的稳定性与持久性。因而，基于意识形态霸权运作机制而设计的"正统／异端"文化分类标签，实乃统治集团意志之转喻，其社会功能服务于维护王朝国家及其规训主体之既得利益。就此而言，奉祀王朝推崇允准神祇的庙宇，其深层文化逻辑在于挪用"天道"作"王道"佐证，以直观可感的文化景观形态持续隐喻地意指着帝国统辖权威之毋庸置疑的合理性与合法性。在此意义上，凌十八等清末义军见神庙亟砸毁神像且浸没神垆的越轨行为，不应仅被阐释为宗教信仰冲突，而是充满社会蕴意的文化象征行为。作为南粤地区太平天国起义之重要部分，凌十八所组织的"拜上帝会"宗教社团在其途经之道，遇神辄毁，实则相当于否认这些清廷已在基层社会中建立起来的帝国权威隐

① 陈周棠主编：《广东地区太平天国史料选编》，广东人民出版社，1986年，第63、70、66页。
② ［清］杨霁等纂修：《高州府志》，第750页。

喻，并试图通过破坏这种连贯整合空间表象的方式，向统治集团宣战，并呼吁民众从这种帝国隐喻表象的背面看到所谓"天道"实乃已然沦为"王权"之傀儡。

凌十八义军的"拜上帝会"不仅从意识形态层面来询唤民众认同，同时诉诸"书符水治病"等类民间巫医的信仰实用性运作方式以凝聚信众，实现其宗教结社的目的。这种主要不是诉诸暴力冲突，而是通过影响民众意识形态世界的方式来吸纳成员、壮大部伍的宗教结社方式，让地方官府与乡绅精英惊恐万分。他们发现，在凌率众赶往北流的途中，经过石村而不劫，且队列之中老幼妇孺比比皆是。在"贼巢"之中惊现如此之多的寻常百姓人家，实非社会常态。光绪年《高州府志》借石村中某人与其素来相识的"贼中一老者"的对话①，责难"拜上帝会"蛊惑人心，让寻常百姓人家变卖腴田华屋甚至多方借贷以充军饷，并以金铁田器铸造军用器械，阖家男妇从之。剥落价值评判的文过饰非，此从侧面反映出彼时"拜上帝会"之社会号召力可谓大矣，甚至远超帝国已然建立的正祀神明体系之意识形态影响力。

这种非常态的社会反应，实则不无原因。道光至咸丰年间，除却前文杨霁在重修府志序言中所提及的"人祸"，即高州府辖境郡邑内部因"小丑芽蘗"频举而防剿战事接踵之外，还有杨知府所未言及的"天灾"。府志之中所载辑的此类记录可谓令人眼花缭乱，从道光二年（1822）开始，飓风、洪水、旱灾、雨灾、蝗虫、冰雹、地震、疠疫接连不断。据光绪年《高州府志》，自道光二年迄咸丰二年（1852），高州府所属六邑所遭遇的天灾计凡四十一次，其中以吴川地区发生频率最高，短短三十年间即遇天灾二十次，几乎占高州府辖境总数之一半；化州次之。而最为频仍的灾祸类目为旱涝和飓风。民间甚至开始有"龙从山洞中飞出""雨血""筋竹实"等怪异现象开始在传言中频现并流行起来。②这从侧面反映出彼时高邑基层民众在天灾人祸的交相煎熬中，开始质疑清廷统治的合法性与合理性。质言之，王朝国家在地方社会已然建构起来的象征秩序及其权威隐喻，开始在普遍的社会恐慌中遭到怀疑。"神道设教"的统治秩序遭遇了来自非常态

① ［清］杨霁等纂修：《高州府志》，第 751 页。

② 参见［清］杨霁等纂修：《高州府志》，第 747—756 页。

"变天"征兆的质询与挑战，而凌十八等以宗教结社方式揭竿而起的义军，亦已通过砸毁神像、浸没神垆等象征行为来戳穿"王道"幻象的意识形态欺瞒性。在此社会情境脉络中，基于"变天"之说的社会恐慌现象之蔓延势态必须得到遏制，否则这将可能直接给帝国权威象征秩序带来致命一击。据张德坚等人所辑的《贼情汇纂》，太平天国义军焚烧庙宇并捣毁神像，目的有二：其一，以威劫人，砸毁作为帝国权威隐喻的神灵偶像，以此象征行为宣称上帝之威灵足以震慑帝国之神明，借此询唤信众认同，壮大义军部伍力量。其二，毁庙砸像的还意在反伏击，防止乡勇团练与官兵在神祠庙宇当中预先埋线设伏。[1]据人类学家武雅士（Arthur P. Wolf）的观察，中国社会民众头脑中普遍存在这样一个共享的宇宙观图式或曰文化分类系统，即"神 / 祖先 / 鬼"。其中，"神"作为一个象征隐喻范畴，即隐匿地意指着帝国王朝科层体制当中的官僚阶层。[2]如此，"拜上帝会"砸毁神像并将祠庙付诸一炬的行动，显然着意于挑战王朝国家已然在地方社会中建构起来的象征等级秩序，通过解构信仰以颠覆帝国辖控地方的权威。凌十八义军作为太平天国运动的重要组成部分，其通过"拜上帝会"宗教结社方式以挑战清廷所设置的"正统"与"异端"文化分类标签的象征性抵抗行为，亦与此同理。

咸丰壬子（1852）六月，凌十八义军在广东新任巡抚叶名琛的计策之下，因军需供给断绝而以失败告终。[3]这场挑战王朝"正统"并为"异端"正名的文化"越轨"行为，颠覆了帝国经由神道设教方式在高州府境已然建立起来的权威隐喻系统，揭橥其借力"天道"而行"王道"的辖控合法性与合理性声称之意识形态欺瞒性，戳穿了清廷毋庸置疑的"王权"幻象之悖面与罅隙。尽管在笔者目之所及的材料中，凌十八义军并无捣毁冼庙的记录，但从嗣后高邑精英不遗余力地集体杜撰冼夫人"显圣"叙事的行动反应中，显然意在重振帝国隐喻权威，与农民义军的宗教结社宣传进行社会舆论的竞争，以此重新询唤、确认、强化作为帝国安邦之本的"民"对于清廷之认同。并且，"拜上帝会"吸纳信众、整合认同

---

① 参见沈云龙编：《近代中国史料丛刊》，文海出版社，1973 年，第 2083 页。
② 〔美〕武雅士编：《中国社会中的宗教与仪式》，彭泽安等译，江苏人民出版社，2014 年，第 137—185 页。
③ 参见 [清] 杨霁等纂修：《高州府志》，第 756 页。

的方式，显然启发了地方精英去参照彼时基层民众感觉结构中的"正统性"认同语言，挪用作为地方多元族群共享认同符号的"冼太嬷"意象，借重此一元总体德性规约的"伦理—审美"回忆形象，以重构信仰的方式整饬、挤兑、驱逐"异端"宗教结社。

据此，我们即不难理解何以光绪年《高州府志》会不厌其烦地渲染、刻画、赘叙冼夫人助官军击退义军的"显圣"叙事。这一方面旨在向清廷表明地方"心迹"，另一方面则意在询唤身处水深火热煎熬境遇的黎民百姓之认同，从意识形态维度上"引导"、控制乃至于垄断这些异质、匿名、流动的个体与群体，从文化治理或曰说舆论维度上"监管"社会，防微杜渐。因而嗣后我们看到，在那场陈金钢所领导的著名广东天地会起义中，这些地域社会的精英分子除了不遗余力地参与到"剿贼"过程当中，还不忘积极地挪用彼时王朝国家主流话语体系中的"正统"元素，将本地民间信仰传统中的"冼夫人"建构成为"默护戎行屡平寇乱"的灵验神明。借此，他们非但可通过题请敕封灵迹的形式向王朝中央表述地方的"正统性"认同，并可希冀借"显灵"的岭南圣母"冼夫人"符号来安定民心、控制信仰、范导认同。

冼夫人信仰的崇祀对象，是一个在以文化记忆形态积淀在大众文化土壤中的"岭南圣母"。官方意识形态对此蛮酋女首领的信仰心态，则迥异于民众心理层面上的认同，主要不是着意于这些乡野陋俗形态中的冼夫人"灵验性"的传说，而特别强调其排斥"异端"的"正统"价值范导作用效度。在"拜上帝会"等以宗教信仰形式聚众起义的农民抵抗运动爆发之前，地域社会的精英阶层对于信仰结构中的"冼夫人"的认同，基本上可借作为道德教化完满自我的"女师"意象予以概述。这种认同是外在的，即将"冼夫人"置入帝国官僚阶层的"神"的位置，对应着"帝国的隐喻"，表征着王朝地方的权威。他们基于移风易俗的文化启蒙目的，试图将民众信仰中参差驳杂的冼夫人回忆形象进行儒化、雅化的矫形，以此适应彼时士大夫阶层的审美趣味与价值判断准绳。在将地方传统民俗整合进王朝国家主流话语体系的结构化过程当中，高邑精英着意于生产可资作为地方社会集体表象的"正统性"身份认同框架。然而，迥异于精英阶层所关心的文化象征秩序建构与"正统性"认同形塑题旨,基层社会中忙于生计的普罗大众,往往只关心其所崇祀对象的实用性与灵验性。特别是在天灾人祸接踵而至的社会情境脉络中,"拜上帝会"这种能够以具身参与方式融入民众生活世界的信仰形态,遂能一呼万应,显示出强大的社会号召力。

地方精英们显然异常清楚这种基层民众的信仰心理,因此我们看到,在其集体参与撰述的冼夫人"显圣"类型叙事中,往往会诉诸道德判断话语的社会舆论传播之径,将"冼夫人"与其他挑战帝国权威隐喻的会党结社,分别置入"正统"与"异端"两极,从文化上驱逐、鞭挞、责难后者。为了达致这种叙事目的,其通常会将冼夫人的神异叙事置入一个官军、乡勇与农民起义军交锋会战的场景当中,并把"显圣"的"冼夫人"指派到一个支援前者并惩戒后者的位置之上,以此做出孰是孰非、孰王孰贼的价值判断,以伦理道德说教的方式将"正义"归于清廷,并借冼夫人的克里斯玛魅力为其叙事阐释的价值判断标准提供合法性论证与合理性支撑。

三、"沙滩显圣"故事: 挪"天道"隐喻为"王道"能指

在同样崇祀冼夫人并将其认同为"乡贤"的琼州府,至今仍流传着一个"沙滩显圣"的故事,讲的是道光末年一场由"冼夫人"率天兵助参府黄开广与沿岸商民共同抵御并最终击退海匪张十五的灵验叙事。该民间传说所附着的具体地点是今海口市得胜沙路75号,庙前尚保有节期娱神演戏的石砌戏台,乍看与一般市井生活空间并无二致。据该口传,在那场官绅商民同仇敌忾、誓死御敌的激战过程中,海匪寇贼来势汹汹。值此生死呼吸之须臾,贼众倏尔纷纷鼠窜而退,势若着魔,战局蓦地得以扭转。众人寻声而顾,只见伴随着漫天飞沙走石,"冼夫人"亲披甲,率天兵而降,亲莅现场指挥作战,官商士民顿受鼓舞,遂奋勇杀敌,海匪张十五一众寇贼得以殄灭,自此得胜沙一带海氛绥靖。人们为了纪念冼夫人"显圣"庇佑生民之功,遂将该地命名为"得胜沙",并原址立庙,即今日海口得胜沙洗太夫人庙。

理解这一民间传说,特别是当该民间传说同时牵涉到官军、商民和海匪这三

个异质的认同位置之时，我们有必要将其置回其被建构出来并流行起来的社会情境当中，从一个权力、知识、主体胶着缠绕的角度，理解意义借由话语建构而被锚定并询唤认同的文化霸权运作机制。据《咸丰琼山县志》①，仅清朝建国至县志所修之际，海贼侵掠寇乱的大事件载录凡计七次，官军时而纵容，时而抚绥，时而联袂商绅士民一同剿匪杀寇。②在这七次官军、商民与海匪交锋的历史事件中，我们看到，这些往来瞬息而无迹可寻的海贼寇匪及其总是不期而至的上岸劫掠肆行，不仅掳走钱财器物，还有王朝编民。这些无迹可寻的"化外之贼"，持续给该沿海社区的既存秩序及其井然表象带来胁迫性的阴霾，甚至已然引发社会恐慌。然而，官军对这些寇匪的偶然性闯入，并不总是积极援剿，他们时而试图借力外来经商的商船以绥靖海氛，如康熙十九年（1680）闽商谢谦借七艘商船与海匪的那次正面交锋；时而置之不顾，如嘉庆九年（1804）三月那次"海田村之劫"；时而又试图招抚匪寇之首，给他们加官晋爵，借此以尝试整合收编这些社区秩序运作的胁迫力量，如张保、郭婆带与张十五即为例证。

"沙滩显圣"的冼夫人神异故事，即在此社会情境脉络中被生产出来。而与该灵验叙事相关的事件，即上引寇乱记录中"道光二十九年正四月二十六日"条。该处崇祀冼夫人的庙宇，是咸丰甲寅年（1854）参府黄开广基于"酣战海匪张十五得胜之功"，与商民集资筹建之果。③据邑乘，张十五一众于道光己酉年间正、闰四月三次偷袭，官军积极援剿应对，且确实有民众参与其中的记录，即"碣石镇王鹏年男某从西面陷阵，恶力御敌"。然而，县志载述此次军民抵御之果却仅仅是"贼气夺"而"退泊铺前港"。嗣后，张十五一众海匪"流劫各州县"，官兵御之而无能。道光年《电白县志》中亦载有张十五一众滋扰沿岸民众的记录。④

质言之，"沙滩显圣"中所撰述的冼夫人于众人不敌匪势的阽危之际，自天

① 参见［清］李文煊等纂修：《咸丰琼山县志》，前言。
② ［清］李文煊等纂修：《咸丰琼山县志》，第463—465页。
③ 参见［清］李文煊等纂修：《咸丰琼山县志》，第245页。
④ 参见［清］杨霁等纂修：《高州府志》，第749页。

而降并杀贼退敌的故事，是有悖史实的编纂叙事。实际的情形是闰四月初二、三日，张十五匪党攻海口城，自辰至午，许颖升、黄开广、吴元献等官军将领悉力御敌并剿寇十余名，而参与会战商民亦然勠力御敌，"杀贼巨酋一人"，寇匪势夺，乃退。嗣后，这场张十五掳劫海口城的社区失序事件及其接续余波，是在琼州府太守林鸿年的"招抚"主议对策中方才告一段落。官府给匪首张十五"上海口安插"并"给顶戴"的优待，张党众方才渐次散去，海氛由此而得之绥靖。立石于同治壬戌年（1862）六月十一的"告示牌"①亦然佐证了这一点，以知县彭荣诰名义刊出的"示谕勒碑"称"该匪畏罪投诚，地方一律肃清"。这意味着，最后使得该方海城社区得以绥靖的真正原因是林鸿年招抚了张十五。

该故事的设计与传播者显然有意地征用了基层民众感觉结构中作为社群共同生活一元总体德性规约的"冼夫人"符号及其"伦理—审美"蕴涵，并将此符号所代表的"天道"与"正义"，篡改为代表清廷意志的"帝国隐喻"。当中官府的参与痕迹欲盖弥彰，这点从上引彭荣诰的"示谕勒碑"中即可窥见一斑。首先，我们看到，彭知县遵照"沙滩显圣"的叙事逻辑声称在两方交战，贼骁而官军几溃的生死呼吸须臾，"叩祷冼太夫人英灵□□"，即获"显圣扶持"。据此，彭知县在海氛绥靖之后，不忘"建造冼太夫人庙，以照诚敬"；并念及"每年香火，无从□拨"而"复捐置得"地铺四十五间以供祀事，捐出这些铺位的地租作为"冼太夫人香火之资"，并示谕勒碑，希冀此崇祀形式可久垂不废。

然而，这种由精英主导建构、致力于生产"正面形象"编码意涵与连贯整合集体表象的空间再现与空间实践活动，其所设计传播的构想（conceived）与感知的（perceived）空间编码，在其进入文化循环的传播链之际，被基层民众或是磋商式地解码，或是抵抗式地解码。如布迪厄所言，作为实践活动的实践理论在与实证唯物主义相反的意义上将其认识对象理解为"构成的（construit），而不是被动记录的"。习性（habitus）是"有结构和促结构的行为倾向系统，该系统构成于实践活动，并总是趋向实践功能"。作为"有结构的结构"（作为实践活动）

---

① 《海口市得胜沙冼夫人庙告示牌》，碑存海口市得胜沙冼夫人纪念馆。

与"促结构的结构"（作为表象之生成与组织原则），习性能够以一种绝非外在强力意志或刚性制度运作效果，而是内在协调一致的方式，生产与再生产"客观地得到'调节'并'合乎规则'"的实践活动与表象活动。[①]因此，当"沙滩显圣"故事被精英阶层有意建构并进入文化的循环传播链之际，其必然会在基层民众的感觉结构中重新接受解码的文化审查。质言之，唯有契合该场域实践感的部分方才会被作为"世界的准身体意图"并被内在化地接受。因此我们看到，在该显圣叙事被接合进民间口传空间之际，其意图定点被重新锚定于"天道"而非"君道"，其庇护的群体是"民"而不一定是"官军商民"，除非是有道之"官绅军商"。

经由这一灵验故事，该事件发生的地点被镌刻上了特殊的历史地理蕴涵，被赋予了"得胜沙"这一涵盖高度浓缩蕴意的称谓。由官商合资即地修建的冼夫人庙巍然矗立，而为奉祀香火输资的"地基肆拾伍间"商铺更是作为直观可感的文化景观能指，向观者就道光末年的那次禳寇平乱灵验事件娓娓道来，持续意指着冼夫人庇佑生民、彰显天道、维护正义的叙事。因此，在感知的与构想的空间符号在其文化传播过程中被逆向解码为活的文化空间中兼容编码与未编码符号的混杂体系之际，由这种符号演绎所引发的真实社会结构化效果却是无法再度还原为符号的。今天，"得胜沙"作为冼夫人信仰的重要历史地理空间，其所凝聚的共同体认同是该物质地点在时序绵延中恒葆历史感与地方感灵韵的异质地形学第三维。就此而言，"沙滩显圣"故事更重要的价值在于其将活的文化记忆与冼夫人精神内涵葆育涵养在一代代人具身参与体验的记忆之场中。

由于在帝制中华时期的社会语境脉络当中，文字普及的程度还相当有限，因而，在王朝移风易俗的文明教化过程当中，庠序之教与"正统"信俗，一并被视为评断地域社会向化程度的标尺。对待同一事件，即"张十五寇海口"事件，"沙滩显圣"的民间传说与邑乘载述的历史叙事之间的差别在于，冼夫人的灵验性叙事是否被调度到表征的场域之中。借由"沙滩显圣"的叙述，地方精英分子

---

① 参见〔法〕布迪厄：《实践感》，第73—75页。

所意欲询唤的普罗大众的认同。这些擅用知识的主体着意于向社区民众群体传达出帝国权力中心关于"民"与"贼"区分准则的绝对合理性，究竟是如何在"冼夫人"及其行动中而得之表征的。

尽管没有任何的文字资料直接载录"沙滩显圣"故事的建构及凌十八起义的宗教组织形式，对于那些不遗余力地参与至冼夫人灵验故事生产当中的高邑精英分子有任何的启发。然而，自陈金钉起义爆发，迄义军被镇压的整个过程，我们明显看到了这种建构信仰以询唤认同的文化模仿痕迹。并且，从当时整个王朝国家的题请敕封神明记录当中，我们可以看到，创造"显圣"叙事以表述"正统性"身份认同在彼时帝制中华晚期的情境脉络当中，实则已然成为一种精英文化范畴之中的流行表征范式。在《关于清末的祀典问题》一文中，日本学者泽田瑞穗统计了《清实录》中自道光迄光绪年间四朝之神祇赐额与封号频率，发现道光年间（1821—1850）地方提交至王朝礼部的题请奏疏寥寥无几，尤其是道光壬辰年（1832）之后，受鸦片云烟等进出口贸易所引发的社会失序危机，使得政府几乎无暇顾及神祇敕封问题，并且上呈至中央的题疏文引，请封神祇几乎不出水神范畴，如天后、海神、龙神、河神等。咸丰年间（1851—1861），短短十年之间，地域社会题请敕封神祇的奏疏由前代不足三十件之数而激增至六十七件，翻了一倍。请封神祇种类繁杂，关帝最多，天后次之，城隍、风神以及上述诸水神均见于名册，就是道释神祇系统的仙真祖师也来凑热闹。而后同治朝（1862—1874）受太平天国农民起义的影响，辑录于《清实录》中的神祇敕封奏疏件数更是涨至二百四十一件，但此时礼部出于对当时游僧道人秘密结社的担忧，遂驳回了咸丰年间尚可被敕额封号的道、释神祇的申请，严格遵行祀典条例来受理请封奏疏。光绪朝前十五年（1875—1889），即慈禧太后垂帘听政期间，神祇赐封屡计四百九十一件，当时朝臣开始议论纷纷，并于光绪亲政当年三月上疏奏表，嗣后礼部受理神祇赐封案件遂开始锐减。[1]借此时空阈限中王朝礼部所受理的题请敕封神祇数据窥之，文化表征与社会秩序之间的隐匿关联可谓昭然若揭。自道光

---

[1] 参见〔日〕泽田瑞穗：《中国の民间宗教》，日本工作社，1982年，第534—539页。

后期迄同治年间，特别是在太平天国等以宗教组织形式挑战王朝在地域社会之中既得统辖权威的农民起义爆发以后，中央朝廷敕封的神祇数量明显翻了几番。并且，在此过程当中，礼部大臣秉持"正统"与"异端"的标尺，取缔道、释结社形式的合法性。这种借由神明的"正统性"确认、重申、强化以询唤认同的文化整合努力，恰恰反映了彼时清廷对其辖境范围风俗迥异的基层社会之失序恐慌。冼夫人"默护戎行，屡平寇乱"的"显圣"叙事及嗣后郭巡抚的题请加封之举，即在此社会语境脉络之中铺展开来，成为建构、阐释、验证并推广"正统性"认同的话语表征运作过程中的重要组成部分，进入文化循环当中。

四、建构信仰与询唤认同：话语博弈视域中冼夫人"显圣"事件

同治甲子年（1864）五月初三日，署广东巡抚郭嵩焘向清廷题请"敕赐谯国夫人暨部将封号，并准择裔奉祀"奏疏，将与冼夫人"灵验性"相关的证明材料相与汇集成册，同地方志书和相关碑记等材料，揭送到礼部。礼部大臣即审查原题及清册，以斟酌验证郭巡抚所提交材料之真伪。在郭巡抚题请敕封的奏疏当中，围绕着"正统性"认同主题，彼时高邑精英群体[1]通过挪用民间信仰空间中的"冼夫人"符号，建构出一个契合清廷统治集团趣味的高度意识形态化的符号编码系统，并凭此隐喻帝国辖控权威的冼夫人信仰符号体系而赢得王朝赋权。[2]

在题请敕封的奏疏中，高邑精英首先着手论证"冼夫人"符码所表征的"正统性"具体意涵。他们写道，冼夫人原为太守之妻、之母，其"功胪信史，德被生民"，故在高州府治茂名、电白县以及陈金钉曾建伪府的信宜县等各处，俱有其享祀庙宇。此处明显参照《礼记·祭法》中"有功德于民则祀之"的典章律令，以向帝国再度确认"冼夫人"符号的正统性。胪列冼庙在地域社会中的覆盖率，非但着意于表明冼夫人信仰在地域社会中雄厚的信众基础，以此论证其询唤

---

[1] 广东巡抚郭嵩焘向王朝国家礼部题请的该加封奏疏，实则为"该抚转据该府县"的申请材料，其由高州府及其所属六邑的地方精英所编撰。

[2] ［清］郑业崇修，杨颐等纂：《茂名县志》，成文出版社，1967年，第64页；［清］杨霁等纂修：《高州府志》，第112页。

认同的共时效度问题；并且，历代王权对于谯国夫人冼氏享崇"正祀"的认证赋权，亦被调度至该话语场域。这种从历史与信仰、人与神、历时与共时二维，兼论"冼夫人"与"正统性"之间关联合法性与合理性的阐释，旨在向清廷寻求帝国意志的肯定性支撑。此外，由于在帝制中华时期，"天道"被认为是万物的本质，正统性的验证亟须引经据典，依赖于被主流意识形态赋授绝对权威的经典文本。因此，在此奏疏文本当中，撰写者特别强调《御纂子史精华》之中"独于冼太夫人备录《隋书》本传"，以此证明"夫人之勋德早邀帝诏之褒嘉"，即谯国夫人冼氏作为一个勋垂节钺而敦崇礼教的道德符码，其所隐喻意指着的"正统性"的身份认同蕴意，实则早于隋唐之际已然获得庙堂之高的天子之褒嘉与推崇，刃庸置疑，如今请求加封乃一脉相传之举。

恰如诺拉借"记忆—镜子"隐喻所表明的，"我们重构的历史"不等于"我们经验的历史"。精英建构冼夫人"显圣"神异叙事的意图定点在于通过请求加封以建构高邑官绅军民"尊君亲上"的集体表象，因此，当其将陈金钲等义军的频繁举事史实关联于冼夫人信仰之际，这面"记忆—镜子"中映照出的"不是原来事物的面目，而是我们要从镜子中看出差异"，并通过这种差异以重构、确认、强化一种"我们的认同"框架。就此而言，"这里已经没有起源一说了，而是我们要通过非我之镜来解读我们的现实处境"。[①]正是在此意义上，精英构想空间中的这个连贯整合的冼夫人回忆形象立场异常明确，即作为"帝国"的权威隐喻，始终与王权保持一致。他们声称，冼夫人"默护戎行屡平寇乱"，在寇贼侵境、危城欲坠之际，当军力不敌、战局濒险之时，逢水旱天灾之刻，只要虔诚祷祀，夫人的援救之灵总能即刻感应并旋施庇护，因而"师行必克"，"陈逆"一众得之伏诛，信城得以收复，凯旋奏报之声不绝于耳。如此，在前述的"有功德于民则祀之"的基础上，我们又看见了祭典条规当中"能御大灾捍大患则祀之"的印证。

关于此"护戎行"的"显灵"事件，光绪年《高州府志》中有更为详细的阐

---

① 参见〔法〕诺拉：《记忆之场》，第20—21页。

述。修志者声称，营副使卓兴于同治元年九月募集一千五百名潮州劲勇进军安良堡，驻营于高凉山，与"陈逆"军队激战数月。十一月廿四日，"南山贼"攻打卓营，卓兴因被炮袭而心胸裹伤，但仍坚持浴血奋战。本来卓军在其将领负伤状态下与"贼"部伍交锋，明显是处于劣势，但却由于此战场乃传闻中的冼夫人生身之地，又适逢这天为冼夫人诞辰，夫人遂"显灵"护佑，上一刻还呈呼啸状的北风倏然转为南风，"贼愈不支"。由于夫人的潜行庇佑之力，濒危战局竟然得以扭转，变作凯旋奏报，"日毙贼百余"。终于，卓军大破贼阵，卓兴亦因此而战功得记。嗣后，卓兴为酬谢"冼夫人"于溟漠之间的借庇之恩，乃"手白金三百五十两"，由邑人莫宴堂于卢村等洞买田捐租七十一石九斗入祠，以供夫人祠香火祀典资费。① 而莫在《记卓兴捐题祀田碑略》②中宣称，卓兴在其驻军高凉山之时，曾诣半山腰的高凉庵拜谒"冼夫人"并行祷祀，因而能得夫人神佑，转危为安，"逾年寇平"。如此，碑刻叙事与邑乘载录相得益彰，从空间再现角度试图将此中的建构痕迹抹除，以自然化的修辞再现隐含着价值判断的文化表象。

郭巡抚题敕加封冼夫人"默护戎行"的奏疏发生在声势浩大的"陈金釭之乱"甫定之际，并声称冼夫人在此过程中"屡平寇乱"，其"寇"之矛头所指，显然是自凌十八迄陈金釭一众此起彼伏的农民义军。而自道光庚戌年（1850）至同治癸亥年（1863），高州府及其六属邑天灾时作，人祸频仍，社会既存秩序岌岌可危，"民"与"贼"之间的界限模糊含混。而在社会久经动荡而祸乱甫平须臾，如何向王朝国家表明地方绅民的"正统性"身份认同立场，并重新唤回那些满怀疑虑的普罗大众对于声称谨遵"天道"而立的社会既存象征秩序之信念，即成为这些地域精英当仁不让之责。至于选择了陈金釭一例作为建构材料，一则"信宜匪踞经年，陈金釭尤为凶逆"③，再则陈金釭义军在其于镇隆建立"大洪国"之际，曾有多次破坏冼庙的记录：其一，咸丰十一年，陈金釭义军曾改信宜

---

① 参见［清］杨霁等纂修：《高州府志》，第763页。

② ［清］杨霁等纂修：《高州府志》，第50页。

③ 王干等编：《清实录广东史料》第五册，广东省地图出版社，1995年，第198页。

县城镇隆大路街东岸冼太庙为"招贤馆"，以招揽同道、延集外士；①其二，据勒石于同治癸亥年（1863）仲冬谷旦的《修复旧城冼庙神像引》②，咸丰辛酉年（1861）春，"以陈逆之乱，侵估石骨，焚掠乡民，毁及祠宇，犯室像，裂冠袍"，指陈金钉部属曾刻意捣毁石骨冼庙中的冼夫人神像。

光绪年《高州府志》描述了陈金钉的这次起义。咸丰十年（1860）庚申十二月，陈金钉率领数千人的义军，"踞岑溪之南渡，旋逼水汶郡境"。而此时的信宜，由于其县官军"与范阿音相持日久，师老饷竭"，故"骤闻狂寇仓卒"，一时间军心大乱，不知所为。次年二月四日，陈金钉部属邓金、刘超领天地会义军攻破信宜城，"出驻横茶"的知县崇鏻、典史谢鸿章以及教谕、训导闻讯皆弃城而遁。义军遂长驱直入，如履无人之境，"镇隆至大井沿江船筏皆满载辎重，担荷者散满山谷"，逾日则"薄城下矣"。陈金钉于十二日之后抵达，即地建立"大洪国"，以学署为王宫，以县署为元帅府，并环大路街、天后街、荔枝村及西岸驻兵，分扎营守东岸军墟、双合田、青洞以为府守。并于城外开辟新的墟市进行通商交易，而大路街的东岸冼太庙则改置"招贤馆"，揽集同道，"以延外士"。③可见，该府志将冼夫人的"显圣"叙述、卓兴的捐题祀田之举与郭巡抚的题敕加封事件一并载诸当中，使之交相辉映、互为印证。上述夫人灵迹彰显的高凉山及其山半崇祀冼夫人的高凉庵，由此亦被赋予了特殊的文化蕴意。

另署巡道何应祺撰于光绪丁丑年（1877）的《募修冼庙疏》④一文，开篇明义，指出是疏乃因"邑之人士以斯庙颓败具牍，于予乞为募修之文予维"。据何文，高凉岭为夫人屯营之所，因而其认为卓兴与陈金钉于此激战而得冼夫人神助，大战告捷，合乎天道。尽管何巡道声称"夫人功德详于《隋书》本传，殁而为神，捍灾御患，如孺类能言之"，且每月朔、望之日"地方文武官拜祀惟谨"，但从何文所提及的"斯庙颓败具牍"状，及其所给出的"高凉岭僻在一隅，其庙

---

① ［清］杨霁等纂修：《高州府志》，第763页。
② 碑今存高州市长坡镇旧城村冼夫人庙。
③ 参见［清］杨霁等纂修：《高州府志》，第762—763页。
④ ［清］杨霁等纂修：《高州府志》，第50页。

之兴废，于事理得失，无所系然"阐释，我们可推测，地方精英所建构的冼夫人于高凉岭默护戍行的"显圣"神异叙事，对基层民众而言鲜有询唤认同的社会感召力，未能如其设计者原本意图那番询唤民众认同、影响基层社会。因此何巡道在慨叹"神之盛衰亦各有时"之余，不得不引蒋子文之祀[1]为例，以此为高凉山冼庙信众寥寥无几且庙貌倾颓提供托词。此从侧面反映出精英与大众在意识形态层面的裂隙。同样是关于"灵验性"的诠释，前者往往刻意与王朝国家的主流话语保持一致，后者却更为强调这种灵验性是否有裨于他们日常生活经营之顺利运转，亦即从契合感觉结构的崇祀实用性效能层面来判断是否信仰之。有意思的是，在高邑精英集体参与杜撰的这场"灵验"叙事与"请封"文化表演之中，除却上面所论及的"正统性"范式的建构痕迹，我们亦可依稀辨识出其隐匿征用基层社群的感觉结构之痕迹。在郭巡抚提交至礼部的加封奏疏中，夫人麾下名不见经传的甘、盘、廖、祝、陈"五虎将"亦一并请封并经准奏。关于这些奏疏称"虽勋名未附于青史，而传闻必颂其丹诚"的冼夫人部属之前世今生，我们留待第二节详述。

　　从高邑精英在镇压义军之后题请加封冼夫人及其麾下"五虎将"的奏疏及其所陈述的加封缘由来看，"正统"与"异端"的文化标签显然是种社会建构，两者之间并不存在任何本然如是、毋庸置疑、泾渭分明的界限，只是善恶之辨的道德伦理话语将特定社会价值赋予某些文化现象。就此而言，"正统"与"异端"的分类逻辑，究极而言不过是王朝权力中心的价值判断之转述。因此，同治甲子年（1864）广东巡抚郭嵩焘题请敕赐谯国夫人暨其部将封号奏疏的事件，可被视为高州府其六属邑在动乱后的社会秩序重组契机当中，主动向王朝国家表述"正统性"认同的文化象征行为。而嗣后，清廷礼部准奏并奉旨钤出"慈佑"字样的决议，则可被视为王朝国家权力中心对此地方精英集体参与虚构的身份认同叙事建构之承认与"赋权"。就此而言，借此加封仪式，高邑精英非但意在确认清廷对高州府的态度，强化"冼夫人"符号之"帝国的隐喻"权威，并且尝试通过"五虎将"受封的"地方

---

[1] "昔蒋子文之神始于吴，盛于梁，及至尊之曰帝祀，以配天山。有其庙号，曰蒋山。其时祠宇偏于东南，今则蒋山且无一椽之存。知有蒋帝者亦鲜矣。"

神明正统化"事件，收编整合地方根深蒂固的村落联盟组织。借此礼俗互动的双轨机制，彼时高邑精英尝试战后重构国家与社会的良性对话机制。

五、从构想空间到感知空间：修庙、迁庙与拜谒

陈金钉所领导的天地会农民起义，直接挑战了彼时粤西南地域社会的既存秩序，其以激烈震荡的方式猝不及防地切入该社区已然建立的象征结构当中，从文化维度之上为"国家"与"地方"的新一轮对话提供契机。围绕着这一社区失序与结构重组的震荡缺口，一些持续积累的、足以作为"正统性"认同的资源被不断挖掘出来，并借由地域精英所建构的表述，被整合进一个致力于重构、确认、强调此前秩序的连贯均质"语法"系统当中，作为"集体表象"基础。正是在此意义上，"大洪国"在被视为城南藩篱的信宜县城镇隆建立这一事件，从文化的视域上与"冼夫人信仰"相关联；而此次农民起义的最后失败，亦由此而被赋予了逆天而行的阐释蕴意。这次社会失序的契机，直接推动了文化维度上的"冼夫人信仰"在地域精英大传统范畴中的意义转型，围绕着冼夫人的"灵验"叙述，被地方官员们集体参与虚构的"默护戎行屡平寇乱"的范式所充盈。然而，借此"灵验性"的叙述建构，这些地域精英分子所意欲生产的，非但是一个仅可向王朝中央表达认同自觉的"正统化"结构。事实上，此重构的"正统化"信仰框架同样着意于询唤社区之中惨遭天灾人祸轮番轰炸的普通民众。这从某种意义上而言，即相当于利用"冼夫人信仰"在大众文化的小传统范畴之中已然享有的信众基础，试图从意识形态上垄断对于这次社区动乱事件的解释，借此以重返脱域以前的那一社会秩序。

上面提到的广东巡抚郭嵩焘于同治三年向礼部提交题请加封号之奏疏一事，即在此社区秩序重建的语境脉络之中展开。除此以外，总戎卓兴还捐资白金三百五十两，由邑人莫宴堂经办买田捐租祭祀冼夫人。莫氏后经与梁玉莹兄弟商议而在卢村等洞购置祀田，抽拨田租七十一石九斗，并以自置的塘坑山口洞租一十二石一同抽拨入祠，以供高凉山冼太庙平素香火、春祭秋祀和夫人诞辰庆典

等资费。[1]高州知府瑞昌与举人杨廷桂更是将原址位于城隍庙中的昭忠祠遭移到高州冼太庙之侧。[2]

作为可被直观感知的空间实践，高邑缙绅儒士将昭忠祠迁入府属冼庙的行动颇具象征蕴趣。质言之，"改建昭忠祠"事件的深层旨趣在于从空间实践维度，挪用高州冼太庙这一府城中心庙宇所蕴藉之"正统性"涵指，向王朝宣示地方绅衿士民尊君亲上、同仇敌忾的立场，并以此作为重审、确认、强化地域社会共同体的内聚力，保证其空间叙事的连贯性。首先，这从一个侧面反映出高州冼太庙空间在公共领域中的"正统性"文化属性。在主流话语空间中，早在《隋书》即已将谯国夫人冼氏形象锚定于高州女刺史的位置，其代表岭海方域参与地方与中央的互动交往，被型塑表征作话语的"主体"。嗣后，历代朝廷的敕封赐额行为促使此蛮酋女首领进一步符号化作一个帝国的权威隐喻。因而，在动乱甫定的社区秩序重组情境中，地方精英挪用作为帝国权威隐喻的冼夫人符号及其府属官祀庙宇景观的"正统性"意指，举行所谓郡之绅耆与普通民众俱自觉参与其中的改建仪式，其意图定点昭然若揭，无疑即着意于生产可视化的地域社会集体表征，以此建构、确认、强化该地缘连带共同体的内聚力及其认同连贯性，并借此忠君亲上的社会自我形象，向王朝国家表述其"正统性"认同意识。其次，该文致力于阐释改建昭忠祠的合理性与合法性禀赋，指出"弁勇绅兵因桑梓而捐躯者，血性可嘉，其情可痛，而功尤不可泯"，故而以其忠烈之举入驻冼庙，是可谓"食报当如是也"。由此，改建昭忠祠之空间实践与空间再现，隐匿着一个言而未尽的教化民众、争夺中项意图。文本隐匿地设置了三个认同位置，其一，话语客体之"民"。作为民众均质化形象的"父老子弟"以匿名刻板的仪式旁观者形态，被整合进"郡之绅耆"的话语表征结构之中，成为一个亟待话语启蒙的惰性消极对象，见证着仪式的发生。其二，承载贬抑价值判断蕴涵的"贼"或贬抑性他者位置。"民/贼"的含混性边界及其区分问题，在帝制中华时期的地方动乱场景中，往往成为安身立命之关键。其三，话语"主体"位置，占据此位置的是擅用

---

① ［清］杨霁等纂修：《高州府志》，第13页。

② ［清］杨廷桂：《改建高邑昭忠祠记》，载许汝韶编：《高凉耆旧文抄》（广东省图书馆藏）。

知识、谙习标准话语表述程式的杨廷桂等地方精英群体，其致力于从王朝主导语言体系中，寻觅可资社区秩序重构过程中凝聚认同，并向国家表达正统性身份认同的语素及其组合方式。其中，"贼"之在场确证"民"之优越，以此保证话语的询唤运作效果。但无论是"民"抑或"贼"，他们都还只是"客体"，是知识建构的对象，真正得以行使话语权力的是改建昭忠祠的这群地域精英，他们能动性地调用"高邑昭忠祠改建"这一具有高度文化象征蕴涵的举措来达致"上下与天地合流"的沟通效果：对内，此无疑可践行移风易俗的话语启蒙，鼓励民众认同于昭忠祠之享祀者；对外，王权当局亦可从中读解出地方集体表征的臣服蕴涵，从而帮助社区规避央廷的武力绞贼决策。就此而言，改建昭忠祠这一高度象征化的行为，其目的不在于精准地向清廷传达高邑民意，而在于争取王朝统治集团的信任，进而重建国家与地方之间基于文化治理方案的良性互动机制。

事实上，在所谓"陈逆"事件后，地方精英凭借冼夫人信仰空间实践以介入"正统／异端"社会舆论引导中的阐释努力，在嗣后的一系列庙宇修葺与勒石撰文举措中俱得以表象。同治二年（1863）岁次癸亥仲冬谷旦，毁于兵燹的旧城冼太庙修缮工程告竣，职员张仁和撰文《修复旧城冼庙神像引》[①]记录其修庙始末，碑文称"冼太夫人佛生万家也，阖郡官绅士民，被德沐恩不可胜纪，而于御灾捍患之际，救民水火，如保赤子，尤昭赫濯，所以建祠奉祀，亦香火万家"，并强调唯独旧城冼庙"正夫人钟灵肇迹之区"，但陈金钅工义军却唯独砸毁此庙宇，"犯室像，裂冠袍"。故此，其强调信宜能够得以收复，"陈逆伏诛"，俱为寖为神明而知晓大义的冼夫人"溟漠之中，藉庇良多"，仰仗"冼夫人"符号介入王朝国家与农民义军的话语博弈，为帝制央廷争夺、询唤作为"中项"的民众之认同。

美国语言学者诺姆·乔姆斯基（N. Chomsky）曾提出"语言能力"（competence）与"语言运用／表演"（performance）的二元对立范畴，以其分别对应人类交流行为当中的潜在可能性与实际施行行为，前者指涉抽象化、理想化、形式化的语言结构系统，后者则意指人对言语的实质运用。语言运用因其灵

---

① 《修复旧城冼庙神像引》立石于清同治二年，碑存高州市长坡镇旧城村冼夫人庙。

活性禀赋"往往被视为异化的、不完美的，并于一些'与语法无关的'因素——例如精神错乱、记忆的局限、错误、注意力和兴趣的转移，等等——所阻碍"。然而，诚如美国人类学家戴尔·海姆斯的研究所表明的那样，语言运用的交流能力作为一种社会功能型塑的语言形式，既是社会共享语言结构的表象，亦是个别言语意指实践的型塑结果，其涵括了个体成员被社会接纳与认可的一整套共享语言代码，"它不仅包括语法知识，而且也包括问候、讲故事、祈祷或发誓的知识和能力"，在此语言形式当中，表演将抽象的语言法则具象化，赋予其生动可感的直观形式。由此，"表演是一种达成（accomplishment）"。①

同治丁卯年（1867），化州石龙县守牧追溯其乙丑冬初赴任之际，适逢"上府胪陈夫人制敌诸灵绩闻于朝，朝允所请，加号慈祐"，不禁慨叹"世之怀柔"，认为加膺"慈祐"封号乃实至名归，有裨于阐天道之理，维祀事之序。当其循例入庙展谒，只见"堂阶湫溢"，疮痍满目，但由于"大憝甫定"，遂"遑言土木"。时光荏苒，不觉三载，民渐复业，社区毁于兵燹寇盗的既得秩序基本得以恢复重组。作为三牧是邦的守土者，其表示若果任凭庙颓靡甚，则唯恐亵渎保境安民、幽明一致的冼夫人，遂捐俸募集倡修，并作《重修冼太夫人庙募疏》②，希冀"俾庀材鸠工，卑者崇之，狭者拓之，单者厚之，朴者华之，庶足妥神栖而彰圣眷"，以报夫人滇漠之庇佑。在碑文当中，他特别从二维建构冼夫人之回忆形象：其一，夫人勋垂节钺之功与震慑岭海之威，千载犹存；其二，夫人生年屡平寇乱之勋及其殁后千载以后昭著之显圣灵异。贯穿此二者之逻辑乃夫人不灭之崇德，一如亘古恒常之"天道"，亦即苏轼所言的"不待生而存，不随死而亡，明则为人，幽则为神者"。石龙守牧借儒士正统意识中的"天道"逻辑，以阐释冼夫人"咸丰辛酉间捍卫高凉一事"，将"复三次特书于纲目"作为要点引述，强调寝为神明的冼夫人，仍旧凭借其千载恒常之崇德，"翊戴皇灵""卵翼士庶"，一若当日之主、之民。在此话语空间之中，陈金钲起义的背景被表征作"民治涵濡养育其间者，久不知甲兵为何物"的太平盛世之期，该文悬搁此地在"陈逆

① 〔美〕鲍曼：《作为表演的口头艺术》，杨利慧等译，广西师范大学出版社，2008 年，第 67—68 页。
② 碑存化州同庆镇悦义管理区宏道村冼太庙。

乱起"以前接踵而至的天灾人祸，而将义军入境描绘成为圣圣相因的"天道"运作逻辑倏然被侵袭之偶然事件。当"巨寇猝至，孤城岌岌"，兵燹寇乱将承平久矣的高州府境合乎天理节文与人事仪则之道统逻辑秩序扰乱。相持三年之间，诚敬夫人冼氏以其"千载以前之威望"折冲御侮，并直面"千载以后之妖氛"而荡涤蛮烟、绥靖妖氛、削清群丑，帮助社区恢复其原本应有之自然与人文秩序。

同治己巳年（1869），陕西举人徐锡麟赴任，朝谒冼庙瞻仰朝圣之际，撰文《儋州中和区宁济庙冼夫人加封碑记》。该文本仍旧回溯郭巡抚题请加封之事，指出郭巡抚之所以据情声请，皆因"郡民陈请以夫人潜施保障，勘定信宜"。而王朝礼部虑及冼夫人其神"恩纶遍赉于炎方"，遂允准加封"慈佑"并"御赐宣威岭峤扁"。[①]同年，信宜举人军安甸撰《重修慈佑夫人庙碑》[②]，认为去京师万里、僻处南服的领表，秦汉始置郡县，声教未通，嗣后仰仗冼夫人之力，"明贤接踵，抗衡上国"，"吾粤"之谓方才移置"南越"之鄙称。夫人既殁，望风款附之谿峒俚僚与躬耕稼穑之民众，莫不建庙以祀之。军举人指出，夫人之祀"非仅以明报也，其人既往而瞻其祠宗，拜遗像，使人油然生景仰效法之思，所以维人心，扶世教"，认为瞻仰朝拜冼夫人有裨于风教，故能蛮中化之，"俾朝廷无南顾之忧"。以此为铺垫，军举人切入"陈逆"甫定之际的社区秩序重建问题，其声称冼夫人"灵迹弥彰""潜施保障"，致力于验证冼夫人神灵"默护戎行屡平寇乱"。

如果注意到这一系列事件均集中发生在陈金钢义军所造成的地域社会秩序震荡之后，即社区官绅衿士致力于在此平衡断裂的废墟之上，重塑一个均质稳定的等级差序结构的契机；那么我们便不难理解在此动乱与平乱社会危机事件的善后过程当中，冼夫人信仰何以会作为地方性资源而被重新征用，并借此再次确认、强化、巩固其与王朝"正统性"象征之间的隐喻性关联。我们必须时刻谨记，"正统性"并非一个稳定均衡的、泾渭分明的本质化范畴，毋宁说，这一借以与真实的与想象的王朝权力中心发生良性对话的文化标签，总是与特定的时间与空间视域相关联。事

---

① 倪谦主编：《冼夫人文化研究》第一卷，第464页。
② 碑存东岸墟冼太庙。

实上，这一试图将纷繁混杂的现象世界进行条分缕析，并归纳入一个"正统"与"异端"两极严格分化系统当中的文化标尺，因应着不同的语境脉络，对应着迥异的"中央"、地域精英集团与普通民众群体，往往被赋予不一而足的蕴意。此即意味，作为"正统性"象征的冼夫人信仰，其确定文化内涵的每一次暂时锚定，俱仰仗于王朝国家、地方精英与普通民众三方参与磋商对话之动态平衡。

如果说，明清绥靖太平之期，地方精英借由庙成作赋、瞻仰拜谒、赋诗唱酬等艺文创作活动，积极整合基层民众信仰结构中的冼夫人回忆形象，将之修订为严格契合"天道之节文"与"人事之仪则"的理想社会自我形象，并以此"女师"形象向王朝国家表达地方社会的正统性身份认同，旨在达致讲信修和、亲仁善睦、以德为政的文化治理初衷。那么，在时局动荡之期，身处波谲云诡社会历史情境的地方官绅衿士亟须在社会结构崩解的契机中，通过集体参纂冼夫人的"显圣"叙事，力排太平天国"拜上帝会"等宗教形式对基础民众意识形态世界的影响，并进而重建帝国辖控地方的象征结构秩序。因此，我们在此时空阈限中蓦地发现精英信仰场域中的冼夫人回忆形象倏然平添了一层神话叙事的奇崛光韵，瞬息宛若那个曾在鸿蒙之期作为原始部民庇佑感、安全感与归属感的"圣母崇拜"意象再度复魅。然而，这个被重构再现为助清军击败义军的"冼夫人"意象，显然被有意地偷换了某些关键理念。精英设计者们明显参照了民间信仰结构的运作机制，同时挪用了基层民众感觉结构中作为"天道"所在或曰"正义"化身的"冼夫人"符号，以此而将"理"与"德"秘而不宣地归于帝国一边。

恰如列斐伏尔等空间理论家已然指出的，构想的（conceived）空间再现方式之弊端在于，其采取居高临下的上帝视角；感知的（perceived）空间实践尽管致力于生产保证一定程度连续性与内聚力的集体表象，但其与前一种空间认识论一样，均鲜有虑及具身感知的生命体验，停留在共时的文化景观表象而无涉其历史地理蕴涵。就此而言，构想的与感知的空间俱未进入特定文化之镜的历史感纵深维度，因此仅将此面镜子把握作二维幻象的乌托邦，而非三维立体的活的（lived）异托邦。因此，这样一种为询唤多元分化地方社群认同而设计的冼夫人"显圣"叙事编码，在其进入文化循环的流通过程中，未必会遵循精英所预期的方式被解码——它可能被协商式地解码，或是被抵抗式地解码。就此而言，这个被精英设计并传播推广的文化乌托邦镜子，在其在地化的过程中被逆转建构成为活的文化记忆空间，当中既有权力话语的写入，亦有非话语具身体验的情感投注。

第二节　活的空间与无文字记忆书写：
冼夫人信仰作为"我们"的记忆之场

在精英建构出来的构想的（conceived）与感知的（perceived）空间中，我们鲜见基层民众与少数族裔者的身影，又或者只见沉默的他者或曰妖魔化的化外之"贼"。但恰如列斐伏尔所提醒我们的，在实际的情形中，上述两种连贯整合的表象空间总会遭遇活的（lived）空间之逆写。以冼夫人麾下无史可据的"五虎将"得授帝国赋权的"地方神明正统化"事件为窗口，本节尝试从共时田野的景观呈现理解无文字书写的历史，从典籍史料言而未尽的"留白"或文过饰非的"修辞"着手，并结合彼时清廷宣布瑶、俍、僮少数族裔已尽悉化作编民的主流话语态度与具体文化语境，阐释冼夫人信仰是如何通过为多元分化的地方族群提供"正统性"身份认同的权宜之计，从而既使地方之"俗"契合大一统之"礼"，亦在"礼"规制"俗"的过程中，通过审美制度的复杂微妙转化机制，为多元族群的传统文化习性提供可规避主流话语规训的葆育涵养文化生态环境。

如诺拉所言，"只有两类事件属于记忆之场，这与事件本身是否重大毫无关系"。一类事件的重要象征意义是某种事后追溯的文化建构，另一类事件则是在其被生产之初即被赋予浓重的象征意义与纪念色彩。[1]本节所论述的冼夫人麾下"五虎将"受封历史事件即属第二类记忆之场事件，其本意是重申、确认、强化帝国的权威，以文化隐喻的方式渗透战后高州府的民众意识

---

① 参见〔法〕诺拉编：《记忆之场》，第28—29页。

形态世界，以此保障清廷文治的辖控效度。然而，这样一种为询唤多元地方社群认同而设计的冼夫人“显圣”编码叙事，在其进入文化循环的流通过程中，未必会遵循精英所预期的方式被解码——它可能被协商式地解码，或是被抵抗式地解码。以此事件为窗口，并结合瑶、俍、僮等少数族裔在道光年间的倏然“消失”现象，我们可期进入冼夫人信仰文化之镜的历史感纵深维度，从无文字记忆的书写叠加方式，去重新把握此空间多重叠合的文化地形学蕴意、精神内涵与审美趣味，理解清末信仰空间中以“圣母”复魅形象在场的“冼夫人”，究竟是如何中介王朝国家、地方精英与基层民众三者之间的对话的。

一、冼夫人麾下“五虎将”：无史可据的记忆之场

在今粤西茂名市内崇祀冼夫人的庙宇中，“甘、盘、廖、祝、陈”五虎将和长史张融，作为谯国夫人冼氏配祀的六位先锋，似乎丝毫不显突兀。然而，若我们爬梳史料即会发现，此六位先锋除长史张融外，其余俱不知自何而来，何时而昉。早在道光《电白县志》中，修志者即已就此现象提出疑问：

> 隋，冼夫人开府置官属，史惟独载长史张融，不知何县人相传有甘、盘、廖、祝四将，甚有智勇，佐成武功，令庙中塑四将军像者是也。又有一巨将，姓陈，三桥人，毅勇刚直，屡著奇功。今霞硐夫人庙犹遗其像，乡人称为“陈三官”。(《采访》)[1]

在雷硐冼姓乡民中流传甚广的《冼太真经》文化叙事中，冼夫人之降世旨在“纠察凡尘，上佑昊天金阙，下司地府泉阴”，是统辖三界、兼司各职、所向披靡的万能神。其麾下六将甘、盘、廖、祝、陈、张皆为道教神祇，各专所长，涵括高禖崇拜、生殖崇拜、巫医崇拜诸方面。其中，“张融捕奸除贼，甘和送产联姻，

---

[1] 参见［清］章鸿等纂修：《广东省电白县志》，第847页。

盘石息争排难，陈善治病除瘟，廖胜超幽揭怨，祝兴拯溺救焚"①。然而，这种阐释并不具解释的共性，在高州地区崇祀冼夫人的庙宇中，杀牛献祭甘、盘、祝三位先锋的仪式直至今日仍活态承传。在笔者所走访的粤西茂名崇祀冼夫人的庙宇当中，配祀先锋集齐六位先锋的仅有高州冼太庙和山兜娘娘庙；高州地区的冼庙大抵未见配祀陈三官，如长坡镇的旧城冼太庙、石骨冼太庙和高村王羊山冼太庙，东岸镇大箩慈佑夫人庙、曹江镇南山陈亨村陈亨社、平山镇贺垌头村冼太宫等；海南的冼庙则未有见此六位大将。如何理解这种分阁龃龉的地域表象及其各持己见的正统声称？

（一）共时田野中的甘、盘、廖、祝与高州北部的村庙

在今茂名高州东岸镇大双村委会的《大双村志》中，我们找到了甘、盘、廖、祝与"冼太"的某些可能关联。据该志，"大座王羊山发脉，双龙缭绕水回环，衬村鬼窑三坑旁，志起隋唐冼太间，程温廖祝孙彭云，张韦黄盘冯李还，甘罗胡邱雷火社，陈颜念一阔斑斓"。此坐落于王羊山北麓的村落为杂姓聚居的地缘连带社群，三道环山脉自然形成的埇坑聚落成牛栏埇坑、细埇坑、长埇坑三条自然村，村中若干窑垌在当地口传叙事的《冼太传奇》文本中，被附会为"冼太"驱鬼筑城之际煅烧砖瓦而留下的"鬼窑"。该村涵括甘、盘、廖、祝四姓村民，很容易让人想起同治三年广东巡抚郭嵩焘向清廷题请敕赐谯国夫人暨部将封号奏疏中的"五虎将"，但村志仅提及盘石为"冼太"当年赴王羊山学艺六载后奉师命下山所救之牧童。另据村志所载的嘉庆十年（1805）重建"猪笼庙"（即大双村社）庙碑记，此四姓居民其时已为该地常住居民。在此村社中，其正殿奉祀冼太夫人，左右侍女木兰真君与曹娥真君；但另设有一神龛奉祀尚康保化力岁灵王与皇后道德夫人。在同镇的大潮六修村文武冼太庙中，其左殿奉祀"冼太夫人圣神"，左右侍女为木兰真君与曹娥真君；正殿奉祀关帝、张仙、周仓、盘古大仙、关平将军、文昌帝、孔夫子、天聋、地哑九位圣神；右殿奉祀王母娘娘、观音圣

---

① 卢方圆、叶春生编：《岭南圣母的文化信仰》，黑龙江人民出版社，2001年，第230页。

母、地母、土地与各村土主伯公等四类圣神。其神诞日的节期安排自正月十五盘古大仙诞迄十一月廿四日冼太夫人诞，横跨整个周年，而这些村落仪式基本上错开了农忙期。此外，同属该村委会的盘古大仙庙亦奉祀冼夫人，庙宇坐落于麒麟山上，驻足殿宇前堂远眺可望见高州良德水库。[①]不过，冼夫人在该神殿是配祀神祇，造型与伏羲子（姊）妹相类，分列盘古皇左右，一神二像，另设有村落庆典仪式的行宫像。庙内奉祀的神祇还有文昌帝、观音菩萨、华佗、雷震子等。迥异于今电白区与茂南区奉祀冼夫人的庙宇生态呈现，在今高州北部的许多村庙中，冼夫人仅作为诸神之一在场。而从享祀诸神的组合形态来看，这些村社的"圣目"（神明谱）普遍呈现出一种多元谱系信仰的叠加痕迹，除冼夫人外，还有承自上古习俗的信仰神祇、道教神、祖宗先贤和土地神。如平山镇福芳村委会河槎社中奉祀的十三位神祇分别为：李一尚书、葛二尚书、冼太夫人、道德夫人、葛三先锋、罗大人、关圣帝、盘古大王、康王大帝、万岁大王、刘三仙娘、舍人聂一官和土主公婆。而在同镇仁耀垌村委会下辖的军田村庆福宫旁的兵营社内，冼夫人作为十七位享祀群神之一，坐镇此曾为东来的戍守耕兵（俍兵）的驻营之区。[②]其与广福庙毗邻，两座三间，规模尚且不算恢宏，但所祀神祇范围甚众。据其"集资芳名榜"简介，该庙迄今已逾百载，但在清末民初波谲云诡的社会情

---

① 麒麟山原名为其任岭（奇壬岭），其下即为均（军）墟，旧日为屯军集镇。1959 年，高州水库之筑，将旧日良德墟、均墟、黄塘墟和石骨墟等四集镇淹没。其时，这些集镇乡民被迁移至地势较高的其他地方居住。2016 年 1 月，笔者至此地做田野调查之际，盘古大仙庙尚在修筑中，其右下端置临时安放诸神的"复回神庙"，据庙祝介绍，殿中诸神祇俱移自均墟，其中奉祀的主神盘古大仙，其形象即为手托日月。在 2018 年 12 月，笔者再度造访此地，其时盘古大仙庙已然落成，筹备更名为麒麟寺，以盘古大仙为麒麟神。殿堂之内，盘古大仙金身筑像，庙祝介绍此神乃盘古皇，即高州北部古瑶族部落先皇。另冼夫人与伏羲子（姊）妹亦各设神龛，有其侍从。

② 兵营社地处黄塘江与古丁水之交汇处的河口地带，东面马贵、古丁深山，北枕大潮、深镇岭脉，南依平山延民之丘，西部即为黄塘河谷，沿河溯道至于黄塘墟、双花村、平山汛等地不过一到数里之间，是明清高州府的军事戍耕重地。据光绪《高州府志》，"平山汛，把总一名，原兵三十名，今十八名。黄塘汛，外委一员，兵十四名，今十名"；又，在茂名县戍耕的二十七寨计凡八百三十九名狼兵队伍中，黄塘寨兵驻兵五十一名，双花二寨驻兵一百零三名。又据道光《高州府志》，"国家历圣相传，承平日久，异类革心，狼（俍）猺（瑶）就抚久，已尽编为民，无庸尚存狼（俍）、猺（瑶）、獞（僮）之名色，使自外于教化也"。参见［清］杨霁等纂修：《高州府志》，第 245、253—254 页；［清］黄安涛等纂修：《高州府志》，第 36 页。

境中曾一度庙毁神湮，近年才又在民间信仰复兴浪潮中集资重建。庙内奉祀诸神从左至右依次为李叶念（廿）先锋、潘八舍人、道德夫人、殿内舍人聂一官、各家民丁香火、关圣帝、行兵都掌冯大人、罗大人、万岁灵王、盘古大仙、军事指挥冯大人、冼太夫人、高鉴大王、勅赐巡天乡主聂五官、浮应大王、土地公、土主八婆。并且，迥异于粤西南地区奉祀冼夫人的其他庙宇场所，兵营社中的神祇一律采取画像而非塑像的方式指代神祇。类似的神庙还有距此不远的福芳村委会河槎社①，而同镇乐泗村委会的禄续社所奉祀神祇则既无画像亦无塑像。

贺喜先生认为，在冼夫人时代活动于高雷一带的俚人之所以在宋、元文献中突然"消失"，并非是王朝国家推行的汉化政策之果，而是以"瑶"的身份继续存在。②这一说法值得商榷。据岭南文库编辑委员会与广东中华民族文化促进会团队的研究成果，岭南俚人分两支，即由西瓯古国遗民演变而来的贵铜鼓一支，其未汉化者演变为僮人，即今之壮族，域内地名多为那某、谭（潭）某、兰某、美某、文某等称谓，属民族学划分中的二类地名区；另一支是由骆越族后裔演变而来的贵铜锣一支，其未汉化者即今之黎族，域内地名多为番某、抱（保、包）某、布某、打某、什某，是民族学划分的一类地名区。大规模的俚汉融合过程在初唐已然基本完成，中唐之际仍有余波，而嗣后未融入汉族之俚族遗裔，则以"僚"的形态而在场，主要集中在海南。③此外，我们在第一章中亦基于此论证了西瓯世系俚人的风俗习俗为，贵铜鼓，尚雷神，并尊冼夫人为信仰主神。事实上，就今日田野文化景观层面而言，我们所观察到的高州北部区域的冼夫人信仰文化事象，亦明显不同于电白区与茂南区的这一信仰的文化生态呈现。但我们认同其所做出的另一论断，即高州瑶人在冼夫人时代以后往往诉诸冼夫人信仰实践来向朝廷表述"正统性"身份认同。尤论是宋元之期关于高州瑶人的零星记录，明永乐朝高州府信宜县六毫峒下水三山瑶首盘贵的进京进贡记录，抑或自天顺朝始频见于史料记载的"两广瑶乱"事件，实际上均暗示着，信仰结构中的"冼夫

---

① 值得指明的是，河槎社中奉祀的"冼夫人"身着瑶族服饰。
② 参见贺喜：《亦神亦祖：粤西南信仰构建的社会史》，生活·读书·新知三联书店，2011年，第151—192页。
③ 参见练铭志等：《广东民族关系史》，第143—156、219—220页。

人"符号及其相关正统实践，已然成为未经汉化的百越族群向王朝国家表达向化认同的一种约定俗成的文化象征编码系统。

特别是从"五虎将"进入王朝正祀系统的契机来看，正是陈金钮太平天国起义之后地方社会结构亟待重组之期。彼时岭海方域百废待举，此前国家与社会之间良性互动的对话机制崩裂，亟须重建可贯通王朝意识形态与地方认同表达的文化治理方案，以此重申帝国央廷在高州府的权威隐喻，并通过允准某些社会集团身份认同表述的"地方神明正统化"文化赋权方式，将其整合收编为帝国的驯服主体。在此时空语境当中，时任广东巡抚的郭嵩焘题请"敕赐谯国夫人暨部将封号，并准择裔奉祀"之疏的举措即相当具有象征意味；而礼部奏准并加封"慈佑"匾额予旧城冼太庙的回应方式，则相当默允了这种文化能动性的表达策略，并试图通过"正统神明的地方化"的主体赋权方式，重建帝国在粤西南地区的权威。①而这个双向互动的文化象征秩序重组过程，正是通过信仰结构当中"冼夫人"这个拥有毋庸置疑克里斯玛魅力的符号来中介并完成的。换言之，在此新一轮的地方动乱与结构重组事件中，百越族群往往会选择通过挪用彼时王朝国家推行的"正统性"表述语言，诉诸冼夫人信仰的崇祀实践，来重构其自我认同表述。这种能动性实践的推论，亦可解释为何嗣后地方社会多元社群的冼夫人信仰回忆叙事形色各异的问题。

（二）陈三官与旧南巴县

在今茂南区羊角镇潭桥管区的三桥村中有一座颓败不堪的姐弟庙，相传始建于唐代，庙中所祀之神祇即为上引道光《电白县志》中所言指的陈三官，为郭嵩焘奏请敕封"慈佑"封号之际一并请封的神祇之一。在当地的传说中，陈三官是冼夫人麾下的一员战功显赫的大将，但其在该社区中的记忆却自其入朝为官并致仕而归这一节点开始。陈三官据说是自幼擅长狩猎，某日，其携二爱犬上山狩猎，不期然间在三甲岭上急病身亡，随行一犬即刻返家找三官姐姐陈姑娘，另一

---

① 参见［清］杨霁等纂修：《高州府志》，第111—112页。

则紧守主人身旁。正在织麻的陈姑娘见到猎犬叼其衣角往外拖状，料想可能其弟遇难，旋即跟随爱犬前往救援，然而为时已晚，待陈姑娘赶至三甲岭上，陈三官其尸已然被蚂蚁衔泥埋葬了一半。陈姑娘嚎哭亦亡，二猎犬以及陈家的男女两名佣人见状皆自戕。陈族后裔遂将陈三官姐弟、二佣人和二猎犬，合葬于三桥村后的三甲岭东部。光绪二十四年（1898），陈族将该墓修为灰坟。并在三桥村旁修建了姐弟庙，然其当不敢书匾额为"陈三官庙"，说是由于冼夫人墓被毁事件，怕受到株连。在庙宇内部亦然同时对神像做了伪装，把二佣人塑作马夫，二猎犬雕为白马。据说嗣后乡民们频繁地在三甲岭下的八甲垌中恍恍惚惚地宛若是看到了正在垌中吃草的两匹白马，定睛却又无物，以为此乃二忠犬显圣。此外，在三甲岭上传说还有两棵参天大树，乃陈氏姐弟死后七七四十九日之际倏然冒出，并将其倒影投入八甲河中。其中较大的一棵古木只存在了数百载，而较小的那株则历经两千多年风雨而屹立不倒，后遭遇1941年秋天的一场飓风枯萎而亡。今日，陈氏分居于三桥、八甲、潭段和莲塘等地。

查阅府志，贞观年间冯盎卒而唐廷裁撤高州都督府并"移高州理于良德县"，良德县故址"在下博乡一都，离今县城西七十里。旧相志里图云：霞垌、木院、亭子、那夏、三桥、□□、那井、茶山、谭白，自县西下博乡一都五十里至七十里地，梁陈隋俱属良德县。宋开宝间省入电白"。另据道光年《电白县志》，三桥地于梁、陈、隋之际俱属良德县，宋开宝年间省入电白，嗣后归属电白堡下博乡一都，位于电白县治神电卫城以西五十里至七十里处。下博乡所辖控范围还涵括今霞垌、陈村、水东、林头、坡心、旦场、南海等镇。更重要的是，道光年《电白县志·采访》在谈及冼夫人麾下"五虎将"时亦载，乡人谓之为"陈三官"的这位神将"今霞垌大人庙犹遗其像"。"霞垌夫人庙"即晏公庙，或曰崔翼周补撰碑文的诚敬夫人古庙。[①]考古专家于1984年与1987年先后在晏公庙北部发掘出冼夫人的第六代孙裔冯梧夫妇之合葬墓及其第五代孙媳妇许夫人之墓。因此，陈族世系繁衍的三桥，隶属冯冼酋豪集团迁移后治所古良德之辖控范围当无疑异。

---

① 参见［清］杨霁等纂修：《高州府志》，第705页；［清］章鸿等纂修：《广东省电白县志》，第681、847页。

质言之，这些乍看荒诞不经、逻辑混乱、年代倒错的神异叙事，实则可能是以口传心授的方式微妙地将某些集体创伤的文化记忆保藏起来，以另一种方式向我们讲述信仰结构中的冼夫人回忆形象究竟是如何穿越历史的风尘，在岁月的厮磨中渐次被凝定成为庇佑安定感与幸福感的 "家神"。考古发现部分佐证了这种推测。1985年，一块唐天宝六年（747）的陶制买地契在吴川浅水双仪村出土，上载 "南巴郡南巴县曲祥乡进墨里大首领，前南巴县令" 陈聪懋夫妇购置墓地事宜。买地契今存高州博物馆，高纵29厘米宽16厘米。[1]查南巴县故址，其于《太平寰宇记》中即有载录，位置为道光年间电白县治神电卫城以西三十里的麻岗墟处，地有南巴岭、南巴坡与南巴河山水相依。南巴置郡时间不详，隋朝开皇九年（589）废郡置县，与保宁县俱属连江郡，大业初年郡废，属高州。大业二年（606）并入连江县。唐武德五年（622）析连江复置，仍属高州。永徽元年（650），南巴县改属潘州。北宋开宝五年（972）废入茂名县。明成化四年（1468），电白迁治神电卫城，南巴县部分属地划归新电白，辖制区域为今霞垌镇以南至麻岗镇，以及自茂名市茂南区至吴川覃巴镇一带。[2]

今天，在茂名市电白区麻岗镇西北隅仍存南巴老县城遗址，以南巴河、南巴村及南巴坡为重要地标，镇内有山名为石狗岭。此外，现今电白县与茂南区仍普遍流传着 "狗为天神龙犬" 的民间传说，称变色树蜥为 "雷公狗"，认为烹食狗肉可延年益寿。另据光绪年《电白县志》[3]，电白县有崇祀 "刘三太" 或 "刘三仙娘" 的信仰，此与壮族刘三姐民间传说以及刘三太歌仙崇拜信仰习俗契合：

> 刘三太庙，一在县西七十五里浮山下牛笼岭（庠生崔华章建），一在县北二里，一在县北三十五里坡仔岭上，一在县北三十里马踏墟岭上，道光五年建，相传新兴刘氏女善歌，仙去，今春、电二邑多建其庙，祈祷必应。

---

① 参见高州文艺网：《高州出土文物》，第六条 "隋唐五代时期" 其二 "陶瓷器" 类目之二 "阴间买地券" http://wenlian.gaozhou.gov.cn/htm/0620111202163509.shtml。
② 参见［清］章鸿等纂修：《广东省电白县志》，第681—682页。
③ 参见［清］孙铸等纂修：《重修电白县志》，第58、62页。

　　浮山下牛笼岭刘三太庙为电邑"庠生崔华章建"，又霞垌王钦文公祠内所祀之八世祖为"明敕封抚瑶主簿土官"。而今霞垌镇马路头管区崔、王二氏聚居的崔屋堡与王屋堡之间自北往南大约两公里的大草地，即为每年冼夫人诞辰与忌辰举行迎神赛会活动的汉人坡（看人坡）。在当地老人的记忆中，正月的迎神赛会（正月十七至二十二日）曾是适龄男女以歌会友的相亲集会，其时商贾自四面八方涌聚而来，人头攒动、络绎不绝，与壮族歌圩场景相仿。而俚人未汉化者，即今之壮族。再者，在田野调查的过程中，笔者注意到此庄垌蔡族与霞垌崔王二氏同样流行祖先蚂蚁衔泥天葬说；并且，庄垌蔡族尊为入粤始祖的蔡秋涧公之墓葬地白花岭，即在南巴县热水温泉侧畔，而其配葬者亦为爱犬。更重要的是，三桥陈族、庄垌蔡族、霞垌崔、王二氏，母语皆为俚话或其变体，即海话。[①]此外，联系上文我们考述过的冯冼氏集团在唐廷失势的时间为武周长寿二年（693），山兜娘娘墓负碑赑屃被人为损毁史实，并以陈三官传说中的三桥陈氏后裔因怕被冼墓事件株连而不敢书额"陈三官庙"之谓，推测陈三官可能是冯冼家族时代一名归附的俚族酋首，即前南巴县令陈聪慭或其先祖。另联系三桥陈族、庄垌蔡族、霞垌崔、王二氏的爱犬配葬习俗、蚂蚁衔泥天葬说、方言、祖坟或世系繁衍位置等信息，初步推测此四族应为冯冼集团统筹之期即已归附汉化的俚族酋首。在"冯君衡事件"之后，白驹过隙、斗转星移，及至清朝，庄垌蔡族与霞垌崔、王二氏均已借冼夫人信仰的周期仪式操演实践，向王朝国家表达了其正统性身份认同的意向，而三桥陈族则可能因未作此类集体表象而触发了王朝国家的辖控焦虑。特别是在陈金钲义军被镇压以后，清廷亟须询唤诸如三桥陈族此类资力雄厚、树大根深的地方力量之认同。如此，我们即不难理解为何"陈三官"会以"地方神明正统化"的方式在粤西南社会象征秩序重组的历史契机中荣膺帝国的赋权。而此亦可同时解释以下共时田野现象，即今日夫人麾下的"陈虎将"几乎

---

① 其中，陈、崔、王三族讲俚话，蔡族讲海话，应为蔡族世居神电卫城的庄垌有关。俚话和海话只是语调不同，语音相仿，交流无须翻译，差别近乎英式与美式英语。据说是因明迁治后，浙江兵方言融入本地古俚语而生成神电卫语调独特的海话。另该地还有一种名曰偲（ai）话的粤西客家话，与俚话、海话在无翻译情形中无法沟通，当地人将讲偲话的居民视为外来移民，推测其应为明成化四年府县迁治之际被招揽入该地垦殖复业的韶州流民后裔。

未见诸旧南巴县辖区以外崇祀冼夫人的庙宇。

（三）不同传统的叠加：地方神明的正统化

在冼夫人时代，俚僚等百越少数族裔与中州华夏之族之间的文化对话互动，促成了"蛮酋归附"的文化认同演绎范式。这一标准范式作为冼夫人信仰文化记忆的独特组成部分，与彼时行政体制层面上王朝国家对于地方社会实行间接辖控的羁縻策略严格契合。此范式亦因其诉诸怀柔远人的文治方案以移置刚性军事征伐的显著成效，盛极一时。斗转星移，及至央廷取缔豪酋间接管理方式而试图直接辖控地方社会之际，该"蛮酋归附"的标准范式一度沉隐匿迹。然而，正如诺拉所言，任何混杂性的记忆文化形态，其化身变形的再生能力都是让人叹为观止的，其"时而长期蛰伏，时而瞬间复活"，其意义死灰复燃的方式与时空节点出其不意，横斜溢出。其以"朦胧、混杂、笼统、游移、个别或象征性的回忆"作为记忆的资源，容易受到各种"移情、屏蔽、压制和投射的影响"，正是因为对于族群而言，默不作声的记忆总是集体、多元、混杂的。因为人们不是距离化地静观凝视着这些古老的记忆，而是在混融未分的整体意义上，将这种自发生成并处于不断演变过程中的传统葆育在此在在世的生存活动当中，"把祖先的过去推至英雄、神话和起源混一的时代"，以此表达集体的冀望、愿景与期待。[1]在沉寂须臾之后，冼夫人信仰重回主流话语的博弈场，同样是作为正统性认同的询唤符号，只是这一次是以"地方神明正统化"的方式。

高州府属六邑，"界于二广之间，襟巨海而带长江，接廉雷而引郴桂"，其"第渤澥为邻，盗贼充斥，或潜匿溪峒，每有萧墙之忧。或出没风涛，欻作门庭之寇"。[2]在精英话语所再现出来的那个空间中，往来于瞬息之间、出没于崇峦溪峒及浩渺汪洋之中的化外之徒，总是作为王朝在地域社会中已然建立起来的统辖权威秩序之持续而潜在的威胁因素。尽管百越先民俚人"消失"在正史典籍载录中的南越大地之上，但直至有明一代，这些与"中州华胄"格格不入的百

---

① 参见〔法〕诺拉编：《记忆之场》，第3—7页。
② 〔明〕曹志遇纂修：《高州府志》，第9页。

越少数族裔依旧频繁呈现在方志书写当中，其已然被讨平归顺者亦往往会在朝廷肆意增加苛捐杂税之际再度蜂聚，被王朝国家视作"屡抚屡叛"、剔之而不得的痼疾。在战后重建的社区仪式表演中，精英话语空间中所再现出来的神异化冼夫人形象，显然一方面意图挪用基层民众感觉结构当中的"南天圣母"形象，杜撰冼夫人显圣神迹；另一方面则着意于借重隐喻修辞以将其能指扩容，促其指向自身，生成高度象征化的帝国权威隐喻，以之莅临地域社会的生活世界，充满了意识形态询唤的文化霸权意图。其徘徊于亵渎与崇信之间，将话语施虐的知识暴力镌刻在已经矫形的"慈佑夫人"回忆形象处，并试图通过整合收编"甘、盘、廖、祝、陈"等地方神明的方式以询唤基层社会组织集团的认同。在战后社区秩序重组境遇中，地方官员缙绅阶层借由修庙作赋、改建昭忠祠、瞻仰拜谒等方式集体演绎着"正统性"认同的规范程式，将义军的溃败附会为冼夫人于溟漠之间的庇佑之力，进而将"天道"归于王朝国家一边，以此争夺作为"中项"重要组成部分的基层民众之认同，以此确保帝国权力话语的"正项"地位。因而，在此"正项"争夺"中项"，标出并排斥"异项"的话语建构动态当中，基层社区民众感觉结构中的冼夫人回忆形象成为地方精英叙事有意识介入影响的意图定点烛照范围。唯其如此，名不见经传的"五虎将"倏尔得授帝国主流话语赋权的历史事件，方才变得可以理解。

帝国意图借重"地方神明正统化"之径笼络人心，收编地方"超宗族和超村落的社会联盟"。①但又恰如汉学家孔飞力（P. A. Kuhn）所指出的，中华帝国晚期的地方叛乱事件表明，所谓"正统"与"异端"二者间实则并不存在本质其然、泾渭分明的界限；相反，团练组织、会党结社、地方联盟等乡村社会自发组织形式通常会参照现实境遇而做出选择，并通过重阐赋义的方式再度界定这种文化标签。②因此，今天当我们重新进入此记忆之场，便会发现这些族群信仰结构中的冼夫人回忆形象呈现出一种个性化的记忆叙事方

---

① 郑振满：《莆田平原的宗族与宗教：福建兴化府历代碑铭解析》，《历史人类学学刊》2006年第1期。
② 参见〔美〕孔飞力：《中华帝国晚期的叛乱及其敌人》，谢亮生等译，中国社会科学出版社，1990年，第181—186页。

式，其或是断裂留白、前言不搭后语，或是夸张神异、年代倒错。这种经由审美变形后的记忆图景呈现出一种诗意的、怀旧的、奇幻的色彩，但同时均持有其本有祭祀传统的特色，以不同的修辞策略将冼夫人信仰接合进其 "家神" 信仰体系中。而无论是诸神皆在的多神信仰形态，抑或一神专祀的纪念方式，"冼夫人" 绝非如其晚期帝国精英设计者所意图的那般，被接受为一个帝国的权威隐喻。相反，他们尊称冼夫人为 "冼太夫人" 或 "冼太嬷"，在帝制中华分崩离析的新中国语境中继续着其冼夫人信仰，在口传故事空间中建构出一个个冼英、冼百合、冼阿莫、冼珍等契合共同体感觉结构的冼夫人传奇形象。

质言之，冼夫人信仰为背负各自民族传统的场域实践者提供了可通约的链接沟通平台，在不同的时空阈限中借由形式迥异但同样有效的神明叠加方式，为粤西南多元分化的地方社群及其信仰传统，提供了一个交叠并置、对话互动、共生共荣的空间。这种诸神叠加的痕迹，揭橥出冼夫人信仰空间的异托邦秉性。在此，地方性知识以一种症候的方式持续意指着民间社会多元多维自组织的结构形态，不同的社群均以契合其集体感觉结构的信仰方式参与至冼夫人回忆形象的建构、表征与阐释实践中来。这些策略分殊、旨趣迥异、侧重不同的信仰叙事之共性在于，均尊冼夫人为年高德劭的老祖母 "冼太嬷"，即 "家神"。这种将信仰结构中的冼夫人回忆形象认同为 "家神" 的结构一致性，殊途同归地建构了一系列风格相似的日常生活空间。就此而言，冼夫人麾下的 "五虎将"，极有可能是超宗族或超村落地方社会联盟的祖先神或部落神王。一方面，帝国通过 "地方神明正统化" 的象征赋权方式以在战后高州整合收编作为地域社会重要认同凝聚组织形式的村落联盟组织，因此参与共谋演绎了一场 "五虎将" 的基层请封与央廷允准仪式。另一方面，传统中国基层社会的血缘或地缘联盟组织通常围绕着社庙及其祭祀活动安排以建构表征并调整确认 "我们的认同"。从帝国通过 "冼夫人" 符号以询唤这些社会集团的认同，既可见出冼夫人在基层社会经久不衰的克里斯玛人格魅力，亦可被解读为地方风俗在礼俗互动事件中的能动性表达，而正是这种能动性造成了 "五虎将" 在不同社区的差异化崇祀现象。

这个当地民众与精英集体参纂的洗夫人信仰传统，映射出一个南中国的民间传统社会究竟何以在"礼"与"俗"互动过程中不断重构其身份认同表述的积极能动性过程。如贺先生所总结的，"在长时段的地方礼仪变化之中，寻求正统的过程，新旧礼仪之间不是相互替代，而是叠加"[1]。华南土著社会原有之"俗"在其不断靠近正统之"礼"的自我调整过程中，为两者的共生创造了空间。而正是借此对话、角逐、磋商的承认运动过程，粤西南地域社会方才被真正地整合进中华文明的大一统格局当中，主动认同于国家；亦因如此，理解地方文化的多样性与中华文明的整合性是进入中国礼俗社会内部观察的一个基点。洗夫人信仰作为不同族群传统交叠共生的记忆之场，通过"地方神明正统化"与"正统神明地方化"的礼俗双向互动方式重建了王朝国家与地域社会之间的信任机制，以文化治理移置武力冲突。并且，在此地方祭祀风俗接合进国家正统礼制的交互模塑过程中，由于洗夫人信仰所提供的认同表述策略与文治方案在"国家"与"社会"之间真实地建立起了良性循环的互动机制，避免了暴力的军事征伐，庇护了地方多元分化族群的安定感与幸福感，由此而被嵌合于基层民众的感觉结构当中。就此而言，今天南中国乃至于东南亚地区普遍可见的洗夫人信仰事象，以及该结构当中的洗夫人回忆形象——作为安身立命之本的"南天圣母"，或曰被内在化地认同为"我们的家神"，实质上均是经由这些历史记忆与情感投注事件镌刻于洗夫人信仰空间而在一代代人的具身参与感知实践中被反复唤醒、确认、强化的"我们的认同"。

二、瑶、狼、僮的"消失"：从戍守耕兵到编户齐民

万历年《高州府志》[2]瑶、狼、僮族贬抑之为帝喾时盘瓠的后裔，并言"夫狼僮与猺不甚相远也，猺知向化，狼、僮何僢"。据该府志，高州府属六邑在明季共载瑶、狼、僮兵计凡四千三百六十名：

---

① 贺喜：《亦神亦祖》，第 192 页。

② ［明］曹志遇纂修：《高州府志》，第 33—35 页。

茂名县猺兵五百八十名，狼兵六百六十名，獐兵八十名。电白县猺二十山，兵八百九十八名，獐兵一百三十五名。信宜县猺兵二百七十七名，狼寨五十，兵五百九十五名。化州猺五十一山，五百二十四名，狼二十村，兵一百九十四名。石城县东西二山共猺兵四百九十七家。①

由此可见，高邑猺兵人数最众，东来镇压"猺乱"的偀兵次之，僮（壮）兵最少，且集中于电白县境。而从偀兵的分布区域来看，茂名县与信宜县当为"猺乱"重灾区，电白县则未见有屯扎偀兵记录，部分可能是因为成化四年迁治以后的电白县治所在地即为军事卫城神电卫。据《苍梧总督军门志》，彼时神电卫领双鱼守御千户所、宁川守御千户所、高州守御千户所、信宜守御千户所、守镇阳春后千户所，共屯旗兵计凡两千九百名。②

事实上，一直到康熙年间金光祖主持纂修的《广东通志》③，仍载粤之疆域一带，遍布不甚服王化的瑶人、壮（僮）人巢穴而居的溪峒；并指出，尽管明洪武初年立瑶首并谕令其周期性朝贡觐见的政策曾赢得一时的抚绥之效，但成化以后，这些少数族裔与王朝国家的关系再度恶化，"寻复梗化"的瑶壮族群肆意劫掠，出没如狒：

粤之疆域，东南蛮场也。带山阻险，瑶人巢伏其中，壮人亦因党恶相与走险。明洪武初，命将讨平溪洞，立瑶首以领之，朝贡方物，赍赐有颁。成化后，寻复梗化，占夺田土，劫略肆害，巢穴深邃，出没靡常，声罪致讨，莫能草薙，亦惟募兵防守，及招抚羁縻之说而已。大兵所至，宣威薄伐，谕使归山，种类日繁，屡抚屡叛，加兵荡平之后，或设县治，或立瑶首，设长官以统领之。善经略者，必有良策也。

① 参见［明］曹志遇纂修：《高州府志》，第33—35页。
② ［明］应槚辑，凌云翼作：《苍梧总督军门志》，全国图书馆文献微缩复制中心，1991年，第102页。
③ ［清］金光祖：康熙《广东通志》，第29卷，《瑶壮》，转引自黄朝中、李耀荃主编：《广东瑶族历史资料》，广西民族出版社，1984年，第24页。

并且，高邑志乘载顺治二年（1645）秋九月"狼贼韦翅鸣犯府城，署知府方象乾、参将孙维翰击走之"①，可知明季因韩雍"秋调法"而入高邑耕戍的东来俍兵，亦与王朝国家发生了冲突。

有学者曾统计正史材料当中有明一代广东的黎瑶壮畲等少数族裔的朝贡记录，发现自太祖永乐元年（1403）至孝宗弘治十八年（1505），广东百越民族朝贡并见诸记录者计凡113批次，其中，瑶族与黎族更是分别以70次和40次的记录，彰显其向化中州的决心。此外，据《旧唐书·地理志》《太平寰宇记》以及《元丰九域志》对广东各州（府、军）的户口统计，比较天宝十一年（752）、太平兴国五年（980）及元丰二年（1079）左右的官方数据，可发现自中唐迄北宋中叶仅330余年间，广东人口增长率就高达304.4%。②相较之下，高州与辩州（化州），由于在冼夫人时代及其后裔冯氏豪酋集团的数世经营之下，俚人汉化发生的时间较早，故就该时段数据观之，其编户增长率反而较为平缓。因此可以认为，以上数据从侧面反映出自盛唐迄北宋中叶，百越族群借由改变身份认同表述之径而成为帝制王朝之编户齐民者与日俱增。因为如此高额的增长率，不可能是自然人口增长所致，即便同时虑及流民迁客，明显占更大比例的仍应当是主动改变认同表述的、曾被表征为溪峒蛮夷的少数族群。而从这些曾被帝国贬抑为"异类"的文化他者融入中华民族大家庭的认同型塑过程来看，冼夫人信仰发挥着举足轻重的认同凝聚与沟通融贯的文化媒介功能。

除本地土著之外，明清之际王朝为征剿目的调入高邑的俍兵，亦与冼夫人信仰有着重要渊源，甚至可以说，冼夫人信仰成为他们"将他乡作故乡"的关键所在，是栖居在其异域他乡重构家园中的"家神"，是其对高邑归属感、认同感与恋地情结生成之关键。据清人陆祚藩的观察，"猺（瑶）人服化最早。獞（僮）人之出，自元至正始也。狼（俍）人之出，自明弘治始也"③。"狼（俍）兵"的称谓，在明王朝频繁调以征剿少数族裔的局部动乱事件中，以骁勇善战而著称，据

① ［清］杨霁等修纂：《高州府志》，第253—254页。
② 参见练铭志等：《广东民族关系史》，第220—223页。
③ ［清］陆祚藩：《粤西偶记》，载姚之骃：《元明事类钞》，上海古籍出版社，1993年，第18页。

《明史》，"东南有急，辄调用狼兵"①。据罗香林先生的《狼兵狼田考》，同治《苍梧县志》所载狼兵，"以其出自土司，故曰土兵，以其有头目管之，故曰目兵，又以其多狼人，亦曰狼兵"，认为"狼兵以狼人得名"，是一种族群认同意义上的种属类别。②而徐松石先生亦认为，所谓"狼兵"乃被朝廷招募为兵之后的大良僮之称谓，即岭南土著"僮族"。明代中期，时值广西大藤峡地区大规模"瑶乱"爆发之际，央廷遂大举征调桂西土司部伍对之进行征剿，并建立武靖州土官衙门进行辖控，这些桂西"良僮应募为兵，称为狼兵，于是狼人又再次散布于两广"。③亦有历史学者指出，作为"狼兵"重要组成部分的"狼人"，与其说是一种严格意义上的族属，毋宁说是一种被主流话语表征运作出来的贬抑性族群认同符号，是以"'狼兵'应是一种他称而非自称"④。南宋范成大的《桂海虞衡志》在其任职静江府的仕载时文中，就曾对于这些生活于羁縻州峒中的酋首峒丁有过记述，他们亦农亦兵，采用世袭制度，自幼习武，骁勇善战。⑤

而据郝玉麟版的《广东通志》，俍兵被调入高邑的时间大抵为明宪宗成化年间（1447—1487），"都御史韩雍以高郡多盗魁，招往各隘口，拨荒田以俾之耕，而蠲其猺役，无事则耕守，有事则听调遣，亦如猺兵云。茂名狼兵六百六十名。信宜狼五十寨，共兵五百九十五名。化州狼二十村，共兵一百九十四名"⑥。光绪年《化州志》更是详细载述了这些东来的少数族裔兵士入高邑之后受到时任高州知府的孔镛"以恩信结之"之事：

> 狼猺之设始于成化间，粤西猺獞作乱，侵掠州邑。后就抚，随地安插，太守孔镛以恩信结之，拨荒田以俾之耕，发明家蠲其徭役。在化有猺五十一山，

① 《明史》，卷三一九，"广西土司三"。
② 罗香林：《百越源流与文化》，中华丛书编审委员会编译馆，1978年，第283页。
③ 参见徐松石：《徐松石民族学研究著作五种》，广东人民出版社，1993年，第102页。
④ 唐晓涛：《明代中期广西"狼兵"、"狼人"的历史考察》，《民族研究》2012年第3期。
⑤ 参见［清］范成大撰，齐治平校补：《桂海虞衡志校补》，广西民族出版社，1984年，第33—35页。
⑥ ［清］郝玉麟等修纂：《广东通志》，上海古籍出版社，1987年，第822页。

狼二十村。无事则耕守，有事则按籍调遣。[①]

在明代高州府，这些东来的耕戍屯兵，最初是在旧电白县境（即电白堡，今高州长坡镇旧城村一带）"瑶乱"的情境之下，被时任都御史的韩雍自广西土司处调入高邑作为镇压力量的军队。万历年《高州府志》载录了天顺三年（1459）秋以及四年（1460）春，广西瑶民围攻化州并陷信宜县之事，时署镇守广东少监阮随等上奏疏禀报曰，自广西入信、化瑶民逾八百。成化二年（1466），"广西流贼邓公长等侵高州，知府孔镛单车造垒降之，盗悉平"[②]。孔镛其人，对于理解明代高州动乱与平乱事件十分关键。

知府孔镛以其抚绥之才，在屡遭兵燹、阖郡为贼的情形中再度整合了高州府的社会象征结构。其非但以恩信结于东来之俍兵，拨荒田让这些携家带口的少数族裔且守且耕；并且积极招抚瑶民亡叛和逋逃之徒，起用乡郡义勇，在众官绅皆以瑶警、闭关锁境的情况下接纳流民，并主动给予那些愿意投诚者以脱离"化外之徒"的机会。万历年《高州府志》载邑内绅衿士民为旌表孔镛之功勋，乃立生祠以祀纪其功，记为六事：其一，招茅峒贼；其二，平梁定贼；其三，败冯晓贼；其四，攻游鱼寨；其五，招冯晓贼；其六，却侯大六贼。[③]在此地方秩序断裂与重组的契机当中，官府重新为编户齐民制定差役。[④]在民区设立都图，在瑶山则设寨，并征调瑶、俍、僮耕兵戍守。[⑤]在孔镛的传记和相关的文本材料之中，我们没有看到其与洗夫人信仰之间的关联。然而，这种族群整合的痕迹却以迂回曲折的方式镌刻在方志邑乘中，自天顺年间"屡遭兵革，册无定数"迄成化九年（1473）重新厘定编民数额，至嘉靖十一年（1532）再度统计，户数较前翻了一倍，嗣后基本保持较为稳定的趋势，而此时段正是官方推行实施招揽流亡人

① ［清］彭贻荪等修纂：《化州志》，成文出版社，1974年，第717页。

② ［明］曹志遇纂修：《高州府志》，第110页。

③ ［明］曹志遇纂修：《高州府志》，第110—111页。

④ ［明］王佐：《鸡肋集·高州太守孔公遗爱碑记》，中山大学出版社，1995年，第289—290页。

⑤ 参见［明］曹志遇纂修：《高州府志》，第25页；［明］戴璟等纂修：《广东通志初稿》，第20页。

口落籍当地的垦荒复业之期。^①并且，当今日我们走进彼时孔公曾经勠力抚绥之所谓流贼四起的田野时，邂逅这些多元地方社群遵循其独特的审美偏好与表征旨趣而塑造的"冼夫人"神像或画像之际，便会发现在冼夫人标准回忆形象的文化假晶现象^②深层，实则意指葆育涵养着多元多维、交叠共生、相映成趣的文化生态壁龛。这些分形自治、交流对话、共生共荣的生态壁龛，是造成冼夫人信仰空间复杂性、非整合性与丰富性文化精神内涵的根源，此亦揭橥出该记忆空间之民主自治、开放包容、兼容并蓄的独特秉性。这个记忆之场之幽深曲折的风格表现及其厚重的人文底蕴，使得时代变迁与地域差异不断以转喻的修辞方式被拉入共时并现的社区日常生活场景，生成为氤氲着某种历史感、由特定伦理共同体的生命体验、认同情感与"恋地情结"所定调了的传统文化氛围空间。它既是特定事件及其情态经由想象力的阐释性修辞运作而被矫形化（放大、缩简、强调、遮蔽、完形等）并嵌入其中的现象学空间，裹挟着某种情感质性，与感知者对其处身情态以及自我意识的获得与完善密切相关；亦是一种在公共意义的层面上运作的、为特定情感投注事件所锚定的、由某种民族精神所镌刻的回忆形象再现空间。叶芝将这种伦理共同体记忆或曰"种族记载"在个体通感联觉中的独特显形指称为"幻象"，指出这种记忆蕴涵唯有借由个体溯回神话所建构的幻象空间、在浸入到"遥远的过去"之氛围交融的情感体验须臾，方可得之直觉领悟。^③在这种能够跨越时空阈限而达致一种审美交融境界的情感共鸣体验当中，集体灵魂的情感力量对于浸入到气氛空间体验的个体成员而言普遍具有情动作用。借此情感触动机制，感知者非但觉察到其身体当下在场的置身性，并且在气氛交融的审美境界中觉察到该空间所氤氲着的历史感。就此而言，涵括冼夫人信仰在内的民俗非遗既是持续意指着特定民族精神内涵并裹挟着某种历史感意味的物质表现形

---

① 参见［明］曹志遇纂修：《高州府志》，第37—38页。

② "假晶"（pseudo morphism）术语借自矿物学，原义指涉由异质矿石交互叠压而形成的一种表层整合、却内里分化的矿石组织结构。德国学者斯宾格勒援用此术语，以"假晶现象"类比同一社会空间当中多维自组织的传统文化空间彼此交叠混生的文化现象。参见〔德〕奥斯瓦尔德·斯宾格勒：《西方的没落》，齐世荣等译，商务印书馆，1991年，第330页。

③ 参见〔爱尔兰〕叶芝：《幻象》，西蒙译，国际文化出版公司，1989年，第232页。

式，亦是由这种物之此在的价值质性所熏染了的、洋溢着特定情感基调的传统文化空间。这种不断将历史感融入当下场域的传统文化氛围重构营造实践，是"恋地情结"动态模塑的具体感知过程与审美事件，其使得作为特定族群德性规约、审美经验与地方性知识重要表现形式与文化空间的非遗，成为承载并意指着特殊情感认同意义的记忆所系之处。

有趣的是，至道光年间，修志者蓦然声称，瑶、俍、僮等文化标签已"无庸尚存"，而这一切皆为教化之功。其写道："国家历圣相传，承平日久，异类革心，狼猺就试久，已尽编为民，无庸尚存狼、猺、獞之名色，使自外于教化也。"①光绪府志全息转载，在《电白县志》《化州志》等属邑志书中，我们看到了相似的记录。②言卜之意即，自此以往，瑶、俍、僮等曾与王朝发生激烈冲突的少数族裔蓦然尽悉变为帝国驯服的编户齐民。明清短短几百年之间，遍布溪洞山谷与河流海域的百越诸族，倏尔全息"蛮中化之"，椎结箕踞之俗不再。而蕉荔之墟蟹窟海坦，亦然弦诵声朗，"富饶寝不逮乎昔，而文风日张"，往昔冥顽粗狂的峒氓夷獠，今俱"渐入版图，旧俗亦革"③，这几乎成为此后修志者共享的一种修辞模板。而"猺""狼""獞"等族群分类标签的取消，意味着这些少数族裔成为帝国编民，不复被标示为异类。但这样一种粉饰国家承平、标榜教化功绩的修辞背后，究竟掩盖着怎样的微妙博弈与承认运动过程，我们实则仍可从今日洗夫人信仰空间中多重叠合、旨趣殊异的文化景观中窥得一斑。这个兼容并蓄着多元分化地方族群审美经验的文化异托邦，在王朝严"夷夏之辨"的时空阈限中为背负着不同民族传统的少数族群提供了一个葆育其文化习性的安身立命之所，并在以满族入关称帝并倡导"华夷一家"的清廷处为其赢得一种通过祭祀国家允准神明的正统实践表象方式而成为帝国编民的文化权宜之计。质言之，这些少数族裔身份认同表述的转换，与其洗夫人信仰结构的叠加休憩相关。瑶、俍、僮等

① ［清］黄安涛等修纂：《高州府志》，第36页。
② ［清］杨霁等修纂：《高州府志》，第253—254页；［清］章鸿等修纂：《广东省电白县志》，第478页；［清］彭贻荪等修，彭兴瀛等纂：《化州志》，成文出版社，1974年，第717页。
③ ［明］黄佐修纂：《广东通志》，第497—498页。

曾被帝国视为痼疾的所谓他异族类，通过习得王朝标准范式来操演崇祀冼夫人的信仰实践，购买祭田、登记纳税、组建地缘或血缘组织，获得进入科举晋升体制的契机，成为帝国编民。

三、从"帝国的隐喻"到"我们的家神"：冼夫人信仰的传统葆育机制与文化乡愁生成过程

在雍正年《广东通志》[①]中，修志者以这样的笔触开始其对"瑶""俍""僮"等所谓"南蛮"或"蛮越"少数族裔的历史地理叙事：

> 南蛮，下"要服"一等，曰荒服，以荒憬不可与语。故远之夏商之时，渐为边患；暨于周世，党众弥盛。故诗曰：蠢尔蛮荆，大邦为雠。至桓王时，蛮与罗子共败，楚师杀其将屈瑕，楚师复振，始臣服焉。及吴起相悼王南并蛮越，遂有洞庭苍梧之地，于是蛮越之众逾岭而居溪峒，其类有猺、有獞。猺乃蛮荆，獞则旧越人也。

在彼时擅用帝国权威话语的以再现不同基层社群刻板印象的官绅笔下，王朝对于瑶与僮这些下"要服"一等的"荒服"之众的鄙夷贬抑之意，跃然纸上。而对于此等"荒憬不可与语"的结构化残余，王朝的态度是，其与大邦天子为仇者，乃为愚蠢不可及之"蛮荆"；而设若能恪守官法、谨遵王度，"蛮也而进于齐民矣、良民矣、秀民矣"。

据徐松石先生，"华"与"夏"之先祖皆诞自蛮夷之方，及至其称帝号王，则以"华""夏"之谓为服章之美与礼仪之大。质言之，"华夏"意味着内化帝国标准的礼仪语言，认同于"六合同风，九州共贯"的文化大一统范式。[②]就此而言，"民"与"贼"，或曰"帝国编民"与"百越蛮族"之间并不存在任何本质其然的血统或体质差异；相反，这种差异是一种基于狭隘民族中心主义的文化

---

① ［清］郝玉麟等修纂：《广东通志》，第 822 页。
② 参见徐松石：《粤江流域人民史》，1938 年，第 1—4 页。

建构。而试图为此等二元贬抑性结构划定泾渭分明边界的帝国权力中心，其在建构"正统"与"异端"文化标签之际，留出了相当的能动性实践空间，以允许地方行动者的创造性写入。因此，"溪峒獠蛮"可借文化启蒙之径谙习"中州华胄"之标准礼仪，成为帝国编户齐民。而综观整个帝制中华时期，这种严"华蛮夷夏"之辨而慎礼仪之"正统"与"异端"区分的基调，奠定了精英移风易俗之文化启蒙的自觉意识。亦因之，冼夫人向化中州、学习中原文化的历史功绩，即成为传统精英阶层"女师"崇拜的一个认同基点。如其所言，"当陈、隋时无冼氏也者，高凉非中国；有高凉而无冼氏者也者，则椎结跣足之俗，未必解辫发袭冠裳也"①。在明清粤西南地域社会从文化认同上被整合进中华帝国大一统格局的过程中，精英信仰结构中的这种回忆形象，使得"冼夫人"往往被建构成为一个旨在询唤少数族裔认同的编码符号，并围绕此正统性身份认同主题生产出了一套标准化的集体表象程式。

与华族冠带青衿、华冠象佩、衣冠相尚相为对照的是，少数族裔衣斑斓布、椎髻跣足、劗发文身、鸟言鹄面。这些少数族裔据说较之弦诵日闻、文质彬彬、躬耕稼穑、务农重谷、礼天法地、冠丧婚礼、不用浮屠、自觉践行中州礼仪之民而言，他们还兼犯三宗"罪"：其一，穷而习侈、嚣讼重利，无故带刀、执矛持盾，父子别业、兄弟异财；其二，刀耕火种、往来溪峒、贩鬻典质、空拳致富，而非躬耕稼穑、缴纳赋税、参加科举；其三，禨祥巫觋、祭鬼祈福、信巫诿神。此等将其"标出"为"异项"的特征，从审美、政治、情感、认同诸维度将瑶、俍、僮等少数族裔贬抑至一个贬抑性的此级位置。既然华服与仪礼作为华夏贵胄身份认同的可见性标识，那么，通过谙习帝国元语言机制，主动践行躬耕稼穑、缴纳赋税、参与科举、建族联宗等主流价值体系中被阐释为"正项"的文化表象实践，即可期攫获王朝国家的主体赋权。事实亦证明，大致在清代中期前后，作为粤西南地域社会士大夫化表象的宗族与科举两套元语言制度，即综合促就了围绕着组宗族、建祠堂、购田产、捐庙租等系列行动而构筑成型的一整套冼

① ［明］曹志遇纂修：《高州府志》，第97—98 页。

夫人信仰的标准化崇祀语言，在地方岁时节庆典仪的操演中，表征出高邑无异于中州的科举蝉联、智力开化、物阜民丰的繁荣承平之景。

表 3-1 "正项"如何标出"异项"？①

正项		异项
1.冠带青衿、华冠象佩、衣冠相尚 2.弦诵日闻、文质彬彬 3.躬耕稼穑、务家重谷 4.礼天法地、冠丧婚礼、不用浮屠	审美制度中项 惯例习俗中项 服饰中项 元语言中项	1.衣斑斓布、椎髻跣足、劗发文身、鸟言鸪面 2.穷而习侈、嚣讼重利、无故带刀、执矛持盾，父子别业、兄弟异财 3.刀耕火种、往来溪峒、贩鬻典质、空拳致富 4.禨祥巫觋、祭鬼祈福、信巫谄神

但既然瑶、俍、僮等少数族裔戍守耕兵已然全悉变为帝国编民，那么何以我们今天在冼夫人信仰这一记忆之场中所感受到的不是均质整合的大一统文化表象，而是多样性地方审美经验及其迥异的回忆叙事表达方式？究竟借由何种方式，信仰结构中的冼夫人回忆形象会在这些外来族群的文化记忆叙事中，同样被内在化地认同为"家神"？回答以上问题，亟须理解审美制度的运作机制，以及冼夫人信仰空间如何为这种能动性实践提供经验接合的场域。

审美制度处于物质表现形式与文化精神内涵之间，是既直观可感又同时隐含着特定文化符号编码规则的制度层，指的是："文化体系中隐在的一层规则和禁忌，包括文化对成员的审美需要所体现的具体形式，亦即社会文化对审美对象的选择和限定，包括了成员的审美能力在不同文化中与文化的不同语境中所表现出的发展方向和实质，当然还包括受不同审美需要和审美能力限制所产生的特定文化的审美交流机制。此外，审美制度也体现在物质和环境的范畴上，包括了文化所给予的艺术创造的技术手段和历史形成的社会对艺术所持的接受态度和审美

---

① 据《广东通志》素材总结绘制。参见［清］阮元等纂修：《广东通志》，第 1799—1801 页。

氛围。"①在《图腾与禁忌》中，弗洛伊德曾分析过禁忌与欲望之间的辩证关联，认为禁忌将欲望压抑隐藏，图腾崇拜作为一整套非理据性的规约符号集合，其迂回曲折地表征着特定社会群体的禁忌与认同，裹挟着其约定俗成的意识形态编码程式。欲望依赖于"置换"（displacement）机制以暗示在场，"正方向的欲望"并不以幻象方式强化禁忌的制度与压抑禀赋，其将人们真实的欲望需要加以显现，"它们仅仅是以暗示的方式表现，不过，只要我们稍加注意即可发现它们在文明的发展过程中占有极重要的地位"。②而根据马克思，人类需要大致可划分为三种类型：其一，直接的需要，此为主体化的商品需要，它凭借自然化的形态管控欲望的转化与表达；其二，激进的需要，它借幻象形态慰藉主体的匮乏与缺失，赋予其象征性的满足，却实质上变相强化既存社会制度的压抑禀赋；其三，真实的需要，在此需要类型中，人类得以恢复并升华其全部的感性内容并真实地表象未来。③欲望源于匮乏，"正方向的欲望"是真实的需要，意识形态遮蔽真实的需要，因而有必要"去蔽"，从而"使'人'成为感性意识的对象和使'人作为人'的需要成为需要"④，亦即将其置换为审美需要，以此将"人"从意识形态的桎梏中解放出来，恢复其自由的感性维度。审美制度即是这样一种意识形态化了的审美转换，其可维持人的本体安全。

审美制度的意识形态维度和审美幻象的运作机制，提醒我们在对涵括冼夫人信仰在内的非遗事象做出文化解释之际，亟须既奠基于田野调查的物质形态基础，亦同时有意识地基于"地方感"与"历史感"的整体文化氛围感受，进入物质地理空间的集体记忆纵深之维，在具体语境中分析非遗事象的事件性，并借此直觉把握到其借以表述"我们的认同"的回忆形象，从"空间—社会—历史"三维辩证的视角进入一种文化表象的元语言深层维度。按照布迪厄的定义，"被表现的社会世界也就是生活风格的空间就是在确定习性的两种能力之间的关系中形

---

① 王杰、海力波：《审美人类学与马克思主义美学的当代发展》，《文艺研究》2002 年第 2 期。
② 〔奥〕弗洛伊德：《图腾与禁忌》，杨庸一译，中国民间文艺出版社，1986 年，第 91—92 页。
③ 参见王杰：《审美幻象研究》，广西师范大学出版社，1995 年，第 88—89 页。
④ 〔德〕马克思：《1844 年经济学哲学手稿》，中共中央编译局译，人民出版社，2000 年，第 90 页。

成的，这两种能力分别是产生可分类的实践和作品的能力与区分和评价这些实践和这些作品的能力（趣味）"。如果说创作这种集体表象空间的能力被归诸于基层行动者，那么无疑，王朝国家与精英基层即掌控着对这些生活风格空间做出评价的话语权。质言之，"生活风格是习性的有系统产物，这些产物按照习性模式在它们的互相关系中被认识，它们变成了被社会定性的符号系统"。然而，布迪厄亦提醒我们，"生活条件与实践之间的关系或实践意识既不应该通过机械论的逻辑也不应该通过意识的逻辑被理解"。习性作为"被建构的结构"（structured structure）与"建构中的结构"（structuring structure），既有其结构强制性的一面，亦同时隐含着能动性的写入。①正是在这种既是感性认知方式（知）与评价图式（意），亦是审美性情配置（情）的集体生活趣味表征处，我们找到了审美制度能够逃逸元语言机制审查，并生产出具体的实践以有意识地反向渗透、影响、修订既存"语法"的能动性写入方式。

符号作为文化习性之情境化的具象表征，能够储藏、传播与再生产信息。生成于不同语境中的文化文本彼此叠置共生，并现于具体的文化实践场域，由此介入共时的文化再生产过程。如果我们将符号细分为作为元语言层的"语法"及其多元形态的文化表象，那么即可看到，明清时期王朝国家主要是通过服饰装束与习俗惯例两种文化表象来区分帝国编民与化外之徒。如果说，服饰装束与惯例习俗作为符号中项，以最为直观化、视觉化、具象化的方式建构着特定族群的日常生活风格空间，因此总是不可避免地受到元语言机制的规训与制约，从而偏于"正项"一端；那么，审美制度作为一种隐性的地方性知识，即通过相对迂回曲折的方式，将集体趣味与审美偏好葆育在元语言机制尚未觉察入侵的前规训领域，从而在集权王朝施行高压民族整合政策的社会历史情境中，为地方族群既有的差异化风尚习俗之可持续发展觅得空间。因此，我们看到，审美制度总是偏于被主流话语定义为"异项"的一端，亦即地方族群共享的文化习性维度。原因在于，审美制度究极而言乃是一种制度层面上的意识形态，受到作为身体化倾向或

---

① 参见〔法〕布迪厄：《区分——判断力的社会批判》上册，刘晖译，商务印书馆，2020年，第268—275页。

曰图式生成系统的文化习性之支配，是某种深入到无意识精神层面的内化规则之身体化写入。故而，强制施行的政令法规等外在化的规训力量，除非行动主体自觉地内化领受，否则无法真正地渗透特定族群的审美制度层面，更不可能在短期内迅速地渗透、涵化、改变一种根深蒂固的文化习性。

曾经王朝国家暴力整合的创伤记忆，使得这些少数族裔信仰结构中的冼夫人回忆形象呈现出一种诗意的且怀旧的审美幻象特征，其记忆叙事呈现出一种断裂留白、神异叙事、年代倒错的特征。这种经由审美变形后的记忆图景，恰恰是审美制度反向渗透元语言层的文化抵抗效果。就此而言，冼夫人信仰文化的"整体性"与"多样性"禀赋，与其说仅仅意指着该系统深层逻辑与多元现象之间的辩证统合；毋宁说，其阐释了此结构以其兼容并蓄的开放特质，整合着国家与地方、百越土著与中原华胄、冲突的历史与和谐的现实、话语的权力秩序与非话语的感觉结构等交错叠置的诸多悖立因素。冼夫人信仰非但作为粤西南地域社会集体共享的情感结构在场，表征并持续型塑着这些曾身处帝国边区族群的独特文化风格。在此以集体表征方式藏匿起社会禁忌、创伤、欲望、幻象的崇祀结构中，粤西南内部异质、匿名、流动的信仰实践者，俱可觅得其身份认同的表述基点，并将此中某些敏感的内容谨小慎微地"遗忘"。借此信仰文化之中介，粤西南的社会关系及其组织机制得以多元多维地建构与模塑。

尽管曾被王朝表征作贬抑性他者的民众并未留下文字书写材料以记述其身份认同的建构历史，但从今日田野中仍活态承传的崇拜仪式生态观之，其信仰实践作为文化习性，无不在通过身体语言讲述着族群认同的历史，讲述着其先祖究竟是如何通过参与至冼夫人信仰空间实践之径而成为帝国编民的身份认同转变过程。这种从节期安排、空间布景、祭祀仪礼、习俗惯例、宗教画像等可感形式中漫溢而出，充盈着整个仪式空间的历史感与地方感，以较之史料编年、历史遗迹、考古物证等物质材料更为生动的语言，表征着族群的集体记忆及其冼夫人文化认同。在此意义上，冼夫人信仰不是彼岸虚无缥缈的超越性存在，而是渗透于社区日常生活肌理的"家神"。其将拥有不同族源记忆与认同叙事方式的少数族群整合为高邑的子民、帝国的编户、中华的儿女，不是通过暴力征剿的方式，而是诉诸"习惯、虔诚、情感和爱"①，将制度的力量审美化并使其与肉体的自发冲动相统一，将外在强制的抽象律法与主体的天性融贯于不假思索的习俗当中，由此内在化地模塑不同文化主体对于"中央"的想象，对于"国家"的认同以及对于中华民族共同体的归属感。

本章小结　从文化乌托邦到历史地理异托邦

清朝末年，在屡遭兵燹寇乱与自然灾害侵袭的粤西南社会，一群缙绅衿士试图借其集体参纂的"正统性"身份认同表述，从文治维度上化解彼时王朝国家与地域社会的互动危机。此主要表现于两方面：其一，动乱之际，地方精英勠力与帝制王朝保持政治立场上的认同一致性，不仅集资募勇平寇，在朝廷官员遇义军而隐遁的危难情势下出面主持大局，并且从物资上赈济灾民；其二，动乱之后，这群官绅衿商不遗余力地投身至为地域社会生产"正统性"身份认同集体表象的场域实践中来，借力"地方神明正统化"与"正统神明地方化"的双轨机制，挪用基层社会感觉结构中的冼夫人回忆形象，建构并传播夫人"显圣"助力官军的神异传说，以此询唤多元分化地方社群之认同，吸纳一切可收编整合的力量。

诺拉提醒我们去关注记忆之场的双重属性原则，即最初的记忆意图与当下的情感认同需要所造成的场所复杂型构特征。这些诉诸"将过去引入当下"之径而不断营造生成的记忆场所，在文化赋义行为中不断将"某种等级、某种领地的划分，以及某种序列层次"援引入内，以造成一种本然如是的表象幻觉。因为作为擅用知识的帝国赋权主体，精英的编纂史学所充当的是主导话语表述的传播使者角色。质言之："在记忆与历史的混合关系中，记忆起支配作用而历史是书写者。因此，对于事件和历史著作这两个领域，我们都应该做一点思考。因为，它们都

---

① 〔英〕伊格尔顿：《审美意识形态》，第17页。

不是记忆和历史的合成物，而是历史中的记忆的典型工具，它们可以清晰地划定各自的界限。"①

此时段官绅衿士集体参纂冼夫人回忆形象之初衷是征用此符号以询唤地方多元分化族群之正统性身份认同，建构高州府全体尊君亲上、同仇敌忾的集体表象。但特定社会的文化传统，总是跟随着社会语境之变迁而重构其感性认知方式、价值评判标准与趣味偏好之表征程式。因而，传统总是持续被建构与阐释的"我们的传统"。作为一种向"过去"寻求权威论证的文化资源，活的传统揭橥身份认同非本质化与可建构性秉性。如斯茨沃所言："行动者不是规则或规范的机械遵循者，而是'即席演奏家'，他们对于不同的环境所提供的机会与制约倾向性地做出反应。"②清末此起彼伏的起义与接踵至境的天灾祸兆，让地方正常运作机制陷入瘫痪，而生灵涂炭、哀鸿遍野的战乱记忆与余劫场景，则使得彼时彼地的基层民众与缙绅衿士均亟须能够安抚末世恐慌与焦虑情愫的心灵慰藉。与此同时，帝制中央迫切要求地方集体表象同仇敌忾的正统性立场，以此明确基层社会排斥"异端"的整体态度。在此情境脉络中，如何凭借一个荣膺王朝"正统性"话语赋权的"冼夫人"符号，尽量吸纳一切可团结的乡村联盟力量，并在地方秩序重组过程中勠力保持作为"中项"的绝大部分编户齐民继续认同于王朝国家的辖控权威，无疑是彼时地方精英战后亟须解决的双刃难题。

在战后重修冼庙的募疏行文中，我们看到了自咸丰辛酉年（1861）春二月陈金钰义军在信宜镇隆建立"大洪国"，迄同治癸亥年（1863）秋九月官军收复信宜，信城失守的秩序断裂局面终结。这一事件对于该地域社会内部先期存在的象征秩序之冲击，从根本上促成了地方社会不同族群建构其"正统性"身份认同表象之需，此亦为彼时精英话语征用冼大人信仰这一正统性神明体系之缘由。在此社会象征秩序重组的阈限中，一系列地方官绅士商共同参与修缮或迁建庙宇的事件被下意识地镌刻在冼夫人信仰这一记忆之场中。这些以公共事务之名行话语演绎之实的文化表演，旨在重构生产出一种社会契约式的标准身份认同表述框架，

① 〔法〕诺拉编：《记忆之场》，第25—26页。

② 〔美〕戴维·斯茨沃：《文化与权利》，陶东风译，上海译文出版社，2006年，第116页。

一方面向清廷传达高州府境集体表象的“正统性”认同，另一方面则致力于吸纳收编基层社会的不同村落联盟力量，重组地方结构秩序，维护精英阶层的既享特权。另外，在太平天国运动被镇压以后，高州府及其属邑的精英团体首先借力于广东巡抚郭嵩焘，以高州府全境官绅军民的集体名义，向朝廷题请“敕赐谯国夫人暨部将封号，并准择裔奉祀”的奏折，主动向王朝国家传达彼时的高府全民的“正统性”认同态度。而清廷亦通过礼部奉旨钤出“慈祐”封号的回应方式，参与共谋了这场帝国权威隐喻再度象征性莅临粤西南地区的文化表演。

经过了这次社区失序与重组的契机，岭海方域精英话语空间中所再现出来的冼夫人信仰“回忆形象”，由此前作为自我理想认同与精英共同体想象基点的“女师”形象，转换为沟通精英与民众对话的“圣母”形象。信仰结构当中那个原初被悬搁、压抑、遮蔽的“圣母崇拜”意象在危难境遇中倏尔复苏，“显圣”的冼夫人在基层民众的感觉结构中穿越“神圣的往昔”“绝对的过去”，向民众们走来。质言之，显象为南天圣母的“冼太嬷”，在此新一轮的社区断裂与重组境遇中，重新被不同的社群接合进其生活世界当中，被认同为庇佑自身安全感、归属感与幸福感的“家神”。而对于同时亟须担负起地方社会“正统性”认同集体表象生产的精英群体而言，徘徊于人、神之间的“圣母”意象无疑可为义军战败提供忤逆“天道”、逆天而行的阐释。如此，非但作为“中项”的基层民众有望继续保持其对于王朝国家这一“正项”之认同，避免“中项”倒向认同起义军“异项”而造成的“中项易边”结构灾难，继续将“天道”保持在帝国一边。自此以往，精英信仰再现场域中的冼夫人回忆形象，遂又平添了一层剪除“逆贼”、辅助官军、宣谕君威的“灵验”光韵。

冼夫人信仰是一个不断被建构与重构的文化异托邦，参与到此文化主导权争夺场域中来的空间实践与空间再现行动者各自秉持不同的象征资本，并怀揣着迥然异质的实践意图。并且，这个不同时代情境中不断被重构营造的异质空间本身亦参与到了空间生产的裂殖过程中来。其既是特定社会体制镌刻型塑的产物，符合某种主流意识形态的创设意图，持续意指着不同时代精神的铭写痕迹；又同时映射出共时场域当中的其他常规位所，以颠倒扭曲的怪异形象揭橥这些空间中的作为"在场的缺席"的主流意识形态之建构维度。就此而言，这个空间实则又是外在所有社会体制的异质空间。这种揭橥主流意识形态运作罅隙并暴露共时整合空间表象之意识形态欺瞒性的文化之镜，亦即福柯所言指的"异托邦"，列斐伏尔意义上活态而混杂的再现空间，索亚所说的通往真实与想象之旅的我们的身在空间。这个空间不是权力的真空，而是"我们的记忆"持续在"国家"与"社会"的互动中不断被重构的记忆框架。以冼夫人麾下"五虎将"得授帝国赋权事件为窗口，我们可以认为，瑶、佬、僮等少数族裔的"消失"，实则以活的民族志书写方式，持续意指着冼夫人信仰文化空间之兼容并蓄的开放性禀赋。

记忆是审美经验中最为隐秘而关键的存在，意识意向性的区隔化筛选出记忆修辞术的感知观相。尽管彤象本身充满虚幻性，但其散点并置的共现却具有揭橥历史真相并启迪革命实践的潜能。辩证的形象从细枝末节的微观维度之上解构历史话语的连续总体幻象，其将抽象理念借由具身感知、参与实践、情感共鸣之径，转化生成为浸润着精神慰藉与生命体验的心灵可感意象，嵌合于社群"此时此地"的生活世界。此意象不是别的，而正是穿越"神圣的往昔"，裹挟着历史感与地方感的"南天圣母"冼夫人，是伴随着"我们"砥砺前行的"冼太嬷"。正是这种基层民众感觉结构当中独特的冼夫人回忆形象，使得冼夫人信仰穿越数千载风尘而俎豆不绝。

由于能指的漂浮性与意义的延宕性，精英话语与民间表述在不同的时空视域中凭借迥异方式分散叠置于冼夫人信仰文化空间之中，其旨趣殊异的回忆形象表征与阐释，时而接合，时而背离，时而竞争，时而共谋。并且，借此交叠共生、各自为政的文化假晶表层，由不同群体基于其情感认同需要所建构的冼夫人信仰文化生态壁龛具有同等价值。因为"默不作声的记忆来自跟它紧密相连的群体，或者按照哈布瓦赫的说，有多少个群体就有多少种记忆；从本质上讲，记忆既不断繁衍又不断删减，既是集体的、多元的，又是个体化的"[1]。正是由于这种记忆之场的特殊空间机制，使得生成于不同时代语境并承受主流意识形态审查的精

---

[1] 〔法〕诺拉编：《记忆之场》，第6页。

英话语空间，在其冼夫人信仰文化实践的写入过程中，渐次与民间混杂的再现空间场景发生对接，被反转建构为礼俗互渗的文化异托邦，获得了其习俗规定性的阐释。亦正因此多元主体共在的对话张力及其对于交互阐释可公度性的寻求，使得该文化空间在波谲云诡的情境脉络中逐渐积淀成为一方"有人栖居"的记忆所系之处。

第四章 ｜ 社区化的记忆空间

在以上冼夫人认同的回忆叙述与认同建构当中，我们似乎仅只瞻仰了一个完满整合的冼夫人回忆形象，其作为粤西南地域社会精英理想自我之镜像，在不同社会语境中被置入王朝与地方互动的宏大话语场域，作为高度意识形态化的符号在场。然其得以传承繁衍至今，又断然并非仅只凭此等剥落生命体验的空洞形式。列斐伏尔[①]提醒我们，空间与其说是先验、惰性、僵化的既存背景，毋宁说是将历史感糅合进场所以锚定空间规则，镌刻行动实践的具体异质化的过程动态。"就作为一系列运作之效果而言，它们并不可化约成为一组简单的对象序列"。考察冼夫人信仰空间中所蕴藉着的文化记忆与身份认同，我们有必要摒弃那种将文化场域之中的可见性视作毋庸置疑的透明映射之果的观点。如其所言，既然空间作为过去实践之产物，那么我们关于它的知识即可被期待阐明此隐匿运作的生产过程，并试图揭橥连贯整合的空间表象之下秘而不宣的权力运作，此过程非但关涉异质主体之间的权力争夺、磋商、共谋，并且不可避免地卷入感性认同与欲望幻想、规则与禁忌等旨趣殊异的空间参与。质言之，我们日用而不知的生活空间（活的再现空间）是制度设计（构想的空间再现）与集体表象（感知的空间实践）互动模塑的产物，体现为复杂的符号系统，联系于社会生活的隐秘面或底层。当空间就其"显／隐"的规则甄选，向我们和盘托出看似毫无纰漏、罅隙、冲突的"自然"之物时，我们有必要怀揣着一种问题意识去重阐此等高度整合的完满镜像。场域在先规定的逻辑实则乃是过去行为的结果铭刻于该空间中的

---

① H. Lefebvre, *The Production of Space*, pp. 33, 36–37, 73.

空间性（spatiality），就此而言，再现空间的多元共生秉性提醒我们关注场域的被建构性与可建构性，从结构与能动性的辩证视角理解语境中的文化行为。这种非整合性的空间，用福柯的表述即为"异托邦"，其本身处于不断的型塑生成过程，与既定时空语境的主导话语休戚相关，并同时为异质、匿名、流动的文化实践者提供有条件的入场契机。这种刺穿笛卡尔式理性自治"我思"主体幻象，强调多元主体共在及其互动交往事件与过程的空间观，是记忆之场研究的基点。

第一节　文化之镜：从拉康的乌托邦到福柯的异托邦

拉康曾在镜像阶段理论指出，"照镜婴儿"①投向镜面那缕目光总是攫获一种前瞻式的幻觉效果。比如说，在肢体尚且未能完全被自身协调操控之际，它已然从镜面中识别出并认同于一个自治、连贯、整合的完满自我（ego）形象。这是一种试图从统一性中寻求快感的文化实践者类型，其可归入笛卡尔式理性自治的"我思"主体之列。此类追求秩序井然而等级澄明的主体，在自身尚且不具全局操控能力之际，已然幻想能够诉诸一种前瞻性的幻象来完成其"完满"的自我认同过程。又或者，我们可借鲁迅先生著名的"铁屋子"隐喻以行蠡测，从而理解此高度理性自治的"我思"主体类型及其文化启蒙理想。该隐喻状摹了身处相同空间——铁屋子之中的那一群。中有梦醒子从浓烟中被呛醒，放眼周围惊觉熊熊火光已然将整个屋子包围，然其身旁那群面目模糊的蒙昧愚众依旧沉耽于梦乡之中而不自知。当此之时，梦醒子挣扎在激烈的思想斗争情愫中，不知是否应当唤醒这些梦寐正酣的氓众。借此隐喻，鲁迅先生试图阐明笛卡尔式的"我思"主体在面临现实龃龉境况之际的那种启蒙自觉和思想痛苦。质言之，"梦醒子"的

---

① 如前所述，拉康"镜像阶段"理论中的"镜子"，即作为先验既存的共享文化媒介系统之存在；"照镜婴儿"系作为未被结构化的行动者的隐喻；"照镜"之视则指涉着偶然的、流动的、异质的文化行动。

思想挣扎正好生动地演绎了精英阶层分裂的主体性。[①]这是一种诉诸理性逻辑程式以处置现实认知世界的主体反应方式，然而又绝非唯一一种"自我—他者—世界"理解模式。因为在惯常的日常生活实践当中，我们不见得总是诉诸理性逻辑思维以认知性地理解世界。毋宁说，在相当情境中，我们应对偶然现实首先是做出一种无意识的反应。这种前反思的反应依赖于作为行为倾向系统的文化习性之价值范导、感官模塑与图式生成能力，依赖于皮埃尔所言指的实践感（sens pratique）或曰"身体化了的感觉和思维习惯"来启发感情与组织情感，并在不言而喻的世界经验中基于原始信念而建立其与世界之间的直接信从关系。[②]

在上阐精英文化领域视域的冼夫人信仰知识考古旅程当中，我们几乎鲜见基层民众之身影。又或者，其仅作为上述鲁迅先生意义上的"铁屋子寓言"里那些面目模糊而身份卑微的他者而在场，维系着"梦醒子"集群的主体身份认同边界，并勠力验证着这些擅用知识以建构叙事的精英之文化启蒙理想的合理性与合法性。然而，悖谬的是，理解冼夫人信仰文化之活态传承机制，那些在精英书写文本当中作为或者沉默或者野蛮的他者而在场的基层民众，却是一个不容忽视的关键。而这些一度被精英话语驱逐至社会和文化边缘的蒙昧愚众或山陬海盗，连同其在场之不可或缺性，亦然在一个个社区秩序断裂与重组的契机当中，被蓦然发掘出来，闯入地域精英乃至于王朝国家俱祈望可长治久安的井然理想秩序当中，被赋予相当的自我表述自由，获得一个改变其此前身份认同程式的契机。诸如此类种种辗转于结构语言与能动性实践之间的身份认同建构叙事，弥散于时序之绵延当中，抑或由于权力之辖控机制而被主动地、下意识地、谨小慎微地"遗忘"、遮蔽、删减。

拉康的"镜像阶段"理论中所描述的是，一个未被"父法"或社会强制结构逻辑所规训的"照镜婴儿"，初次从物我不分的混沌状态中挣脱出来，从其内部心理空间维度上所体验到的"主体间性"辩证互动。这是一个从自恋认同的"理

---

① See H. Harrison, *The Man Awakened from Dreams: One Man's Life in North China Village*，1857-1942，Stanford: Stanford University Press，2005.

② 参见〔法〕布迪厄:《实践感》，第93—100页。

想自我”向他者认同的“自我理想”过渡的阈限性阶段。在第一章第二节“冯盎欲叛”事件与“魏徵篡史”反应的讨论中，我们曾试图阐释此引诱“照镜婴儿”朝向结构化渊薮的“自我理想”（ego-ideal）形象。其从根本上而言，并不如“照镜婴儿”所想象的那番是一个连贯自治而完满统合的主体，而毋宁说举手投足之间全然辖控于主流话语的规章律令之中。作为一个“父法代理”，此“照镜婴儿”眼中已然位于象征秩序中的合法性主体，其本身即为一个“被阉割”的社会结构化产物，一个被语言的象征秩序所规训的残缺不全存在，仅表征着主流意识形态建制的正面形象，而将其创伤、禁忌、幻想等感性情愫一并藏匿起来。就此而言，拉康意义上的“自我”与“他者”范畴俱苑囿于“照镜婴儿”封闭虚拟的个体私隐世界。质言之，是分裂的主体性生成了其虚假的自我（ego）认同与想象的大他者认同。这就非常类似于精英话语表征中的冼夫人信仰形态，在此场域当中，王朝国家与地方社会的互动关联被置入关键性位置。凭借“女师”回忆形象而显现自身的谯国夫人冼氏，连同其持续隐匿指涉的“中州礼乐文明”和“中央政权”两套宏大意识形态建制，分别从文化和政治的二重维度上，引导着地域精英分子在其角逐主体位置的过程中，乐此不疲地投身至文化整合的空间实践当中。

而到了福柯那里，他首先将拉康的镜子置入与“异托邦”相对照的“乌托邦”阐释维度，重阐了拉康著名的“照镜婴儿”隐喻。文化之镜的“乌托邦”图景，描述了未被结构化的行动者究竟缘何而从镜子（文化语法的视觉表象装置）中发现自我，并进而通过大他者所建构的可见性幻象及其反转效果，以建构起其对“自我—他者—世界”文化图式的初步把握的事件与过程：

> 镜子毕竟是一个乌托邦，因为这是一个没有场所的场所。在镜子中，我看见自己在那里，而那里却没有我，在一个事实上展现于外表后面的不真实的空间中，我在我没有在的那边，一种阴影给我带来了自己的可见性，使我能够在那边看到我自己，而我并非在那边：镜子的乌托邦。①

---

① 〔法〕米歇尔·福柯：《另类空间》，王喆译，《世界哲学》2006 年第 6 期。

镜子乌托邦作为一个"没有场所的场所"（a placeless place），却具有以一种阴影的方式给"我"带来自身"可见性"的社会结构化功能。这个由"父法"所染指的社会象征秩序以其井然有条的澄明表象，引诱着未被结构化的行动者去角逐一个"主体"的位置。因此拉康说，这种徘徊于匮乏与欲望之间的自我理想认同（ego-ideal）生发机制，诱导前语言状态的行动者走出自恋的理想自我（ideal-ego）认同而进入象征秩序领域，谙习外在的语法原则，借此以换取一个既存秩序当中的确定主体位置。福柯同意，是此镜像乌托邦使"我"初次从物我不分的混沌状态中挣脱，自我意识觉醒。不过，在拉康强调镜像他者虚幻性的地方，福柯将关注焦点转向了表象外部世界既存秩序语言的"镜子装置"：

　　但是在镜子确实存在的范围内，在我占据的地方，镜子有一种反作用的范围内，这也是一个异托邦；正是从镜子开始，我发现自己并不在我所在的地方，因为我在那边看到了自己。从这个可以说由镜子另一端的虚拟的空间深处投向我自己的目光开始，我回到了我自己这里，开始把目光投向我自己，并在我身处的地方重新构成我自己；镜子像异托邦一样发挥着作用，因为当我照镜子时，镜子使我所占据的地方绝对真实，同围绕该地方的整个空间接触，同时又绝对不真实，因为为了使自己被感觉到，它必须通过这个虚拟的、在那边的空间点。[①]

文化是已然被编织成型的一种象征权威世界，其提供了一整套自我定位与身份认同的规训语言，能够以先验既存的深层逻辑隐在地影响文化行动者的实践效果，结构其感知"自我—他者—世界"的文化图式。正是这面外部既存的、公共的、异己的视觉装置，赋予了"我"一种认知自我、区分他者、把握世界的视界，给予"我"在公共交往空间中一个确定的主体位置，一个初识周遭环境生态的全景视图。然而，又恰如拉康将镜子乌托邦归咎为主体分裂性与匮乏性之源头

[①]〔法〕米歇尔·福柯：《另类空间》，王喆译，《世界哲学》2006 年第 6 期。

那番，这些外在被强制给予的社会法规律令，这种凌驾于"照镜婴儿"之上的大他者，对于行动者而言是某种必须承受的异己的东西。它是对行动者能动性的取缔，对实践者身体的殖伐，对主体的话语规训，对自我的分裂阉割，迥异于"文化习性"那种将集体过去实践进行身体化、内在化、信念化的行为范导方式。但如此分裂的主体性之所以仍然吸引不同行动者对"主体"位置进行竞逐，原因即在于这些大他者的话语赋权，能够使已然内化其语法的"主体"在社会象征秩序中占据较之未被规训的行动者更优越的位置。一语概之，即作为擅用知识进行表述的"主体"，享有将其他异质行动者建构为小他者或曰沉默的贬抑性在场的话语表征权力。

镜子作为外在法规律令的可视化装置，无疑在建构"我"知觉世界方式的过程中是以某种异在的方式介入到行动者的身体，并将逻辑在先的"语法"铭刻于上，以将之建构为"主体"。福柯并不否定拉康所阐释的主体之分裂性，甚至坦言那种自笛卡尔以降的"我思"（cogito）主体类型，不过是一种试图僭越历史实在性并掩盖意识形态运作机制的主体理想模型，这种自诩理性自治、连贯整合的主体，究极而言不过是权力借知识生产与话语运作过程而规训出来的卑微臣服者。质言之，主体不是完满自持的"我思"，而是"父法"的代理，一旦僭越此境，其分裂性即暴露无遗。① 然而，镜子并不仅仅为"我"提供了一个虚拟平面的乌托邦幻象（社会象征秩序），并且同时隐含着一个自反性的历史纵深视点。这个可凭借想象力以抵达的镜面纵深，在立体化的三维世界中重塑了行动者之"看"，使其站到了乌托邦的背面，将其沉耽于完满秩序幻象的注视目光反转成为质询"父法"的凝视。

质言之，一旦"我"转换视角，站到镜子纵深维度的那个内在的、疏离的、

---

① 福柯在其"话语理论"中认为，权力经由话语的运作而规训主体。话语按照权力的知识意志，先验预置了一系列的"语法"规则。这些规则陈述着对待特定的社会现象、谈论确定的主题之际，人们应当遵照何种程式以表述其观点并参与社会互动。只有自觉内化了此等话语规则并遵照其预置程式来参与社会互动过程的个体与群体，方才被视为主体。因此福柯曾明言，主体（subject）之名一语双关，其卑微地蜷缩在话语运作的范畴之内，成为主流意识形态建制的傀儡。See S. Hall, *The Work of Representation*, pp. 44-63.

异在的位置，反视"我们"的文化之镜所表征出来的乌托邦，即能在这种凝视之看的反转中，窥见此前自身所沉湎于间的完满幻象之罅隙，发现社会象征秩序的意识形态运作机制，并意识到自身并非优越于其他异质在场的主体。在这种裂隙纷呈、幻象坍塌、他者退隐的镜子异托邦之中，主体会步出文化之镜所建构的民族中心主义立场，与场域中其他文化的主体平等对话、并置共生、互赏互鉴；同时意识到其所属文化除却心智的、理性的、法律的外在规定性维度之外，还存在一种身体的、情感的、习俗的内在规定性维度。

> 我们不是生活在一个同质的、空的空间里。正相反，我们生活在一个布满各种性质，一个可能同样被幻觉所萦绕着的空间中；我们第一感觉的空间、幻想的空间、情感的空间保持着自身的性质。这是一个轻的、天上的、透明的空间，或者这是一个黑暗的、砂砾的、阻塞的空间。这是一个高空、一个空间的顶峰，或者相反，这是一个低空、一个烂泥的空间。这是一个能够像活水一样流动的空间，这是一个能够像石头或水晶一样不动的、凝结的空间。①

尽管王朝国家的礼制话语设置了一整套作为意识形态规训的语法，然而，这些作为符码的话语，却在精英的转述与民众的践履过程中，变成了某种"礼"与"俗"互动、互渗、互鉴的共生情态。因为记忆作为当下的现象，亟须"根植于具象之中，如空间、行为、形象和器物"②。一言以蔽之，设若王朝国家意欲其所征用的冼夫人信仰结构在地域社会发生实际的文化治理效果，那么即须将史料记载中的冼夫人形象激活，将之转化为可感意象嵌入地方社区场景当中，吸引特定的伦理共同体来自觉承传这些记忆。这种自觉记忆的过程，亦即场域行动者经由文化实践，将均质虚空的无限广延建构成为诗意栖居的记忆所系之处的过程。这种具身感知、参与实践与交融体验的空间设置、情感投注与身份认同建构过程，使得空间充盈流溢着各种感受质。正是这种"人—地"互动关联情状中所切身体

① 〔法〕福柯：《另类空间》，王喆译，《世界哲学》2006 年第 6 期。
② 〔法〕诺拉：《记忆之场》，第 6 页。

验着的感知、欲望、禁忌、幻想、希冀等情感体验，将均质虚无的空间建构成为葆育文化传统基因、寄寓集体无意识、涵养族群生命体验的"我们的家园"。

> 我们所生活的空间，在我们之外吸引我们的空间，恰好在其中对我们的生命、时间和历史进行腐蚀的空间，腐蚀我们和使我们生出皱纹的这个空间，其本身也是一个异质的空间。换句话，我们不是生活在一种在其内部人们有可能确定一些个人和一些事物的位置的真空中。我们不是生活在流光溢彩的真空内部，我们生活在一个关系集合的内部，这些关系确定了一些相互间不能缩减并且绝对不可迭合的位置。①

结构主义认为，语言作为社会习俗规定性的隐喻，其意义由系统内部的差异能指所型构，是局部社会空间中文化意义系统中在场的贬抑性的他者群体确证了"主体"的位置。就此而言，"他者"对于权力话语的"主体"赋权运作而言具有根本性意义，这是权力不平衡的内部等级差序结构得以型构的逻辑起点。福柯并不否定结构的这种共时性维度上不可避免的权力机制，甚至坦言其对空间的兴趣首先在于探寻权力借由话语表征运作与意识形态建制对于空间之镌刻。然而，福柯反对那种以纯粹心理内部空间的精神演绎方法来审视社会空间实践的方法，主张从此在在世存在的栖居空间，或曰我们与"我们的生命、时间和历史"销蚀于间那个犄角世界的内在视角，去重新将空间把握为一个个为不同的情感质性充盈着的场所、地方、微型宇宙。借此过程，行动者在文化实践中编织起"一个作为关系集合的内部"，确定了一个由这些不可化约的关系叠置生成的地方、位置、场所（sites）。从这个视角出发，世界被主体内在地评价与把握。这种世界的意义并不由"我者"与"他者"的区分而得之编织，它就形成于我们设置空间、投注情感、与他我共在的诗意栖居过程中。并且，借此过程的自反性凝视目光，主体意识到视点的多元多维可能性，从而借由他异性的文化之镜参与体验了自我他

---

① 〔法〕福柯：《另类空间》，王喆译，《世界哲学》2006年第6期。

者化的文化交互事件，深深地卷入了主体间性的互动影响当中。就此而言，文化之镜对于行动者的结构化效果是绝对真实而无法还原为符号的，因为它为结构"我们的认同"提供了他文化的多元视点，并在这些交互的凝视中不断参与体验和再度阐释"我们"的记忆，由此以能够不断跨越时空阈限而将民族精神葆育在活的生态环境当中，伴随着"我们"风雨同行。

借此反观"冼夫人信仰"这面由地域社会官绅衿士集体参与虚构型塑的文化之镜，其隐匿的运作逻辑先验地在"可见性"与"不可见性"之间做出了选择，并试图结构"照镜婴儿"的镜面之"看"，引导其去注意观察或视而不见。这种文化霸权运作机制所具有的结构化功能曾实实在在地发生过，无法还原为语言，这是文化之镜的结构强制性一面。然而，福柯、列斐伏尔与诺拉等空间理论家提醒我们，基层行动者的能动性往往会使得空间的制度设计在其话语实施的过程被反转挪作他用。因为亦是透过这面文化之镜，"我"遂得之进入镜子历时纵深的第三维，站到一个整体性关系网络的外部，反观此前"我"所深涉其中的那个空间，审视我们的文化被编织起来的结构化过程，并通过这缕自反的目光重构"我们的认同"。在此意义上，冼夫人信仰作为文化之镜，绝非仅是帝国文化治理策略或礼制话语表述的寂寥空间；相反，正是这面由央廷设计的"大一统"文化之镜，奠定了官民互动、礼俗互渗、国家与社会对话的基础。其既为基层行动者提供了"正统性"认同表述的重要话语程式，亦为地域社会多元分化社群以其文化习性葆育中华文化传统基因，将王朝国家礼制话语的合情合理成分涵养在地方风俗生态土壤中提供了接合的基点。

如果说，在地域社会精英群体共享的冼夫人信仰结构当中，文化启蒙被奉为圭臬，其试图将帝国正统性语言体系中的规则律令耦合进此民间信仰的传统结构当中，以引导舆论的方式询唤着"化外之徒"、少数族裔以及蒙昧愚众与之相认同，并进而调适他们对此信仰结构的感知、理解与表述；那么，当我们将研究的视域转移到这些持续被表象为贬抑性他者的在场身上时，便会蓦然发现，这些"沉默的他者"事实上并不沉默，其凭借自身独特的发声方式，在冼夫人信仰的场域当中并行不悖地镌刻下自身独特的仪轨和情愫，其话语的实践过程和非话语的具体体验，其禁忌、记忆、欲望、幻想，其认同、历史、规则、行动，繁冗驳杂而灵动微妙。另外，地方精英所演绎的实际仪轨本身亦然表明，在其集体参与到冼夫人信仰空间的具体行动中，就他们挪用正统性国家语言以为地方传统民俗建构能动性叙事方面而言，实则无异于那些沉默的基层民众群体。因为在其标举文化启蒙话语并大行移风易俗实践之际，我们分明又从这些他们所勾勒的文化文本踪迹脉络中，看到了彼时地方精英自下而上进行能动性表述的文化创制一面。此即意味着，当他们致力于寻觅并建构作为地域社会集体表象的身份认同范式之时，与其说是仅仅拘泥于王朝礼制的标准“语法”，毋宁说是试图积极利用国家的正统性象征以型塑地方社会之独特的“自我理想”形象。并且，此形象根植于社区的传统，其所回溯的是一个在粤西南地域社会绅衿士民中被崇奉为岭南圣母的亦神亦祖的谯国夫人冼氏。

第二节　记忆与场域的缝合：冼庙与冼墓

明清时期，高州冼太庙成为王朝国家与粤西南地域社会互动交往的重要场域，非但仅仅意味着官方话语的具象化或权力的空间化，在其凭借迂回曲折的隐喻之径而将中州礼仪援引入地方社会日常生活场景的情境脉络当中，亦同时被社区的民间意识形态不同程度地商榷性重阐。其结果是，在此官方话语与民间意识的互动博弈过程里，冼夫人信仰被纳入了“正统化”与“地方化”的双轨机制当中，经历了自隐喻向转喻切换的空间修辞策略更迭。以明清高州冼太庙及其信仰空间重组的踪迹为探赜焦点，本节致力于厘清正祀庙宇作为王朝国家元叙事的重要空间载体，其究竟是如何卓有成效地穿行于社会记忆分配装置和王朝权力渗透场域之间，并最终促成原本在帝国设计蓝图当中高度意识形态化的符码，在其被缝合进地方日常生活情境的空间演绎与传播实践里，反转成为社区文化记忆之场中的混杂叙事，徘徊于“礼”与“俗”之间，悬而未决。

一、高州冼太庙与祭祀共同体的型塑

在中国传统社会中，庙宇对于村落共同体而言是根本性的，是基层民众确立其宇宙观图式与文化价值定位的基点。因为"唯有兴修了庙宇，建立起人鬼俱全的天地宇宙系统，这一聚落才具有了立村的资格，而更重要的，是可以进一步建立与'国家'的直接联系，人们成为'化内之民'"①。高州冼太庙由于其毗邻府治治所，在明成化年间迁治以后渐次移置旧城冼太庙，成为冼夫人信仰的官祀中心庙宇。这个冼夫人记忆空间的社区化建构过程绝非由官方单面推进，而是地方血缘联宗或地缘团契群体积极参与建构的结果。

明嘉靖十四年（1535），在今茂名市高州城东门文明路处，由知府石简主持修建的高州冼太庙落成。然而，此新庙之设，并未能将冼夫人信仰的官祀圣殿亦随着府治之迁而遽烈挪动，故兹，"春秋报事，戒在有司者，尚在旧电白"。时地域社会精英分子眼中的冼夫人信仰及其作为王朝国家主流话语中的帝国隐喻象征符码禀赋相剥离。在明清之际奉儒家典章为圭臬的缙绅衿士眼中，一旦神祇崇祀合法性得到确立，"祭如在，祭神如神在"的阐释，即会将冼夫人信仰置入超越于世俗世界之上的"圣龛"中。②故兹，在距离成化四年（1468）府治迁至茂名县以后的第九十八载高州冼太庙修葺之际，时任府通判的吴恩仍在其所撰之《重修谯国冼氏庙碑》③文中载述道，"新庙圮，土人兴之"。据此文本，该位于府城东南隅的冼夫人崇祀庙宇，因为并不契合儒士精英眼中的"求其神之所在而祭之，祭义其在兹乎"之规章律令而未能取代电白堡的旧城冼太庙，据说是"春秋报事，戒在有司者，尚在旧电白"。然而，高州冼太庙此等近水楼台却不能得月的窘境，在所谓的茂邑"土人"之努力下，终于还是被型塑成为今天我们所理解的冼夫人信仰之中心庙宇，甚至渐次转化成为该社区链接精英话语表述与民众意识形态之间互动对话的公共空间。此等情形，事实上直至明代嘉靖年间仍是不可想象的，这我们可借上引吴恩所撰之碑记以行蠡测。这些倚重于购置祀田并捐租

① 张士闪：《礼俗互动与中国社会研究》，《民俗研究》2016 年第 6 期。
② ［明］唐胄纂修：《正德琼台志》，第 535 页。
③ ［清］杨霁等纂修：《高州府志》，第 112 页。

入庙方式而参与至冼夫人崇祀实践中的所谓"土人"，作为高邑辖境范畴内流动、异质而面目模糊的基层民众之代表，其所举之事，所勒之碑，直至今日仍镌刻于高州冼太庙的公共空间中，聚合生成一种独特的冼夫人信仰文化记忆景观。

观此系列碑记，其勘勒时间大抵俱为清代初期，载述内容涉及彼时高邑辖境范围的基层民众操演冼夫人信仰祭祀实践之具体社会组织形态，并兼容了凝聚与分区、整合与冲突、结构与变迁等悖论统合的范畴。翻阅志乘，明清鼎革之际，高州于顺治四年（1647）春二月始入清，时"总兵佟养甲、提督李成栋遣总兵官方国泰、副将赵国威、周朝等率师徇高州，官民郊迎，全境安堵"，但境内大小局部混战仍此起彼伏。顺治十一年（1654）春三月，自云南调兵东征的李定国入高州，继续其反清复明战役。康熙八年（1669）春二月，高州"复迁海居民旧业"，迁海令撤销，乡民复业。十四年（1675）秋六月，"高州总兵官祖泽清叛"；八月，"滇逆吴三桂遣伪将军马雄入高州，泽清勾西逆马雄纠党李廷栋、董重民、郭义称将军，雄踞高郡，厚敛横征，解粮供役，死者无算"。十七年（1678）秋八月，"廉州总兵佟国玺擒祖泽清送京师伏诛"，高州地域社会秩序开始进入秩序断裂之后的重建过程当中。①

在此地域社会权力格局调整与重塑的过程中，高州府邑民梁秀祯、卢灿平、李现鲜、邱居彦、刘我彤、聂禹章六人于康熙二十三年（1684）成立冼夫人信仰民间崇祭社团组织，在土名坐落杨耳坑插花等峒购置祀田大小共计四十六丘，雇用佃农许瑞珍耕耘，载租二十石零八斗，登记在上三道甲"冼长明"②名下，向王朝国家缴纳赋税。其时，该冼夫人信仰民间崇祀社团采取轮值制，二人一班并递年更换，负责每年六月和十月分别收"上期早谷三石"和"冬谷十七石，糯谷八斗"。每年仲冬初旬，佃农许氏即当将议定租谷运至当值者二人处，"发粜立收，银米全完"。嗣后，梁、卢、李、邱、刘、聂六氏祀冼社团成员即以其当值

---

① 参见［清］杨霁等纂修：《高州府志》，第 724—727、728、731—733 页。

② 此处，"冼长明"为纳税单位，而非自然人。以置田捐租的方式参与包括冼夫人信仰在内的王朝国家正统崇祀组织，是彼时合法占有土地的一种方式，此融合了经济、文化、政治诸类因素的民间信仰空间实践，在相当程度上促进了帝国与地方之间的良性互动。

者为代表，将祀田租谷发售所得"采买猪只蒸□一百二十斤"并筹办其他祭祀冼夫人的物赀。及至十一月十二日，此六氏祀冼社团即"摆列筵席，共祝千秋"。此凭借买田捐租的形式介入到冼夫人信仰场域当中的民间社团组织一直延续至乾隆十四年（1749）是方碑记勘勒之际，仍然能够维持其良性运转循环。时上述六公子孙与其佃农许氏之间围绕着冼夫人崇祀实践，而型塑生产并延续绵远的社会生产关系历凡三代之久。故兹，在念及许氏历耕而无亏欠之交往记忆，此六公子孙爰勒碑记，表示愿意继续维持此等社会生产组织关联，冀望许氏子孙"日后不必生端易耕等弊"，祈求此冼夫人崇祀社团关系可以源远流长。①

　　如果说，依据上阐碑记，我们仅看到了几乎杂姓人家倚重于冼夫人信仰之场的凝聚成为一个地缘性连带的祭祀组织的话，那么，当时序绵延至于三十几载以后，这种地域性连带的冼夫人崇祀组织，显然已经发展成为一个惊人的圈层。当时，他们在提交给茂名知县的呈文中以"合邑绅民"的称谓进行自我指涉。乾隆六十年（1795）七月初五日，举人潘江携李位岳等一百三十七位绅衿士民联名进呈茂邑知县，要求恢复官方致祭的冼夫人秋祀典礼。彼时高州合邑绅民将冼夫人官祀典礼中的秋祭仪式之中断，归咎为乾隆十五年之际的县礼房要员之初来乍到与未谙旧例，如此延搁长达三十八年，其造报奏销册内的阙漏名目，方始补详。并且由于礼房之耽搁，致使有司致祀的冼夫人秋祭仪式又继续被忽略，一旦中废而拖宕竟逾光阴四十载。这从一个侧面上反映出，在此时空视域当中，高州冼太庙在官方话语体系里远未能够占据中心要位，与前明吴恩所撰之碑文遥相呼应。这些联名上书的绅民邑人以为"冼夫人生为削平大难之主，殁为聪明正直之神，庙建东门，凡火烟偏灾，皆祷求从应"，可谓灵验之甚，以此验证冼夫人之崇祀合乎《礼记·祭法》。是以其上呈要求茂名知县"饬房查明递年造报奏销册内，留县均平银两，分晰造册，备文分别申缴"。乾隆六十年（1795）八月，官方恢复冼夫人秋祭仪式，每年春秋二祭和冼夫人诞辰计凡三次致祭，共支均平银十两。其中，二月二十四日动支平银二两二钱，八月二十四日支钱二两二钱，十一月二十四日

----

① 事见立石于清乾隆十四年的《捐租记事碑》，碑今存高州冼夫人庙。

支银五两六钱。然而，此应合邑绅民之陈请而"复回三祭"的冼夫人官祀仪式却是有条件的。碑记载时官府"查此项册报需用规赏，以及勒碑旗杆、祭告演戏等项，需费浩繁"，故而出示劝谕令号召绅衿士民慷慨解囊，"共襄盛典"。①

除了本地居民以外，自外地迁入移民融入社区的路径之一，亦为购置田产并捐租入庙，比如说茂邑城南肖山迁入移民蓝氏，其弟兄三人球、锦、绣共同组织建立"同庆冼太金"，议定于每年十一月十八日恭贺冼夫人圣诞节令。然而始料不及的是，该祭祀基金会组织并未能够如其所愿那番运作顺利。除却蓝伊球一支如期履行其缴纳会费之责，伊锦、伊秀支系分别累计欠下会款一百一十六千和一百三十二千，其数额之巨足以使该冼夫人崇祀血缘连带组织落入"缘启衅端，争讼数年"之窠臼，终于还是瘫痪解散。此处我们看到，民间冼夫人崇祀社团迥异于其惯常融合之姿的冲突端倪与分裂所由。嘉庆二年（1797）孟冬，茂名县判决此民间诉讼案，将"同庆冼太金"划归蓝伊球一房子孙经理。嗣后，该支系子嗣因念及"兄弟阋墙，遗讯后世"之弊，遂将其坐落于土名速埔垌班鱼塘的会田计凡四十四丘，共载租一十四石，加上连东南北界至山场一所的所有祭田与租赀，一并拨入高州冼太庙，以作为冼夫人崇祀之"万年香烟之资"。在此始于血缘连带而型塑的冼夫人信仰民间祭祀组织中，我们看到了经济、情感、政治、认同、想象、冲突、融合、缓解等不一而足的话语表述与非话语体验情愫。②

此外，高州冼太庙的几通碑记文本，还载述了几姓冼夫人崇祀民间社团组织与庙宇住持之间的冲突。此等围绕着冼夫人崇祀主题而型塑的民间社团群体与其他异质社群的矛盾一般俱与田租置配关系休戚相关。我们上面提及，明清之际，在高邑民间社团参与高州冼太庙的祭祀实践的方式，大抵有两种：其一，以血缘连带或者地缘组织的形式购置祭田，并以共同的名义向王朝国家登记纳税，所得佃农田租即题捐入庙，以备冼夫人平日香火赀费和寿诞庆典耗资。其二，修葺庙宇。在下面几通碑文的爬梳过程中，我们将会清晰地看到，在庙宇修葺之际，冼夫人祭田的租赀究竟是如何配置的，并理解何以这种资源配置方式会招徕冲突。

---

① 事见立石于清嘉庆元年的《复回名目事碑》，碑今存高州冼夫人庙。
② 事见立石于清嘉庆二年的《捐租碑》，碑今存高州冼夫人庙。

　　勘勒于道光二年（1822）的《记事碑》①载述了早在前明崇祯年间，高郡邑人周盛虞即已联合麦明羡建立"永庆夫人会田"基金会，向高州冼太庙捐置土名为水划峒的祀田赀费，共载租三十六石，计凡民米一石四斗三升；并登记在十三里道甲"冼诚敬"名下，向王朝国家缴纳赋税。及至乾隆三十七年（1772），周、麦二氏后人周天积与麦仕华见此庙貌倾颓，随即向阍主呈明其修庙之意，并将田契印簿租斗，交给时任住持的沈德钦作为执掌凭证，以此每年向其佃农收租。契约中写明，庙宇住持需要在祭田租赀中提取租谷十石，缴纳于麦积华的子孙，以供其自行筹办祭祀冼夫人的牲仪果品，每年十一月初六日即"预祝冼夫人寿诞"。其盈余租赀，则供住持月俸和庙宇修葺费用。此次修葺过程本因住持沈德钦恪守议定规制而运转良好，是以周、麦二氏"再用工本□馨诚田，起租十六石，共载租五十二石，归其收支"。由于祭田面积扩充，沈主持因而另外推举主持秦胜邦及其儿子秦太仪，并将田契印簿租斗，悉数交给东关耆老黄靖收取田租，并以租赀来充抵庙宇的贮修费用。契约中说明，待此工程告竣之际，上述祭田租赀即应交还庙宇管理，一如从前。此庙宇修葺计划原本议定期限五年，然其事实是，此工期一拖再拖，甚至延续至于二十年末亦然尚且未有告竣。时周、麦二氏以为此举"冷落香灯，废弛失祭"，遂将执事者黄靖等人状告至茂名知县处。

　　勒石于道光六年（1826）仲冬的《记事应亲碑》②载录了相似的冼夫人民间祭祀组织与庙宇住持之间自冼庙修葺和田租置配实践而滋生的矛盾冲突。碑载康熙二年（1662），黄胜猷携黄胜献向高州冼太庙捐置土名为塘岭峒的祭田租赀计凡一百二十石，"在□二里二甲民米□石七斗，减载实租七十二石"，以作为冼夫人座前长明灯供祀之资和寿诞酬神演戏相关费用。其租契券交由高州冼太庙住持执凭，议定每年的收租期，住持需要向黄胜猷子孙交回租谷十石以供其置办牲仪果品，举办仲冬望一日的冼夫人祭祀仪式。嘉庆元年（1796），黄氏子孙提交庙宇修葺呈请，该冼庙住持秦太仪即将其田契印簿租斗，交给高邑关内耆老黄靖进行收租贮修。其原本议定是以五年租谷之期来完成庙宇之修葺工程，待工程告

------

① 碑今存高州冼夫人庙。

② 碑今存高州冼夫人庙。

竣，祀田即需归还庙宇管理。然而，黄族的情况一如上阔之周、麦二氏，修庙工期一直拖延到第二十年末，计划依旧未能完成。故兹，黄氏亦向茂名知县提交呈请，希望能够凭借官府力量以"严押黄靖等质算押缴，另饬首事周纯濂等公正董事经理，以重神祀，并立案给示勒碑，永杜弊端，毋任延搁"。

在上阔高郡绅民勘勒的石碑叙事中，我们看到了明清之际崇祀冼夫人的民间社团组织主要是借由购置祀田、登记纳税并捐租入庙等方式，参与至高州冼太庙的祭祀空间实践当中。这种冼夫人崇祀的民间组织形态在初期往往运作顺利，迨至道光年间，自周、麦、黄三氏邑人的碑记叙事中，我们看到了庙宇住持、贮修负责团体以及捐置祀田的邑民之间的矛盾开始激化并蔓延开来，以至于不得不诉诸官府参与的方式以解决纠纷。这种矛盾主要体现在，庙宇修葺之际，捐租入庙者不复从庙宇住持手中获取议定租谷，因为其祭田已然被负责庙宇修葺工程的社团所掌控，其租谷亦然被抵作修葺赀费。这意味着，在上述高州冼太庙修缮工程延误的案例中，周、麦二氏与黄氏俱得蒙受租谷赀费流失长达十五年之冤。当其将此事状告至茂名知县处，道光元年，关内黄恒光在获得知县批准的情况下，出示四关衿首周桐封、梁国基、李承雯、邱和霖、陈雄贤、聂龙光、张高、黄琠、林劭高等数十人，前往高州冼太庙进行集会，议论推举道士候选人。嗣后，茂邑知县"亲诣冼太夫人案前，焚香祈告执阄"，选出了何道盛承充新住持，并印给租簿和庙款章程。借此我们可知，高州冼太庙的实质运作过程，既有官绅参与，亦有民众涉足。并且，从购置田土并雇用佃农耕耘的捐租方式来看，这些官绅眼中作为"土人"群体而面目模糊的那一群，实则乃地主（landlords）阶层。在何炳棣与张仲礼先生等人的著述中，乃至于西方汉学界，这些地主阶层实则普遍被视为传统中国社会中的地方精英（local elites），代表着财富储备殷实或者在经济上崛起的那一群。[1]而凭借此等购置祀田、缴纳赋税并捐租入庙的方式参与至高

① See Franz Michael, "State and Society in Nineteenth Century China," *World Politics*, Vol.7, No.3, 1955, pp.419–433; Chang Chung-li, *The Chinese Gentry: Studies on Their Role in the 19ᵗʰ-Century Chinese Society*, Seattle: University of Washington Press, 1955, Chap. 11 to 13; Hsiao Kung-chuan, *Rural China: Imperial Control in the Nineteenth Century*, Seattle: University of Washington, 1960, p.574.

州冼太庙的崇祀实践中来，这种行动本身即具有相当彰著的象征意味。其持续地指涉着那些意欲角逐地域社会权力的文化网络之主体位置的多元社群，在其试图跻身精英阶层之际所付诸的努力。其结构的谐习程度、其能动性的表述过程及其所认同的标准范式，凡此种种，巨细无遗地俱镌刻于是方记忆之场当中。

道光二十三年（1843），高州冼太庙之置田捐租者与庙宇住持之间的矛盾进一步激化。三月二十八日，茂邑绅民邱玉成、周子昌、麦树桂、黄开贵、蓝高芳五人赴高州府状告高州冼太庙住持凭借庙宇修缮等诸名色以克扣祭祀租谷，并不履行其议定之责。然而，对于是通碑记所映射出来的信息，较之前者迥异的是，其特别提到了碑记对于捐租入庙者的重要性。

另有一则聚焦于官府处理民事纠纷所由、过程及其议定结果的告示牌，亦然以勒石的方式竖立于高州冼太庙前，上面详尽地记述了每年庙宇住持应当交付给置田捐租者的祭谷数额。[①]该官方勒石告示审讯结果的举措，连同上阐茂名知县在抓阄择选新住持之际所诉诸的焚香禀报冼夫人其神之实践，如出一辙。其所表征出来的讯息，是彼时社会情境脉络之中，地方官绅衿士和普通民众俱将高州冼太庙视为一个处理纠纷、裁判公平与彰显正义的公共交往空间。在此场域之中，非但邪恶与贪婪会受到惩戒，并且对于那些举棋不定的、悬而未决的选举诸类事项，似乎亦然是可倚重于神祇之示谕。在此，我们似乎看到了嗣后民间信仰传说中冼夫人充作社区"义务保姆"的故事原型及其并举包孕着官绅士民群体的大众心理认同基点。并且，在帝制中华晚期高郡辖境内部的社区日常生活场景之中，该冼夫人崇祀庙宇往往是作为一个不可或缺的公共空间而存在的，其非但致力于沟通、告示、宣谕，还往往凭借冼夫人其亦人亦神的威信力以攫获认同，臻致于社区矛盾调解与群体整合之效。这一点，我们于光绪丁酉年（1898）六月初五的一则勒石晓谕中即可窥得一斑。[②]该则由茂名县同知颁发的谕令，以勒石告示的形式出现在高州冼太庙这一特定空间之中，告诫的主要对象，是近来肆意放纵骣马以践踏禾稼的"不肖营弁兵丁"和"世家大族人等"；并示谕"属内诸色人等"

---

① 《告示牌》立石于清道廿三年，碑今存高州冼夫人庙。
② 碑今存高州冼夫人庙。

自此以往要严勒其所畜之马，倘若再犯，即需照价赔偿并被治罪。在此，官员、营弁兵丁、世家大族以及邑内所属诸色人等，一并被涵括进来。这从一个侧面反映出，在彼时帝制中华晚期的高邑基层社会中，冼夫人庙宇崇祀空间非但只作为将王朝国家标准语言援引进地域社会的高度意识形态化场域而存在。毋宁说，其在高邑乡民与精英的互动交往过程当中，被诠释成为一个充满了微妙驳杂生命体验，同时不无话语镌刻痕迹的空间。此处，非但有司致祀的循规蹈矩式仪式操演会对社区产生影响，普通乡民的话语实践及其非话语的具体体验亦在其间有所铭刻。其将集体中被经验的时间拉入共时性的空间表象当中，于绵延的时序中渐次被复写成为宛若羊皮卷之属的层层叠置性空间，此空间凭借浸渍着社区多元社群互动交往实践及其生命体验的文化记忆形式，而不时地被唤醒。

二、被唤醒的空间：冼夫人信仰与茔塚之争

如诺拉所言，无论编纂史学的历史叙事，抑或群体活态承传的记忆，均是对于真实存在过的往昔之可疑的、不完整的重构。"如果我们仍然身处于我们的记忆之中，可能还不需要给记忆找一个场所。可能也没有这样的场所，因为记忆没有被历史裹挟而去。每个举动，哪怕最司空见惯的举动，都可能因具体动作和意识的同一性，而成为始终如一的行为的反复，就像宗教习俗那样。一旦有了痕迹、距离、中介，人就不再处于真实的记忆当中，而是在历史之中。"[1]由于长寿二年爆发的"冯君衡事件"，冼夫人文化记忆一度被阻断，至苏轼谪儋之际已是遗民不可问，粤西南边地冼庙荒圮、碑版漫无辞。并且，其崇祀源头今日亦众口难调。而在其可供回溯的确切时空坐标系统中，已然在绵延时序中销声匿迹的元素并不在少数。然而，这些弥散在巨幅卷帙的时空序列当中的组成部分，并非永远地消逝了。相反，这些被矢状的线性时间不断遗忘、看似永远消逝了的"过去"，往往又会倏尔在某种情境脉络中"死灰复燃"，重新出现在公众视野。

冼夫人信仰空间作为粤西南边区多元分化社群的文化记忆之场，其最为引人

---

① 〔法〕诺拉编：《记忆之场》，第5—6页。

入胜的魅力正在于其奇崛的生命力，它主要不是关于王朝国家的宏大叙事，而基本就根植于社区日常生活，充满了神异微妙的情感认同色彩与怀旧光韵。作为记忆叙事的关键地点，冼夫人茔塚一直是地方信仰叙事论证的中心，即便在嗣后经考古专家鉴定山兜丁村娘娘庙即为冼夫人墓园所在地，亦并不影响地方民众各持己见的风俗叙事与仪式实践。因为认同来自自我观察、自我描绘与自我演示行为中被观察到的自我指涉，其涉及两个维度，即意识被模式化为一种同位指涉体验而构成的"认知性的我"（I），以及意识通过区分他我（alter）而构成的"社会性自我"（ego）。认同诉诸语词和非语词演示的共享叙事图式，以在沟通自我描述的指意（attribute）过程中建构其持续性和可信性。从叙事建构认同的维度上看，回忆亟须以"不可化约的认知、情绪和道德评价为导向"，选择性地建构基于回忆者、参与者以及认同策略互动模塑的场景，基于某些约定俗成的叙事图式模型以生产为共同体所接受的记忆隐喻与图像，以此将社会化习得的叙事图式予以实例化演示，使回忆从认知（知）、情绪（情）与道德取向（意）上契合共同体的习俗规定性。由此，"想起什么、忘记什么，首先取决于主观性的认同管理，后者又由情绪、需求、准则和目的所驾驭"[1]。

质言之，阈限性的、循环复现的、再现的过去，以记忆唯余索引的残留物形态将历史感的灵韵赋予社区的某些特殊的地点，将之接合进特定族群的集体身份认同的表述结构。经由社区日常的混杂叙事与周期操演的祭祀仪俗，涵括冼夫人茔塚在内的具体地点，为不同地方群体所共享的"神圣往昔"叙事在当下共时场域中锚定一个具体的文化活动场所，作为其借以传达特定道理、理念、规则的可感时空参照点。而经由这些具身参与感受的回忆事件与过程，这些位所连同其所葆育着的集体欢腾情境，即被嵌合进共同体的感觉结构当中，成为集体生命体验的共在时间与反复被唤醒重新浸入体验的空间之集结点，亦即结构"我们"的认同叙事之宇宙观图式的不可或缺型构。

---

[1]　参见〔德〕齐格弗里德·施密特：《记忆与回忆：建构主义的路径》，载〔德〕阿斯特莉特·埃尔、〔德〕安斯加尔·纽宁主编：《文化记忆研究指南》，李恭忠、李霞译，南京大学出版社，2021年，第191—249页。

嘉庆廿三年（1818），旧时承载冼夫人墓碑的赑屃在电白县山兜乡出土，道光年《电白县志》首载了这一重大事件，并详尽描述了这块失而复得的、残缺不全的 "负碑赑屃" 之具体形貌：

> 谯国夫人墓碑佚，龟趺石存，在县北山兜娘娘庙旁。谯国夫人墓旧有碑，已佚。负碑赑屃，石质青白，刻鳞甲，甚工致。从插碑孔中断，尚存一半，长三尺，欹埋土中。[①]

翌年，电白知县与电茂场大使遂为这一墓碑已然失佚的茔塚重新立碑，并勒石标注 "嘉庆己卯隋谯国夫人冼氏墓 电白县知县特克星阿电茂场大使张炳立石" 字样，此碑今日犹存。在此，我们看到了 "传统" 的 "死灰复燃" 与 "化身变形" 的奇特禀赋。这一以废墟形式重新走入公众视线的赑屃已然不是其原本的完整形态，这种残缺之状并非仅仅意指着其所驮墓碑的已然销匿，亦同时指向其本身，更在某种隐喻的维度之上，持续意指着 "冼夫人信仰" 结构背后剪不断理还乱的权力胶着关联。正是在此象征的维度之上，此 "从插碑孔中断，尚存一半" 的赑屃散发着某种引人入胜的光韵。这种光韵的奇崛魅力，显然已经溢出了其作为纯粹物质性存在的范畴，而开始指向与矢量时间相逆的另一相反维度，一些原本已然散佚在绵延时序中的谜团及其记忆的踪迹重新被提及。如此，关于 "冼夫人信仰" 的文化记忆从时间与空间的双重维度之上再次被拓展。

围绕着冼夫人墓地的争论之所以会在明清之际粤西南高州府的地域社会范畴之中勃然兴起并载诸邑乘，事实上亦从某种程度上表明，彼时的地方精英文化大传统，开始煞有介事地彰显其对于冼夫人信仰的管理与引导作用，并试图从这一社区的悠久民俗传统之中，发掘出王朝国家可能感兴趣的 "正统化" 元素，以支撑起一个关于 "地域社会" 自觉认同于 "王朝国家" 的中州礼仪文明启蒙叙事。概述而言，这里所表征的，乃明清之际，掌控地方主导话语权的集团，由既往的

[①] ［清］章鸿等纂修：《广东省电白县志》，第 670—671 页。

土酋豪族向缙绅衿士的转变，这是士大夫文化价值体系开始渗透基层地域社会的一种重要表征。其所诠释的，是土朝国家对于地方社会行政辖制力度的渗透努力。在冯冼家族鼎盛之期，王朝权力中心还主要是借由羁縻策略以实施其对粤西南社会的间接管控的话；嗣后，伴随着该豪酋世族自唐而衰的情境脉络，参差驳杂、异质匿名的行动社群开始崛起，并活跃于帝国的是方边陲区域舞台之上。在此过程当中，高州府属六邑的精英阶层内部是分裂的，这种分裂主要体现在这些官绅衿士群体，基于其自身所处的更小范围行政区划范畴，而建构排他性的文化认同范式。

据阮元主持纂修的《广东通志》，彼时关于冼夫人墓地确切位置的争论，主要徘徊在两种说法之间，即新旧电白县境的争论。嘉庆二十三年（1818）冬，时任两广总督兼署广东巡抚事的阮元上疏奏请重新纂修雍正九年刊行的《广东通志》，经清仁宗颙琰"硃批"后，逾年春成立志局。是年秋天，奉宪采访金石的仪克中赴电白县的山兜之原进行实地考察，因为上一年，失佚已久的"负碑赑屃"被山兜土人开出，新、旧电白之间关于冼夫人墓地的争论似乎终于有了水落石出的一日。在新电白辛陂优贡生邵咏的陪同之下，仪克中前往娘娘庙后的冼夫人墓园并感慨良多，其即兴所赋的诗作即将时人对于这种"却见两方传马鬣，遥思十郡拜娥眉"的微妙情愫表达出来。特别是当夜静独倚栏杆之际，穿越古祠的风声宛若笙箫乍起，刹那间是方曾自公众视野中销声匿迹的赑屃残骸瘗于秋草之间，却链接着一个已然失落在绝对过去彼岸的巾帼传奇时代。在那个"娘子军声百代知"的豪酋割据历史须臾，窃名替号者不胜枚举，而夫人却恰恰是以其"岭南圣母"之威而臣服"中州"一如既往之行，赢得了嗣后这些笃信"修齐治平"之儒家正统意识形态的传统精英分子的认同。因而我们看到，这位寄籍番禺的岭南著名学者对于新旧电白关于冼夫人墓地的争议丝毫不感诧异，反而认为这恰恰从侧面诠释了彼时冼夫人信仰的流行，一如在那个已逝黄金时代里，数十郡境豪酋无不对此潜德在天之娥眉俯首臣称的盛景。由于彼时电白知县特克星阿与电茂场大使张炳，已然即负碑赑屃被发掘出来的原址，重新筑立了"隋谯国夫人冼氏墓"碑，仪克中遂认为自此以往，争论当借此而得以平息。由是，阮元版本的

《广东通志》明确记录了冼夫人墓地的位置：

> 隋谯国夫人冼氏墓在电白县境（黄志）。县北山兜娘娘庙后有冼夫人墓，去城十里，遗址犹存，碑佚，嘉庆二十四年知县特克星阿重立碑（县章志）。[1]

只是，其引黄佐《通志》所言指的"电白县境"已然是另有所指。事实上，这种时空紊乱的感知之所以会猝不及防地凸显，皆因明成化年间，电邑曾经历了一次迁治。笔者试图从通志以及府、县、州志中爬梳出一个具体的框架，以期对明成化年间的这次府、县迁治有一个大致的理解。

据《广东通志初稿》，"高州府治即古潘州旧址"，洪武二年（1369）由知府沈奇所建；茂名县县治则"在府治西"，于洪武十四（1381）由知县尹贤始建；而电白县县治的旧址则由知县刘源隆所建，时间不详，并于"成化间迁建，即今县治"，在嘉靖中曾由知县刘璋重为修葺。[2]该通志的文字资料大致交代了高州府治、茂名县治与电白县治的修建时间，但其用以描述具体位置的所谓的"今"，事实上却为一个伴随着不断向前的"当下"而流动不居的位置，仅从字面上理解便常有时空混乱之无力感。万历年《高州府志》的记录则交代了此三者之间的关系，即明朝高州改"路"为"府"，"仍治电白"。宋景德初属宝州的茂名县，不久之后"改属高州"，元代不变，明朝"移府治于此"。亦即，茂名县此时为高州府的府治所在地。而电白县"成化四年（1468）迁入神电卫城，隆庆五年（1571）徙卫治之左"，新县治"去府城一百五十里"。[3]清廷明制。而关于高州府治迁至茂名县及电白县徙治神电卫城的记录，光绪年《高州府志》倒有了更为明晰的载录。据该府志，茂名县"明为高州府治，本朝因之"；电白县的旧治所在地"即古高凉郡土城"，而"今为电白堡"；成化四年（1490），"金事陶鲁奏迁县治于神电卫左"，故而，该县治迁移之后的新址"即卫城"，清朝"因之"，

---

① ［清］阮元等纂修：《广东通志》，第4003—4004页。
② ［明］戴璟等纂修：《广东通志初稿》，第205页。
③ ［明］曹志遇纂修：《高州府志》，第9—10页。

不作变更。^①至此，我们大致有了一个印象，就是高州府治跟电白县治都在明朝之际经历了一次迁移，其中府治迁入茂名县，县治迁入神电卫城，曾经集高州府治与电白县治于一体的电白县旧城被降为电白堡。从此，新的电白县治与高州府治相隔一百五十里，旧城在该地域社会象征秩序中的位置，不再拥有往昔军政中心之光环。

之所以要在此厘清高州、茂名、电白之间的位置关系，原因在于，在这次军政中心的迁移事件之中，同时改变的，还有曾经作为社区权力中心重要表征意象的旧城冼太庙。在府县迁治之前，该庙宇所处的位置集社区的军政与文化中心于一体，从而在一种直观的感知维度上被认同为冼夫人灵迹昭彰之处并不突兀。然而，成化四年以后，军政中心的移离，使得这一曾拥有广泛信仰基础的旧城冼太庙仅可诉诸"庙为神寄，则灵昭焉"^②一类的灵验之说，来支撑其仍处文化象征秩序之中心的想象。今仍碑存高州冼太庙的一通碑文，记载了这次成化四年迁治并举迁庙事件，在彼时郡邑绅民意识世界中所造成的激荡情愫。^③这通碑文由时任高州府通判的吴恩所撰，立石于嘉靖四十三年（1564），距离府县迁治事件已然时逾七十四载。然而，其字里行间所流露出来的依旧是一种惟恭惟敬的祈愿心态，即希冀可借此人神交流之际，向冼夫人之英灵禀明迁庙缘由乃为"盗充斥"所导致的"府迁治茂名"且"县亦移神电"，因而"庙随而南"实在情非得已。其期望这方"新庙圮"亦可成为"生有英烈，没有明祀"的冼夫人"其神灵之所依"寓所。并言明，尽管"今庙在府城外东南隅"，但在"春秋报事"之际，循例举行有司致祀的官方典礼之庙宇，"尚在旧电白"。

哈布瓦赫提醒我们，人们总是秉持一定的目的而参与社会集体虚构的回忆，因为"每个人物，每个历史事实在进入这个记忆时已然被转变成了道理、概念、象征；它由此获得意义，成为社会思想体系的一部分"^④。在成化四年以前，位

① ［明］曹志遇纂修：《高州府志》，第 16 页。
② ［清］杨霁等纂修：《高州府志》，第 50、100 页。
③ ［清］杨霁等纂修：《高州府志》，第 64—65、112 页。
④ ［德］扬·阿斯曼：《文化记忆》，第 34 页。

于宝山下的旧城冼太庙，在粤西南地域社会绅民群体中，曾被广泛认同为冼夫人钟灵所寄之处。这种借由民间信仰的方式而被型塑的社区权力结构，由于其原本即滋生于大众文化的土壤之中，故而享有广泛的社会基础，对于该社区内部的日常生活秩序具有重要的调控功能。然而，由于行政区划上的屡屡变动，加上成化年间高州府县迁治的影响，导致了时人对于高州、茂名、电白等三地关系之认知概念图的混乱，而有史可据的文字资料，则对此分散辑录。由于冼夫人为正史所载，并曾攫获主流意识形态系统的肯定性评价，因而，在致力于将地方文化与王朝"正统性"认同框架相关联的士大夫眼中，这一护国爱民的女酋首便成为一个可资利用的理想话语演绎场域。翻阅地方志书，我们看到了在各级的官署冼庙中，地域社会的精英群体每年三次定期到庙进行拜谒，并以赋诗唱酬的形式参与到集体身份认同的互动交流过程当中。

然而，上述刊行于道光二年（1822）的阮元版《广东通志》，并未能借由仪克中之采访，而将冼夫人墓地的位置从"两方传马鬣"的众说纷纭状态中锚定下来。事实上，到了"冼夫人信仰"借由所谓的"发逆陈金钢之乱"事件，而在嗣后地域社会断裂秩序重组的契机中被王朝国家加赐为"慈佑夫人"的时间节点，关于冼夫人墓地的具体位置甚至不只是两处，而新晋的"高凉岭谯国夫人庙"亦然加入了"争鸣"的行列当中。光绪年《高州府志》载录了时任署巡道的何应祺所撰的《募修冼庙疏》，文中依旧对于冼夫人墓的印象即"考《电白县志》，谓夫人墓在县北十里，而《府志》或谓在茂名之高凉岭，询之父老，又谓高凉岭为夫人屯营之所"。持各方之说的异质社群均显言之灼灼，以至于何巡道最后不得不将希望寄托于"冼夫人"之显圣，称"神之在天也，犹水之在地中，掘地为井，或得泉，或不得泉。立庙祀神，或灵响寂然，或感而遂通，非偶然也。井当泉脉，则泉溢焉；庙为神寄，则灵昭焉"[1]。

而到了同治九年（1870），甚至又出现了围绕着冼夫人茔墓的民事诉讼案，案件聆讯时段长达一年，茂名知县多方饬差探查，却始终无果，依旧没法确定冼

---

[1] ［清］杨霁等纂修：《高州府志》，第50页。

墓之位置。同治九年十一月二十六日，新电白监生冯敦和、冯藩昌等呈文茂名知县，"为重修墓志，乞饬监修事"。十二月初二，冯藩昌复传呈，并指"为毁侵志墓，纠众抗修，乞勘拘办事"。冯敦和与冯藩昌何许人也？为何在本文的脉络重要提及他们及其所呈请官饬差监修祖茔之事？据今日雷垌村村民保存的《冼夫人墓地案诉讼材料（1870—1871）》[1]，此二冯及其族人尊冼夫人与冯宝为始祖。在冯氏所呈之文本中，其族人认为，位于茂北电白堡北部之山兜冯婆岭处为慈佑冼太夫人与冯宝公合葬坟"阿太墓"，并列举龟趺、赑屃、旗杆、石狮等物件，以支撑其关于是方"茔墓赫然"之冢的规制完全符合冼夫人身份地位之叙事。而凭借一个"陈逆之乱"的社区失序契机，"族尽避窜，祭扫疏，茔物多被盗毁"之叙事亦然为其所呈现官府督修之请丝毫不显得突兀。何况自其第一份呈请文书发出不出十日，便在其祖坟修缮过程当中遇到了前来阻挠的"土豪黄德光"等众。据冯氏所呈之文，黄族等人"各持炮械，前来殴阻"，可谓来势汹汹。但黄德光等人却指冯藩昌等为土恶，以为冯氏"婪吉，欺生等族小贫愚，冒祖考坟为谯国夫人冼氏墓，计行强占"。并且，在黄氏的呈文中，其多次提到"隋谯国夫人冼氏墓，县北十五里，山兜娘娘庙后，石鬼子城茔，墓横直四十四丈五尺。碑趺、鉴石、赑屃犹存，理一十八丈。嘉庆二十四年，知县特克星阿、电茂场大使张炳修"作为长坡圆山岭处乃其祖墓之佐证，然而却并不被认同。在黄氏十二月初四日提交的诉呈中，其提及冯氏"谎词詟廉批准，容差协伊族多人，踞于山顶，执持刀枪，大肆涛张，欲将祖坟挖毁"，可知官府已然如冯族所呈之请，饬差前往监修。并且，在黄氏提交的该呈文当中，茂名知县批复曰："昨已据冯姓控准拘讯，据呈与冯姓呈异，冼太墓赫赫然，在人耳目，岂能阮赐。俟差集原被证，佐乡邻人等确切研究。断黄德光暂交值日常缜牯附。"由此可知，即便特克星阿与张炳已然在神电卫城东十五里处的山兜娘娘庙附近为谯国夫人冼氏立墓碑，但其公信度仍然十分有限。最后此案究竟何断我们不得而知，然就今日考古方面已然

---

① 冯、黄两氏宗族关于冼夫人墓地具体位置的相关争议被七份诉讼文件以文字书写的方式保存下来，今日仍存高州市长坡镇雷垌村，高州市博物馆原馆长张均绍的著述中收录了此份材料，参见张均绍：《冼夫人考略》，广东省地图出版社，1996年，第29—36页。

证实的冼夫人茔墓位置而已，黄德光所言当为属实，此为题外话。

不过，这显然并不妨碍地域社会之中基层民众乃至于精英分子借由认同于作为"帝国的隐喻"的"冼夫人"符号来想象他们无限紧靠"中央"的身份认同叙述。因为这一信仰无论从发生学的视角而言，是意识形态国家机器对于大众文化的收编整合之果，抑或代表士大夫审美趣味的王朝礼仪制度"庶民化"的产物，反正，其在展示"国家"与"社会"、"结构"与"能动性"、"共时性"与"历时性"并置共生的良性互动的文化对话过程方面，均胜似一面奇妙的文化之镜。在这里，我们看到历史与神话杂糅并陈的某种诡异奇崛而引人入胜的形态。事实上，这块漂移不定的冼夫人墓地在不同版本的身份认同叙述中被重新定位，与现实语境中的几个具体的物质性位置相关联。从某种意义上而言，如此举措即相当于将这一作为冼夫人文化记忆之神圣地点的墓地从象征意义的维度上进行重建，以此来为他们特定的身份认同叙述框架在物质现实世界中锚定一个直观可感的空间位置。由于当地社会集体共享的"历史感"，从根本上而言，即为一种循环往复的环状时间意识，故而，寻觅并最终定位这块冼夫人遗体长眠于斯的茔塚就宛如一场"朝圣之旅"，因为他们始终相信，冼夫人死后会升格为神，并确定无疑地会在此与世长辞的地点萦回不去。

第三节　记忆与时序的缝合：
年例仪式及其冼夫人信仰记忆

2012年，粤西茂名年例入选广东省第四批非物质文化遗产名录。直至今日，这种年度崇祀冼夫人的民间信仰仪式仍活态传承于此西南边陲之地。在该仪式形式当中，巡游队伍通常以四辇或八舆列队行至指定庙宇之中先行恭请绕境神明，冼夫人作为绕境主神或诸神之一参与仪式。

一、作为症候的缺席： 早期年例叙事之无冼夫人信仰形态

关于年例仪式的最早官方记录见于乾隆二十四年（1759）《高州府志》，其将年例仪式的内容归纳为"祭社"与"傩"，而时间节点则为农历十二月直至次年二月，是条记录之中并未提及任何关于冼夫人的崇祀仪式。道光七年（1827）的《高州府志》对于上述内容并无改动：

> 二月祭社，分肉入社。后田功毕作，自十二月至于是月，乡人傩，沿门逐鬼，唱土歌，谓之年例。[①]

而对了设立醮坛禳灾祈福的活动，该府志亦有记载，但被作为独立的习俗来阐释，而非作为年例仪式的一部分，并且时间段与前者迥异："自十月朔至于岁暮，有醮禳灾者"[②]。嘉庆廿四年（1819）的《茂名县志》则载，年例仪式包括"里祠设醮"和"奉神沿门逐鬼"，时段为"自是至二、三月"，较之《高州府志》长，并喟叹该"列炬张灯，鸣钲击鼓，喧沸若狂"的仪式操演场面并不合乎古代礼仪的标准。该风俗条目的记录之中，依旧没有提及冼夫人祭祀：

> 自是至二、二月，里祠设醮，遂奉神沿门逐鬼，谓之"做年例"。列炬张灯，鸣钲击鼓，喧沸若狂，信夫！古礼而近于戏矣。[③]

道光五年（1825）《电白县志》称以"乡"为单位举行的"春傩礼"及演戏酬神活动为年例，时间节点紧靠"元旦恭贺"之后。而该志书中关于冼夫人的祭

---

① ［清］王概、于殿琰等纂修：《高州府志》，岭南美术出版社，2009 年，第 379 页；［清］黄安涛等纂修：《高州府志》，第 106 页；［清］郑业崇等纂修：《茂名县志》，第 43 页。

② ［清］王概等纂修：《高州府志》，第 379 页；［清］郑业崇等纂修：《茂名县志》，第 44 页。

③ "列炬张灯，鸣钲击鼓，喧沸若狂"一句早在康熙三十八年的《茂名县志》中已有，时间相仿，为"自正月至三月望前止"，但"各有定期"，该记录中"年例"之名无迹可寻，修志者看似不甚理解该"就地之庙"而"设醮"以奉神禳灾的所谓"保安"仪式，说"仿佛春祈之意"，并阐明其一般是以里社为单位举行的，"若所属之处人居稠密者，其社集必盛"。参见［清］钱以垲修：《广东历代方志集成·高州府部五》，岭南美术出版社，2009 年，第 418 页。

祀仪式则另外单独记录，并且指明仪式循环复现的时间是每年的农历"十一月二十四日"：

> 元旦恭贺，曰"拜年"，家设糕果祭神，曰"供养"，或悬先像，设糕果礼拜。是日，不杀牲，多食素，三日不市。各乡行春傩礼演戏，曰"做年例"。[①]
> 十一月二十四日，谯国冼夫人诞辰，乡邑多演戏迎神。[②]

对于"行傩礼"的记录，道光《电白县志》中除了上述年例期间以乡为单位举行的民间"春傩礼"仪式之外，还提到另外一次"大傩礼"，该仪式的举行时段是农历十二月，参与者非但有与士大夫衣冠之礼大相径庭的"赤帻朱蓝其面，衣偏裂之衣，执戈扬盾"的"壮者"，还有演绎缙绅衿士儒雅形象、身着礼服出席的"官绅"。在这场岁末的傩礼仪式当中，我们同时看到了精英与民众的在场，国家与社会的并置，以及"过去"被置入"当下"之中的引人入胜的方式。修志者声称，此场面"于古礼为近"，其中缘由可能是此时已然有同时作为礼乐文明以及王朝国家隐喻的"官绅"之在场。可见，这些擅用知识以建构正统性集体表象的知识精英，借以校检仪式是否合乎"正统性"规范的标尺，其一则作为"绝对的过去"接受膜拜的唐虞三代礼乐文明，此礼乐文明在春秋之际崩坏以后，经由孔子等儒学先师的重阐而积淀成为中国文化大传统；另一则乃是该场域之中是否涵括有表象"帝国的隐喻"之符码。嗣后，始修于光绪十四年（1888），并于四年之后付梓的《电白县志》对此亦未作更改：

> 十二月行大傩礼，官绅礼服迎神，选壮者赤帻朱蓝其面，衣偏裂之衣，执戈扬盾，索厉鬼而大驱之，于古礼为近。[③]

---

① ［清］章鸿等纂修：《广东省电白县志》，第 260 页；［清］孙铸等纂修：《重修电白县志》，第 38 页。
② ［清］章鸿等纂修：《广东省电白县志》，第 261 页；［清］孙铸等纂修：《重修电白县志》，第 39 页。
③ ［清］章鸿等纂修：《广东省电白县志》，第 262 页；［清］孙铸等纂修：《重修电白县志》，第 39 页。

光绪十四年刊刻的《茂名县志·卷一·风俗》引乾隆《高州府志》对年例仪式进行注释，并于下一页引康熙年间进士吴震方在《岭南杂记》中相关记录，以描述高州春时民间的打醮仪式。操演该仪式的是"巫者"，而其祭祀的主神乃"不知所出"的民间崇祀神明"康王"：

> 高州春时民间建太平醮，多设蔗酒于门，巫者拥神疾驱，以次祷祀，掷珓悬朱符而去，神号康王，不知所出。①

而到了光绪十五年（1889），重新纂修的《高州府志》则将年例仪式的内容进行了拓展，并注明其所纂修的依据，是同时参考了《岭南杂记》②、道光年《高州府志》和道光年《电白县志》：

> 二月祭社，分肉入社。后田功毕作，自十二月至于是月，民间建太平醮，多设蔗酒于门，巫者拥神疾驱，以次祷祀，掷珓悬朱符而去，神号康王，不知所出。乡人傩，沿门逐鬼，唱土歌，谓之年例。或官绅礼服迎神，选壮者赤帻朱蓝其面，衣偏裻之衣，执戈扬盾，索厉鬼而大驱之，于古礼为近。③

表 4-1　高州府州县志中的年例节庆仪式内容载录④

年例仪式　方志	祭社（祀神）	行傩礼（奉神驱鬼）	设醮（禳灾祈福）
乾隆《高州府志》	祭社分胙肉（农历二月）	"沿门逐鬼，唱土歌"（农历十二月至二月）	设醮禳灾（农历十月初一至年末）
嘉庆《茂名县志》	无	"奉神沿门逐鬼"（农历元月至三月）	里社设醮（时间同行傩礼）

① ［清］郑业崇等纂修：《茂名县志》，第43页。
② ［清］吴方震：《岭南杂记》，中华书局，1985年，第24页。
③ ［清］杨霁等纂修：《高州府志》，第83页。
④ 据上疏方志整理绘制。

续表

年例仪式 方志	祭社 （祀神）	行傩礼 （奉神驱鬼）	设醮 （禳灾祈福）
道光 《电白县志》	无	1. "各乡行春傩演戏"（春节后年例期间）； 2. "官绅礼服迎神"并"选壮者"驱鬼（农历十二月）	无
道光 《高州府志》	同乾隆《高州府志》	同乾隆《高州府志》	同乾隆《高州府志》
光绪 《茂名县志》	同乾隆《高州府志》	同乾隆《高州府志》	1. "高州春时民间建太平醮"，祀康王 2. 设醮禳灾祈福（农历十月初一至年末）
光绪 《高州府志》	同乾隆《高州府志》	1. "沿门逐鬼，唱土歌"（农历十二月至二月） 2. "官绅礼服迎神"并"选壮者"驱鬼（同上）	1. "高州春时民间建太平醮"，祀康王 2. 设醮禳灾（农历十二月至二月）
光绪 《电白县志》	无	同道光《电白县志》	无

至此，我们看到《高州府志》中对于年例习俗的注释，当中既可觅得最早见于乾隆府志的"二月祭社"[①]，又有自农历十二月至次年二月的一系列民间设醮禳灾祈福仪式，还有涵括官绅衿士和普通乡民俱参与其中的行傩礼系列活动。

二、传统的发明：冼夫人信仰与年例仪式的缝合

在以上关于年例仪式的文字文本爬梳中，我试图勾勒出冼夫人信仰的文化传统结构，如何在绵延时序中被层层叠加堆砌，并不断重新被注释乃至于创制的轨迹。这些迂回曲折的踪影所意欲诠释的，"传统"借何而被拉入"当下"场景并

---

① 最早见于乾隆二十四年（1759）的《高州府志》。

不时接受商榷重构的方式。故兹，今日此面蔚为大观的、看似毋庸置疑的冼夫人信仰文化之镜，与其说是"一个经历时间成长起来的伟大生命"[1]，毋宁说是基层精英和民众群体参照不断向前的现实社会情境脉络，商榷"过去"并修订"传统"的一种集体共谋。霍布斯鲍姆将这一"传统"重构的过程指称为"传统的发明"：

> "被发明的传统"意味着一套通常由已被公开或私下接受的规则所控制的实践活动，具有一种仪式或象征特性，试图通过重复来灌输一定的价值和行为规范，而且必须暗合与过去的连续性。事实上，只要有可能，它们通过就试图与某一具有重大历史意义的过去建立连续性。[2]

曾在嘉庆二十四年《茂名县志》中被斥责为将庄严肃穆的"古礼"亵渎式地演绎成为一种"近于戏"狂欢习俗之年例仪式，仅七十年间，便在光绪十五年的《高州府志》中被耦合成为一种"于古礼为近"的正统化礼俗形态。如果我们将问题回置至彼时情境脉络中以行阐释，那么这种将多元社区传统整合进一个合乎中州礼仪语法的年例仪式之表述情形，即可被理解为在一个"国家/社会"互动的框架中，地方精英挪用主流话语要素以为本土社区传统寻觅生存空间的文化创造过程。明清时期，帝国权力中心对于地方社会政治辖控程度不断加强，他们不再信奉诸如羁縻策略一类的间接管理方式，而试图从行政管治与文化启蒙两个维度渗透地方社会。在这样的情境之下，证明地方文化符合国家标准的表述十分重要，其可能会关涉到一种地方传统的生存合法性问题。深谙此法的地方精英于是开始在方志的书写当中，刻意地隐去一些可能会干扰理性的、连贯的、整合的集体表象的因素，比如说过分狂欢化。

该传统叠加的修辞策略，将王朝国家正统语义系统当中的冼夫人信仰结构，援引入与士大夫礼法认知语言不甚契合的年例仪式当中，并将后者阐释为前者的

---

[1] 〔法〕福柯：《另类空间》，王喆译，《世界哲学》2006年第6期。

[2] 〔英〕霍布斯鲍姆等编：《传统的发明》，顾杭等译，译林出版社，2004年，第2页。

一种文化记忆操演方式，即相当于挪用主流话语表述以为社区传统保驾护航。质言之，将年例仪式整合进冼夫人信仰场域当中的传统衍化轨迹，迂回曲折地勾勒出帝制中华晚期，该地域精英群体积极参照主流意识形态建制，对本土乡野民俗进行正统性论证的文化整合以及能动性创制过程。据应劭的《风俗通义》，"为政之要，辨风正俗，其最上也"①。这种 "以礼乐的大传统来化成民俗"②的文化整合方法，本来即主张 "六合同风，九州共贯"③的中国精英文化大传统范畴之精髓。而掌控了主导话语权的地域社会传统士绅精英，更是视之为己任。故兹，致力于以大传统的中州礼乐文明来教化、重塑植根于本土小传统土壤中的民俗惯例之举措，便成为这些地域社会精英分子苦心孤诣涉身于间并不遗余力地参与共谋的一项志业。如此，我们便不难理解，为何光绪年《高州府志》的纂修者要煞费一番苦心，将这些原本位于不同方志或笔记之中的记录整合成我们后来看到的杂糅并置的年例模式。这一能动性地 "发明" 传统的方式，或许可为我们提供一种阐释的视角，从而理解在共时性视域之中，声称是作为 "冼夫人信仰" 之重要且古老仪式载体的年例，何以会在方志的书写文本之中面部全非；此二者之间的这种唇亡齿寒式的关联，究竟在多大程度上属于一种审时度势的文化虚构与认同想象。霍布斯鲍姆提醒我们："'被发明的'传统之独特性在于，它们与过去的这种连续性大多是人为的（factitious）。总之，它们采取参照旧形势的方式来回应新形势，或是通过近乎强制性的重复来建立它们自己的过去。"④

年例仪式的初始功能应当是祭社、行傩礼以及设醮以禳灾祈福等多种社区祭祀习俗逐渐叠加在一起的产物，纂修方志的知识精英对此加以 "雅化" 整合，删除了其中过度 "狂化" 的、不合乎中州礼仪规范的成分，从而将地域社会的本土习俗整合进国家的正统化标准体系之中。基于如此情境，我们便不难理解原本在年例仪式的文字记录中无迹可寻的冼夫人信仰，何以会被一并添加进该周期性循

---

① ［汉］应劭撰：《风俗通义校注》，第 8 页。

② 余英时：《士与中国文化》，第 136 页。

③ ［汉］班固撰：《汉书》，第 3063 页。

④ 〔英〕霍布斯鲍姆等编：《传统的发明》，第 2 页。

环复现的社区仪式当中。作为一个国家正统性身份认同表征符码的"冼夫人"的在场，即在某种程度上隐喻着操演此仪式的基层民众主动认同于国家的统辖权威，从而可为该声势浩荡的社区仪式提供合法性支撑。尽管这一"国家"对于参与其中的具体、异质、流动的文化行动者而言，总是作为一个想象的"中心"而存在，但这一仪式过程对于这些匿名的个体而言却是真实的、嵌入式的切身体验。因而，在这一糅合了虚构的与真实的朝圣之旅中，我们既可看到这些形形色色的历史实践者在挪用国家正统语言以建构自身独特认同表述过程中的能动性，又能在某种程度上体悟一些在非话语维度上的感性因素，究竟是借由何种路径而曲折迂回地渗入这些"集体中被经历的时间"脉络之中，从而积淀成为一种存储着瑰丽而丰腴体验的空间，在节日仪式之后的日常生活中不时"被唤醒"。并且，在此冼夫人信仰与年例仪式的缝合过程中，我们看到，地域精英分子在冼夫人信仰空间中所操演之实践，事实上并不如其所声称那番严格遵循帝国正统意识形态系统的规章律令来进行，而是同时掺杂了挪用"标准"语言以建构"多元"叙事的取向。

三、年例：冼夫人信仰的文化记忆载体

年例仪式的举行场所有四：社庙、门首地①、土主庙、醮坛②。在此社区循环复现的周期仪式当中，冼夫人往往与村落众神一道绕境巡游，并在某些社区当中被当作主祭神来崇祀。仪式涵括祭社、行傩礼、设醮三种祭祀内容的混融交叠形式：其一，巡境仪式，神祇所绕之道总体呈现为一个闭合的圈状，无论此圈之边界平滑工整抑或横斜逸出。这是一种具有强烈象征蕴意的仪式行为，借由该民间信仰仪式行为所谱写的踪迹，村落当中多元异质社群共同致力于勾勒出一个驱逐污秽之后的洁净社区图景。秉持环状时间观念框架的乡民，约定俗成地将此界

---

① 在当地，"门首地"称谓指涉村庄当中借以筹办大型神祇祭祀仪式的露天公共空间。一般一个村庄便有一到两块专门划定的开旷空地作为门首地，亦有两村合用一方门首地者，但比较罕见。

② 醮坛亦称宗台，为年例祭祀仪式醮仪而专门设置的场域，当中陈列贡献给神祇的三牲酒醴等诸物。在粤西茂名地区笔者目之所及的村落年例醮仪践行的场域中，醮坛或宗台数目依据人数浮动而增删。

域阐释为灾难病祸与恶灵鬼魅驱逐殆尽后的纯粹福瑞祥和之所。在此闭合的地域范畴内，在场的超自然类目神祇之实用性社会功能，被阐释为禳灾祈福。其二，行傩礼，这种承自古礼的奉神逐鬼仪式，之所以区别于"巡境"者，即在于其将祛邪的视域细化至更为微观层面上的家庭组织单位，即门或户。其三，醮仪。醮仪与地域社会当中更小组织范围的具体群体相联系，时常以村际的形式进行，在粤西通常称作"境"，其在社区当中循环复现的功能在于洁净社区并更新该社会组织范畴内部的宇宙秩序。当地的居民将其阐释为让"阴""阳"各自回到自属的原本界域。在当地，神明巡境仪式被认为是更新、确认、强调真实与想象的地域社会边界的象征性行为，奉举神祇的仪仗队伍所实质勾勒的路线及其所组成的闭合区域，即被理解为一"境"或一"社"的地理范围。

关于年例的起源，当地人大抵俱解释为是纪念冼夫人。特别是高州长坡镇旧城村的乡民，他们笃信，今日社区中集体操演之仪式，乃是源于古时王朝国家最高统治者对于谯国夫人冼氏之肯定与赉赏。他们说到，当年谯国夫人冼氏以其勋垂节钺之勋而得皇帝敕赠，特许在其殁为神明之际，冼族后裔即可依循圣上之特许口谕，在家族祭祀和巡境游神仪式当中，组织十二支长号的仪仗队伍，并在巡游过程当中每次连续敲击铜锣十二下，连续燃放礼炮十二响，以示夫人身份尊崇之至。如果我们翻阅典籍史册并细致爬梳，此等说法杜撰成分尤著。考诸正史，冼夫人巡游州境的历史场景有二，且俱发生在隋朝：其一，在其孙冯盎平定番禺俚人首领王仲宣叛乱之后，冼夫人"夫人亲被甲，乘介马，张锦伞，领彀骑，卫诏使裴矩巡抚诸州"。在这一过程中，冼夫人还未能获得彼时王朝权力机构的象征性赋权，其作用还主要是护卫作为"中央"权威象征的诏使裴矩完成其招降的任务。而正是因为这一次巡抚诸州的结果是"其苍梧首领陈坦、冈州冯岑翁、梁化邓马头、藤州李光略、罗州庞靖等皆来参谒"。在此次地方动乱与平叛的过程中，冼夫人在岭南地域社会的威信让隋高祖大吃一惊，并因而攫取了其信任与敕封。其二，在处决了贪虐的番州总管赵讷之后，冼夫人获得隋高祖授权，直接作为彼时王朝的权威象征而出巡州境，"招慰亡叛"。在此次代表王朝权力机构巡视州境的过程中，冼夫人"亲载诏书，自称使者，历十余州，宣述上意"，显然已经获得中央权威话语的授权。至于皇帝敕封仪仗，陈朝之际，洗夫人平广州刺史欧阳纥之乱，被诏使持节册封为中郎将石龙太夫人，其巡游仪仗为绣幰油络四马安车一乘、鼓吹一部，并麾幢旌节，卤簿如同刺史；而隋朝并未重新议定洗夫人的巡游仪仗。①故兹，旧城村民今日文化记忆中的十二支长号等特许仪仗之敕封，并不可考。然而，此并未妨碍乡民们关于年例仪式与洗夫人信仰之间关联的必然性理解。并且，这种理解显然着意于挪用"帝国的隐喻"以建构自我认同的叙事。

王斯福先生在《帝国的隐喻：中国民间宗教》②中，曾用"隐喻性"（metaphoricity）概念阐释中国的民间信仰体系与帝国统治象征秩序之间的辩证统合关联，认为基层社区借周期性操演的典礼仪式以"模仿"古代帝国权威象征体系；此过程既可以是历时性维度上积淀在特定社群心理层面上的"帝国的权威"感知图景得以彰显、凸现、放大、强调的场景，亦可作为挑拨、质询、抵抗、颠覆后者的相对力量而推进。王斯福将中国民间信仰体系看作由一系列帝国权威秩序的动态"集体表象"聚合而成的隐喻系统，深涉于社区的日常生活场景及其社会关系脉络当中。他强调，在地方民众的实际信俗实践中，帝国的秩序权威成为"傀儡"而不断被挪用于地方秩序的动态重构过程之中。其列举了由道士主持的社区宇宙格局调整仪式的"醮"、社区危机时刻的神祇巡境仪式、神祇诞节庆典等多种民间信仰实践方式，认为其所彰显的地域性崇拜（territorial cult）框架直接的权威来源即帝国崇拜（imperial cult）与道教科仪，前者作为政治上的正统性符码而在场，后者作为文化上的正统性隐喻而被指涉。然而，民间信仰仪式对于此政治与文化上的正统性隐喻的"模仿"又绝非纯粹复制，毋宁说是在挪用的意义上进行重阐的能动性实践。其结果是，帝国崇拜与道教科仪在其民间信仰仪式的操演过程中，被接合进形色各异的社群身份认同表述框架当中，并伴随着现实的情境脉络而不断衍变。

年例仪式中的洗夫人信仰"回忆形象"，着意于诉诸隐喻修辞以创造出一套

---

① ［唐］魏徵等撰：《隋书·谯国夫人》，第 1802 页。

② Stephan Feuchtwang，*The Imperial Metaphor: Popular Religion in China*，London: Routledge，1992.

强调与王朝秩序相似性的平行时空秩序，在此意义上，帝国的权威实则处于被挪用、被戏仿、被重阐的位置之上，不复高高在上、凌驾于地方，降而成为地方社群想象其"自我理想"形象的修辞表达中的一种语词建构元素。这种高度意识形态化的话语符码，总是在社区节庆典仪的场景中被作创造性的重阐。如此，帝国权威的隐喻，遂有了其"连带性"的一面，即沟通王朝国家与地域社会之间的文化对话。质言之，民间信仰仪式在社区当中的周期性复现，既隐匿地意指着通于"天下"的结构及其所代表的"正统性"语法条规，又兼容了地域社会精英分子与普通民众集体参与共谋的地方性文化阐释。冼夫人信仰中模仿帝国秩序而安排的年度巡游仪式亦然。在巡游仪式过程中，高州旧城的民众之所以不厌其烦地向游人表示，冼夫人因其勋垂节钺而得享十二声长锣是此地的殊荣，其文化意义不在于这种阐释是否有史可据，而在于"自我／他者"认同边界的区分。所有的回忆叙事究其实质而言都是一种主观心象的记忆再现，十二声长锣的"礼遇"记忆成为旧城乡民冼夫人信仰"回忆形象"再现的独特意象，将社群身份认同的独特性、连贯性与整合性叙事链接至一个超越社区的"间性主体"互动过程当中。大众文化范畴中的冼夫人信仰"回忆形象"呈现为一种参差驳杂、自相矛盾、模棱两可的形态，然其却真真确确地存在于基层社区普通民众共享的文化回忆当中。就此维度而言，这种"回忆形象"是绝对真实的而有意义的。文化主体对其自身形象的感知，并非一个与世隔绝的、私隐性的个人主观臆想空间，毋宁说是被置于特定文化空间之中，并受制于有限历史表述与社会条件制约的三维棱镜之中的"符号自我"，其建基于主体存在的真实境况，却是通过各类表征媒介与文化装置而被感知的。年例仪式作为冼夫人信仰的"回忆形象"再现的载体之一种，其迂回曲折地表述着粤西南地域社会民众文化记忆中的身份认同表述。

在冼夫人以神祇之名而在场的村落或村际年例巡境仪式当中，基层民众所搬演的具有祛邪保境威力的在场的"冼夫人"，其灵力或"神圣性"非但来自共时性整合视域中的国家主流话语之赋权，并且与历时性纵向维度上多重迭合的"正统"认同标签密不可分，但更为直接地与地域社会当中持续积累的社会契约式共享文化图式相关联。尽管该空间实践旨在生产连贯、整合、均衡的集体表象，是一个意识形态层面上的抽象演绎过程，但是地域社会当中异质、匿名、流动的个体与群体，围绕着这一个循环复现的仪式，凝聚生成和而不同的多元社会群体的意指实践过程，却是绝对真实具体的。在此过程当中，话语的表征实践与非话语的具体体验一并被镌刻进这一公共领域的信仰空间之中，积淀成为不可化约的"集体中被经历的时间"与可以借由象征性重建而再次生产的"被唤醒的空间"。①质言之，除却话语维度上所强调的文化权力，冼夫人信仰与年例仪式的整合，亦然在某种程度上浸渍着基层社会乡民倚凭社区集体参与的具体仪式实践而感悟到的灵动微妙之生命体验。正是这种糅合了文化与社会、国家与地方、话语与非话语等复合元素的地域崇拜文化体系，使得冼夫人信仰呈现为一个言不逮意的"记忆所系之处"，逃逸于语言的范围。扬·阿斯曼将这种承载着特定社群身份认同的仪式典礼和节日诞会，指涉为"文化记忆的首要组织形式"；指出循环往复地再现于社区生活之中的周期性节庆仪式的举行，实则在某种程度上具象化了该区域内部既存的集体身份认同结构。这种赋予抽象结构以直观可感形式的文化阐释实践，往往诉诸节庆典仪的定期重复之径，以不断地将未被结构化的个体整合进集体，从而"保证了巩固认同的知识传达与传承，并由此保证了文化意义上的认同的再生产"。他写道：

> 仪式性的重复在空间和时间上保证了群体的聚合性。作为文化记忆首要组织形式的仪式将无文字社会的时间分成了日常时间和节日时间。在宏大聚会的节日时间或者"黄金时间"中，地平线延展到了整个世界、创世纪之时、起源和重大骤变，它们共同描画了远古时代的世界。仪式和神话将现实的意义进行改写，它们细致入微的观察、保存和传承将世界和对集体的认同保持在正常轨道上。②

扬·阿斯曼用"文化记忆"的概念，来指称那种糅合了传统、历史意识、

---

① 〔德〕扬·阿斯曼：《文化记忆》，第31页。
② 〔德〕扬·阿斯曼：《文化记忆》，第52页。

"神话的动能"以及自我定义的文化范畴，并指出此范畴受制于纷繁复杂的历史变迁。[1]其论述提醒我们，作为文化记忆重要载体的节庆仪式本身，即为一个将历时融于共时的"凝聚性结构"。一方面，节庆仪式以循环流动的方式搬演社区内部先验既存的、约定俗成的、借由"诗的形式"存储并传承至今的记忆脚本。其巧妙地穿梭于作为"起源和重大骤变"的"绝对的过去"与不断向前的"当下"之间，将"被回忆起的过去"拉入现实语境脉络之中重新赋义。因而，这种周而复始的节庆仪式实践本身即是一种富于象征性的文化表征行为，具有一定的目的性，它们为既存的冼夫人信仰文化记忆提供注释。另一方面，在节日庆典的场合，凭借仪式展演形式被重新唤醒、激活、调取出来的文化记忆，将社区成员的空间感知视域拓展至整个世界乃至于宇宙洪荒，重新体验那些在社区冗复烦闷的日常生活场景当中可能被遗忘或者被迫删减的感性存在体验。节庆仪式非但将日常生活中的单维体验加以丰腴的诗性注脚；并且重新商榷性重阐既存的文化象征秩序，在一个共享的"自我—他者—世界"视域中或者确认、强化意义，或者创立、重组迥异于前的另一种诠释框架。节庆仪式在存储、调取与传达文化记忆方面的社会组织功能及其在规范性与定型性方面的行为指导功能不容忽视，它们为社会意义上的各式共同体及其身份认同意识的型构提供养分，持续参与到这些社群组织的建立、延续与重组的结构过程之中。[2]

年例仪式本身自有其建构性与调整的过程，其滥觞之初亦不一定与我们今日目之所及的冼夫人信仰仪式操演过程结构相似。诚如皮埃尔·诺拉所言，记忆之场是历史通过阈限的产物，其典型的特征是居间性、暧昧性、混杂性，而其得以挣脱遗忘、重返记忆的原因，也恰恰在于人类普遍具有挪用别种符码以对既存残缺文本材料进行转码翻译的艺术创造能动性。正是这种意义断裂与转译重阐的创造，使得冼夫人信仰"回忆形象"的符号再现体——年例仪式，从原始初民倚重于"像似性"而模仿现实世界的仪式表征符号体系，转变为当下视域中失落了模仿原物的"规约性"符号表达。年例仪式作为冼夫人信仰的"回忆形象"再现媒

---

① 〔德〕扬·阿斯曼：《文化记忆》，第 15 页。

② 〔德〕扬·阿斯曼：《文化记忆》，第 51—91 页。

介之一种，其所表征的是经过了感性经验润饰、裁剪、重组的隐喻性"过去"世界，这个被作为皮尔斯意义上的符号再现体世界，与其所指涉的已逝真实场景之间的关联是"规约性"的，其高度依赖于约定俗成的历史惯例，并且它的符号象征性蕴涵会随着理据性的历时性积累而固着、复现、强化、自然化，形成复杂的表意符号链文本。这种艺术化了的"过去"，或者说冼夫人信仰的"回忆形象"再现图景，依赖于艺术符号的"规约性"，亦即索绪尔所言指的语言符号能指形式与所指蕴意之间的任意性关联，以彰显文化记忆主体独特的存在之"思"与审美化生存之"诗"。

接受美学既有的成果提醒我们，艺术文化文本的理解依赖于作者与读者分别涉身于间的两个不同时空视域之间的语言转换，这种转换往往受制于两套不同文化代码（codes）之间解码迥异程式的不可通约性。这种跨文化不仅指涉两种或两种以上异质文化之间的跨界，而且包括同一文化不同时代视域之间的跨界，这种跨界往往会造成文化文本原初编码规则在其接受语境中的失效，从而造成既成文本在解码实践中被置入另一套文化代码转换程序中，发生意义的转换性扩容。年例仪式作为冼夫人信仰"回忆形象"的再现形式之一种，其原初的编码语境已然在当下视域中失落而变得不可知，此即意味着这套文本系统的代码也一并失落，当下对这种仪式文本的释义过程，实则相当于跨文化文本交际中的文化解码过程，此过程往往出现意义增补、改写、扩容的接受美学效果。作为符号再现体的年例仪式，其指向符号表意对象冼夫人信仰"回忆形象"的方式，原本是"像似性"理据，但随着母系氏族社会的转型，失却了作为该社会元语言评价机制的代码，这是一种记忆的断裂与空白。倚重于"规约性"理据的年例仪式再现体以其意义独立的一套自我表现符号代码，弥补了这种空白。当年例的时间节点、搬演频率、仪式流程、仪式话语与世界观表述等组成要素渐次趋向固着，其象征涵指便会在此循环复现的仪式再现过程中不断累积其理据性，与更多相关意象发生任意性关联，成为"携带着意义的感知"[1]，重新为断裂了的冼夫人信仰"回忆

---

① 赵毅衡：《符号学》，第1页。

形象"再现提供代码，成为一套崭新构筑的社会评价机制元语言。诚如雅各布森所言，符号并不能够提供全部的意义，当符号指向自身，艺术化、诗性化、形式化的符号美感便产生了。就此意义上而言，年例仪式及关于冼夫人信仰"回忆形象"的艺术化无解阐释，实质上即指向了一种审美化生存的诗性蕴意。

"一件艺术作品的全部意义，是不能仅仅以其作者和作者的同代人的看法来界定的。它是一个累积过程的结果，也即历代的无数读者对此作品批评过程的结果"①。事实上不仅仅是年例仪式，其他的冼夫人信仰崇拜仪式，如粤西电白区霞垌镇大村和电城镇山兜丁村的"冼夫人圣诞乡傩"、粤西高州雷垌的"冼姑太探外家"仪式、海南新坡镇的军坡节、贵州地区侗族的祖母神"萨"崇拜仪式②等等，俱为今日仍旧活态承传的冼夫人信仰"回忆形象"再现仪式，其大抵俱亦在原初仪式语境的失落中丧失了原本作为社会评价机制的元语言代码系统，因而变得似乎"艺术无解"，然而却是当地人诗意栖居的文化记忆载体，个中原因即在于仪式系统象征符号的这种特殊的"规约性"禀赋。列维-斯特劳斯曾指出，作为原始初民引譬连类修辞产物的图腾，其原初语境中的功能可能仅限于普通的指示性区分功能，作为群体"自我／他者"的边界。然而，在白驹过隙之际，图腾符号的原初理据性日益销蚀，其在在反复使用中持续复写上去的约定俗成象征意蕴，却将其扭转成为具有高度神圣隐喻性质的族群规约性象征符码。③艺术人类学家们的既有研究成果也已然证明，人类宗教信仰仪式在其滥觞处首先是深深根植于交感巫术的实用性现实符号，嗣后方才经由人类反复的实践而渐次累积成为具有"规约性"理据的艺术象征符号。"符号是用来承载意义的，任何意义都必须由符号承载，符号学就是意义学"④，这种意义既可以是具有确指蕴意的现实符号表意，亦可是建构人类"诗意地栖居"之审美文化寓所的艺术符号之泛指性赋义过程。文化非但是既成的符号系统，还是作为行为基础并不断生成的符号

① 〔美〕雷·韦勒克、奥·沃伦：《文学理论》，刘象愚等译，生活·读书·新知三联书店，1984年，第35页。
② 吴治德：《也谈侗族的祖母神——"萨"》，《贵州民族研究》1988年第3期；吴能夫：《侗族萨崇拜初探》，《贵州民族研究》1989年第1期。
③ 〔法〕列维-斯特劳斯：《图腾制度》，渠东译，上海人民出版社，2002年，第23—24页。
④ 赵毅衡：《文化：社会符号表意活动的集合》，《社会科学战线》2016年第8期。

系统。文化的表意行为使得广义的语言艺术作品意义不断自我扩容，其蕴涵增殖的过程，实质上亦是人类审美化生存的过程。在此过程当中，现实符号不断被调度进第二层级的表意系统当中成为艺术文本的形式，并在人类自我意识的艺术化生存实践当中被自觉不自觉地予以诗意赋形的意指实践，从而僭越其原本局限于倚重于对象的"指示性"（indexicality）禀赋，在确指意义的基础上分叉衍义，型塑生成浸渍着人类感性生命体验之"诗"与拷问人类存在意义之"思"的艺术符号，在泛指意义的层面上将此在之生命本真存在澄明。

　　如格尔兹所言，"宗教将人的行为谐调进想象的宇宙秩序并将宇宙秩序的意象投射进人类经验的层面"[1]，年例仪式以直接可感的文化表征形式具象化了粤西铜鼓文化圈多元叠置的社会精神气质及其世界观，将其"自我理想"的知、情、意以整体化、秩序化、风格化等形态予以表象。作为特定群体定期搬演的具体实践，"这些行为由于被仪式的场域、氛围、规矩所规定，也就附加上了情境中符号的特殊意义"。仪式更为重要的意义不仅仅在于其所叙述出来的故事或者再现的回忆图景，更为重要的是其故事叙述的方式与形象再现的修辞策略。文化符号系统作为一个象征体系，其功能模型具有二重性：既是"为了"（for）又是"属于"（of），此象征符号系统通过"在人中建立强有力的、普遍的，以及长久有效的情绪与动机"以僭越符号的语言边界，渗透影响外在客观世界的社会组织与群体心灵。"两个模型既表达世界的氛围，又塑造世界的氛围"。正是在此意义上，我们认为，作为冼夫人信仰"回忆形象"再现体的年例仪式"既按照现实来塑造自身，也按照自身塑造现实"，在其凭借仪式操演形式指意赋形的象征表意过程中，产生了不可再度还原为语素的实质社会效果，"它们就像婚姻一样公开，就像农业一样可视"，却基于"社会自我"的审美惯例与地方性知识创造出了一整套元语言以弥补此前文化记忆代码的缺失。这些建构、挪用、阐释特定象征符号的具体文化行为不断地将约定俗成的蕴涵镌刻入该文化共享符号体系当中，进而使得该系统当中的象征符号因应着流动的语境渐次积淀成为一个"有意味的

---

[1]　参见〔美〕格尔兹：《文化的解释》，第95—101页。

形式"。如此反而观之，冼夫人信仰文化空间作为一个蕴藉着粤西南铜鼓文化圈"母神崇拜"原型的生态壁龛，其之所以能够在时序延绵中恒葆一种历久弥新的开放阐释姿态，不断充当流变的话语实践与非话语具体体验的文化记忆复写的"羊皮卷"，亦然部分是因其凭借可被直观感知的符号能指形式指涉约定俗成的隐喻性象征概念。借此，宗教象征符号作为特定社会共同体之"道德及美学风格和模式"的整体精神气质之表征，非但阐释了该社群的集体性格与审美趣味，并且赋予了他们独特的宗教信仰情绪及动机以丰腴浑融的蕴涵，将"思想、态度、判断、渴望或信仰"等抽象观念具象化为可感的符号形式。年例仪式作为冼夫人信仰文化记忆活态传承的重要载体，以其直观可感的形式细致入微地诠释着作为绝对过去的"岭南圣母"印象，并型塑着社区群体对于真实的与想象的"冼夫人"形象之认同情愫。此文化表征与身份认同之间的微妙互动，我们可凭借共时性维度上冼夫人信仰在年例仪式操演场合当中的可见性在场形态阐释以行管窥。在此基础上，我们或许可理解这些"发明的传统"，究竟是如何巧妙地穿梭于历史与记忆之间，并凭借具体的仪式实践之操演，以对抽象的"冼夫人信仰"进行具象化的注释的；国家层面的主流话语建制，又是依赖于何种路径而被耦合进基层社区的日常生活脉络之中。

四、从"信仰圈"到"凝聚性结构"：冼夫人信仰与"我们的节日"

从今天冼夫人在年例祭祀仪式当中的在场形态来看，年例习俗无疑是冼夫人信仰的重要文化载体与表现形式，它具象化了这些文化持有者头脑中关于冼夫人信仰的观念。因此，从基于非遗保护意识的非遗美学视角进入这种节庆仪俗研究，重点不在于传统的发明本身，而在于这种发明所造成的共同体凝聚效果产生了实际的社会结构化功能，其真正将信仰叙事中的冼夫人回忆形象葆育在"我们的认同"当中，由此生成了今天我们仍可生动浸入体验的"我们的节日"。如高丙中先生所言，"一个共同体有多大的凝聚力和自信，取决于它有没有足够的认同文化。因此认同文化对于一个民族国家来说是无价之宝。而认同文化几乎都是传统的（或许有老传统、新传统之别）。其中，传统节日民俗是一个主要的部分"①。从内在情感需要的记忆认同维度来看，年例民俗中的冼夫人信仰叙事型构部分绝非伪民俗，而是从侧面揭橥了信仰结构中冼夫人回忆形象的多元多维文化生态之所由——其由不同的传统叠加复写而成，并表明冼夫人文化精神仍具强大的凝聚向心力与重要的伦理价值范导作用。

　　曾有学者提出，这种基于年例仪式而型塑的冼夫人信仰组织可被理解为一种"祭祀圈"②。"祭祀圈"的概念最早由日本学者冈田谦在其研究中国台湾汉人社会的过程当中提出，用以指涉"共同奉祀一个主神的民众所住之地域"③。台湾本土学者的祭祀圈调查研究则滥觞于20世纪70年代，其时，台湾"中央研究院"民族学研究所主持开展"浊水、大肚溪流域科际综合研究计划"（简称"浊大计划"），学者施振民和许嘉明据其对于彰化平原汉人聚落的田野调研资料，并以文献素材，重新商榷了冈田谦意义上的"祭祀圈"概念，并提倡将"祭祀圈"范畴作为嗣后研究聚落发展模式的基本概念之一种。施振民认为"祭祀圈是以诸神为经而以宗教活动为纬建立在地域组织上的模式"④，许嘉明将祭祀圈定义为"以一个主祭神为中心，信徒共同举行祭祀所属的地域单位。其成员则以主祭神名义下之财产所属的地域范围内之住民为限"⑤。到了80年代，林美容在研究彰化妈祖的文章中总结道，冈、施、许三者俱从三点之上界定"祭祀圈"概念⑥，即一个共同的"主祭神"、共同参与祭祀活动以及均圈定了一个较为明晰的地域范围，并在此基础上提出"信仰圈"的概念：

　　　　信仰圈为某一区域范围内，以某一神明及其分身之信仰为中心的信徒之志愿性的宗教组织。任何一个地域性的民间信仰之宗教组织符合此定义，即以一

① 高丙中：《对节日民俗复兴的文化自觉与社会再生产》，《江西社会科学》2006年第2期。
② 参见冼春梅、刘付靖：《粤西的年例祭祀圈与冼夫人的历史记忆》，《岭南文史》2011年第1期；冼春梅：《粤西高州地区冼夫人信仰及其扩大化现象研究》，广东技术师范学院硕士学位论文，2012年；冼春梅：《粤西高州地区冼夫人民间祭祀圈与信仰圈》，《广东石油化工学院学报》2015年第2期。
③ 〔日〕冈田谦：《台湾北部村落之祭祀范围》，陈乃蘖译，《台湾文物》，1960年第4期。
④ 施振民：《祭祀圈与社会组织》，《中研院民族学研究集刊》1973年第36卷。
⑤ 许嘉明：《祭祀圈之于居台汉人社会的独特性》，《中华文化复兴月刊》1978年第6期。
⑥ 林美容：《彰化妈祖信仰圈》，《台北中央研究院民族学研究所集刊》1990年第68卷。

神为中心，成员资格为志愿性，且成员分布范围超过该神的地方辖区，则谓其为信仰圈。[①]

"信仰圈"与"祭祀圈"的区别在于，前者为区域性的，后者则为地方性的。"信仰圈"除了一神中心、成员资格自愿与信仰范围更广外，还有一个特点即它的活动不是节日性的。相形之下，"信仰圈"非但划定了祭祀神明的范围，将多神崇拜转换为一神信仰；并且更为强调抽象信仰观念而非具体的信仰行为，强调信仰活动的日常生活渗透性而非节俗崇祀仪式，从而将成员资格的义务性或制度性组织规范转换为一种出于主体意愿的自主身份认同建构活动。就此而言，"信仰圈"主张僭越地方隔阂实现区域联结，通过非祭典性的日常生活信仰活动来扩张神祇的影响，其场域实践的旨趣是生成一种类似于身体习性的行为倾向，较之"祭祀圈"更少机械性，而是从生命有机体的情感需要表达方面，赋予庙宇管理组织运作、信仰崇祀活动安排、信仰文化观念传播等民间信俗活动以生态合理性的阐释。[②]在研究中国传统社区具有结构相似性与地域差异性的民间信仰活动方面，早期汉学者与人类学者曾做诸多有益尝试。台湾学界的"信仰圈"与"祭祀圈"概念的提出阐释，亦显示出这样一种试图从纷繁驳杂的民间信俗活动中归纳总结出某种一致性结构的努力。然而，此概念的一个重大的纰漏，即其对于国家权力在场或主流话语干预的真空化处理方式。如此一来，"用信仰圈代替祭祀圈，忽略了祭祀圈要处理的是社会结构而不是宗教信仰或组织"[③]。

如陈春声先生所言，"祭祀圈"与"信仰圈"两个概念均可被理解为一神或多神信仰的文化实践者在历史上积淀生成的民间信仰空间，这种空间是从文化象征结构的层面上来谈论的社会组织空间。任何试图从地理实体区划或曰物质环境

① 林美容：《台湾区域性祭典组织的社会空间与文化意涵》，载《人类学在台湾的发展》，台湾"中研院"，1999 年，第 70 页。

② 林美容：《由祭祀圈到信仰圈：台湾民间社会的地域构成与发展》，载张炎宪编：《第三届中国海洋发展史研讨会论文集》，台湾"中央研究院"民族学研究所出版，1988 年；林美容：《由祭祀圈来看草屯镇的地方组织》，《台北中研院民族学研究所集刊》1986 年第 62 卷。

③ 黄应贵：《近六年来台湾地区出版人类学论著选介》，《汉学研究通讯》1984 年第 4 期。

表层对民间信仰现象做出类型学的简化抽象阐释，均注定要失败，因其无法解释这种地方民俗文化现象的历史底蕴、流动生成秉性及其精神内涵维度。[1]周大鸣先生亦指出，今日田野中看似毋庸置疑的地方信俗场景，实则皆自历史的纵深处走来，裹挟着权力、认同、冲突、政治、经济等参差不齐的诸多因素。[2]质言之，基层民间信仰组织本身并非独行特立的，其可能与集市网络、人际交往、生计方式、通婚圈层，乃至于借贷赌博等非法活动相关联，这些断然不是仅凭侧重民间宗教组织自治性、实用性之共时维度的条分缕析便可把握。

无疑，在讨论冼夫人信仰与基层社会组织之间的关联时，无论是"信仰圈"抑或"祭祀圈"的概念，实际上均并未能准确地概述冼夫人信仰事象主要是出自本体论意义上的"共同的善"而非个体意志的"聚合的善"这一关键点。冼夫人信仰作为传统民俗，它依赖于口传心授的、耳濡目染的、潜移默化的传统教化方式进行传播，是以自身为目的的社会共通感模塑事件与过程。其维护社区公共秩序正常运作的方式主要不是诉诸现代社会道德的所谓"正当性"（right），而是古典伦理的"至善"与"美德"。其所葆育的中华文明基因、所涵养的传统礼俗文化精髓、所造就的伦理共同体精神气质等文化精神内涵，是"信仰圈"或"祭祀圈"等纯粹从社会结构功能的外部视角进行阐释的术语所无法涵盖的。因此，有必要从文化记忆的"凝聚性结构"概念来重审冼夫人信仰的节日载体，内在化地重阐包括年例习俗在内的冼夫人信仰表现形式与文化空间对于粤西南地域社会民众而言在认知、情感与伦理三维的重要作用。

民间信仰是基层社会文化象征体系的重要型构部分，但其社会组织凝聚力显然不是在外在的、机械的、体制化的层面上发挥作用的。而进入一种文化的历史感与地方感结构化过程的现象学阐释，亦即步入族群共享的文化记忆空间，浸入其不断营造型塑的传统文化氛围，并从这种共时叙事的历时指涉修辞中直觉把握其所表象的"我们的认同"。就此而言，"信仰圈"与"文化圈"作为民间信仰空

---

[1] 陈春声：《正统性、地方化与文化的创制》，《史学月刊》2001 年 第 1 期；陈春声：《信仰空间与社区历史的演变》，《清史研究》1999 年第 2 期。

[2] 周大鸣：《祭祀圈理论与思考》，《人类学研究》2013 年第 10 期。

间的一个解读侧面，均可归结为文化记忆叙事过程中结构共同体身份认同意识的"凝聚性结构"。特别是在地方民俗遗产化的当代非遗保护实践中，国家的在场及其价值范导作用不容忽视，商业资本的介入影响亦应同时被虑及。并且，基于后全球化语境中"文化乡愁"作为集体心理匮乏的症候日益凸显的社会事实，民间信仰活动的心灵慰藉、情感寄托与文化认同等新感性学维度亟待进一步推进探讨。

从"祭祀圈""信仰圈"到"凝聚性结构"的认知位移，意味着从出自公共事务的外在需要深化至出于民族文化认同的内在需要。这种产生于文化记忆叙事与身份认同建构的内在情感需要，表明涵括冼夫人信仰在内的非遗事象更重要的文化价值，在于其将建构"我们的认同"的归属感"缝合在故事之中"，让具身参与感知体验的故事讲述成为我们想象共同体的基点，由此而将主体建构的过程敞开为"一个从未完成的过程"，在历史、社会与文化的具体情境脉络中持续引导我们去思考"我们能够成为什么，我们是如何被表征的，我们又该如何应对如何表征自我的问题"①。借由周期复现于社区生活空间中风俗情景，年例习俗在长期的农耕社会发展过程中，基于"祭社""大傩仪""设醮"三种宗教信仰仪式，将冼夫人信仰嵌入不同伦理共同体的感觉结构当中，作为村际联合的可通约对话基点，将多元分化的地方社群整合成为一个围绕着冼夫人信仰而彼此认同的"我们"。这道粤西地区独特的风景线，是基层民众文化创造的能动性实践结果，亦是其身体化了的文化习性的不可或缺型构部分。即便在现代化、城市化、全球化进程中，曾经作为组织农事活动的传统节日系统已然丧失其时间制度的社会功能，粤西年例仍能借其"大于年"的感觉结构以将外出打工或已然迁居他处的乡人"召唤"回来。其凝聚性结构功能不减的一个关键要素即在于，年例作为"我们的节日"已经成为粤西茂名人的记忆原乡，此"幸福的空间形象"之所以在祛魅了的现代世界中恒葆其灵韵，乃因涵括"冼太嬷"在内的诸位"家神"栖居于间。而这份安定感与幸福感，连同节庆仪俗当中回归整体圆融的集体欢腾体验与

---

① 参见〔英〕斯图尔特·霍尔：《导论：谁需要"认同"？》，周韵译，载周宪主编：《文学与认同：跨学科的反思》，中华书局，2008年，第6页。

共在感，恰恰是流徙单维的现代人所匮乏的，能够给予其归属感与心灵慰藉。

　　如霍尔所言，认同源于表征的意指实践，自我叙事化过程的必然虚构本质并未削弱其作为凝聚性结构的现实有效性，因为正是通过那"缝合在故事之中"，借由切身感知、同情理解与情感共鸣的循环叙事之径而不断被重新激活的归属感与安定感，方才使得传统在身份认同的想象性叙事中恒葆活的精神内涵。[①]一方面，在情感认同中，经由筛选、润饰、完形的表征修辞策略运作，文化记忆被赋予了"一种现实都不曾拥有的魅力"。另一方面，文化记忆的认同效果是真实而不可还原为符号的。借由文化主体具身参与的通感实践方式，民族精神被载入了个体的心性记忆，成其为主体身份认同感、归属感与文化自觉意识的滋养根源。[②]尽管关于年例习俗与冼夫人信仰之间关联的史料阙如，但这种无史可据的混杂叙事，恰恰彰显出冼夫人信仰在沟通多元表述、融贯不同传统、建构文化互享空间的重要社会整合与认同凝聚功能。而从民俗传统的表现形态来看，巡游队伍通常以四辇或八舆列队行至指定庙宇恭请绕境神明，冼夫人与村落众神一道巡境，并在某些社区当中被当作主祭神来崇祀。通过社区轮值巡游等地域崇祀组织制度及其周期性仪式实践，亦祖亦神的"冼太嬷"实际上不断重新调整、建构、强化"我们的认同"。借由这种信仰结构中的回忆形象表征与重阐实践，"冼太嬷"持续起着化解狭隘民族主义认同冲突、沟通多元主体对话、建构多元文化价值共生生态的凝聚性结构效用。质言之，冼夫人信仰为"百里不同风，千里不同俗"的民间传统，乃至礼制与土俗的并置共生、平等对话、互赏互鉴提供了对话的文化空间。正是借此礼俗交渗叠加的正统性认同叙事建构过程，明清方志书写中与冼夫人崇祀活动分立发展的粤西年例，被整合进国家正统礼制体系当中，并在保留自己本有的关键型构要素与风尚习俗特质基础上，基于现实情势重订并强化了"我们的认同"。

---

① 周宪主编：《文学与认同：跨学科的反思》，第 6 页。

② 参见〔法〕诺拉编：《记忆之场》，第 5—6 页；〔美〕康纳顿：《社会如何记忆》，第 1 页；〔法〕哈布瓦赫：《论集体记忆》，第 93 页；Aleida Assmann, *Cultural Memory and Western Civilization*: *Functions, Media and Archives*, *Cambridge*: Cambridge University Press.2012.p. 122.

本章小结　混杂叙事与具身体验：
社区日常中的冼夫人信仰

在《记忆与历史之间》一文中，诺拉曾写道，作为 "尚存在纪念意识的一种极端形态"，记忆之场是历史通过阈限中唯余的记忆索引，举凡庙宇、博物馆、档案馆、墓地、藏品、节日、契约等记忆载体形式均是建构 "我们的认同" 之集体怀旧基点，其持续意指着一个遥远时代的永恒光韵，"由一个从根本上被卷入变迁和更新的集体通过诡计和意志所分泌、设置、建立、决定和维持"。记忆之场是夹杂着归属感与疏离感的混杂空间，这种 "半官方、半制度化性的，半情感、半情绪化的" 空间见证着自发记忆的销匿与有意识记忆建构的开始。[①]对于高州冼太庙而言，上述几方碑刻作为明清高州城的缩影，再现了彼时冼夫人信仰祭祀共同体的社会契约缔结的生动场景，直观化了一种历史与记忆、官方话语与民间意识、国家礼制与地方风俗之间的对话、磋商与博弈的事件与过程。它提醒我们，今日田野中我们所直面的冼夫人信仰旨趣殊异的表征形式及其各自的正统性声称，是一个不同的地方传统主动与大一统的国家礼制结构话语相认同的叠加产物。就此而言，多元多维的地方民俗信仰结构中所持续意指着的冼夫人回忆形象，具有同等的生态环链价值，俱是基层民众积极适应其所处文化生态环境的能动性实践效果。无论这些文化行动的始作俑者是话语的意识形态运作，抑或非话语的无意识习性操演，当其被确立为特定共同体的时空制度结构，那么经由具身参与感受的集体欢腾情感共鸣体验，这些时空框架即成为文化持有者诗意栖居的记忆所系之处。段义孚先生将这种人依恋地方的情感关联情态表述为 "恋地情结"，指出这种审美感受主要不是偶然显现的短暂愉悦，而更可能是从稍纵即逝但豁然显现的某种图景所获得的持久的、难以状摹的、强烈的满足感。[②]当这种情感以遽烈的方式被知觉到，物质环境即被赋予了特定的文化蕴意，转化生成为象征化、符号化、隐喻化的地方、场所、家园。这种在意向性中被直觉把握的现

---

① 参见〔法〕诺拉编：《记忆之场》，第 11—13 页。

② 参见〔美〕段义孚：《恋地情结》，第 1—6、136 页。

象学空间，即巴什拉所言指的"幸福的空间形象"。这种能够庇护我们幸福感与安定感的美学心灵寓所，更重要的价值在于其将族群的生命体验及其所凝定生成的认知模式、审美趣味偏好、伦理价值观念三位一体的宇宙观图式葆育在活的生物中。

　　碑刻上的文字尽管在今日看来诸多已然难辨其迹，然而勒石之须臾，这些意欲以个体或集体的名义进入冼庙空间之中的行动者，均希冀可以借由这些镌刻的痕迹抵抗光阴的侵蚀。出于这样的目的，"爰勒碑志，以垂永久"①的举措在帝制中华时期的粤西南地域社会似乎依然成为一种社会契约式的范式，其初衷既可是慎终追远，亦可是祈愿酬神，更可是争夺象征资源。但无论如何，当这些自然之石的表层被刻录上书写的文字及其所建构的叙述，并进入冼夫人崇祀庙宇这一神圣的殿堂之中，其文化维度上的蕴意绝不再仅仅局限于纪事的范畴，而是相应地拥有了一种象征性的涵指。由于"冼夫人"作为一个象征帝国权威的隐喻性能指符码，其与作为所指蕴意的"正统性"身份认同表述之间的社会契约式关联，已然在《隋书·谯国夫人传》等代表国家意志的正史文本中得以锚定，并借由文人儒士的传播而逐渐积淀一个经典化的意象，即"回忆形象"。扬·阿斯曼提醒我们，特定时空视域中的社群，往往诉诸建构出一种可共同栖居于间的"回忆形象"。凭借围绕着此糅合了概念与经验范畴的身份认同叙事建构，个体被整合进群体，型塑生成一种共享的文化记忆框架。倚重于此社会契约式的先验预置结构，人们"在想象中构建了自我形象，并在世代相传中延续了认同"②。在上引高州冼太庙的碑记文本当中，我们非但看到了官绅衿士，亦发现了普罗大众的在场。并且，就其对于由地域精英话语所建构并传播的冼夫人回忆形象而言，我们会发现，在此民间信仰场域当中，基层社区当中的多元社群得以沟通交流的基点，即其对于真实与想象的冼夫人回忆形象之普遍认同。并且，自府县志乘所载录的冼夫人官祀庙宇位置以行蠡测，其基本上俱在彼时府、州、县各级官署或者儒学学宫附近，官署、神庙、学宫，此三类空间尽管形态迥异，但却因其与帝国

① 《捐租碑》立石于清嘉庆二年，碑今存高州冼夫人庙内。
② 参见〔德〕扬·阿斯曼：《文化记忆》，第8—9页。

教化辖控权威的隐喻性关联，从而结成联盟，集行政管治与文化启蒙功能于一处，并举以直观可感的空间形态构成社区的政治文化中心的表象，指涉着作为缺席的在场的中央王权。因而，我们或许可以将这些官方定期致祀的冼庙视为一个社区权力中心的表象场所，一面表征、映射、揭橥着权力中心话语范式及其已然被接合进社区既存结构之中逻辑、语法、规则的文化之镜。

明清之际，原本在粤西南地域社会内部大众文化土壤中日滋月盛的地方民俗冼夫人信仰，在经过士绅阶层挪用王朝礼制进行重塑的"修订"之后，基本上作为一个可资向国家表述认同的"正统化"结构稳定下来，成为精英文化大传统中一个合乎"中州礼乐"标准的框架。然而，该经过了重新阐释的信仰结构，对于"日用而不知其所用"的基层民众及其混杂的日常生活而言，未免显得有些陌生，与其之前的"感觉结构"难免会出现衔接错位。因而，如何能够将这一"冼夫人信仰"的正统化形式重新置回地域社会的日常生活场景之中，使之能够再次成为被普通民众所感知、理解、记忆的地方化信仰习俗，便成为这些地域精英分子必须面对的一个问题。而另外诚如霍尔所提醒我们的那样，身份认同是一个持续开放性的建构过程，这意味着，精英分子与普通民众之间的界限始终处于未完待续的型塑过程中，而这条集体想象的社会身份与文化认同界限之流动性与模糊性，则是促成形形色色的行动者调用其能动性，去争夺该区域象征秩序中一个在日常生活诸多方面均享有特权的位置。而在彼时士大夫价值体系为主导的帝国文化秩序当中，这一位置，毋庸置疑地，便是由"精英"所标示的。故而，我们看到，明清之际，当"冼夫人信仰"在地方精英群体的推动下，成功攫获了由王朝权力中心所赋予的"正统性"文化标签，并以这种高度整合性、连贯性、完满性的形式重返社区之时，地域社会之中匿名流动的个体与群体对它的反应，与其说是消极被动地接受这一高度意识形态化的权力表征媒介系统的询唤，毋宁说是自觉与之相认同，积极主动地篡改该系统之中的"正统化"象征符码，并将其编织入他们文化实践的动态之流中。借此，这些在能动者所意欲建构的，是一种与王朝国家之间的象征性联系，而上述的文化挪用实践，无疑可为其在地域社会的象征资源争夺过程中已然获得的抑或蓄意攫取的诸方面特权，提供来自权力中心的合法性论证与合理性支撑。

重要的并非历史之真伪，而是围绕这一真实的或想象的时空参照框架所凝聚成型并不断转换的共享性认同结构，其对内凝成群体成员相互之间约定俗成的区分性社会等级差序结构、契约性情感表述与价值判断的共享文化框架，对外划定自我／他者之间流动的排斥性边界，并生产表征着该群体的整体外部形象。萨林斯曾提出"搬演性结构"（the performative）的概念，认为在实际的文化情形中，偶然性情境时常被有意无意地接合进"惯例性结构"（the prescriptive）当中，塑就生成新旧共置、对话、互渗的"并接结构"（the conjuncture）。[1]如此，新的元素被建构为"过去"的，或者被表述为既存的合理性因素的"发现"而进入结构系统，使得结构所涵括的内容在"羊皮卷"式的书写实践中不断被叠加与剥落。"传统"不会消亡，而只会不断转换。"现代"是另一种异质的范畴，其不可能绝对地替代"传统"。结构的变迁是一种转喻式的修辞。"记忆"不是如同历史编纂学叙述中作为单向矢量的发展"历史"，一味往前狂奔乱撞。相反，它不断重返叙事的源头，那个扬·阿斯曼意义上的具有奠基意义的与绝对认同意义的"神话"。诺拉将"记忆"这种循环往复地"追溯到其自己本身"的不断增殖与转换的时空踪迹，表述为所有记忆场所均自携的那一含蓄曲折地意指着"创建时盘绕起的小路"的独特禀赋。这也就意味着，"记忆"与其说是可以支撑起当下既存社会等级阶序合法性与合理性叙述的连贯、整合、客观的事实，毋宁说是一种范西纳意义上的"流动的缺口"，它是"不断向前的当下"与绝对权威的"神话"源头之间不断建构与再结构的主观阐释与契约认同的持续开放性过程，它是断裂与整合、遗忘与记忆的矛盾结合体，充满了争议、裂隙与阐释的无限可能。[2]质言之，群体共享的"文化记忆"是一种群体约定俗成的社会文化建构，是一个共享的"语义系统"。尽管具有一定的物质自然属性，但其意义基本上仅局限于为"记忆"的"功能性"与"象征性"维度提供合法性论证与合理性支撑之上——前者是在共时性视域中组织生产并维持延续着社会的结构功能属性，其服务于对

---

[1]　See M. Sahlins, *Islands of History*, pp. 1—13.

[2]　参见〔德〕扬·阿斯曼：《文化记忆》，第43—52页。

于"自我—他我—世界"的区分与融合的感知；后者链接"过去—当下—未来"，在历时性的维度上为流动不居的共享文化象征意义系统提供相对稳定的认同意象，以为群体内部的身份认同提供一个具有连续感的凝聚据点。

定稿于道光二年的《广东通志》记载了冼夫人墓地的具体位置，指出"隋谯国夫人冼氏墓在电白县境（黄志）。县北山兜娘娘庙后有冼夫人墓，去城十里，遗址犹存，碑佚，嘉庆二十四年知县特克星阿重立碑"，并将《太平寰宇记》中所记载的民间传说，即"乳长二尺余"的冼氏与有史可据的"隋谯国夫人冼氏"并置。如此，精英文化与大众文化的集体记忆出现了某种交汇，从而使得原本分属"历史"与"神话"两类范畴的"冼夫人"形象交相辉映，并行不悖地载于文字书写的历史当中。①"冼夫人信仰"作为一个多元异质的"回忆形象"持续积累、聚合、型塑的记忆之场，其首先必须拥有具象化的、可被直接感知的、物质性的，以此来作为抽象的身份认同的可靠物质性支撑、合理性验证以及可持续性证明。这一在物质世界中确认一处客观实在的场所以作为记忆载体的需求，驱使着地域社会的各个领域中的知识精英分子，自觉或不自觉地参与到这场以"冼夫人墓地的真实具体位置"为主题的争论之中。今日，在我们目之所及的这些地方志书范畴内，那场关于冼夫人墓地位置的争论所引发的实际考察行动、史料整理乃至于乡民日常生活中的墓地纠纷等无法整合、难以归约的文化实践，可谓不胜枚举。这些由"一组抽象的符号序列"所引发的话语实践，是真真切切地具有不可再次还原为符号的现实意义的一系列事件。在这场文化记忆的断裂与整合的空间实践当中，数量可观的遗留文物被发掘出来，进入修志者的视线当中，成为冼夫人文化记忆的物质性载体被记录下来。这些事件或被载入史册当中，成为文字书写的历史；或被增补至"冼夫人信仰"的文化记忆系统之中。

从广义的艺术事件观来看，信仰结构中的冼夫人回忆形象表征与阐释实践即作为行动的艺术事件与过程，如杜威所言，"带着认同一种公民宗教的公民感觉的雅典公民"将帕台农神庙当作具有社会化功能的城市纪念物而非纯美乌托邦的

---

① ［清］阮元等纂修：《广东通志》，第 4003 页。

艺术品来建筑，它是根植于城邦公民日常情感需要与趣味表达的产物，是集体审美经验的表现。^①这些精心的创制与全身心投入意味着将族群生命体验融贯、倾注与涵养在社区日常生活的土壤中。尽管不无冲突、争议与磋商的矛盾事件，但恰恰又是这种承认运动的过程促成了冼夫人信仰文化生态空间的多元多维结构，将其建构成为基于"交互主体性"（inter-subjectivity）与"对话"（dialogue）机制的空间，一个以"有普遍共享理由的世界"为理念而不断生成的去排他性、非中心主义与反霸权辖控的崭新行动场域。这种互为承认空间之生成，有益于参与对话的多元共在主体在反思中重构其文化认同，意识到"一个主体只有进入与另一个主体的'承认'关系中，才能对他的'自我'有所'意识'"。质言之，唯有借此互相依赖的参与经验过程，单一的主体方才能够在他者的自我限制中同时满足其自我意识所施加的三个要求，即"感知到他用来创造（社会）实在的活动""把自己理解为一类中的一员"以及认识到"这一类之存在正是通过这种类型的互动而得以维持"。^②这种文化自反的凝视目光建构效果，亦是福柯肯定文化异托邦对于交互主体性生成之不可或缺效用的基点。

① 参见〔美〕杜威：《艺术即经验》，高建平译，商务印书馆，2020年，第3—12页。
② 参见〔德〕阿克塞尔·霍耐特：《我们中的我：承认理论研究》，张曦、孙逸凡译，译林出版社，2021年，第3—19页。See William Sweet ed., *What Is Intercultural Philosophy?*, Washington D. C.: Library of Congress Cataloging-in-Publication, 2014, pp. 60—61.

第五章 ｜ 记忆场所的建构与演变

　　在冼夫人信仰这个丰富的文化空间中，我们看到地域社会中多元、异质、匿名的文化行动者对其处身情境之"中央"的感知与想象、表征与意指。围绕冼夫人信仰而汇聚至此的各式话语表述与非话语体验之镌刻踪迹，使得该民间信仰空间渐次生成为一个持续积累、不断转换、非整合的文化记忆之场。此空间僭越了个体私隐的单子化心理臆想空间，而进入多元主体共在的公共场域。它既是本地精英践履其衣冠引领、以礼化俗、以家达乡之文化启蒙理想而构想的（conceived）空间再现场域，亦是中国传统农业社会基层民众借村落庙会或祭祖仪式等集体表象活动而不断生产重构的可感（perceived）空间实践场域，更是精英与民众基于真实与想象的"正统观念"（orthodoxy）与"正统实践"（orthopraxy）①而具身参与建构并感知体验的"我们"的记忆所系之处。在此援"礼"入"俗"、借"礼"阐"俗"、以"俗"释"礼"的文化记忆建构与身份认同表征过程中，"国家"与"社会"之间建构起某种基于文治意向的良性对话机制，国家话语、精英表述与民众实践之间达成了某种程度的共识。此为中华文明大一统格局与地方文化多样性表述并置共生之基点，亦是包括冼夫人信仰在内的地方民俗非遗涵养中华文明传统基因、实践智慧、伦理共识与情感共鸣方式的重要葆育机制。这种基于承认运动过程而最终达致的"我们的认同"，为当代社会基于情感认同需要以活化历史记忆、唤醒主体意识、坚定文化自信的传统文化复兴运动提供了合理性论证；亦为后全球化语境中融贯多元地方表述、整合传统民俗资源、基于共享文化记忆以铸牢中华民族共同体意识提供了进路。

---

① See L. Dittmer and S. S. Kim eds., *China's Quest for National Identity*, p. 84.

第一节 横山灵王庙：在"信仰"与"迷信"之间

坐落于包茂高速羊角路口禄段村横山灵王庙，2004年2月20日被列为茂港区首批重点文物保护单位。其中殿为灵王宫，神宫楹联为"一代英才除倭寇，万年香火慰忠魂"。左殿为冼太府，崇祀谯国夫人冼氏，并配祀曹娥与木兰真君，楹联书曰："名著高凉功昭社稷，泽敷南国威震乾坤"。右殿为何仙姑殿。"灵王""冼太"与"何仙姑"俱为一神二相。灵王庙右进还设有一个积善堂，奉祀何氏六世祖积善公，一神三相。据庙管所言，灵王庙原本仅只崇奉灵王，其他神祇俱为后来增设，其中，"冼太"之设，始于民国；时外地香客认为"冼夫人"乃粤西南地区的庙宇常祀神祇，建议横山灵王庙增设，遂从之。据衡山灵王庙的简介资料，此庙宇之设乃禄段何氏六世开基祖为纪念明朝牺牲的将领灵王而置建之场域。其称，该庙创立者何氏六世祖积善公，乃元末致仕卜居吴川博茂的中州移民后裔。时逢倭寇侵境，积善公奋起率众抗倭，濒危之际幸得明军援助，帮乡众剿倭灭寇。积善公为纪念这次助其化险为夷却不幸牺牲的明军主将与二偏将，于是作其画像，岁时供奉拜祭。嗣后，积善公迁居禄段，经济渐趋殷实，遂购地建庙奉祀三位将军。未几，明朝国师巡视岭南诸州，至此听闻此事，感触颇深，竟回朝上奏皇帝专论之。正德皇帝听后，为嘉奖三位明军将领，赐其神号"灵侯"。据说，该庙正殿奉祀此三位将军的历史，迄今已逾五百年。

灵王在今粤西地区的村落庙宇中，是常见的奉祀神祇，其在高州东岸镇与平山镇的村庙社庙中，通常被称为"万岁灵王"。并且，自其初期画像奉祀，嗣后改建庙宇瞻仰的叙事，我们推测庙宇的主祭神灵王可能是由民间"里社"奉祭的非国家正祀神祇演变而来，而积善公则可能为祖宗崇拜之叠加。①就此而言，积善

---

① 据刘克庄先生《宴云寺玉阳韩先生祠堂记》，"古乡先生殁，祭于社。社者何？非若郡邑之社不屋而坛也，有名号而无像设也。三家之市、数十户之聚，必有求福祈年之祠，有像设焉，谓之'里社'是也。祀乡先生于是，敬贤之意与事神均也"。由于民间"里社"建庙设像且祭拜神祇不一定是土地神，明初颁布的《大明会典》规定民间"里社"除了设土坛、立石主、祀五土五谷之神以外，一律禁止其他民间迎神赛会或宗教结社活动，"若军民装扮神像，鸣锣击鼓、迎神赛会者，杖一百，罪坐为首之人"。参见［宋］刘克庄，《后村先生大全集》，第93卷，赐砚堂刊本，第805页；《大明会典》，第165卷，《律例六·礼律·禁止巫师邪术》，中国哲学电子书计划（http://ctext.org/zhs）。

公与三位明朝将领在抗倭灭寇事件中的历史际遇，应为一种民间口传的附会，意在借王朝国家最高统治者之一“正德皇帝”的权力赋授，以为基层社会中根深蒂固的本土信俗提供“正统性”的庇佑。在帝制中华时期的灵王庙记忆叙事中，“冼夫人”并不在场，该庙宇的冼夫人信仰叠加时空节点是民国。此从侧面上反映出，该信仰实践场所的合法性危机始于民国，即“古神类”被视为惑人心志、阻碍进化发展之痼疾的现代民族国家建构初期。彼时，国民党政府亟须通过解构“迷信”的方式以建构其政权的合法性宣称，“新的国家意识形态强调‘现代性’、理性和科学，民间宗教则被视为妨碍国家富强的‘不良风俗’和‘迷信’”①。

1928年9月2日，国民党政府颁布《寺庙登记条例》②，着手整管民间信仰实践场所。12月，国民党内务部又颁行《神祠存废标准令》③。其将民间信仰视为“进化之障碍”，并把这种社会现象之存在归咎于“教育未能普及之故”。据此，“凡有功民族国家社会发明学术利溥人群，及忠烈孝义足为人类矜式”的“先哲类”，以及“凡以神道设教，宗旨纯正，能受一般民众之信仰”的“宗教类”，方可被列为保留神祠；而“古神类”与“淫祀类”同属“淫邪不经之祀”，被归入“从严取缔禁绝”的废除行列。显然，据此存废标准，灵王庙即为非法的祭祀场所，面临捣毁之灾。在此情境脉络中，将契合民族国家“先哲类”评判准绳的“冼夫人”符号援引入庙，无疑可为灵王庙提供合法性的庇护。事实上，在20世纪民国初至20年代末的反迷信高潮与庙产兴学运动中，《高州民国日报》曾多次报道茂名地区政府与党部在当地诉诸军警等现代国家暴力机构来实施其反迷信政策。例如，1930年的《道巫愿罚　菩萨禁毁》时文，报道了茂北东岸乡某村陈某家雇请道巫设场打斋喃醮而遭警力查禁之事，政府强制现场销毁神像堪舆术书一类的迷信物什。④同年刊发的《应毁寺庙神款拨办平民教育》一文，倡导庙产兴

① 潘淑华：《“建构”政权，“解构”迷信？》，载郑振满、陈春声主编：《民间信仰与社会空间》，福建人民出版社，2003年，第108页。
② 《国民国史档案资料汇编》，第五辑，第一编，《文化》，江苏古籍出版社，1994年，第1017页。
③ 《内政部的神祠存废标准令》，台湾：《国立中山大学民俗周刊》第41、42合刊（“神的专号”附录政府咨令），1929年第1期。
④ 参见《高州民国日报》1930年8月25日，“道巫愿罚　菩萨禁毁”条。

学运动。[①]可见，在彼时该岭海方域，捣毁非法神庙的社会运动正如火如荼，政策高压程度空前。在此狂热的"反迷信"运动中，甚至连"冼夫人"符号亦未必总是有效，因为据民国《茂名县志稿》，在1928年5月的"庙产兴学运动宣言"[②]动员下，被改作学校、乡公所、区署和警署之用的冼庙，计凡十六处。[③]

不过，从横山灵王庙的场所记忆叙事来看，"冼夫人"符号在彼时该岭海方域中的在场，应当是有效地为横山灵王庙的在场合法性提供了庇佑。但此个案给我们的重要启迪，不在于历史事件的真相，而在于这些事件被回溯、被叙述、被建构的方式。如杜赞奇先生所言，民国时期国家权力之所以未能如帝制中华时期那番真正地渗透基层社会，缘由之一即国民政府过度高压的民间宗教管制政策，使得民间信仰在主导话语的"反迷信"运动中没有位置，故而渐次失却其既往的社会组织功能与文化治理效用，并因之而尽丧民心。[④]村庙与祠堂是传统中国基层社会民众参加集体活动的两类重要场所，以其为中心而设置的祭祀节期安排，更是从仪式实践与集体表征维度赋予了乡村生活世界的时间制度以丰腴的社会历史文化蕴涵；而围绕着这种地缘或血缘联系而型构的社群组织，则是乡土中国社会象征秩序生成与维续之基础。如刘铁梁先生所言，"以宗祠或祖先墓为中心地点的祭仪，主要是聚族而居的村落群体通过追念祖先的一套程序，以强化成员间等级亲属关系和家庭间一体性的联合；而以神庙为中心地点的祭仪，则是村落家庭群体通过敬拜社区神，以整肃与共认本村内部与外部的生活秩序、公众道德规范和加强地域的联合"。从规定社区生活秩序与处理公私矛盾冲突的角度来看，"两类仪式都是村民对其所处社会空间的想象和解释"，均动态调适着

---

① 《高州民国日报》1930年7月16日，"应毁寺庙神款拨办平民教育"条。

② 该"庙产兴学运动宣言"呼吁民众"打倒一切罪恶之本的特殊阶级僧阀；解放在僧阀之下受苦的僧众；没收僧阀的所有庙产，以此充作教育事业经费"，议案以多数票选通过并攫获内政部长之青睐。参见王雷泉：《对中国近代两次庙产兴学风潮的反思》，《法音》1994年第12期。

③ 参见民国《茂名县志稿》，第78—79、436、257、255—286页。

④ Prasenjit Duara, "Knowledge and Power in the Discourse of Modernity: The Campaign against Popular Religion in Early 20th Century China," *The Journal of Asian Studies*, Vol. 50, No. 1, 1991, pp. 67–83.

社区既存的象征秩序。①从祭祀神祇的现实生态来看，横山灵王庙所司之社会结构化功能，是村庙与祠堂的综合体。就此而言，通过援引冼夫人信仰入庙这一能动性实践，"冼夫人"符号保住的不仅是灵王庙这一祭祀场所，还有围绕着庙宇而建构起来的信仰仪式系统和村落共同体，甚至说保住了此伦理共同体的记忆意愿及其回忆叙事的凝聚性框架。并且，从某种程度上而言，其亦从侧面揭橥出冼夫人信仰作为记忆之场的多重叠合蕴涵。"记忆之场是个双重的场所：一方面它极端地自我封闭，完全封闭在自己的身份和名字中；但另一方面，它又总是准备扩展自己的意义"②。信仰结构中的冼夫人回忆形象之所以既是汇聚万般武艺于一身的"万能神"，又是保护家宅安全与百姓安康的"家神"，原因即在于"冼夫人"符号在不同的时空语境中总能顺应新的情势，有效地沟通国家与社会的互动对话，为"礼"与"俗"的交互模塑与能动接合留出充足的演绎空间。

在民族国家建构初期，民间信仰在彼时官方意识形态话语运作下，屡遭合理性与合法性之质询。秉持一元线性历史发展观的科学现代话语，以"传统／现代"二元对立框架为自明基点，对涵括冼夫人信仰在内的民间信俗文化颇有微词，并借"庙产兴学"等社会运动，暴力介入该小传统文化分域的生态发展进程，试图人为取缔其在场。在此历史通过阈限中，曾在神道设教的帝制中华时期作为"礼俗互动"重要演绎空间的民间信仰文化，被贴上了诸如"封建迷信""文化糟粕""愚民误国"此类的贬抑性标签。然而，作为鲜能为精英主导话语所垄断的场域，民众的意识形态世界以一种隐性运作的方式，为这些信俗文化保留了化育涵养的空间。因此，即便在民国信仰管理的高压政策之下，官方话语还是未能臻至其预期的设计愿景。以横山灵王庙为窗口，我们可期进入一个借解构迷信之名以建构政权的社会历史情境脉络，管窥"冼夫人"符号究竟是如何为基层民众提供文化权宜之计，助其逃过"迷信"之诘难而攫获"信仰"之正名。

---

① 刘铁梁：《村落庙会的传统及其调整——范庄"龙牌会"与其他几个村落庙会的比较》，载郭于华编：《仪式与社会变迁》，社会科学文献出版社，2000年，第257—258页。

② 〔法〕诺拉编：《记忆之场》，第31页。

借此个案，我们亦可理解，何以在今日粤西南田野以及东南亚部分国家地区散落分布的洗夫人信仰文化生态壁龛当中，在场的"洗夫人"并非一定是一神专祀，而更可能是与诸神共在。这种多元多维的文化生态呈现表明，洗夫人信仰在不同的历史通过阈限中，持续为"国家"与"社会"提供对话磋商的空间，为裹挟着不同文化传统前见的行动者提供介入对话进程的能动性演绎场域。这种斯宾格勒所言指的文化"假晶现象"表明，同一空间中生成于不同时代语境、旨趣分殊的多维分形自组织文化生态壁龛，其彼此关联的方式不是文化霸权运作的认同询唤机制，而是基于分立自治与对话交流之上的对于可公度性阐释与可共享认同的寻求。正是这种直观可感的多元多维田野表象，揭橥洗夫人信仰空间当中既积淀着厚积薄发的历史人文底蕴，亦向文化能动者的生态实践恒葆开放之姿。

要之，基层民众感觉结构中的洗夫人回忆形象，之所以是任何意欲渗透本土逻辑并移风易俗的精英话语表述所无力随意篡改的意象，原因即在于其在不同历史通过阈限中被多元分化的地方族群内在化地认同为"家神"，认同为"我们"的洗太嬷，尽管这些"我们"在不同的伦理共同体内部又被赋予了迥异的内涵与外延阐释，生成了风格异趣的洗夫人信仰生态壁龛。此信仰空间持续溢出话语的抽象边界，在实际的社会结构化进程中庇佑"我们"的安定感、幸福感与归属感，此亦为该记忆所系之处恒葆活的民族精神蕴涵与文化传承生命力之基源。

第二节　海南洗夫人纪念馆：
"历史感"与"地方感"之生成

在海南省海口市龙华区新坡镇的洗夫人文化记忆中，梁云龙是个重要角色，围绕着梁家与洗夫人相遇相知的原初记忆场景，梁沙姑娘"洗婆祖"被赋予了高度象征化的社会历史文化蕴涵。借由诸如"娘家赠宝""跑马选址""梁云龙义铸洗夫人金身像"等民间口传[①]，通过在物质地理层面上锚定作为文化景观能指

---

① 参见陈雄编著：《洗夫人在海南》，第18—19、30—31、37—38页。

的梁沙婆庙，信仰结构中的冼夫人回忆形象叠加至梁族既有的传统信俗梁沙婆崇拜上，在明清之际的琼海方域重组了该基层社群的身份认同表述框架，并通过"上契"这一极度重要的文化权宜之计，以转喻的方式重构生成了新的凝聚性结构——冼夫人成为梁家的干女儿。借此能动性建构的话语修辞策略，冼夫人即不再是帝国自上而下强加于地方的权威隐喻象征，而是基层民众内在化认同的"我们的家神"。正是这种"转喻"而非"隐喻"的话语修辞策略，赋予了民间信仰空间中的冼夫人回忆形象以奇崛的化生变形、无限衍义秉性，使之能够因应着不同的现实情势而为多元表述提供可通约的审美趣味与语义信息链接平台。

梁沙婆庙相传为梁云龙所建，原址位于今海口市龙华区析坡镇东北的梁沙村，在明清的基层行政区划中属仁政乡所辖之梁陈都。[1]现址碑廊中仍保有"创婆人"字样碑刻[2]，并存的还有二十余方分别勒石于嘉庆、道光、咸丰、光绪年间的碑刻。梁云龙，字会可，号霖雨、霖宇，当时琼山县梁陈都梁沙村人，出身寒门，以五十五岁高龄登万历癸未（1583）进士榜，授兵部武库司主事，历任兵部员外郎、按察司副使，布政司使右、左参政，湖广巡抚，擢都察院右副都御使。据万历年《琼州府志》，跻身庙堂之高的梁云龙大器晚成，为官二十三载，建功屡矣。当其戊子典试贵州之际，独具慧眼，所取多明士。未几，兵部尚书郑洛经略临洮，因梁云龙之策而假道以扼川海之吭，最终凯奏以还。梁云龙因此晋升副使，调任天津。不久，倭寇朝鲜，来势甚猖，时议大抵主以增设边防，梁云龙却敕令将帅固守，竟罢敌台陷阱，省下军费数十万，以此战功擢升参政，调任陇右分守，备兵庄浪。嗣后，梁因夺土营横恣不法者鲁氏的营务，被蜚语流言中伤，一度被解任，但未几又得复原任，并进荆南布政使，补分守荆南。重回朝野的梁云龙以征苗之功屡荷褒奖，颇得万历皇帝之器重恩宠。至楚藩变起，梁以湖广巡抚身份擘画楚事，亲自将藩慹蕴等五人绳之以法。丙午年（1606），云龙卒于任上，万历皇帝追赠其为兵部左侍郎，赐谕祭葬于其故乡龙坡之原，并遣行人司白竹持《谕祭文》前往致祀，文曰："惟尔伟略宏深，渊谋邃远，筮官武库，

① ［清］李文恒修，郑文彩纂：《琼山县志》，台北：成文出版社，1974年，第24页。
② 碑今存海南省海口市龙华区新坡镇冼夫人纪念馆。

简赞戎行。东鄙西陲，屹嶂长城之倚；南倭北虏，并崇京观之封。扫庭绩著乎崇山；犄角劳深于苗播。乃膺齐钺，镇抚楚中。捍卫赖以无虞，调停每闻殚力。倏然尽瘁，良用鑫伤。嗟淑配之殉生，尤高风之不泯。特颁共祭，庶慰重泉。"①嗣后，其子梁思泰蒙受恩荫，入于太学，荣登天启顺天副榜，得判湖广荆州，擢升贵阳府同知。未几，子承父业的梁同知在奉差督饷征黔途中义激捐躯。崇祯十四年（1664），王朝谥赠其忠烈，享御赐祭葬与建坊立祠待遇，跻身琼海方域乡贤之列。②

在正史载述中的梁云龙生平叙事中，冼夫人无迹可寻。然而，借由一个"娘家赠宝"的传说，有史可据的谯国夫人冼氏与神话历史中的梁沙婆形象合二而一，"冼夫人"并未如设计者原意那般被认同为帝国的权威隐喻，而是以能指扩容的转喻方式被接合入地方社会的既存传统，成了梁家干女儿，琼海方域内在化记忆并认同的"我们的祖婆"或曰"家神"。民间口传没有纠结于嗣后学界争议频仍的冼夫人是否曾到过海南这一问题，而直接将其叙事锚定于一个绝对的记忆原点，即冼夫人初巡海南这一真实或想象的生动记忆场景。如扬·阿斯曼所言，围绕着文化记忆题旨而型塑的回忆共同体倾向于从两个方面保存自己的过去，即独特性和持久性。借由冼夫人在琼海停留之际与梁家结缘，以及嗣后梁族得夫人荫庇而擢升官绅衿士阶层的故事，叙述者的意图定点在于标出身份认同的"主体"位置，提供一整套可模仿的信仰实践规范程式，并同时为自琼海方域崛起的梁族提供"神荫"的文化阐释。故事将这种差异与优待的赋权者归于梁沙姑娘冼氏，称其在行将离琼返高之际，询问梁家先人，在万贯家财与进士世家之间，愿作何选。梁族先人以其祖辈目不识丁为憾，尤望可跻身士人阶层，遂放弃富庶而选择了显贵。梁沙姑娘冼氏许诺他日其心愿必将实现。白驹过隙，斗转星移，大器晚成的梁云龙四十一年焚膏继晷、苦心孤诣，终于荣登万历癸未进士榜。有明一代，梁家出了梁云龙与梁必武二进士。此外，另有口传指，梁云龙战术非凡，

① ［明］戴熺等纂：《琼州府志》，海南出版社，2003 年，第 738—739 页。
② 参见 ［清］萧应植总修、陈景埙总纂：《琼州府志》，海南出版社，2001 年，第 34 页；［清］杨宗秉纂修，《乾隆琼山县志》，海南出版社，2001 年，第 40 页；［明］戴熺等纂修：《琼州府志》，第 187 页。

建功屡矣，皆因冼夫人梦授其运筹帷幄之术。

据郑振满先生的考察，中国东南沿海的民间神庙往往是与上古泛灵崇拜一脉相承的巫觋祝赞信俗活动场所，在官方话语中长期被划归为"淫祠"。然而，迨至两宋，伴随着此帝国东南隅转变为海滨邹鲁的国家整合进程，地域社会中崛起的本土缙绅群体经由其集体参与致祀神庙祷祝活动的方式，凭借其社会声望与舆论影响，逐渐改写了这些本处淫祀之列的地方神庙在官方眼中的文化象征意涵。其结果是，在地方科教甫兴、人文蔚起表述的另一面，基层社会中参差不齐的地方神庙亦被整合进帝国的正统话语体系，成为合乎帝国礼仪规范的崇信结构。[①]这种经由地方精英中介的礼俗互动契机，促使国家意识形态设计与基层民众实践借由对话、博弈与磋商的承认运动过程，参与共谋了地方神明的正统化建构过程。由此可见，在地域社会中，无论是致仕官宦、缙绅衿士，抑或面目模糊的庶民乡众，其在具体流动的社区生活场景中所有意无意参与的集体回忆叙事与情感认同体验，俱非先验预置、泾渭分明的类型学范畴可以收拾的。在冼夫人回忆形象叠加至梁沙婆意象之上的文化复写过程中，琼海梁族借由重组传统信俗范畴的结构转换之径，将其充盈着共同体伦理认同情感的凝聚性结构，重新接合于帝国的正统性神明"冼夫人"，由此重构了身份认同表述。在此"历史感"与"地方感"重塑的能动性事件与过程中，我们看到冼夫人信仰究竟是如何为能动者的文化权宜之计留出施展空间，而这些面目模糊的能动者又是如何巧妙地斡旋于王朝礼制话语与地方信俗传统之间。借此设置空间的事件与过程，冼夫人信仰持续为"礼俗互动"提供灵活开放的交流模塑机制。

在梁沙婆与冼夫人形象的叠加整合过程中，基于具身交往经验的记忆叙事始于明朝。彼时，国家官员捣毁地方淫祠的激进信仰整合方式蔚然成风，嘉靖二年（1523），魏校毁淫祠之风波及儋州宁济庙，同知顾岑以崇祀冼夫人的庙宇不宜"逼近儒学"为由，遂"奉提学魏明文"捣毁五显佛像，并迁"谯国夫人冼

---

① 参见郑振满：《莆田平原的宗族与宗教》，《历史人类学学刊》2006年第4卷。郑振满先生的考察田野范围是福建莆田平原的兴化府，该地域社会被整合进王朝国家的历史节点为较之粤地更早的宋代。

氏"神像入内。①在这样一种严格区分"正统"与"异端"崇祀神祇的社会历史语境中，梁族为保其集体崇祀神祇"梁沙婆祖"之合法性而挪用"冼夫人"符号并非没有可能。而无论这种转喻的文化权宜之计是否曾被实施，冼夫人信仰作为一个物质性、象征性与功能性的记忆之场，均以符号自指的非理据规约形式在一个世俗的生活世界中设置了一个高度象征化的记忆神龛。而正是这种象征性赋义的文化实践过程与社会契约的缔结方式，将梁沙坡十排、十甲的乡民围绕着冼夫人崇祀事象而凝聚成为一个记忆共同体。这种想象性认同的社会结构化过程是绝对真实、无法还原为符号的。就此而言，围绕着"正统性"表述而建构起来的梁沙坡乡民以轮值方式所操演的冼夫人信仰空间实践，确实生产了一种连贯的、整合的、均衡的空间表象。其对外作为地域社会向王廷表述"正统性"身份认同的集体表象，对内则被视为区分"自我"与"他者"边界的认同符码。

借此神话转喻的历史叙事方式，琼海梁沙村共同体形成了一种历经岁月涤渍而恒葆原初灵韵的连续性身份认同意识。并且，在作为"绝对的过去"的神话历史叙事之后，便是循环复现的社区庆典，是无事发生的生活世界常态。打破这种平淡无奇生活的是周年举办的"婆祖回娘家"节俗，而仪式操演场景中的集体欢腾氛围与情感共鸣体验则定期刷新这种群体的共在感，为凡俗冗复的存在展开过程重新赋义，动态调整着既存的文化象征秩序与宇宙时空格局。这种记忆机制的独特时间结构，呈现为一种首尾相接的莫比乌斯环状记忆环圈，圈内一切皆被赋予了约定俗成的文化象征蕴涵。就此而言，在社会再现过去的三重时间结构中，"当下"直接链接于神话历史叙事的"过去"，基于晚近交往经验的非正式世代记忆无缝对接于想象族群起源的"神圣往昔"记忆，而两者之间必然存在的巨大记忆空白时段，则被表征为循环往返、周而复始、平淡无奇的时间。民族学家范西纳（J. Vansina）将这种神话历史的叙事结构指称为典型的"浮动的缺口"现象。这种记忆的表象效果实乃共同体为了在回忆叙事中达致认同凝聚目的而有意运用的话语修辞策略，意在将所有的骤变皆归诸于起源，此后便毫无冲突、龃龉、

---

① 参见万历年《儋州志·地集·秩祀志》，第8页。

断裂，以此造成一种共同体认同的连贯整合叙事效果。①

除了在历时性维度上创造出维续族群认同的连续性历史感之外，共同体还倾向于将记忆空间化。"任何一个群体，如果它想作为群体稳定下来，都必须想方设法为自己创造一些这样的地点，因为这些地点不仅为群体成员间的各种交流提供场所，而且是他们身份与认同的象征，是他们回忆的线索"②。尽管就一个具体的特殊记忆地点而言，群体的回忆叙事倾向于忽略断裂、冲突、骤变，但设若我们基于文化地形学的视角重新将此地点把握为一个三维立体空间而非二维平面，那么其历史感纵深维度便会将生成于不同时空阈限的一系列事件和盘托出。而正是由于这些事件在此空间中的镌刻踪迹，不断定义着"我们的记忆"，重阐着"我们的认同"。就此而言，借由"跑马选址"与"梁云龙义铸冼夫人金塑像"等民间口传之前情后事，梁沙村分丛荫坡的梁沙婆庙原址与琼山新坡冼夫人庙现址俱被建构成为冼夫人"显圣"的重要记忆地点。其中，梁沙婆庙原址据说是梁云龙中举当年所铸的冼夫人金身神像之安置地点。彼时，梁将夫人神像缚于马背上返归桑梓，至村口而马逡巡不前，遂即地建庙。庙成，梁沙坡附近十排、十甲乡民为了纪念梁沙祖婆，即谯国夫人冼氏当年为民请愿之情义，纷纷至庙瞻仰拜祭，并筹资成立祭祀基金会，每年举办模仿冼夫人出兵前检阅部伍盛大场面的军坡节。咸丰年《琼山县志》载梁陈都梁沙坡冼庙"神甚灵显"，且因夫人曾威镇岭海并恩施海南，其诞日"百里内祈祷者络绎不绝"，信俗之辐射影响力不断向外扩张。③及至清嘉庆辛未年（1811）十月初二与壬申年（1812）五月二十四日，地方耆老二度集首议决，"分别以三十二千三百文与七十千文之造价买下多源地基"，准备移址扩建梁沙婆庙。④乡众虽再度模仿当年梁云龙首创之"跑马选址"方式，让"冼夫人"自行选择其栖身之所。据说马跑至夫人当年驻军扎营搭帐处（即梁沙军坡之巅）即逡巡不前，耆老乡众遂即此址建庙，也就是嗣

---

① 参见〔德〕扬·阿斯曼：《文化记忆》，第33、43—52页。
② 〔德〕扬·阿斯曼：《文化记忆》，第31—32页。
③ ［清］阮元等纂修：《广东通志》，第316页。
④ 黎国器、陈英：《在海南岛上的冼夫人古迹》，《岭南文史》1984年第1期。

后改建冼夫人纪念馆的冼庙。[1]庙成后，其屡经修葺维护，其中以咸丰年间那次规模最大。时丙申科状元特授琼州府知府护理雷琼道台林鸿年于咸丰二年（1852）吉旦撰《重造冼太夫人庙碑序》倡舆，琼州府、海口、海安和琼山等处文武官绅八十余名捐俸为赀，并有停驻海口港埠的商贾群体参与。[2]而从林鸿年撰写的《重造冼太夫人庙碑序》中，我们可得知，嗣后迁建于梁沙坡巅的新坡冼庙在邑人陈游戏的捐资牵引之下，合郡官绅士民共同参与集资筹建，以地方绅耆为首事者，拓展其原有规模，加造拜亭与琼廊。除此次修葺外，道光廿一年（1841）、光绪六年（1880）和民国初年，均有拓建记录。至"文革"以前，该庙已具三进七间四十五眼瓦屋，占地面积逾二千平方米，其雕梁画栋之典雅堂皇状，甚是奇伟。"文革"十年，冼夫人信仰被视为封建迷信的残余，被调度至批判"四旧"的话语场域中接受鞭笞。在帝国赋权光韵陨毁的祛魅阈限中，梁沙坡冼庙被拆毁。这种合法性质询的阴霾，使得冼夫人信仰一度从公众视野中消匿。及至1981年主导话语范式转换之际，梁沙坡冼庙得之旧址复建，然未能恢复其被毁前的规模，嗣后又于1989年一度扩建修葺。[3]在科学话语的介入作用下，梁沙婆庙庙会亦一度转变为契合"冼夫人纪念馆"称谓的乡镇市集活动。当中的传统贸易集市形式与剧团演戏等文艺活动内容得之保留，并曾增设文化科技交流等现代文化项目。但就其民间信俗部分内容而言，仅作为周期复现原初场景、模仿冼夫人当年出军仪式的"装军"仪式得之延续，并被改造成为契合现代科学话语趣味的旅游文化节形式。[4]不过，在社区实际操演仪式的过程中，人们还是依循惯例，在每年农历二月初六如期沐浴斋戒，并连续六天境内停止销售与进食肉类产品；初九日，以村为单位，青壮年成员手持"兵器"诣约定地点参加"圆军"集兵仪式。而后三天，便是声势浩荡的"装军"仪式，均准时于午后两点开始操演。自2003年联合国教科文组织决议通过《保护非物质文化遗产公约》以来，民间信仰得之正名，涵括

---

① 倪谦主编：《冼夫人文化研究》第一卷，第465页。

② 参见黎国器、陈英：《在海南岛上的冼夫人古迹》，《岭南文史》1984年第1期。

③ 参见陈雄编著：《冼夫人在海南》，第9—62页。

④ 参见陈雄编著：《冼夫人在海南》，第59—69页。

冼夫人信仰在内的传统民俗活动对于社会共通感的模塑与葆育机制得到了关注，军坡节活动亦因其持续将冼夫人精神涵养在活的文化生态壁龛当中而得到了社会舆论的肯定性评价。如今，军坡节作为冼夫人信仰的重要文化表现形式，其曾在历史通过阈限被低估了的文化习俗维度，正在后全球化语境中被有意识地重构与恢复。

这种"历史感"与"地方感"生成的方式提醒我们，冼夫人信仰对于特定社区而言，既是流动的记忆，亦是固定的地点。在这种时代变迁与地域差异的交互定义中，具体记忆地点的回忆叙事方式具有结构相似性，其生成于特定时空阈限中的冼夫人回忆形象，以一种风格相似的方式传达出"我们的认同"之具体蕴涵。因此，除梁家二进士蒙冼夫人荫庇而仕途亨通的叙事版本以外，此时段中琼海方域的类似口传主角还有文渊阁大学士丘濬，并以大致相同的方式向我们讲述了一个结构相似的神异叙事。在故事中，丘濬尽管系海滨俊才，然屡试不举。堪舆术师为之指点迷津，言其才学唯可臻至举人，而欲中进士则必需神携。丘濬遂备齐三牲酒醴，至其桑梓苍兴一都冼夫人庙处祭拜婆祖，祈祷第三试可得偿所愿。嗣后，丘濬赴京赶考前夜得谯国夫人冼氏托梦，梦中只见其对手常林伯正在婆祖庙中拜谒冼夫人，神祇供桌上米粿高垒，蚂蚁丛集。丘濬幡然醒悟，其备蜜糖至常林伯赴京之途上用蜂蜜大书"常林伯此科未中，下科再来"十一大字。常林伯见状，以为天命，折返未试。丘濬如约赴京，果中传胪，敕封翰林院庶吉士。后丘濬为答谢夫人神助而重建苍兴一都冼庙并拓展其规模，冼夫人又托梦助其觅得造庙石材，并另筑大桥一座。[1]上述民间口传甚至在《咸丰琼山县志》中被修志者所辑：

> 冼夫人庙，一在苍兴一都。明丘文庄公未第时祈祷有应，欲新其庙而艰于石，神示以梦，得石柱十余条，长俱逾丈，用之不尽。公建庙落成，并造庙前一桥，又置田为祭费，其像乡遂祀为通图郡主，因增建一座，至今文庄公裔年

---

① 参见陈雄编著:《冼夫人在海南》，第36—37页。

年诣庙拜祭。①

　　据《正德琼台志》，丘濬丘文庄公官至太子太保、礼部尚书、武英殿大学士，殁而享祀于其桑梓之景贤祠，时人以其为士人楷模，具瞻仰感慕之社会教化功勋，是为社会认同度颇高的名儒。②

　　哈布瓦赫提醒我们，回忆形象"既是模型、范例，又是教材。它们体现了一个群体的一般态度；它们不仅重构了这个过去，而且定义它的本质、特征及弱点"③。质言之，这种洋溢着伦理价值评判标准与情感认同型塑意图的故事，非但从认知、情感与道德三维体现出其传承群体的共享文化图式、趣味偏好与德性规约、表象出该族群的整体精神气质；并且必然被打上特定社会历史语境的时代精神烙印。因此，在琼海方域民间信仰空间中被认同为"祖婆"的冼夫人回忆形象的一个重要特质是，将作为正统神明的"冼夫人"与赋授士人以登科晋升契机的科举考试机制相关联，由此也就将帝国设计的"王道"隐喻转译成为契合基层民众感觉结构的"天道"表象。这种看似任意性关联的转喻修辞，实则隐匿地意指着琼海方域从文化上被整合进中华民族大家庭的集体记忆。尽管华琛基于天后崇祀的案例考察提出，"代表国家扩张的文化表现，并不是士人兴办的学校，而是国家曾赐予封号的神明"，认为礼仪行为的正统化（orthodoxy）过程是地方精英在其践履移风易俗文化启蒙理想之际的一种文化权宜之计；但没有任何的迹象表明，信念与行为可以二分，尤其是在倡导"知行合一"的近代中国社会语境。④而从冼夫人信仰在琼海方域的文化生态呈现来看，作为王朝国家礼制话语在地方社会扎根的两种文化策略，即正统神明的地方化以及士人兴办学校、推广儒教，实乃并行不悖、相辅相成。因此，无论是由自宋以降入琼的谪官过客所带来的儒学礼教资源，抑或王朝建构作为帝国权威隐喻的"冼夫人"符号以推广其意识形态

---

① 〔清〕李文煊等纂修：《咸丰琼山县志》，第 245 页。

② 〔明〕唐胄等纂：《正德琼台志》，第 532—533 页。

③ 转引自〔德〕扬·阿斯曼：《文化记忆》，第 32 页。

④ 参见〔英〕科大卫、刘志伟：《"标准化"还是"正统化"？》，《历史人类学学刊》2008 年第六卷第一、二期合刊。

模型，事实上均以叠合象征的意指方式镌刻在此信仰空间中。由此，在琼海民众的感觉结构当中，逡巡于国家与社会之间的冼夫人回忆形象既是一个身着戎装、手持令旗（牌）、代宣圣谕的帝国女将，如新坡冼夫人纪念馆与海口得胜沙冼夫人纪念馆的夫人画像与石雕像；亦是雍容华服、"善读阃外春秋"的儒雅先贤，如崖城学宫中的冼夫人造像。在新坡冼夫人纪念馆前新建于20世纪90年代的负碑赑屃，上书："创业功存聚美名，千秋义史效贤声。扶穷主正天无悔，治水肥田地有情。冥府报偿分善恶，人间积累重德性。纸钱香火，黎民愿坐镇琼州保太平"，即传达出琼海民众对于冼夫人认同的多重叠合涵指，当中既有"礼"之精微，亦有"俗"之灵动。

综上，从历时性维度观之，冼夫人信仰的记忆之场充满了不同文化语境与时代精神的镌刻痕迹。但在一个具体的记忆地点，在由特定群体强烈记忆愿望所投射的特殊认同记忆位所（site）当中，关于冼夫人的记忆表象又总倾向于忽略语境变迁、结构断裂与冲突事件，而以"旧时……而今……"的结构推进叙事。如此，时代变迁与地域差异构成了流动的冼夫人文化记忆之多维多元观相，使其成为多元旨趣的文化生态壁龛交叠共生的记忆之场，呈现出斯宾格勒所言指的文化"假晶现象"。在此夹杂着编码与未编码符号的文化异托邦中，"语义—信息"的功能性符指与"审美—形式"的象征性蕴涵构成了冼夫人回忆形象的一体两面。此信仰空间的文化假晶生态呈现表明，"一个共同的历史传统中可能混植着以读写知识文本和理性为核心的主流文化和以乡土生活和神秘的共同体验为内核的部落文化"，多维空间混植的文化生态壁龛以分立发展而又互为模塑的方式不断重构着这个作为"我们"共同家园的记忆之场。[①]就此而言，"群体与空间在象征意义的层面上构成了一个有机共同体"[②]。这种与特定群体认同相关联的异质地形学空间，是恋地情结赖以附着寄寓的现象学空间，是具身主体为葆育集体欢腾高峰体验中的共同体情感共鸣经验而构筑的美学心灵寓所。这种空间在后全球化语境当中的重要文化价值，既在其作为异质化的文化生态壁龛，构成了全球文化

---

① 高小康：《"我们的"：节日与文化认同》，《节日研究》2020 年第 2 期。

② 〔德〕扬·阿斯曼：《文化记忆》，第 32 页。

生态环链不可或缺的一个节点；亦在其可跨越时空阈限，通过重建某些关键要素的关系组合，营造出充盈着特定"历史感"与"地方感"的传统文化氛围空间，重组契合该文化生态壁龛组合条件的社群凝聚性结构，以此而化"他乡"为"故乡"，在新的社区重建"我们的家园"。

第三节　霞洞晏公庙：在记忆与历史之间

霞洞镇位于今茂名市电白区西北部沙琅江中段区域，背枕浮山岭，往西则为羊角镇，向北可抵黄岭镇和高州根子镇。浮山岭，即《太平寰宇记》所叙录之浮山，据说其乃"尧时，洪水泛滥，此山独浮，居人得免沈垫。故名浮山"，道光《电白县志》以其"高出云表，实为邑中之镇。更有龙湫诸胜"，且山下古庙又为谯国夫人冼氏之遗迹，遂单独绘图以行表征。①明万历年《高州府志》卷二"猺狼獞兵"条载彼时电白县瑶兵屯耕于浮山之上计凡一百二十四名，隶属下博乡。其时电白瑶二十山，兵八百九十八名，而浮山瑶兵即约占邑戍守耕兵总额的13.8%，人数甚众。②沿浮山岭岭脉往西南方位前行，在林立的群山之间有一丘陵状的小山包，即为晏公岭。道光年《电白县志》以为"诚敬夫人庙在晏公岭之阳，人称晏公庙"，内存高约四尺之铁炉古物，"款识破坏不可辨"，并有石狮一和石狗二，疑皆唐宋之物。③这座位于浮山下霞洞坡祀诚敬夫人的晏公庙，即清电邑举人崔翼周撰庙碑以填补苏子瞻诗曰"漫无辞"之碑版的谯国夫人庙，屹立于汉人坡（"看人坡"）北端狮子岭处，坐北朝南。在有史可据的典籍史册、方志邑乘中，霞洞诚敬夫人庙的叙事简单而充满着记忆的断点与缺口、疑云与附会。譬如，诚敬夫人庙为何名为"晏公庙"？若苏轼所言指的"遗民不可问"之冼庙即此晏公庙，那么何以"漫无辞"的碑版直至七百余年后，方才在邑举人崔翼周

---

① 参见［清］章鸿等纂修：《广东省电白县志》，第671页。

② ［明］曹志遇纂修：《高州府志》，卷二"猺狼獞兵"条，第33—34页。

③ 参见［清］章鸿等纂修：《广东省电白县志》，第72页。

处得之补白？这中间巨大的"浮动的缺口"所被有意无意"遗忘"了的记忆究竟是什么？

晏公其神，据《三教源流搜神大全》，乃"浓眉虬髯，面如黑漆"，其生前疾恶如仇，为乡人所敬惮；殁而尸解无迹，并能自行归桑梓以讣告其众。其神迹主要在于庇佑海商，"有灵显于江河湖海，凡遇风波汹涌，商贾叩投即见，水途安妥，舟航稳载，绳揽坚牢，风浪平，所谋顺也"，明洪武初年得封显应平浪侯。① 康熙年《鄱阳县志》载晏公庙"在城西柳林津，祀元文锦局堂长晏戍仔，洪武间建，官民舟楫出泊必祷"②。乾隆年《清江县志》记述"晏公庙在清江镇右濒江。洪武丙辰建郡人聂铉有记。《一统志》云：晏公，名戍仔，本镇人，元初文锦局堂长，因病归，登舟尸解，人以为神，立庙祀之，有灵江湖间；永乐中，封平浪侯，今俗讹为晏公庙"③，以晏戍仔为晏公，乃元文锦局堂长，江西临江府清江县（今樟树镇）人士，殁而显圣，乡人遂立庙以祀，其祀之兴始于元明。又据清人赵翼之《檐曝杂记》，晏公实则江中棕绳，晋代作祟，被道士许真君"以法印击之"，迄明太祖于覆舟山不慎落水，晏公显灵，救其性命，救主有功，遂得享国家正祀，有司岁时致祭。④ 但在霞洞当地民众的记忆中，尽管"晏公"不知所出，但与冼太夫妇同时享祀的这位神祇确定不是水神，而是一如冼太夫妇，是祷祝必应的万能神。而就霞洞的祭祀神祇来看，"晏公"有可能是"盎公"，即"冯盎"，此中有三点缘由。其一，俚话"晏"与"盎"同音。其二，"冯君衡事件"之余波可能导致该地民众有意避嫌，遂改同音字。其三，冼夫人去世后，据说其孙辈立庙以祀，但时间地点均不详。另据道光年《电白县志》，"诚敬夫人庙，《舆地纪胜》载电白，今《通志》云不知所在，当是宋时建。考电白冼夫人庙，霞洞为最古。冯盎为夫人之孙，唐时家于良德，即霞洞堡，地宋署灵山，知县崔本厚即其地建庙，后与乡人王姓同修，分设二像祀之"⑤。由此可知，关于诚敬

① 转引自宗力、刘群：《中国民间诸神》，河北人民出版社，1986年，第353页。
② ［清］王克生等纂修：《鄱阳县志》（康熙廿二年刊本），第319页。
③ ［清］熊为霖：《清江县志》（乾隆四十五年刊本），第338—339页。
④ ［清］赵翼：《檐曝杂记》，文海出版社，1969年，第243页。
⑤ ［清］章鸿等纂修：《广东省电白县志》，第357—359页。

夫人古庙的确切记忆，开始于修志者推测诚敬夫人古庙即为宋署灵山知县崔本厚即地所建之晏公庙。1983年9月下旬，电白县文物普查队于晏公庙后西侧发掘出冼夫人六世孙墓葬群（冼夫人与冯宝—冯仆—冯盎—冯智戴—冯子由—墓主）。[①]上面提到，贞观二十三年冯盎卒而唐廷裁撤高州都督府并分其辖地予三子，"仍移高州理于良德县"[②]。又据道光年《电白县志》，"良德县故址，在下博乡一都，离今县城西七十里。旧相志里图云：霞峒、木院、亭子、那夏、三桥、□□、那井、茶山、谭白，自县西下博乡一都五十里至七十里地，梁陈隋俱属良德县。宋开宝间省入电白"[③]，显然，今霞峒镇即冯盎后裔移治定居之所。既然考古成果已然证明此地即为冯盎后裔聚居地，那么道光邑乘修志者之推测当属无误。此即意味着，可能崔本厚建庙之说乃是口传附会，毕竟霞峒崔、王二氏的祖源叙事亦明显带有彼时粤地流行的"珠玑巷移民"传说[④]建构痕迹；又或者在其（重）建晏公庙之前，此庙即（曾）已存在，亦即冼夫人孙裔慎终追远、崇祀先祖的诚敬夫人古庙。而与冼夫人夫妇一同享祀的"盎公"，即在彼时冯冼酋豪家族中亦占举足轻重位置的先祖冯盎。

　　然而，不管"晏公庙"是否为"盎公庙"，该庙宇自明清以来一直是凝聚霞峒地域共同体认同的重要民间信俗实践场所。即便在1957年该庙在神水巫祝事件中被当作封建迷信场所强行拆毁之后，当地乡民仍旧每月初一、十五以及每年冼

---

① 朱更新：《纪念冼夫人的电白霞峒晏公庙》，《岭南文史》1984年第4期。
② ［清］杨霁等纂修：《高州府志》，第705页。
③ 参见［清］章鸿等纂修：《广东省电白县志》，第681页。
④ 历史人类学者指出，"珠玑巷移民"传说实乃明清南粤入籍土著建构其祖源叙事的流行范本，不同的华南宗族在借此口传而将其族属定位于"中州华胄"以明显区分于"华南土著"的修辞策略上，显示出惊人的结构相似性。如卢湘父在《潮连乡志·序》中所言："在南宋咸淳（1265—1274）以前，潮连仅一荒岛，渔民疍户之所聚，蛮烟瘴雨之所归。迨咸淳以后，南雄民族，辗转徙居。尔时虽为流民，不过如郑侠图中一分子。然珠玑巷民族，大都宋南渡时，诸臣从驾入岭，至止南雄，实皆中原衣冠之华胄也。是故披荆斩棘，易俗移风，而潮连始有文化焉。夫民族之富力，与文化最有关系。地球言文化，必以河流；粤省言文化，当以海坦；古世言文化，必以中原礼俗；现世言文化，必以濒海交通。我潮连四面环海，属西江流域，河流海坦，均擅其胜。以故交通便利，民智日开。宜乎文化富力，与日俱增。试观各姓未来之前，其土著亦当不少，乃迄今六百年间，而土著不知何往。所留存之各姓，其发荣而滋长者，大都珠玑巷之苗裔也。"转引自萧凤霞、刘志伟：《宗族、市场、盗寇与疍民》，《中国社会经济史研究》2004年第3期。

夫人诞、忌二辰，定期自备三牲酒醴，至此庙庙址残垣处进行祭拜活动。至2011年重修的诚敬夫人庙落成之际，村落民众崇祀冼太夫妇与晏公的信俗活动，一直践履不辍。就此而言，晏公庙是霞垌冼夫人信仰的重要文化记忆地点，这丝毫不受庙宇之废置的影响。这也从侧面反映出，涵括冼夫人信仰在内的传统民俗文化更重要的文化空间，是生成于一代代文化持有者意识形态世界中的心灵美学寓所。这种基于特定历史感与地方感情调的传统文化氛围空间，是现象学意义上的空间，因此可通过将特定的记忆时空框架葆藏在群体的文化习性当中，以体化实践的方式化解时空阈限之隔阂，不断在新的文化生态环境通过营造重塑传统文化氛围的空间设置方式，裂殖生产出新的文化记忆位所或曰文化生态壁龛。并且，尽管自发生成的冼夫人文化记忆环境在历史的通过阈限中，不断接受主流意识形态的审查与修订，但以传统残余形态而葆藏的冼夫人文化精神在后全球化语境中重新焕发异彩，被指认为藏储着“我们的认同”的文化记忆之场。究极而言，此乃由于这种弥散性的宗教形态主要是诉诸本体论意义上的“共同的善”，而非个体意志的“聚合的善”来施行其认同凝聚的社会结构化功能。因此，也就以“有机团结”移置了“机械团结”的组织形态，以情感共同体的认同凝聚方式，重新唤回了被现代理性话语所封存起来了的古典伦理之“至善”与“美德”的必要理念，而非依赖于现代社会为维护公共秩序而设计的理性主体与规制其行为的道德要求——“正当性”（right）的准绳。①

宋绍圣四年（1097），时年六十有二的苏轼遭贬至儋，在其途经冼夫人庙之际作《和陶拟古九首之五·咏冼庙》。尽管我们并不得而知，此诗究竟是在晏公庙有感而发，抑或其抵儋后在宁济庙所作。但就其所述场景，我们得知彼时冼夫人享祀之所已然是“庙貌空复存”，围绕着冼夫人信仰题旨而书就的文化记忆出现了断裂与遗忘。冼夫人信仰的断裂，重点不在于庙宇倾颓或“碑版漫无辞”，而在于“遗民不可问”。由于共同体总是在象征意义上与其约定俗成的时空参照框架相关联，由此组成一个有机团结而非机械团结的共同体。因此，“即使此群

---

① 参见应奇等编译：《公民共和主义》，第382—383页。

体脱离其原有的空间，也会通过对其神圣地点的在象征意义上的重建来坚守这个共同体"①。而集体记忆的断裂则意味着，在历史的通过阈限中，自发形成的记忆共同体出现了传承的缺口，记忆意愿的衰微给原生的记忆环境带来了致命的打击，庙宇荒墟即为这种记忆环境不再的场景隐喻。随着"冯君衡事件"的冲击与岭南冯冼家族时代的过去，关于冼夫人信仰的记忆地点随府县迁治转移至高州旧城冼庙，嗣后又于明成化四年再度因府县迁治事件而分别集中于高州冼太庙与神电卫长乐街冼庙，霞峒诚敬夫人庙从公众视野中淡去。明清之际，伴随着粤西南地域社会一系列的局部动乱事件，"冼夫人"被调度到询唤多元分化地方社群认同的场域，被建构成为"帝国的权威"隐喻。在此时空阈限中，精英叙事异常整齐地强调冼夫人对于百越族群的教化启蒙功勋，以其为援引中州礼乐入声教未通的岭表之关键人物，将其当作自我理想形象来崇拜。这种"女师"崇拜的深意其实不在溯古，而在借"过去"影响"当下"，即挪用基层民众感觉结构中的冼夫人回忆形象，以谯国夫人冼氏之克里斯玛魅力来询唤"化外之民"的认同；并效仿冼夫人当年招慰亡叛的以德化人感召方式，为多元社群提供改变文化身份认同表述的权宜之计。这种援"礼"入"俗"的文化启蒙方式——既以"礼"化"俗"，亦借"礼"阐"俗"，亟须由既熟悉帝国礼制语言亦深谙地方传统民俗的本土精英来经营。因此我们看到，道光乙酉年（1825），新晋邑举人崔翼周趁其"幸居桑梓"须臾，应邀为霞峒堡浮山岭的诚敬夫人庙撰写铭文，以"谒夫人奕奕况奇杰"。全文二千四百九十八字，录入章鸿主持纂修的《电白县志》，碑高五尺，广三尺，由生员杨栽成经办。铭文曰："冼夫人女中豪，抗乔狱，负神韬，朝南北，贞一操，芰倚角，钳梼饕，救提天纲安三朝，镂太常五岭高凉下浮山阳。张锦伞，靖氛狼，勋高旌节光。尸祝：甄醪香，庙貌新，占狮龛。东坡谒陬，麇缺翠珉，模糊口碑，逾切岭云。垂英风烈，虹开玉照光岳邑。"②

可见，霞峒诚敬夫人庙重新成为电邑冼庙中心焦点之时，亦是霞峒本土地方精英崛起之日。尽管主流话语倾向于将"冼夫人"建构为"王道"之在场隐喻，

① 〔德〕扬·阿斯曼：《文化记忆》，第34页。
② 参见〔清〕章鸿等纂修：《广东省电白县志》，第660—670页。

但在基层民众感觉结构中，此文化象征符号却更多地被释读为"天理之节文，人事之仪则"，亦即"天道"之表象与"正义"之化身，是集正确理念与规范行为于一体的"社会自我"理想形象。而本土精英的阐释则意在融贯这两种认同，由此其回忆叙事中的冼夫人形象既有作为帝国权威隐喻的一面，亦同时蕴藉着其所属地域共同体的核心伦理价值观念。正是这种由国家之"礼"与社会之"俗"所共同赋授的文化象征规范，使得信仰结构中的冼夫人回忆形象在地方构成了权力的文化网络之重要节点，这种共通的规范性价值是国家话语、精英表述与民众意识三者达成文化共识之基点。围绕着此记忆地点而展开的信仰叙事，此通碑记之意图定点明确锚定于冼夫人"钳梼饕，敉提天纲安三朝"，而这种"张锦伞，靖氛狼"的生动历史场景回溯，意在表明夫人"垂英风烈，虹开玉照光岊峊"，可葆山海交错、不无隐忧的电邑古驿道狮子岭山无伏莽、海不扬波。质言之，这种借古鉴今的文化表述，意在诉诸话语影响行动，以言塑行，借冼夫人信仰整合地方多元分化族群的身份认同意识，跨越狭隘的民族主义立场而进入族群间性认同的地缘认同型构场域。这种跨族群认同主要诉诸道德感化之径而非政治强制手段、话语规训程式或文化殖民路径以推进其跨文化传播，亦即以"道德母题"（moral milieu）为其僭越族群文化边界之根本。其凭借一整套集体表象程式以为文化持有者提供感知世界的文化图式与行为范导原则，以伦理信念使人服膺，借传统礼俗教化成员，从而能够跨越民族中心主义的窠臼，促生多元主体共在的文化生态空间，真正彰显出人文精神的正面价值。①

崔翼周，字会清，号崧楼，霞峒堡崔本厚后裔，清嘉庆戊寅恩科亚魁，考授景山教习，俸满而补安徽来安县知县。嗣后解组归桑梓，传道授业解惑，其亦为道光年《电白县志》的纂志者之一。②该邑乘中所载诸冼庙有四：其一，即上述位于霞峒堡的诚敬夫人古庙或晏公庙。其二，山兜乡丁村的娘娘庙，其位置"即谯国夫人故里，道光五年重修"。邑乘亦系之以清代信宜训导吴兰修的《齐天乐

---

① 参见〔法〕莫斯等著，施郎格编选：《论技术、技艺与文明》，蒙养山人译，世界图书出版公司，2010年，第38—69页。

② 〔清〕孙铸等纂修：《重修电白县志》，第195页。

词》，词中可见祷祝"海水无波，稻花长熟"等愿景语。其三，新电白县官祀洗庙，其坐落于"县城北长乐街青莲庵右，明成化间建，顺治庚子（1660）知县相斗南重修；康熙丁酉（1717）年知县周文杰重修。嘉庆丙子（1816）署电茂场大使武廷选重修，添设一亭"。其四，新电白县境另有一洗庙"在观珠岭墟"，余则以"邑中各乡亦有设者"语概述。而上述电白邑乘所提及的四处洗庙中，着墨最多者即霞峒诚敬夫人古庙，可见该洗庙在纂志者意识形态世界中占据举足轻重的位置。[1]《卷八·建置》在描述当地洗庙概况时，修志者特别提到了霞峒堡的地理位置，强调此古驿路乃交通要道，由狮子铺至驿岭塘、油麻坡，入高州，下化州以抵雷、琼，俱需途经此庙，并记述了该驿路断崖十尺处，古烽堠遗址犹存。更进一步，崔翼周将苏子瞻所作上诗系于此庙，认为东坡彼时自此驿道前往儋州，于此拟古撰诗。考粤西驿道，据《方舆纪要》卷一〇四"高州府·电白县"条所载，狮子堡"在县西七十里，嘉靖五年（1526）设，与旧县城并为控御獠贼之要路。相近有三桥堡，《志》云：即茂名县之那夏驿，弘治十年设。皆有兵戍守"[2]，光绪《高州府志》亦载"狮子堡，在县西北七十里得善乡，明时为阳春、泷水盗贼之卫，嘉靖五年置堡，后废"[3]。

雷尔夫提醒我们，地方是行动与意向的中心，其融入人类的意识和经验之中，牵连着感知者的意图、态度、目的及其关注焦点。在意向性结构之运作下，差异化的地方作为整体空间的组成部分从周遭环境中凸显出来。就此而言，"我们在世界里的经验之所以会呈现出有序的状态，就是因为地方这一根本性的要素将我们的世界组织了起来"[4]。地方作为"我们在自身存在状况里体验重要事件的焦点"，会将其情感基点投射至该场域中的行动与事件。质言之，地方绝非行动与事件展开的惰性非辩证布景，而是始终积极参与至行动与事件的文化价值赋义过程中来。[5]霞峒诚敬夫人庙被彼时电邑精英认同为苏轼所言指之洗庙，

① 参见［清］章鸿等纂修：《广东省电白县志》，第 357—359 页。

② ［清］顾祖禹撰：《读史方舆纪要》，中华书局，2005 年，第 4735 页。

③ ［清］杨霁等纂修：《高州府志》，第 78 页。

④ 参见〔加〕雷尔夫：《地方与无地方》，刘苏等译，商务印书馆，2020 年，第 68—71 页。

⑤ C. Norberg Schulz, Existence, *Space and Architecture*, New York: Praeger, 1971, p. 19.

并在修志过程中不惜笔墨地对其物质地理形态进行描述，由此将作为帝国权威隐喻的"冼夫人"能指与作为地方交通枢纽重要关隘的"古驿道"相关联。这种转喻性修辞实际上隐匿地传达出彼时地方精英对于"冼夫人"符号认同的具体崇拜内容，而不唯纯粹回溯往事、瞻仰圣颜的集体怀旧叙事。

狮子堡被废，乃因正统至成化年间此地及其周边动乱频仍、战火绵绵，甚至促使王朝国家不得而将府县迁治并重新规划驿道路线。西山大路驿道之设，改变了此前沿自元代的从广州到高州的驿道路线，恢复唐制，也使得狮子堡之重要关隘位置被取消，可见此地远非安绥之区。明正统至成化年间，"广东州郡之界广西者无不残破，而高州尤甚"，此地屡遭兵燹，民不聊生。[1]在动乱发生之前，自广州至高州府的驿道沿元初路线，即广州→崧台驿→南恩州驿→太平驿→立石驿→古潘驿。景泰年间，广西浔、梧二州瑶民起义此起彼伏，在两广交界处的高廉雷一带，王朝已然建立起来的社会秩序濒临崩溃，而时任广东总兵的董兴与广西总兵的武毅却互相推诿，各自为政。出于镇压及抚绥"瑶乱"的目的，央廷接受兵部尚书于谦的谏言，于景泰三年（1452）临时添设两广总督之职。[2]然此并未能遏制局部动乱的发生。天顺八年（1464），高邑及其周边流寇侵扰事件频仍，规模甚大。时"广西流贼入广东界，劫虏肇庆之新兴、阳江及雷、廉、高州等处吏民财畜，仍围困城池，经年未散。巡抚都御史叶盛及副总兵欧信、广西总兵官陈泾及巡按三司等官调官军土兵击之，斩获首从贼二百八十级，夺回被虏千户赵篪、吴能、知县陈谅及官吏军民男妇八百五十余名口、阳江县铜印一颗"[3]。另据广东巡抚叶盛撰于此年的《题为会兵事据广东都司呈奉镇守广西参将范信剳付》，当中亦载其曾奏请调遣军兵援救肇庆府与雷、廉、高一带流贼困城之事。[4]成化二年（1466）赴任高州同知的王佐写到，"阖郡之民，几尽为贼"，认为彼时高邑与广西接壤处的电白堡鱼龙混杂，真正顺民者，"十仅二三"。[5]成化四年

① ［明］丘濬：《重编琼台稿》，商务印书馆，1973年，第31页。
② 参见［明］《明宪宗实录》，"中研院"史语所影校本，1962年，第186、302、614页。
③ 《明宪宗实录》，卷三，"天顺八年三月甲戌"条，第86—87页。
④ ［明］叶盛撰：《叶文庄公奏议》，上海古籍出版社，2002年，第499页。
⑤ ［明］王佐：《鸡肋集》，中山大学出版社，1995年，第289页。

（1468），佥事陶鲁与神电卫指挥马贵联合上奏疏，谏言将高州府县治移离电白堡。①嗣后，府治迁至茂名县，县治迁入神电卫，并割朗韶、朗肆、地安、怀德等六乡入茂名县，其余五乡随县立图，即为下博乡上下保。电白迁治以后，又招收韶州流民于县中部居住，立得善乡三图辖控。②迁治以后，电白堡地广人稀，几成废墟，时瑶、僚等王朝视作异端的"化外之徒"一度"出没如狒"。③嘉靖十年（1531），阳春瑶人赵林花率众攻陷高州府城，巡按使戴璟奏疏指出，高州府"东北西三面联属瑶山，而狮子坡、旧电白与信宜中道、亚口等处，实为地方要害"。而高州府县治俱迁离电白堡，该地百姓又"骈首逃窜"，其东北面虽设有"狮子、电白二堡，而兵力单弱"。因此，当赵众"扬鞭直指府库"之际"如履无人之地"。④万历丙子（1576），两广总督凌厶冀"大征荡平，并创善后"。以罗定州为总会，明王朝开设了自州而南"由罗镜冈转入函口、怀乡，以通乎高凉"的西山大路。⑤西山大路驿道之设，进一步加强粤西南与广州的联系，并将此前诸多不入版籍的区域纳入王朝国家的行政管辖体系当中。然亦因此道之设，狮子堡失去了其此前之关隘要道的位置。⑥失去关隘要道地方防御功能的狮子堡仍被当作重要的文化记忆凝结地点来回溯，绝非仅仅只是某种集体怀旧的情感认同指涉，而更因其承载着一些"联系于社会生活的隐秘面或底层"⑦的记忆。因为正是此时空阈限中地方行政区划的嬗变，地方官员的抚绥策略及其所创造的族群身份认同转变契机，促成了嗣后诸多本地尚未入籍土著的汉化以及其他由域外迁居至此处的"化外之徒"登记成为帝国编民。而这种身份认同转换的重要媒介，即冼夫人信仰。

---

① ［明］戴璟等纂修：《广东通志初稿》，第 22 页。
② ［明］曹志遇纂修：《高州府志》，第 22 页。
③ ［明］戴璟等纂修：《广东通志初稿》，第 22 页。
④ ［明］戴璟等纂修：《广东通志初稿》，第 22 页。
⑤ ［明］陈万言：《开西山大路记》，载吴道镕辑录，张学华补编：《广东文征》第三册，卷 13，香港中文大学出版社，1973 年，第 301 页。
⑥ 颜广文：《明代两广总督府的设立及对粤西的经略》，《学术研究》1997 年第 4 期；［清］杨霁等纂修：《高州府志》，第 78 页。
⑦ H. Lefebvre, *The Production of Space*, p. 33.

表 5-1　帝制中华时期高州府历代户口统计表[①]

朝代		户	口	数据源
晋		3220	阙如	《晋书·地理志》
（南朝）宋		3237	13205	《宋书·州县志》
隋		9917	阙如	《隋书·地理志下》
唐		5852	阙如	《太平寰宇记》
五代		阙如	阙如	阙如
宋		11766	阙如	《广东通志初稿》
元		14675	43493	同上
明	洪武五年（1372）	21951	67581	万历《高州府志》
	洪武廿四年（1391）	同上	同上	
	天顺年间（1457—1464）	空缺	空缺	
	成化九年（1473）	11192	57975	
	嘉靖十一年（1532）	22848	86067	
	嘉靖廿一年（1542）	23357	95273	
	隆庆元年（1567）	20477	67582	
	万历十年（1582）	20115	56544	
	万历二十年（1592）	18735	50814	
	万历三十年（1602）	16311	55385	
	万历四十年（1612）	15572	59494	
	崇祯五年（1632）	15471	59732	康熙《广东通志》

[①] 参见［明］戴璟等纂修:《广东通志初稿》，第 16 页；［清］郝玉麟等纂修:《广东通志》卷十九，《贡赋志·历代户口·高州府》；［明］曹志遇等纂修:《高州府志》，第 37—38 页；［清］杨霂等纂修:《高州府志》，第 221—269 页。

续表

朝代	户	口	数据源
顺治十四年（1657）	阙如	50943	同上
康熙元年（1662）	人丁：24108		同上
康熙十一年（1672）	人丁：25125		同上
嘉庆廿三年（1818）	人丁：1207411		道光《高州府志》
光绪十五年（1889）	数额同前		光绪《高州府志》

（表最左侧竖排标注"清"，纵跨全部数据行）

　　据万历年《高州府志·卷三·食货志》，明代高州府自"洪武五年（1372）定民籍，十四年（1381）始颁黄册，式于郡县"，其时行黄册里甲制，"军、民、盐、鱼、匠户各以一百一十户为里，推丁多者十人为长，余百户为十甲，每甲十户，凡十年大计多寡而更籍之"。①冼夫人时代，因"义仅羁縻"，彼时高邑民众大抵未编入王朝户籍。自宋以降，地方上代为行使帝国辖控权威的酋豪势家"消失"，王朝国家在高邑逐渐建立起其行政管制网络，并委任官员赴任管理。宋末元初，一次真实或想象的中原移民潮，塑就了南粤族源记忆的"珠玑巷移民"传说叙事。该故事版本作为明清粤地流行的"中原衣冠华胄"记忆，将地方多元社群旨趣殊异的族源叙事，整合成一个共通的感觉结构，积淀于岭海方域民众的文化记忆中。元末明初的高州，战乱频仍，流民四徙，十室九空，其旧籍所载户口，大抵已"逋逃无稽"，落作一纸空文。在此情境脉络中，新王朝在其重组社会秩序的过程中，重新编制户籍，推行纳粮当差的赋役政策，吸纳无籍之徒为帝国编民，尝试实时掌握基层民众的实际动向。②户籍登记制度被有目的地运用于基层社会的组织管理，在高州府这一"潢池绿林殆无宁日"的"炎峤一隅"较为稳定地建立起来。③洪武五年初定民籍，高州府户两万一千九百五十一，

---

① 参见［明］曹志遇纂修:《高州府志》，第37—38页。
② 参见刘志伟:《在国家与社会之间：明清广东里甲赋税制度研究》，中山大学出版社，1997年，第36—45页；〔英〕科大卫:《皇帝和祖宗》，卜永坚译，江苏人民出版社，2009年，第88页。
③ ［明］曹志遇纂修:《高州府志》，第137页。

口六万七千五百八十一。洪武廿四年（1612）与十九年前竟无差别。天顺年间，"屡遭兵革，册无定数"。成化九年（1473），户一万一千一百九十二，口五万七千九百七十五。嘉靖十一年（1532），户两万二千八百四十八，口八万六千〇六十七，户数较前勘测数据翻了一倍。据《广东通志初稿》，自洪武初至嘉靖十一年（1532），明廷以"兵革之后，户口尚少"为名，鼓励地方官府为恢复基层社区垦殖正常秩序而招揽逋逃流民落籍本地，与本地既有编民共处，以达到"流亡渐复，深林穷谷，稍成村聚"的农事生产恢复目的。并且，户籍之设置乃"国家制民训俗之深意"。①此即意味着，"明代初年编制里甲户籍，是把地方社会纳入明王朝的国家控制体系之中的重要措施"，明廷着意于通过"将人民编入里甲户籍，征调赋税差役"之径以渗透基层，建立国家政权控制地方社会的基础。②由此可见，在地方社会秩序断裂与重组的契机当中，许多既有的王朝编户成为逋逃流民，并同时又有新的流亡人口补充进来，成为落籍于该地的"编户齐民"。这种官方话语所言指的"复业"契机，为基层社会当中诸多"化外之徒"成为"编户齐民"提供了重构祖源记忆、改变身份认同的能动实践空间。因为此时段中王朝帝国的立场很明确，即将设立户籍与编审服役者默认为帝国编民，而将"不入编户"且"不供民差"者指认为"化外之徒"。③对比观照以上所爬梳的区域动乱历史事件与此时段的高州府户口统计数额，参照彼时王朝国家的户籍管制政策，我们可大胆推测，在正统至成化年间，经由地方象征秩序断裂与重组的"复业"契机，被招纳入本地落籍成为帝国编民者，除了战时的流亡人口外，应当还有很大一部分是未经汉化的南越土著。这些少数族裔群体通过挪用彼时流行的"珠玑巷移民"传说叙事范本，建构出整齐划一的中州华胄移民祖源记忆叙事，成为帝国编民。这种文化认同上的转变，在一个强调"夷夏之辨"的帝制王朝语境脉络中，非但是安身立命的权宜话语机制，亦是在社区内部有限资源争夺过程中，角逐"主体"位置的有效修辞策略。因而嗣后，在当地人的祖源

---

① 参见［明］戴璟等纂修：《广东通志初稿》，第 16 页。

② 刘志伟：《在国家与社会之间》，第 35—36 页。

③ 参见刘志伟：《在国家与社会之间》，第 36—45 页。

记忆中，这段重要的社会动乱与结构重组历史时段，均被不同程度地指涉。故此，从今日粤西南不同姓氏居民大抵将其入粤始祖的记忆开端锚定于此时段前后的文化生态来看，这种移民记忆的建构痕迹更显言之凿凿。从该岭海方域普遍崇祀冼夫人的文化生态呈现来看，我们还可进一步推测，冼夫人信仰乃是这些"中州华胄"在明清南粤资源开发、经济勃兴、文化崛起之期，在地域社会中竞逐"主体"位置的重要媒介。特别是在士大夫价值体系渗透地方风俗的文化认同范式重构语境中，冼夫人信仰在提供"正统性"认同文化标签庇护这一点之上，已积淀有相当厚重的历史人文底蕴，能够有效地推进国家、精英、庶民（涵括帝国的编户齐民与其他文化能动者）之间的对话议程，并达致某种程度的共识。

此外，在第三章第二节中我们曾以冼夫人麾下不知所出的"五虎将"受清廷敕封事件为窗口，分析过道光年间府志邑乘所作的"国家历圣相传，承平日久，异类革心，狼猓就试久，已尽编为民，无庸尚存狼、猓、獞之名色，使自外于教化也"宣称[1]，实则隐匿地意指着王朝国家对于"蛮夷"与"华夏"之文化标签的设置，主要是就文化认同维度而非自然体质方面而言的。另据《电白县志》，浮山下牛笼岭刘三太庙为电邑"庠生崔华章建"，刘三仙娘信仰是壮族特色；且每年冼夫人诞、祭二辰看人坡（汉人坡）上以歌会友的适龄男女野合习俗，亦与壮族歌圩风俗相仿。[2]而"王钦文公祠，在霞㙟村，祀八世祖，明敕封抚猺主簿土官，郡廪生，讳礼，号云露"[3]；又说"大离山瑶一百三名，浮山七十五名，蕨菜山五十七名，茶山六十八名，高简山四十八名，浮山四十九名，东随山四十五名。以上属下博乡七瑶，俱王章管"[4]。据此我们推测，霞㙟崔、王二氏所周期操演的冼夫人回娘家仪式，实则亦是重要的认同重组、族群整合与共同体建构方式。而这种流行、可模仿的"正统性"身份认同表述与文化践履方式，我们在本书第四章第二节通过高州冼太庙的几通碑记文本解读中已有所总

[1]　［清］黄安涛等修纂：《高州府志》，第 36 页。
[2]　参见［清］孙铸等纂修：《重修电白县志》，第 58、62 页。
[3]　［清］孙铸等纂修：《重修电白县志》，第 62 页。
[4]　［明］曹志遇纂修：《高州府志》，第 33—34 页。

结，即彼时民间社团参与冼夫人崇祀活动的范式，大抵是以建构血缘或地缘组织的联盟形式，购置祭田，捐租入庙或（与）专设祭祀基金会管理田产，并以共同名义（如"冼长明""冼诚敬"等）向王朝国家登记纳税，从而合法占有土地，成为帝国编民，并同时获得参加科举考试的权利。除本地"编户齐民"为控产与登科而参与冼夫人信仰实践外，外地移民融入地方社区的路径之一，亦为以同样的方式崇祀冼夫人，譬如茂名县城南肖山的迁入移民蓝氏。①在此情境脉络中，通过改变祖源记忆叙事，参与基层社区的冼夫人信仰文化实践，多元分化的地方族群不断积极主动地构建其正统性认同表述，由此而以入粤定居的中州华胄移民身份，在明清的高州府及其六属邑入籍繁衍、安居乐业。

若上述推测成立，即可回答何以自宋绍圣四年迄道光乙酉七百余年，漫漶无辞的碑版竟无人补白的"浮动的缺口"问题。质言之，在该历史长时段中，并非果真无事发生。倾颓的冼庙作为集体共谋的生产表象，与其说意指着"遗民"对于冼夫人信仰事象已然集体失忆，毋宁说由于这段记忆关乎禁忌与创伤，因此一度被下意识地移离公众视野，转入地方性知识的隐性传承机制空间当中。而随着社会历史语境的变迁，地方族群又审时度势，在适当时机中积极挪用帝国的"正统性"身份认同表征范式，在复兴冼夫人信仰的同时，亦重组其祖源记忆。因此，在明清这段漫长的电邑士大夫化社会转型过程中，既往由土著势豪所掌控的话语权被移交至本土新崛起的缙绅衿士手中。在此情境脉络中，新晋邑举人崔翼周无疑可借其交际网络与社会声望以修订"我们的记忆"，在增补与删除、渲染与忽略、事件与空白之间做出选择。正是在此意义上，我们看到了作为此共同体重要记忆位所的狮子坡、古驿道、晏公庙（诚敬夫人庙）等记忆地点不断在霞垌历史的纂述过程中被指涉、被赋义、被建构为象征化的能指编码，充满了异质地形学的奇妙色彩与引人入胜的奇崛魅力。同时，此亦可解释何以"晏公庙"祭祀冼太夫妇与不知所出的"晏公"，却明确此"晏公"并非水神。就此而言，漫漶无辞的碑版所欲语之言，实则已然内在

---

① 参见《广东碑刻集》，第589—593页。

化为霞垌乡民的文化习性。这种身体化的历史在每年冼夫人祀典的香炉接力、"跑西首"与"赛正位"等迎神赛会活动中不断被回溯、擦亮、体味。十一月二十四日以及正月十七至二十二日作为"集体中被经历的时间"（erlebte Zeit），联同作为定期"被唤醒的空间"（belebter Raum）汉人坡（看人坡），为霞垌冼夫人信仰文化共同体提供了回忆叙事的具体时空参照框架。这种具身参与感受的体验是真实而深邃的，"当它们不在场时，便会被当作'故乡'在回忆里扎根"[1]。

如诺拉所言，"记忆之场属于两个王国，这既是其意义所在，也是其复杂性所在：既简单又含糊，既是自然的又是人为的，既是最易感知的直接经验中的对象，又是最为抽象的创作。"[2]在历史通过阈限的强大建构性悖面，霞垌冼夫人崇祀个案彰显出以残留物形态存在的记忆之场之传承繁衍潜能。这种交织着情感认同意识与记忆矫形修辞的文化生态壁龛，以扑朔迷离、断井残垣、引人入胜的记忆断点方式，铭记着帝制王朝时期百越族群渐次融入中华民族大家庭的文化整合过程中所经受的禁忌与创伤，所滋生涵养的情感与认同，及其所葆育培植着的记忆与依恋。这种意义于显在与隐匿之间的复杂转换及其衍变轨迹的不可预见性，使得该局域化空间呈现为一种高度凝缩的象征性场域，宛若博尔赫斯的小说《阿莱夫》所描述的那个经天纬地、将感知者视域拓展至宇宙洪荒的微型宇宙，在此真实与想象的空间里，"所有的时间——过去、现在、未来——都是共时存在"[3]。共同体的记忆自觉意愿对于涵括冼夫人信仰在内的小传统文化而言的殊异化葆育与涵养机制，我们亦可于此窥得一斑。这种记忆不是以外在化、距离化、强制性方式被强加的某物，而是内在地蕴藉着特定共同体的文化图式、情感交流机制与德性规约含义的"我们的记忆"，是经出社会共通感模塑过程而生成的"我们的认同"。就此而言，冼夫人信仰作为文化记忆之场，其更重要的价值不在于"求真"的历史实事价值，而在于凝聚认同的社会结构化功能，在于其能

[1] 〔德〕扬·阿斯曼：《文化记忆》，第 30 页。
[2] 〔法〕诺拉编：《记忆之场》，第 22 页。
[3] See J. L. Borges, *Aleph & Other Stories*, *1933-1969*, New York: Bantam, 1971, p. 189.

跨越时空的阈限而将活的民族精神蕴涵葆育涵养在持续向前的 "当下" 文化生态环境当中。就此而言，这种基于信仰参与实践而培育造就的感觉结构，更多的是一种布迪厄意义上的 "实践感"（sens pratique），亦即 "世界的准身体意图"。其借由一种前反思的、与生俱来的、本源性的原始信念（croyance originaire）方式去感性地认知信仰结构中的冼夫人回忆形象，并将这种由实践感带来的 "不言而喻的世界经验" 葆藏在共同体的感觉结构当中，作为实践之隐喻、隐性之思维、感觉与思维之习惯。①

第四节 山兜娘娘庙：在结构与能动性之间

2013年，今茂名市滨海新区（即明迁治理后的新电白县治神电卫城）山兜乡丁村的娘娘庙连同隋谯国夫人冼氏墓园，一并被列入第七批全国重点保护文物名录，以物质性的形式承载着弥散于巨幅卷帙时序当中厚重而参差的记忆。

一、从 "谯国夫人托梦" 说起

立石于道光戊戌（1838）的《蔡氏神泽会碑记》②记述了一个以血缘联结形式参与至冼夫人信仰场域实践中来的基层自组织祭祀基金会——"蔡氏神泽会" 之成立始末。碑记开篇自述一段冼夫人托梦于蔡族七世祖的故事：

> 昔我蔡族七世祖于夫人墓前择吉地，欲迁其六世坟，夜见夫人托梦："此地留构予庙，予指引汝上山，欲贵显则葬鹿地，欲富庶则迁豕穴"。祖依梦上山，果见鹿豕分驰，遂迁豕穴，名猪母坑。后果子孙昌炽，由是祖感大德，欲图酬报。因与黄族商议，在墓前立庙以妥神灵。

---

① 参见〔法〕布迪厄:《实践感》，第93—100页。
② 碑今存山兜娘娘庙。

　　庄垌蔡氏宗族七世祖因欲迁其六世祖坟至谯国夫人冼氏墓前吉地而见夫人托梦，指引其上山另择风水宝地。"冼夫人"给其两种选择，一曰功名显贵，二曰荣华富庶。蔡族七世祖选择了后者，果不其然，子孙昌炽。经由一个"托梦说"，该宗族因欲迁祖墓而得夫人托梦并另觅风水坟茔之前情后事，成为该血缘共同体确切交往记忆之开端，此后便是周期复现的崇祀仪式与有条不紊的节期安排，约略了任何跌宕起伏的断裂与骤变。这个"神圣的往昔"作为其身份认同叙事的原初场景，能动性地挪用了嘉庆二十三年（1818）开掘出来的谯国夫人冼氏墓负碑赑屃作为其物质载体形式。这种具象可感的人文景观意象符指，经由仪俗叙事之场景再现过程，以及节期集体欢腾的具身感知与情感共鸣事件，被赋予了约定俗成的文化蕴涵。其"不再关涉认知，而是征用；不再关乎地势，而是土地的形象"[1]。在神话历史的建构与意指过程中，山兜娘娘庙、冼夫人墓园、蔡氏神泽会碑、蔡族祖茔，所有这些具体物质地理形态均以人文景观符指的形式为此"谯国夫人托梦"的故事提供现实对应物，使该故事之意义从文化象征性的神圣界域中扩张弥漫开来，渗透社区生活肌理，在凡俗世界的生活厮磨间不断因应现实情势之需而发挥其凝聚认同的社会结构化功能。就此而言，"谯国夫人托梦说"实质上可被视为庄垌蔡族积极建构的一个冼夫人记忆的文化生态壁龛。在此壁龛中，通过参纂信仰结构中的冼夫人回忆形象，庄垌蔡族将其祖源记忆锚定于七世祖得冼夫人神助的原初场景，通过周期回溯、复现、体味其中的深意以不断调整该宗族组织的伦理价值生态与社群关系。就此而言，冼夫人信仰作为文化生态壁龛，不断将共同体想象其身份认同的记忆叙事转化生成为具体可感的、活的生态场景，由此发挥着动态调整成员认同感、归属感与责任感的凝聚性结构功能。就此而言，"谯国夫人托梦说"、冼夫人信仰仪俗实践与庄垌蔡族三者共同组成该文化壁龛之三大"生态"秉性要素，成为此壁龛活态传承之关键。易言之，此故事更重要的价值不在其所叙之事抑或叙事的方式，而在族群为何要反复讲述这样一个故事，即其叙事动机与意图定点——将冼夫人信仰空间设置成为共同体诗意栖

---

[1] 〔法〕诺拉编：《记忆之场》，第 272 页。

居的记忆所系之处。这种动机与意图，既出于一种文化的诗性书写意愿，亦同时是一种文化象征资源争夺的权宜之计。而在其实际的践履过程中，这种诗性与政治性的意蕴又交相嵌合，成为某种共同体感觉结构当中被内在化地体验并自觉铭记的东西。

在庄垌蔡族所建构的回溯场景中，慎宗追远的祖先崇拜与因缘际会的冼夫人崇拜是两套并行不悖的信仰。而假借夫人托梦之说，其意图定点在于为其宗族富庶与子嗣昌炽提供合理性验证与合法性支撑，但亦从侧面透露出此宗族坐拥如此雄厚经济储备亦属晚近之创举。在经济上崛起以后，庄垌蔡族亟须在文化象征秩序上亦去竞逐一个相应的精英主体位置，以此为其既得特权提供文化解释的庇荫。而这种庇荫的赋权者"冼夫人"，恰恰是南中国乡村社会中一个普遍被认同、集"天道人伦"转喻与"王朝权威"隐喻于一体的象征符码。就此而言，这个横跨整个南中国多元分阂族群认同边界而具普遍道德感召力的"岭南圣母"符指，在庄垌蔡族祭祀基金会碑记中的显形，只是彼时粤西南社会的一个文化生态剪影。其以既入乎其内又出乎其外的文化异托邦形态，映射出此时空阈限中特定社群的情感认同需要，究竟是如何通过想象历史的神话叙事方式，将既存的结构语法逆转成为能动性的镌刻。此编纂史学的写入过程，既葆育着作为中华文明大一统格局精髓的"礼"之精微，亦同时将地方风尚之"俗"的文化型构部分涵养其中。如杜赞奇先生所言，"神话和历史演变之间的关系之所以复杂，原因不在于神话的断裂性，而是在于神话同时既连续又断裂"。就此而言，神话以一种"复刻符号"（superscription of symbols）的方式隐喻着历史。[①] 这种历史不是外在僵化的"信史"，而是基于具体社会历史情境中特定群体情感需要而不断再生重构的基于"我们的认同"的记忆。

这种借由"谯国夫人托梦说"而将崇祀实践与王朝国家"正统"意识形态叠加整合的方式，可被视为明清粤西南地域社会士大夫化的一种文化表象。在此托梦事件的回溯中，庄垌蔡族着意于将宗教信仰、公共伦理、传统习俗与王朝礼制

---

① 张颂仁等编：《历史意识与国族认同：杜赞奇读本》，第 4 页。

相整合，致力于从文化认同维度型塑一套既可借以敬宗收族，亦可赋予其殷实经济储备以"天理本然"诠释的说辞。庄垌蔡族的"谯国夫人托梦"口传，与流传于海南地区的梁沙坡梁族"娘家赠宝"故事，具有结构相似性，均意在构筑一种非冯冼后裔的异姓族人与真实及想象的谯国夫人冼氏之关联，借此完成其共同体身份认同的想象性叙事。迥异之处仅在于，前者将其"梁门二进士"之科举功名阐释为先人所积之德与夫人所荫之功；后者则将其积累起来的巨额财富归功于夫人的托梦之劳，从而建构起或显贵或富庶的天命解释，特别是当这种非贵即富乃因天命荫泽的叙事，被缝合至一个帝制中华时期的"风水坟茔"流行框架中，更显言之凿凿。这些生成于不同时空语境的冼夫人记忆文化生态壁龛，彼此保持着一种既分立自治又持续对话的异质化关联。此类叙事范式之共性在于，将作为"天道人伦"与"帝国权威"象征隐喻符指的"冼夫人"调度至一个"礼俗互动"的空间再现与空间实践场域当中，将构想的（conceived）神话叙事转化成为直观可感的（perceived）的文化景观意象加以指涉，并在文化表演的事件与过程中生成基于特定时空框架并可周期复现的活的（lived）文化记忆场所。

扬·阿斯曼提醒我们，"思维虽然很抽象，但回忆的过程却很具体，思想只有变得具体可感才能进入记忆，成为记忆的对象，概念与图像在这个过程中融为一体"[1]。无论是梁族在接待冼大人之际仍为平民的祖源记忆，抑或蔡族在因缘际遇冼夫人托梦之前未及富庶、而迁葬"豕穴"以后虽富但非贵的神话历史，均隐匿地传达出这些能动者的叙事意图定点，即通过挪用作为国家"正统"礼制话语与地方习俗德性规约隐喻的"冼夫人"，以神话历史方式援"礼"入"俗"，并借"礼"阐"俗"，以此为其新晋的地域精英身份与家族坐拥的地方声誉、文化资本、经济网络、财富储备等象征资源提供"天命""德行"与"王权"的庇佑与辩护。当他们诉诸科举选拔制度与市场营运机制苦心经营并取得一定成果后，便开始诉诸冼夫人信仰的文化记忆建构方式来改变其身份认同表述，竞逐基层社会象征秩序中的"主体"位置，尝试垄断乡村社会的话语表述权，重组社区

---

[1] 〔德〕扬·阿斯曼：《文化记忆》，第30页。

既存的等级阶序，重构村落或村际的权力文化网络。通过购置祭田、登记纳税、建修庙宇、设立基金会、操演周期节俗、参加科举考试等具身实践方式，关于冼夫人的历史想象不断以神话叙事与文化表演的方式为该信仰场域叠加复写上新的记忆内容。尽管其溯回神圣往昔的"绝对起点"恒葆一个不变的原初记忆场景，但不断向前的"当下"却持续拉大两者之间的"浮动的缺口"距离，因此，应时而生的记忆参照框架亟须自我增殖拓容以适应旨趣殊异的时代精神镌刻，但其修辞策略却如出一辙，在忽略骤变、断裂与冲突而专注于连贯整合表象方面殊途同归。

二、移民·开基·传说：庄垌蔡氏宗族的崛起

庄垌蔡氏是明清该方域迅速崛起的强宗大族，其入粤定居的祖源记忆，经由"谯国夫人冼氏托梦说"与蕴藉着浓厚道德说教意味的"败家六"口传之中介，将士大夫正统意识形态话语接合于华南既存的地方性逻辑，从而改变了该社区既往由土著世豪掌控话语权的权力网络布局。而在其将新兴的缙绅儒士价值取向援引入社区的过程中，亦同时为自身的经济实力与殷实财富提供了合理性与合法性的文化阐释。

（一）中州衣冠贵胄的自我想象：庄垌蔡族的祖源记忆

该宗族尊宋末供职于琼州的太守蔡秋涧为入粤始祖，声称其移居电邑之祖源记忆可回溯至景炎三年（1278），时秋涧公俸满自琼浮海返乡，途经庄垌，见此地山清水秀，遂购宅定居。宅兹庄垌的秋涧公逾三年而寿终正寝，其子竹隐公生四子，长子贵荣公迁居旦场，次子清溪公留守庄垌，三子玄道公返回福建桑梓，四子度公迁居潮州。嗣后，贵荣公后裔有二，长子华祖公迁居罗定，先后生璘同、仁同、茂春三子；次子华宗公迁居林头。有趣的是，被尊为林头一世祖的华宗公分支的谱牒序言中的记忆，与该总谱出现了冲突，据华宗公的九世孙蔡春芳所言：

始祖吾公号开来，原籍建阳派分巨族，昔避元乱，来就高凉，至斯吴川，娶妣吴孺人，所生先祖茂壬、茂刚、茂珠、茂荣四人，初入籍茂名，后奉拨改籍电白沿至于今，盖十世矣。

据《秋涧公碑记》①，庄垌蔡氏宗族入粤始祖乃自琼州致仕归乡的太守蔡秋涧公，其原籍福建省兴华府莆田县机杼巷：

祖秋涧公妣邵氏，迺吾鼻祖也，原系福建省兴化府莆田县机杼巷人氏，宋末任琼州太守，俸满，景炎三年（1278）自琼州航海而来，入宅于庄垌。考端庄秉心忠厚，享阳寿七十有九，终丁至元十八年（1281）二月十七日。妣孝顺长辈，素著勤俭持家，享阳寿七十有三，终于至元十二年二月十六日。

考讳秋涧蔡府君

宋琼州府太守始祖　　　　　　　　　合葬之坟墓

妣邵氏孺人

至元二十一年（1284）合葬白花岭大垌之岗，坐癸向丁兼丑未，因兵燹之后未能筑坟立碑，择本年十二月十六日修坟碑，俾龙运再振，先灵重光，奕代子孙长发其祥，爰勒石以志焉。

择日师黄洪宪

乾隆十八年岁次癸酉（1753）十二月十六日吉日合族同立

查阅方志，琼州太守蔡秋涧之名并未见于记录，当为杜撰之人。②并且，自上引谱牒载录材料而观之，秋涧公之墓有史可稽的筑坟时间为乾隆癸酉年（1753）。③而至于蔡族所称述之毁于兵燹的至元廿一年（1284）始葬墓，距离此

---

① 《蔡氏族谱》，第31页，该谱为1994年重修版本，今存茂名市滨海新区庄垌乡蔡屋村济阳公祠。
② 参见［清］萧应植等纂修：《琼州府志》，第262—266页。
③ 庄垌蔡族入粤始祖蔡秋涧墓位于今电白区麻岗镇热水白花岭，其崇祀人群至今仍络绎不绝。相传，抗日名将蔡廷锴亦为庄垌蔡族后裔，曾于新中国成立前带兵回乡祭祖，至此拜祭秋涧公。

次重修时间计凡四百六十九年，虚实难辨。另从蔡秋涧公墓配葬小坟为其爱犬来看，灵柩安于此处的所谓蔡族自闽迁粤之始祖，当为本地土生土长的少数族裔者。[①]从文化建构的角度来看，将祖先附会成为俸满归田的朝廷命官，自是可与王朝国家攀上关系。从秋涧公的籍贯及其入朝为官的生平叙事来看，蔡族着意于将其族属定位为"中原衣冠贵胄"，由此以将自身表述为区别于华南土著的新晋主体，表征出强烈的士大夫意识形态价值取向。就此判断，秋涧公应当是华南土著审时度势，主动挪用王朝正统语言以建构自我认同表述的一种"发明的传统"符号，其"机杼巷"的桑梓记忆亦与彼时华南宗族流行的"珠玑巷"相仿，叙事结构亦然如是。这种记忆叙事在"严夷夏之辨"的帝制中华时期尤其重要，其非但是有限社会资源争夺的必要筹码，甚至在必要的时空情境中还可能成为安身立命之关键。

然而，这一移自中土的衣冠华胄定位，却明显与"入住权"的合法性论证相抵牾。特别是在安土重迁的帝制中华晚期，超宗族或超村落的地方联盟（local alliances）往往在南中国社会的文化象征秩序中占据着主体位置，这些精英团体实际地掌控着彼时基层社会的话语主导权，并往往通过民间信仰的社祭、庙祭等神明崇祀方式来挤对排斥外来的移民或商人。[②]皮顿·查尔斯关于19世纪的广东村落社会研究即曾指出，客家人通常会遭遇本地居民的排他挤兑待遇，拒绝他们参加社区的神明祭祀活动，甚至不允许其在本地建造祖庙。[③]而就今电白区与茂南区（即明迁治后的新电白辖控范围）的田野生态来看，明成化四年府县迁治之际被招揽入该地垦殖复业的韶州流民后裔，即母语为倸（ai）话的粤西客家

---

① 这与羊角陈三官姐弟墓的传说类似，其配祀小坟均为忠犬而非配偶。此类祖源叙述框架在今茂名市电白与茂南区一带仍十分流行，例如水东镇三角圩陈族之神童陈礼的祖源记忆。而霞垌镇王、崔二姓姻亲，则对其祖婆墓地葆有一种"蚂蚁衔泥"天葬的记忆叙事。如此看来，忠犬配葬与"蚂蚁衔泥"天葬说应为南越土俗。

② 参见〔日〕小岛晋治：《试论拜上帝教、拜上帝会与客家人的关系》，《太平天国史译丛》第二辑，中华书局，1983年，第300页。

③ See Luo Yixing, "Territorial Community at the Town of Lubao, Sanshui County: from the Ming Dynasty," in David Faure and Helen Siu eds., *Down to Earth: The Territorial Bond in South China*, Stanford: Stanford University Press, 1995, pp. 44–64; David Faure, *The Structure of Chinese Rural Society Lineage and Village in the Eastern New Territories*, Hong Kong: Oxford University Press, 1986, p. 100.

人，至今仍在方言习俗、文化惯习与族群认同诸方面明显区别于当地讲俚话或海话（浙江兵方言融入俚话后的变体）的居民。在此社会语境中，庄垌蔡氏宗族设若果真如其祖源记忆所述，为中州华胄而非本地土著，那么其想要在此地角逐一个象征秩序的主体位置，基本即会被"入住权"挡在社区之外。就此而言，庄垌蔡族亟须诉诸另一则道德劝喻、醒世警言的民间口传，来论证其"入住权"的合法性与合理性。就此而言，庄垌蔡族口耳相传的"败家六"故事，意图定点为在"富庶"与"有德"之间建构起某种隐喻性关联，以之作为村落共同体之德性规约与价值范导，进而宣示其在该社区权力文化网络中所占据的主体位置毋庸置疑。

（二）"入仕权"的宣示与文化主导权的争夺："败家六"的传说

"败家六"有两个版本，均是讲述一个庄垌本地土财主之子如何散尽万贯家财的过程，而故事的发生地点即庄垌蔡屋村。其一是，土豪之子"败家六"喜至外村看戏，夜深乃返。仆人提醒他天黑路遥，险况伏途。"败家六"却不以为然，说自有人送灯而至。嗣后，在其归途之中，黑灯瞎火之状确如"败家六"所言没有发生，因其命仆人将金子撒了一路，惹得村民们擎灯而拾者不可胜数。其二是，携运白银九缸的外地商人路经庄垌蔡屋村，适逢暴雨滂沱，前路未卜，遂将缸口封上并寄存于其刚结识的庄氏土财主处，并谎称缸内所盛之物乃花生油。商人离开后，土财主违约擅自开缸，并私吞了商人寄存的白银。嗣后，商人折返取物，见缸中之银已被换作花生油，又申辩无力，当场气绝身亡。未几，土财主之子呱呱坠地，却异常暴戾恣睢，见缸即砸，喜用竹竿揭瓦，人称"败家六"。故事以土财主终因其子而家财散尽作结，以反讽叙事的方式在"财富"与"德性"之间建构起某种必然性的隐喻关联。言下之意即，有财必先有德，德行为守业之根本。这种宣扬道德教化、衣冠引领的方式，是帝制晚期中国基层社会士大夫化的一种重要社会表象。

如本雅明所言，"口口相传的经验是所有讲故事者都从中汲取灵思的源泉"。对于口传心授的民间故事而言，重要的并非个体亲历的经验，而是蕴藉着特定伦理共同体价值判断标准的"老生常谈"。因为这些"口口相传的经验"旨在通过具身参与感受的叙事过程来传达某些道德常识、劝喻警言、地方性知识，模塑个体成员对于合理事物和公共福利的社会共通感。①结合前述的"谯国夫人托梦说"，我们不难看出，蔡族所主导建构并传播的民间故事有一个共同的叙事意图定点，即为其富庶寻求"天命"解释。这种文化阐释显然并非着意于直接从物质层面上抢占资源，而是借由角逐乡村社会的文化领导权之径以争夺文化象征资本。这种迂回曲折的财富积累方式，使得庄垌蔡族亟须通过援引一个彼时为华南多元社群共同尊奉为其"社会自我"理想形象或曰一元总体德性规约基源的象征符码"冼夫人"，并参照士大夫的价值评判标准，建构起一整套伦理道德规范与社会共通感模塑的程式，以此来询唤他人对自我的承认，并进而在这种话语建构的事件与过程中实际地掌控地方的话语表述权，抢占并确证其"主体"位置。

就此而言，无论是"败家六"的口传抑或"谯国夫人托梦"的叙事，其更深层的象征意涵在于"入住权"的宣示与文化主导权的争夺。"入住权"概念引自历史人类学家科大卫，其用此范畴指涉在特定地理疆域内享有分配与使用该地公共资源的特权，其涵括"开发尚未属于任何人的土地的权利、在荒地上建房的权利、在山脚拾柴火的权利、从河流或海边捕捞少量鱼类及软体动物以改善伙食的权利、进入市集的权利、死后埋葬在村落附近的土地的权利"。其指出，承自先祖的"入住权"之所以在传统中国的广袤乡土社会中被奉为圭臬，原因在于借此话语的表征运作过程，基层社会区分"自我"与"他者"的边界被生产并作为"语法"运作。在此过程中，传统中国"百里不同风，千里不同俗"地域社会均在王朝礼制的留白处找到了自我表述的能动性演绎空间。这些地方性逻辑的运作机制及其所致力维持并强化的等差秩序，往往早于王朝国家的象征性权威建立之期，具有根深蒂固的认同基础。②质言之，帝制中华晚期的乡土中国基层社会，既非王朝国家已然尽悉渗透的地方，亦非纯粹的地理行政区划单位。相反，历史记忆、文化象征、人文精神诸因素的不断镌刻与塑形，使得中国基层社会的象征

---

① 参见〔美〕汉娜·阿伦特编：《启迪：本雅明文选》，张旭东、王斑译，生活·读书·新知三联书店，2008年，第98—102页。
② 〔美〕科大卫：《皇帝和祖宗》，第5页。

结构与文化权力以复杂微妙的方式互为关联。

种种迹象表明，庄峒蔡族应为华南土著。[①]随着帝制晚期中国基层社会之士大夫化，乡村社会结构中的话语主导权由势豪强族处转移至新晋的官绅儒士手中，衣冠引领、以家达乡的移风易俗实践，基本上已然成为这些新崛起的地方精英阶层确认彼此身份认同的一种方式。在此情境脉络中，角逐地域社会象征秩序之"主体"位置的方式不在于武力、强权、冲突，而在于以礼节俗、以德引众。更为重要的是，借由彼时南粤普遍流行的"南雄珠玑巷"族源叙事版本，建构一种"中州华胄"的祖源叙事，改变其身份认同表述。但这一表述在契合帝国正统性身份认同标准的同时，又明显与彼时南粤社会对于"入住权"的认证方式相左。解决这种两难境遇，亟须诉诸一种可融贯国家与社会意识形态冲突的媒介，信仰结构中的冼夫人回忆形象即这样一种能够有效调和结构与能动性张力的可写符号。

质言之，在地方社会主流话语范式转型的情境脉络中，树大根深的土著势豪为了继续保持其在该象征文化秩序中的主体位置，亟须通过主动参照王朝推行的正统士大夫文化价值体系，改变其族源记忆，建构起一套标准化的"中州贵胄"入粤定居的认同叙事。然而，这种记忆叙事亟须解决一个自相矛盾的两难问题，即如何在"珠玑巷移民"身份与本地"入住权"的合法性声称之间找到一个平衡的链接点。在此情形中，"谯国夫人托梦说"与"败家六"两则口传对于庄峒蔡族而言不可或缺，它们分别从"天道"与"人伦"二维，为此移民联宗的"入住权"宣示提供了合理性论证与合法性支撑。就此而言，民间口传借道德教化方式所传达出来的这种"中原华胄"对于土著势豪的挤出效应，实乃庄峒蔡族诉诸士

---

① 据《广东地名探源》，今茂名市茂南区、高州、电白、化州，湛江市廉江、吴川，阳江市阳江、阳春以及江门市恩平等地，是冼夫人及冯氏豪酋家族曾经活跃的地方。在这些区域当中，其地名所储存的信息异常重要，指涉着某些有迹可踪的记忆线索。譬如，以"峒"字开头的"霞峒""中峒""雷峒"等地，在冼夫人时代实乃其屯兵之军事基地或各土著部落之聚居村落。就此看来，"庄峒"的地名亦隐匿地意指着该地原住民乃华南土著。另我们在第三章第二节中讨论过，发现三桥堡陈三官、霞峒崔、王二氏与庄峒蔡族三者母语均为古俚语或其变体海话，又上面论述过其墓葬风俗亦有结构相似性。就此看来，此三族可能俱为汉化了的华南土著。参见叶地编著：《广东地名探源》，广东省地图出版社，1986年；朱静等：《从"年例"中寻觅冼太夫人的足迹》，载中国人民政治协商会议电白委员会文史资料研究委员会编印：《文史撷英》第21辑，2004年，第37页。

大夫价值语言，积极应对社会变迁情境而自主选择的记忆建构之果。在“严夷夏之辨”的帝制中华时期，这种文化权宜之计恰恰体现了基层文化行动者的阐释能动性。

三、权力的文化网络：庄垌蔡族及其冼夫人崇祀实践

在以上材料爬梳中，我们看到庄垌蔡族借以论证其“入住权”合法性与角逐“主体”位置的方式，主要是通过象征性与规范性的文化要素以传播契合彼时国家礼制语言的具体德性规约蕴意、概念、道理，挪“天道”与“人伦”为己用。这种以家达乡的文化治理方案，在19世纪南粤日趋士大夫化的乡村社会中，其影响乡众、询唤认同与争夺话语主导权等文化霸权运作机制，可借“权力的文化网络”概念进行理解。“权力的文化网络”（cultural nexus of power），是美籍印裔学者杜赞奇先生就其对20世纪上半叶国家政权建设与华北乡村社会权力结构之互动观察而提出的概念。其认为，中国传统社会由等级组织（hierarchical organizations）与非正式的相互关联网（networks of informal relations）所型构，前者涵括市场、宗族、宗教与水利控制等不同社会分域组织，后者则指涉血缘姻亲、庇护人与被庇护人、传教者与信徒等基于情感认同而凝聚的人情交际网络。值得指明的是，此处“权力”（power）是个中性的概念，指涉“个人、群体和组织通过各种手段以获取他人服从的能力，这些手段包括暴力、强制、说服以及继承缘由的权威和法统”。一言以蔽之，“权力是各种无形的社会关系的合成”，宗教、政治、宗族、姻亲关系概莫如是。而“文化”则意指着“扎根于这些组织中、为组织成员所认同的象征和规范（symbols and norms）”。在权力的文化网络中，诸如宗教信仰、价值评断、亲疏关联等情感认同规范由网络中的既存制度确定彼此的关联方式，并被赋予约定俗成的文化蕴意，凝定作蕴藉特定象征价值（symbolic values）的指符，成为乡村社会宣示正统、夸耀特权、争夺领导权的合法性表述建构要素。质言之，作为象征性规范的文化网络，其权威赋授源自某种被乡村基层组织内在化认同了的伦理价值观念。用其表述，“这种象征性价值赋予文化网络一种受人尊敬的权威，它反过来又激发人们的这种责任感、荣誉

感——它与物质利益既相互区别又相互联系——从而促使人们在文化网络中追求领导地位"①。从这样一个视角进入庄垌蔡族的冼夫人崇祀实践考察，意味着我们亟须首先捋清该地方联盟的具体组织型构。借此祭祀基金会的回忆叙事，我们得之管窥彼时基层社会中实际参与至冼夫人信仰场域实践中来的多元文化能动者，究竟是如何积极调用王朝的正统神灵符号，以建构自我认同表述的能动性行动事件与过程。

（一）"寿旦会"与"蔡氏神泽会"

立石于清乾隆辛亥（1791）仲冬吉旦的"诞会碑"，载述了彼时电邑山兜之原，一群近沐其恩而远沾其患的"人之杰者"，庄垌蔡族联同邑人黄、邵二氏共计七名信生在山兜丁村组建了崇祀冼夫人的地缘组织"寿旦会"。其以轮流掌祭的方式，于每年农历十一月廿四日夫人诞辰庆典之际，致庙恭祝。在其"同心图报，洽志承奉"已逾四十八载之际勒石为记，希冀这一围绕着信俗而建立的凝聚性结构，可借此周期复现的集体欢腾时刻"永乘勿替"。为此，他们集资在樟窜垌沙岗、后肚岭脚、冼庙前塘下、石古头及马山头垌等处购置田产并登记纳税，载租共计二十一石，米四斗二升，以为岁时典仪与日常祭拜香火烟纸之赀。

除"寿旦会"外，上文提及的"蔡氏神泽会"亦是山兜之原崇祀冼夫人的重要基层组织，其创会者是蔡卜吉，由蔡钟、昂、卜令、其荣、军勇、纶东六公子孙组成。该会创始之因乃虑及"祀典乏资"，故置田产供祭，"捐资掌祭"，以备诞期祭祀物资所耗。如庄垌羊尾坑路的田产，即为祭祀冼夫人而购置的祀田，载租十石，登记在"善三甲蔡神泽"名下，向王朝国家缴纳税赋。②此处，"蔡神泽"是一个以虚构户名登记的纳税单位，与之相关的是田产或税额，而非现实中的自然人。有权使用与支配该户头的成员，仅限此六公子孙宗族及其支派成员。理解这一围绕着冼夫人信仰实践而凝聚生成的祭祀组织结构及其运作方式，我们

① 参见〔美〕杜赞奇：《文化、权力与国家》，王福明译，江苏人民出版社，1996年，第3—4、13—14、20—22页。

② 倪谦主编：《冼夫人文化研究》卷一，第444—445页。

有必要溯回其所由发生的语境，即明清里甲（图）制的建立与衍变社会情境脉络。

据《明史·食货志》，由于明初黄册里甲制度崩坏，王朝国家对赋役制度进行重整。万历九年（1581），内阁首辅张居正在全国推行"一条鞭法"，丁银（人头税）摊入田赋中征缴，并改每年一收形式。迨至康熙五十一年（1712）春二月，清廷诏令天下"滋生人丁，永不加徵"，丁银税额不再随自然人口增长而波动。①嗣后，经由雍正年间"摊丁入户"赋役制度改革政策的进一步实施，在闽粤片区基本建立了以折钞或粮食形式缴纳赋税的机制。至此，"人丁"不复意指自然人口数额，而是一个货币化了的责任额度或曰应予缴纳的粮食单位。②"户"的性质遂剥落其明初作为计税单位的意义和功能，仅作为征税环节上一个纯粹的登记缴纳单位。经此改革，自然人与"户"的对应关系被取消，人头税并入土地税，户籍仅反映登记田产与赋税额度。在此语境中，社会能动者合法占有土地的方式，即为其所拥土地开立户籍并向王朝国家缴纳赋税，而户名则为虚设。并且，明清里甲制度下的户籍与社会身份地位休戚相关。拥有特定"户籍"的支配与使用权力的社会个体与群体，非但可以借此在地域社会的文化象征秩序中占据更为优渥的位置，并可因此而获得参加科举考试的社会晋升机遇。③

就此观之，通过组建联宗或村际共同体方式参与冼夫人信仰的祭祀活动，既是情感认同之需，亦是19世纪粤西南地区一种流行的文化象征资源竞逐方式，当中涉及文化、经济、政治等社会交往、角力与磋商的多元因素。如此，庄垌蔡族组建崇祀冼夫人的地缘组织（"寿旦会"）与血缘组织（"蔡氏神泽会"），购置祭田、登记纳税、轮值掌祭的信仰活动，即可被视为一种为控产与登科而具身践履的文化能动实践。这种兼具话语实践与非话语体验二重禀赋的文化行动事件，其所生产的文化记忆空间与所维系的文化认同凝聚效果，是绝对真实而不可再度还原为符号的。二者在竞逐庄垌方域的权力文化网络之主体位置过程，相得益彰地推进了冼夫人信仰记忆之场再度化生变形。事实上，正是借此具体语境中既不可

---

① 参见［清］章鸿等纂修：《广东省电白县志》，第387页。
② 曹树基：《中国人口史》第四卷，第58页。
③ 参见刘志伟：《在国家与社会之间》，第237—274页。

化约亦无法叠合的文化生态壁龛生产实践，冼夫人信仰方才在时序绵延中被建构成多重多维、引人入胜、涵指丰腴的记忆所系之处。而这个多元主体共在的文化实践场域，亦因其赋予地方社群旨趣殊异的身份认同表述以同等重要的生态环链价值阐释，而被殊途同归地认同为"我们诗意栖居的家园"。

（二）从庙宇到墟市：庄峒蔡黄两姓墟

在道光五年章鸿主持纂修的电邑志乘中，距离县东十里的庄峒墟，至光绪年间重修县志之际，蓦地更名为"庄峒蔡黄两姓墟"[①]。此绝非简单任意的名字更迭，而是隐秘地传达出此二氏联宗已掌握了庄峒墟的市场运转操控权，成为此社区中崛起的大族联盟。此亦从侧面揭橥，在帝制中华晚期的南中国基层社会，超宗族或超村落的地方联盟在其自觉践行正统神明信仰、社会舆论引导、乡众道德教化与社区秩序管治等活动的过程中，逐渐掌控了村落社区的话语主导权，在社会象征秩序中抢占着"主体"的位置。结合前述的"谯国夫人冼氏托梦说"与"败家六"等民间口传，以及蔡、黄二族组建村际冼夫人祭祀共同体的前情后事，我们可以看到，在彼时粤西南地域社会，冼夫人信仰活动已然成为任何意欲角逐社区权力的文化网络之主体位置之能动者所必须内化谙习并灵活运用的一套规范实践，此亦可从庄峒蔡族将其"肇基济阳"的敬宗收族匾额悬挂入山兜娘娘庙中这一文化象征行为窥得一斑。事实上，庄峒蔡族跨村与同乡山兜丁村黄姓村民组成祭祀冼夫人的地域联盟，绝非山兜娘娘庙所在地理位置使然，而亦与丁村黄族的殷实财力与社会声望无不相关。

据道光《电白县志》[②]《黄氏宗谱志》以及《宋代敕封忠烈侯黄十九事略》[③]，黄族入粤始祖黄十九出自福建莆田，闽邑巡抚司徒十三之后，宋末任高州巡检，时值宋廷臣民为躲避挥师南下的元军而航海避难的国家危难关头。景炎三年

[①] 道光年间，电白县共计有墟市三十二个，光绪年间仅增二，此外的变动之处唯"庄峒墟"的称谓。参见［清］章鸿等纂修：《广东省电白县志》，第387、371—373页；［清］孙铸等纂修：《重修电白县志》，第59页。

[②] 参见［清］章鸿等纂修：《广东省电白县志》，第362、761页。

[③] 《黄氏宗谱志》与《宋代敕封忠烈侯黄十九事略》，碑今皆存广东茂名滨海新区庄峒管区忠烈侯庙。

（1278），自珠江口附近渡海而南的宋端宗之弟卫王赵昺驻跸庄山，元兵来袭，黄十九亲率三千余军民殊死奋战，终于庄山北麓殉职捐躯，并即地葬于大岗岭脚。嗣后帝昺于是年五月在碙洲登极，改元祥兴，念其勤王护主之举，遂敕赠"忠烈侯"谥号。作为历史上轰轰烈烈的崖山海战前情后事的一个插曲，黄十九之祀整整延搁了一个王朝，据说直至明代，乡民感其忠贞报国之举而立庙祀之。这座屹立在彼时神电卫城东北十里庄垌岭麓的"忠烈黄侯庙"始建时间不详，方志中仅载其于嘉庆廿三年（1818）曾重修。庙内兼祀同于此次战役中牺牲的陈、许、蔡三名副将，以及黄十九妹"贞节姑婆"。记忆叙事之"浮动的缺口"现象提醒我们，黄十九故事更重要的文化意义在于敬宗收族，在于"价值"而非"实事"。1984年忠烈侯庙及黄十九墓被列为县级重点文物保护单位[1]，自1995年迄2003年，黄氏宗亲会成员裔孙黄虎、黄今史、黄国强等人主持集资重建此庙；2012年春，又以选举投票的方式择定二十八世裔孙黄同理先生为宗亲理事委员会会长，今该委员会成员多达二十二名，负责和睦宗族、联络亲属，并组织安排岁时节点的同族内外周期性神明与祖灵的祭祀活动事宜。另其墓园今为砖石灰沙结构，立有高八十五厘米、宽五十五厘米的墓碑，中署"皇宋敕封忠烈侯黄十九公墓"，落款"大清乾隆五十七年岁壬子季款旦福"，显然乃清代合族修葺之果。而从其族人的登科与捐职记录来看，可见黄廷圭、黄文烈、黄一亮、黄薰等官绅阶层的记录。曾任广西罗城县知县的黄廷圭为成化甲午举人，平讼理民有"黄天平"之称。黄文烈，以孙华宣捐职布政司经历，迪赠儒林郎配陈氏赠安人。黄一亮，以子华宣捐职布政司经历，赠儒林郎配陈氏赠安人。黄薰，贡生加捐，任乐平县丞。[2]

在帝制中华晚期，中央政权对于地域社会的辖控程度，基本上只是到县级而止；[3]而在县级以下的广袤乡野社会，则主要依赖于地域社会中的不一而同的精英团体来进行辖控，他们可能是年高德劭的耆老，或德高望重的缙绅，或称霸一

---

① 参见《电白县人民政府文件·电府〔1984〕78号》，该文件公布了电白县第一批重点文物保护单位，其中涵括谯国夫人墓基、黄十九公墓及庙、罗城井、钟鼓楼、温泉以及庄山。文件发文日期为1984年9月18日，今庄垌忠烈侯庙的重修碑刻中有勒文。
② 参见［清］章鸿等纂修：《广东省电白县志》，第236—237、765—766页。
③ 参见秦晖：《传统十论》，复旦大学出版社，2004年，第1—6页。

方的势豪。费孝通先生曾指出，自县衙门以迄寻常百姓人家之间的这段距离，是理解中国传统乡村社会组织架构及其运作逻辑的一个关键节点。[①]这种与王朝中央凌驾于地方之上的行政辖治秩序并行不悖的民间社会自组织结构，在明清广东的一个明显转变，即其话语主体由既往的土著势豪集团向缙绅衿士群体让渡。历史人类学者称此现象为"地方社会的士大夫化"。光绪年《电白县志》特别开辟了八页篇幅以载录彼时邑内宗祠，计凡一百五十二座，涵括三十六个姓氏，其中崔、王、邵三氏所载祠堂数目超过十座，黄、蔡两氏立祠数目分列第四、第七位，前者为九座，后者为七座。[②]在道光版本的邑乘中未见踪影的祠堂，倏然被当作该方域已然化作海滨邹鲁的空间表象，大肆渲染。且从其载录的祠堂数量来看，修志者之言又并非虚语。纂志者特别参照《广东新语》中缙绅衿士"以家达乡"的宗族组织礼仪，强调电邑亦在中州文化的濡染浸渍下，人文蔚起，祠堂倡修之举俨然成风：

> 俗最重祭。缙绅之家，多建祠堂，以壮丽相高，置祭田书田，岁祀外余，给支膏火祭田，谓之蒸尝，亦谓尝产，余利俵散，谓分蒸尝云。[③]

上引材料出自《广东新语》的采访，亦即时人实地调研之果。可见在彼时电邑，正统的士大夫价值观已被接合进地方风俗的土壤，从舆论引导的话语规约层面对文化能动者的具身实践产生了影响。更重要的是，冼夫人崇拜与祖先崇拜作为两套并行不悖的信仰体系，相得益彰地为地方能动者提供了行动的筹码。

如上所述，粤西南在帝制中华时期真正从文化认同角度被整合进中华文明大一统的根据，实质上离不开谪官儒士与商旅移民将中原汉文化带入粤地，而信仰结构中的"冼夫人"符号即为融贯沟通汉越文化的一个对话交流基点。因此我们

---

① 费孝通：《费孝通文集》第四卷，群言出版社，1999 年，第 338 页。

② 电邑大多数宗族均将其祠堂奉祀的始祖附会成为达官显贵或者至少是中原衣冠华胄，而奉祀的先祖则一般都明确标识其学衔，没有学衔者则称"处士"，即有才能而不愿意出仕者。参见［清］孙铸等纂修：《重修电白县志》，第 59—62 页。

③ 参见［清］孙铸等纂修：《重修电白县志》，第 38 页。

看到，在明嘉靖"大礼议"以后，电邑亦在宗法伦理庶民化的影响下改变了其主体认同的表述。在此礼俗互动过程中，百越土著居民不是被动、驯服、惰性地接受来自王朝国家的话语规训程序，而是积极地利用作为国家、精英、庶民三者"公约数"的"冼夫人"符号，通过建构并践履一种规范化的民间信仰活动，而建构其"正统性"的身份认同表述。在集体参纂的"中州衣冠贵胄"与"珠玑巷移民"历史想象范式背后，是岭南本土精英在时代语境变迁过程中，诉诸帝制中华时期的职官与人才选拔制度，利用王朝的税赋征收与神明崇祀机制，并结合本土的传统信仰习俗，从而合法地占有土地，借怀牒以列于州县，获得参加科举晋升契机的一种积极主动的认同表述建构过程。与此相关的是，修建祠堂、建立尝产、敬宗收族等认同凝聚与共同体建构方式，被认同为一种可被竞相模仿的文化规范实践。虽然神祇崇拜与祖灵祭祀相分离，各有一套王朝国家授权的"正统"语言范式可为参照，但二者俱可借由购田纳税的方式，借由神祇诞节与祖宗祭祀活动，合法地占有土地，跻身乡绅阶层，并获得王朝赋权的科举晋升机遇。另据道光年《电白县志》，庄峒蔡族亦有登科与捐官记录，如蔡敬熙，号惺齐，道光庚子，恩赐举人，铨授澄迈训导，居官廉谨；蔡卜登，好善乐施，与子道良，族人彰兆，累赈饥荒，以子称捐职千总，封武略骑尉；蔡建益，以孙称捐职千总，封武略骑尉等。[①]由此可见，即便是通过捐官这种以经济上的优势换取文化上的特权方式，庄峒蔡族与山兜黄族亦意在借由竞逐朝廷赋授的荣誉性虚衔之径，跻身官儒乡绅阶层，成为契合彼时士大夫价值评判标准的"主体"。从这样一个角度来看，我们即不难理解何以庄峒蔡族亟须大费周章地联袂山兜黄族以建构专事冼夫人信仰的祭祀基金会组织。而事实亦表明，借由冼夫人信仰而组建的这一跨村际地缘组织，通过他们在文化层面上所获得的象征性赋权，确实在彼时基层社会的资源竞逐活动中抢占了先机，成为实际掌控着彼时庄峒乡市场经济命脉的地域联盟集团。

---

① 参见［清］章鸿等纂修：《广东省电白县志》，第235页；［清］孙铸等纂修：《重修电白县志》，第196页。

本章小结　"有人栖居"的记忆与"无人栖居"的历史

有趣的是，粤西南地域社会的缙绅衿士在建构其宗族记忆之际，异常整齐划一地将元末明初作为其自闽入粤的开基祖定居下来的时段来进行叙述，并大抵声称其乃移自中土的华夏衣冠世胄。此等祖源回溯模式的重要意义在于，借此以将其身份认同锚定在一个严格区分于当地蛮夷土著的位置，勠力与主流话语保持一致，在自我认同的想象中成其为主体。然而在文化认同的意义上，中州礼乐文明对于百越少数族裔教而化之的努力及其社会表象，实则要晚得多。至少直至明朝中期，岭南地域社会在诸多处于庙堂之高的士大夫的表述与认知当中，仍然是作为"诸蛮集胞络"的蛮风瘴雨之区而在场的。粤西南地区被有效整合进王朝国家体系的时间节点，实则不会早于明嘉靖"大礼议"影响下宗法伦理庶民化发生之前。是霍韬、庞尚鹏、黄佐等广东名儒缙绅的崛起及其"以家达乡"的移风易俗文化启蒙实践，改变了岭南地域社会的集体表象范式，促成了华南宗族社会组织的勃兴，并整合了地方族群认同的话语表述模式。与此相应，自通都大邑以至于穷乡僻壤，修祠建庙之举蔚然成风，掌控地域社会话语表述主导权的团体，由此前的势豪强族向缙绅衿士社群转变。此即意味着，任何意欲在地域社会象征秩序中占据主体位置并享有资源调控特权的文化能动者，均亟须在内化谙习王朝正统语言规则基础上重构调整其自我认同表述，学会运用皇朝的正统性文化象征以为其在地域社会当中所进行的具体经济、社会、文化实践进行合理性证明与合法性阐释。[①]

精英对大众的教化自觉意识，在帝制中华时期，主要表现为"礼乐文明 / 乡野陋俗"之间的殊异旨趣与审美区隔；"民族—国家"阶段则表现为借"大传统 / 小传统"的文化形态区分话语，将后者归咎为尚待文化启蒙的前现代文化残留甚或阻碍文明发展、亟须剔除之痼疾。这种过分倚重于"礼"之精微的制度设计，自古迄今均旨在建构一个连贯整合的完满象征秩序，却忽略了国家礼制话语之有

① 参见刘志伟：《在国家与社会之间》，第 27—32 页；科大卫、刘志伟：《宗族与地方社会的国家认同》，《历史研究》2000 年第 3 期。

效运作亟须地方风尚习俗之具身践履，否则即如拉康意义上的镜子乌托邦，停留在虚拟循环的幻象世界，无法真正地渗透基层民众的生活。

因此，我们看到，在作为王朝国家正统性话语设计框架的冼夫人信仰莅临地方社会、重返社区之际，"礼"的话语表述被"俗"的非话语实践所商榷、篡改、渗透，而"俗"亦在此与"礼"的对话过程中有意识地将后者当中契合地方感觉结构的合理性因素接合进来。其结果是，"正统神明的地方化"与"地方神明的正统化"相反相成地促成了中华文明大一统格局与地方风俗多样性并存的双维结构。在此借"礼"阐"俗"、援"礼"入"俗"的过程中，不同时空语境中多元、匿名、流动的文化实践者通过旨趣殊异的修辞策略参与至冼夫人信仰的空间实践中来。这些文化行动者并不如制度设计者所预期那番，成为逆来顺受的文化霸权规训对象。相反，所有被精心规划的秩序蓝图，在它们被付诸实施推广的契机中，总会被引向别处，产生某些旁斜逸出的效果。结构与能动性之间的奇崛逆转机制，遂在此开放性实践过程中，不断为形色各异的能动主体，提供挫败主导意识形态询唤意图的周旋、商榷与讨价还价余地。从不同时期被整合为帝国编民的少数族群诉诸王朝正统神明符号，以改变其身份认同表述的能动实践来看，冼夫人信仰为这些曾被王朝国家视作属下阶层的文化他者提供了安身立命的空间。并且，在此以文化治理方案移置军事征伐的过程中，冼夫人信仰持续促就"礼"与"俗"在互动对话中互阐、互释、互渗，将中华文明的优秀传统基因与伦理共识通过具身参与感知的情感共鸣体验，葆育在基层民众的共享感觉当中，成为持续给予地方风俗表象以灵动生命力的深层文化无意识。

以无关信史的冼夫人信仰进驻横山灵王庙事件，冼夫人与梁沙婆的形象叠加建构过程，霞峒王、崔二氏祀冼活动的历史地理考述，以及庄峒蔡族联袂山兜丁村黄姓村民组成跨村际地缘组织崇祀冼夫人的神话历史叙事为窗口，王朝礼制话语与地方文化惯习交互模塑的"礼俗互动"过程被展现得淋漓尽致。借此，我们即不难理解，基层民众的文化实践究竟如何能在直面帝国强加结构的凌驾高压下，仍可觅得其自我能动表述的建构空间。在此基层行动者积极主动地援"礼"入"俗"、借"礼"阐"俗"的过程中，非话语的具身参与实践对于抽象话语询唤效果的反转建构作用，表明了共同体的文化习性，作为被建构的（structured）与能建构的（structuring）结构，更多的是诉诸"情感"而非"理性"路径而得之塑形的。

如诺拉所言，历史编纂学的旨趣，更多地在于作为学术工具体系，"更加有力地强化了对真实记忆的批判性建构"。这种整体史的宏大叙事，使得曾是我们集体传统中最强有力的、作为我们的记忆环境的民族发展历史，变成了某种对过去进行完整无缺重构的学术宏旨。其结果是，历史转而变成了一种"对自发的记忆而言具有毁灭性的批判精神"，或曰某种"对经验过的过去的去合法化行为"。就此而言，今天我们之所以亟须从记忆之场话语反思性重构编纂史学，是因为我们已然处于"一个完全在历史影响下生活的社会"，这个不再是传统的社会，它不认识"记忆赖以根植的场域"。质言之，那种将历史变作"无人栖居"场域的研究取径，实乃一种编纂史学话语的祛魅建构效果。其严重戕害了自发生成的记忆环境（milieux），使记忆从其所由生成的原生语境当中抽离出来，成为某种存疑的、逻辑紊乱的、去合法化的经验。"记忆把回忆（souvenir）放置在神圣的殿堂中，历史则把它驱赶下来，它总是让一切都回归平凡"。然而问题在于，在历史书写质询记忆叙事真实性程度的地方，文化记忆亦在其被固化、外化、距离化为某种整体史、宏观叙事与进步记忆的过程中，丧失其原本可作为有机社会团结力量的凝聚性结构化功能。其结果是，"一个完全在历史影响下生活的社会，已不再是传统社会，它不认识记忆赖以植根的场域"。走出这种编纂史学的记忆困境，亟须诉诸另一种历史的书写方式，即重构物质性、象征性与功能性的记忆之场，在传统唯遗的余温中溯回并重构"我们的认同"。①

记忆总是由多元异质、混杂无序、允满断点与留白的回忆叙事所型构，其根本旨趣不在于朝向逻辑理性而组织起标准化的叙事框架，而是借叙事建构认同，强调社会共通感的有机团结功能与认同凝聚效果。但历史话语却试图抽丝剥茧地概括出其研究对象的本质属性、普适性发展规律与抽象演绎的理性逻辑程

---

① 参见〔法〕诺拉编：《记忆之场》，第3—32 页。

式。质言之，记忆型塑主体的取径是通过具身参与感受的体化实践方式，借集体灵魂的情动召唤与情感共鸣机制，模塑个体成员对于合理事物与公共福利的共同感觉。这种奠基于人文主义精神土壤的传统教化方式，将"至善"与"美德"作为必要的审美理念，为行动者的文化实践提供价值范导原则。由此，也就建构起基于"共同的善"之理念的共同体想象性认同。相较于现代社会基于"正当"原则的道德律令而言，这种内在认同的感觉结构，更少主体规训的意味。借此有机团结的认同凝聚机制，个体被整合进集体，习得一整套既可阐释"过去—当下—未来"，又可认知"自我—他我—世界"的宇宙观图式，作为"完整的人"而非"分裂的主体"，徜徉于此在在世存在的生命展开过程，由此而诗意地栖居。

福斯特提醒我们，观看与权力相关联，社会历史建构的观看之道或曰视觉政体（scopic regime），必然受到不同时期主导话语范式之规训与模塑。[1]视觉的文化建构之维内在地决定了我们可如何观看，社会允许或教导我们如何观看，以及我们是怎样看待这种观看之道及其"可见性／不可见性"的反转建构机制的。伯格亦言："我们向来不仅是在纯粹的意义上看事物，我们所见到的永远都是与我们相关联的事物。"[2]因此，从记忆之场视角进入冼夫人信仰研究，我们亟须警惕编纂史学的"无人栖居"研究旨趣对于共同体记忆所可能带来的戕害，并同时有意识地给予那些看似粗鄙陋俗、微不足道、逻辑混乱的社区日常生活叙事与节庆礼俗表达以更多关注。此要求研究者基于镜像自反的交互视点，真正地融入文化持有者的生活世界，内在地理解一种文化，感同身受地去体味"小叙事"中所蕴藉着的记忆、禁忌、情感、认同诸复杂微妙情愫。从这样一个视角出发，非遗民俗事象的文化阐释权应当交还给文化持有者。如《保护非物质文化遗产伦理原则》所明确提出的，非遗文化主体"接触非物质文化遗产的习惯做法应受到充分尊重"，"社区、群体和个人继续其各种实践、观念表述、表现形式、知识和技能以确保非物质文化遗产存续力之权利应得到承认和尊重"。保护主体"与创造、保护、延续和传承非物质文化遗产的社区、群体和个人的所有互动应以透明的合

---

[1]　Hal Foster, *Vision and Visuality*, Seattle, WA: Bay Press Seattle, 1988, p. ix.

[2]　John Berger, *Ways of Seeing*, Harmondsworth: Penguin, 1972, p. 9.

作、对话、协商和咨询为特征，并取决于尊重其意愿、使其事先、持续知情并同意的前提而定"。①就此而言，冼夫人信仰更重要的文化价值在于，其将中华文明的传统基因葆育涵养在粤西南多元分化社群的感觉结构当中。譬如说，亲仁善邻、讲信修睦、自强不息、厚德载物、民为邦本、为政以德等冼夫人文化精神重要内涵，亦是中华民族共同体的核心文化价值理念。这些高度契合社会主义核心价值观的理念，在当代与延及后世的发展视域中，均是坚定文化自信心与增进文化认同感的重要传统文化资源。要之，在一个后传统的祛魅世界中，冼夫人信仰将经验贫乏、神性退隐、共通感衰微的我们时代的历史，置回"有人栖居"的记忆之场。由此，也就将古老的记忆、神圣的往昔、绝对的过去，借诗意返乡规范化实践，重新唤醒激活并葆育涵养在"我们"身体化、习性化与内在化的记忆与认同当中。

---

① 联合国教科文组织:《保护非物质文化遗产公约》，巴莫曲布嫫、张玲译，《民族文学研究》2016 年第 3 期。

第六章 | 当代记忆空间的生成 及其文化传承意义

以雷峒村"冼姑太回娘家"仪俗与旅马华裔跨国重建冼夫人信仰文化场所等嵌入全球化时代同质空间的异时位与异托邦空间生产现象为例，本章尝试论证，民间信仰绝非某种外在于社会生产活动的纯粹形上表象空间。相反，它们是经由伦理共同体象征语言而不断建构生成的社会隐喻与转喻空间，浸渍着"我们"的生命体验。这种空间的重要异质地形学价值在于，其可借"以言行事"（performatif）之径在文化象征系统与社会结构空间之间建构起某种象征性关联，让关于过去的记忆叙事影响当下、创造未来。[①]就此而言，传统节庆仪俗与信仰实践场所作为冼夫人信仰的文化空间，绝非某种被给予的、既成的、非辩证的虚拟循环空间，而是持续参照现实情境以不断自我更新的活的文化生态壁龛。这种空间独特的生产机制，使得文化生态壁龛中的集体表征活动必然关联于共同体意识与经验的意向性结构。这种围绕着"我们的认同"题旨而建构起来的回忆叙事，尽管取径不一，但殊途同归地将信仰结构中的冼夫人回忆形象涵养在共同体身份认同建构的生态环境中。由此可见，文化生态壁龛借以构筑之关键在于激起、唤醒、活化族群共享的文化记忆；而文化记忆作为集体无意识之寓所，其空间美学蕴涵即为文化主体与该场所之间的情感认同连带或曰"乡恋"。由"乡恋"所标示出的传统文化壁龛嵌插于当代文化空间之中，由此型塑生成各美其美、美美异和的多元文化共在生态场景，此为当代非遗保护的重要文化价值之一。

---

① 参见〔法〕布迪厄：《实践感》，第136—137页。

第一节　冼夫人信仰空间：当代文化空间中的异托邦

福柯的"异托邦"概念，可用以阐释冼夫人信仰空间在当代全球化、现代化语境中的特殊文化价值。一方面，其既在社会体制之内被生产出来，本身又外在于所有的常规位所，是戳破当代空间连贯整合表象的异位，此为其反文化沙文主义的政治学维度。另一方面，作为浸渍着特定族群文化记忆与生命经验的小传统文化空间，冼夫人信仰在当前全球化同质改写与现代化急遽推进的情境中，以文化生态壁龛的形态，为粤西南多元分化族群提供共同的记忆怀旧原点，作为"乡恋"寄寓的"家园"，此为该信仰文化空间的异质美学蕴涵之维。

一、"冼姑太回娘家"与雷垌年例：当代文化空间中的异时位

作为"我们的记忆"中最具象征意义的文化场所之一，雷垌村的"冼姑太回娘家"与年例仪俗无疑是去神圣化了的当代空间中一个亦真亦幻的异时位。它是在集体纪念意识的催化作用下而生产出来的"我们的节日"。如霍尔所言，主体是一种未完成的建构，总处于建构的过程中。认同建构于话语表征的意指实践之内，借此，归属感得之被"缝合在故事之中"，身份认同的建构过程得之发挥其社会结构化功能，在具体的社会历史语境当中产生"话语、物质或政治的有效性"。认同通过差异与排斥机制以确立"我们"与"他们"的边界。[1]"冼姑太回娘家"作为公共性的传统节日，其起源叙事、社会功能与传承方式蕴藉着文化持有者对于"自我—他我—世界"理解的世界观、价值观与文化图式，亦是雷垌与良德通过仪式整合成文化共同体的叙事基点。

冼夫人信仰在良德与雷垌，绝非仅关宏大叙事的象征符号，而是"我们基于身体处境感受而切身经验的重要事件之焦点"[2]，一个浸润着基层民众日用而不觉之认同情感与生命体验的记忆场所，一个定义着"我们的认同"的地方。雷垌村位于今日茂名市高州长坡镇西北部，该村落之中建有冼氏宗祠二座，即雷垌仲

---

① 参见周宪主编：《文学与认同：跨学科的反思》，第 4—7 页。

② C. Norberg-Schulz, *Existence, Space and Architecture*, New York: Praeger, 1971, p. 19.

芳冼公祠和雷峒良艺冼公祠。"雷峒"之谓，可能为"俚峒"。该地附近今年发掘出一方有"南方长城"之谓之军事遗址，其自北起大坡镇，南抵长坡镇，西达高凉山，环绕拱卫着良德古城。而与该地毗邻的马鞍坳古道二侧之山岩之上的古文字，亦然被证实为俚族文字"花码字"，并发现此等摩崖石文字记述了以下信息：其一，"六卜越雷王作反"；其二，"夫人天下，官正王上"。[1]雷峒村民原本与良德联合举行"冼姑太更衣仪式"与"冼姑太回娘家仪式"。据说，良德冼庙庙楹联为"良称女将 德配坤舆"，同治三年（1864）冼夫人得授加崇封号"慈佑"之际，乡民遂将原额"冼太夫人庙"改作"冼太夫人 慈佑冼太夫人庙"两行并列大字。良德冼庙为良德与雷峒二村乡民共建，民国年间修葺一新，为二进三间的砖木结构建筑，占地面积约为三百平方米，正殿奉祀冼夫人，一神二像，其行宫像为年例游神仪式之际巡境之备，其左配祀甘、祝、盘三员先锋，右则为冯宝公。左右楹联书曰："心即是好心当年重一统春秋顾中央威信 德育完成智育今日奉六朝勋业保百粤安定"，政治蕴意颇彰。乡民们俱称该冼庙自唐迄今历经一千余年之风雨。当地民谣唱言："初一、十五拜冼太，小孩子契冼太，遇困求冼太，诞辰祭冼太。"而之所以称此仪俗为"冼姑太回娘家"，缘由是雷峒周围十个自然村的冼姓村民均尊冼夫人为自家"姑太"，尽管其口中同一血脉谱系的太公究竟昉于何代与何时至此，并不可上溯。

确切的记忆开始于"冼太阿嬷会"的运作叙事，此周期循环的村际年度仪俗活动经费，是由雷峒冼公祠特别开列的十四石租谷赏金。每年农历十一月十三日，雷峒已经沐浴更衣与斋戒程序的冼氏村民即整装列队，浩浩荡荡地前往约十二公里外的良德。及至入夜，良德冼太庙香工定于凌晨十二时整开始举行"冼姑太更衣仪式"，为神坛之上的冼夫人行宫像沐浴更衣，礼毕乃恭请"冼姑太"入神辇并折返雷峒。其时鼓点喧天、人声鼎沸、旌旗猎猎，沿途所经之地曰白鹤、长田、思茅园、木威四村，前来祭拜冼夫人的信众纷至沓来，不唯村落妇孺。待抵达雷峒，乡民开始迎神入庙，礼炮齐鸣、鸣音奏乐。待冼夫人神像入

---

[1] 参见张均绍编：《寻找冼夫人足迹》，第24—26页。

座神坛，便是娱神演戏与游灯宴饮之始。此环节行至第八日落幕。二十一日午后，雷峒乡民一如其前，再度列队开始送神抬舆仪式，沿原路将"冼姑太"送回良德冼庙。二十二日清晨，良德与雷峒乡民举行共祭冼太仪式，礼毕，畅饮飨食并分胙肉。二十四日冼夫人诞辰至，良德与雷峒二村所组建的祀冼组织"冼太阿嬷会"九大份成员开始各备三牲酒醴列队至良德冼庙进行冼夫人崇祀仪式。据悉，在此过程先期，"冼太阿嬷会"九大份分别自行挑选份内四人参与仪式。此三十六人，并以庙宇住持、理事及香工等职员，计凡四十余人参与祭祀。该冼夫人诞辰崇祀仪式共支"冼太阿嬷会"会赀二十四石租谷，其中雷峒占四份，余则良德之属。基于"冼太阿嬷会"崇祀组织的顺畅运作，该村际仪式一直稳定传承至新中国成立初期。后」1958年，因高州水库之筑，良德古城毁没，雷峒遂将"冼姑太"牌位寄放于社庙，"冼姑太更衣仪式"与崇祀公祭仪式如常。1988年，雷峒村委会十村乡民筹资建筑的雷峒冼太庙落成，一神二像，与旧城村民再组祭祀组织，以行冼夫人崇祀典仪。

除了冼夫人诞辰前后的上述仪式之外，雷峒村还在以社为单位举办的年例游神仪式过程当中，恭请"冼姑太"及其父母参与诸神的巡境仪式。农历二月十四起年例日傍晚，雷峒冼庙开始人头攒动，庙祝邀请主持神祇祭祀的正一派道长与五音锣鼓仪仗队进入庙宇之中，奉神典仪开始。此阶段涵括问神、游神、迎神、神到首家以及演戏娱神。年例理事会组织在中心庙宇前面广场空间中临时置放神案，参与年例摆醮仪式的乡民自行备好三牲酒醴。是日，道公佬或童道大致在午后入庙，并进行造纸船和札香符等筹备工作。参与崇祀典仪的乡民们则开始张罗三牲酒醴和祭祀烟烛灯火诸事。十五正年例日，主持神祇祭仪的道士先行珓杯占卜，挑拣吉时延请"冼姑太"与诸神巡境。嗣后，道士率众适时恭抬神舆出迎神祇，并列彩旗、八音锣鼓、洋号等诸礼乐队。"冼姑太"即位，道士演绎仪式，寓意为洁净社区，将污秽阴气载诸送瘟船。礼毕，仪式专家给信众颁香符并启船而游，开始巡境仪式。其时，"冼姑太"端坐于神舆之上，两侧分列仪仗礼乐队伍，与社区"白花榜"以及象征着道士方才所"押"戾气与污秽的纸船送瘟船一道前行。由于每户至少一人参与游神仪式，因而此队列可被视为该地血缘联宗与地缘共同体交互型构的社群连带关系之缩影。其仪仗队员高擎彩旗，旗帜模仿冼夫人当年巡境场景的旗纛，队列最前端的一面上书"巾帼英雄 冼夫人帅"八字。有专门负责礼炮燃放者，行一段而鸣一炮。游神遵循既定的路线，过程中禁止嬉戏。乡民们按照旧时生产队的划分模式，设醮恭候"冼姑太"神舆驾临。巡游神舆队伍计凡七人，四人抬舆，两人撑华盖，一人扶横木。沿途可见摆好的醮位中精心筹备的三牲酒醴等贡神物赀。每到一处，恭抬神舆的人员可暂作休憩，期间信众焚烧纸币与其他祀品，行叩拜礼，禳灾祈福，祷祝家居平安、六畜兴旺、金榜题名、丁旺财旺，不一而足。醮仪正式演绎，八音锣鼓齐鸣，乡民们行三跪九叩之礼。道士演绎神示，恭请"冼姑太"为信众排忧解难。其左手擒"青蛇"，右掌握七星剑并持筊杯，口念咒语，道出参与祭祀的户主名字，掷筊杯占卜问神断凶吉。筊杯与七星剑一样，均为道士操演道教科仪的法器，其形如月牙，类黑桃木色，光滑锃亮，以一正一反者为阳筊或胜筊，寓意为"冼姑太"示意户主，其家宅安康，无凶气疫鬼。反之，若筊杯落到同一面，则意味该户主家中尚且附有戾气，道士即会挥舞七星剑，口中念念有词，恭请"冼姑太"显显神灵，斩妖除魔，象征性演绎驱邪仪式。直至筊卜掷到阳筊或胜筊为止，道士方才分颁香符，"撑动"纸船将污秽戾气押走，趋赴下个醮铺。待"冼姑太"神舆巡至醮尾，主事方工作人员即点火燃炮、鼓点骤响、号角齐鸣，模仿再现古代冼夫人凯旋之际的集体欢腾场景。嗣后，巡游队伍恭送"冼姑太"回庙归座，船暂时随夫人停泊在庙内。待凌晨三时左右送船仪式开始，道士口念咒语，参与仪式的男性村民高擎火把，抄小路疾走，寓意为污秽戾气再也找不着道回村。道士无须将纸船押送到最后，焚烧押邪纸船的收尾工作由乡民们完成。送瘟船仪式毕，大家缄默着空手另择他径返回。这一仪俗场景与光绪年《高州府志》所描述的相去无几，只是主祭神由"冼姑太"代替了"康王"、仪式主持由"巫者"变成了道士。

二、民俗仪式：集体表象与认同建构

在本地民众眼中，无论是其祭祀神明的文化传统程式、仪式专家所演绎的道教科仪，抑或祠堂庙宇修建、节期安排、基金会运营机制等冼夫人崇祀活动型构，均是依循国家正统礼仪秩序，契合中华文明传统理念、自古至今承传下来的一套合情合理的文化实践程式，这与是否有史可据并无多大关联。而其口传心授的历史叙事是否契合正统史学研究的"信史"理念，又或者考古发现究竟是对其口述史的内容进行了证实抑或证伪，均非其所关心的问题。因此，即便在经考古专家们勘测鉴定确证了山兜丁村为冼夫人墓葬地之后，这些基层民众在操演其活态传承的"冼夫人回娘家"仪式之际，亦并无文化身份认同的焦虑。

"仪式，通常被界定为象征性的、表演性的、由文化传统所规定的一整套行为方式"，它"可以是特殊场合情境下庄严神圣的典礼，也可以是世俗功利性的礼仪、做法。或者亦可将其理解为被传统所规约的一套约定俗成的生存技术或由国家意识形态所运用的一套权力技术"。①仪式实践的整合连贯表象旨趣，并不代表在该民间信仰空间中，"冼夫人"只是作为一个空洞的权力象征或大一统的标准隐喻而在场。相反，正是此文化空间中经由集体共同经验的时间与反复唤醒重塑的空间而被倾注、积淀与持续意指的历史感与地方感，使得该场域成为"我们"的精神之家。而每一次的记忆回溯，均为一次新的集体自我表现与文化阐释的事件和过程。缘由在于，其总会积极地参照新的情势，将在既往社会、历史、政治、经济等整体生态环境中生成的文化实践程式进行修订，主动地在强化记忆或封存遗忘之间做出选择。涂尔干将宗教现象区分为信仰观念与仪式实践两个互补范畴，认为信仰与仪式构筑的平行世界在神圣与世俗之间做出区分，其"不仅表达了神圣事物的性质，也表达了赋予神圣事物的品性和力量，表达了神圣事物之间或神圣事物与凡俗事物之间的关系"②。但信仰也是神圣与凡俗世界的链接点，"信仰不仅是一种思维方式，而且是一种生活方式，它把日常生活置于永恒实体的笼罩之中"③。信仰原初的形态奠基于一种可被内在直觉把握的"至善"理念，其是在"丝毫未受宗教影响的情况下产生的，作为个体之间的一种纯粹精

---

① 郭于华编：《仪式与社会变迁》，社会科学文献出版社，2000年，第1—3页。
② 〔法〕涂尔干：《宗教生活的基本形式》，第43页。
③ 〔美〕斯特伦：《人与神》，金泽等译，上海人民出版社，1991年，第59页。

神关系的形式"①。然而，在制度性宗教中，信仰却变成了某种外在的、纯粹理性的、超个体意志的道德律令。前者依据的是"臻善"与"美德"的理念，后者则奠基于西方逻各斯中心主义的普世性声称。从传统社会未分化的一元总体德性规约，到现代社会诸分域之间的价值不可公度性，现代人渐次茕茕孑立、离群索居。"伦理—审美"范式的重建，为赎回现代社会中已然消隐的共通感启示了进路。就此而言，涵括冼夫人信仰在内的传统民俗文化在当代遗产保护运动中的空间重构实践，为我们提供了一种救赎当前全球文化生态危机，重建多元主体对话、喧声、共在场域的文化多样性葆育实例。

作为集体表象与认同建构的民俗仪式，本身亦是一个可诉诸文化持有者之体化实践而被反复营造生成的文化空间。冼夫人信仰空间的当代重构实践，是一种文化主体在保护主体之介入引导下，基于文化自尊、自重、自信心态与自觉意识而具身参与筹划、感知与体验的"伦理—审美"活动。因此，今天雷峒"冼姑太回娘家"与年例习俗实际上更多不是在超自然信仰层面上被认同，而是作为文化展演，作为集体怀旧的记忆所系之处，承载着共同体珍而重之的身份认同象征含义。"文化展演"（cultural performance）最早由美国人类学家弥尔顿·辛格提出，指涉"戏剧、音乐会、讲演、祷祝、仪式宣颂内容、庆仪典礼、节日以及所有我们归类为宗教与仪式的非专门艺术场域中的文化事象"②。文化展演的场域涵括作为观者的外来者与展示其本土文化信息与共享概念的文化主体，后者诉诸表演形态以通过视觉形式向前者展示他们曾在社区内部反复操演、循环复现的"封装"（encapsulate）文化内容，这些内容事先经过甄别、筛选、组合，符合某个中心主题，表征该社群想象的"社会自我"。鲍曼指出，文化展演的引人入胜之处恰恰在于，其将视觉化的表演场景聚焦于某个能够集中表征族群共享宇宙观与精神气质的主题③，譬如岁时节令的礼物交换、历史事件、民族风貌、宗教关怀、

---

① 〔德〕G. 西美尔：《宗教社会学》，曹卫东译，上海人民出版社，2003 年，第 5 页。

② Milton B. Singer, *When A Great Tradition Modernizes: An Anthropological Approach to Indian Civilization*, New York: Praeger, 1972, p. 71.

③ 参见〔美〕鲍曼：《作为表演的口头艺术》，第 82—90 页。

体育竞技等，以此作为文化的视觉展演中心。主题化的视觉筹划方式圈定了文化展演的表述内容及其范围，此服务于视觉符号编码与解码活动的意义传达有效性，保证了文化展演表征实践的叙事效果。并且，以亲历方式参与至文化展演活动中来的民众演员、筹划者、竞技者以及地方社会的其他成员，往往可凭借此根植于集体经验的社会自我展示实践，在自反性的意义上直观感知到其在日常生活中习焉不察的集体自我形象，直觉把握到凝聚其共同体认同的文化精神内涵。就此而言，强调社会角色扮演的文化展演作为一种社会自我展示的视觉化、感官化、修辞化的方式，非但有助于文化持有者在具身参与的体化实践中意识到其自我身份定位；并且在此多元主体共在的场域，无论是外来观光者的猎奇目光、收集标签式的游客凝视，抑或研究学者的田野之有，均有可能以一种交互主体的介入体验，唤醒、强化、重构文化持有者的身份认同感。这种有组织、有规划、有秩序的集体空间实践之重复，连同其叙述意图鲜明的主题化文化展演事件，为抽象的共享文化概念赋形，使之成为裹挟着特定规约性涵指的符号进入文化的循环，横跨表征、认同、生产、消费、规则五大场域而不断接受审查与商榷的修订，持续发挥着建构共同体身份认同与间性主体交互承认关系的社会结构化功能。

　　记忆的形象表征与认同建构是同一过程之两面，二者相辅相成。记忆空间只有在被不断激活的情境下，方是"有人栖居"的场所。这种记忆之场不同于自发形成的记忆环境，既必然是多元异质话语表述角逐、磋商、争夺主导叙述位置的场所，又不可避免地牵涉并置共生而形态异趣的诸多非话语维度上的感觉结构及其集体表征。"冼姑太回娘家"仪式与雷峒年例习俗即为这种有人栖居的记忆场所，其通过年度周期仪式操演的方式来阐释"我们"的传统、习俗与民族精神气质。"从某个重要的方面来说，仪式是精粹的习俗。"①仪式是一种将信仰、思想、审美等抽象概念予以具象化表征的体化实践，其将实践智慧葆育在作为行为倾向系统的文化习性当中，将族群经验涵养在个体的集体无意识领域，等待现实境遇的激活。意大利学者马里奥·佩尔尼奥拉指出，看似是与巫术、宗教、神祇

---

① 〔美〕维克多·特纳：《象征之林》，赵玉燕等译，商务印书馆，2006 年，第 291 页。

存在相当认知距离的现代仪式，究其社会象征的文化功能而言，实则与神话仪式如出一辙。"没有神话的仪式代表的是'仪式的仪式'，代表着举止和行为模式从它们的功用性和目的性制造解放出来，不但如此，它们既不是'非理性的'，也不是'无感觉的'。恰恰相反，它们是以某种思维方法、某种思考模式、某种暗示的哲学为前提的"①。格尔兹亦认为，仪式作为人类感性经验的符号化与表征化表达，"是概念的可感知的形式，是固化在可感觉的形式中的经验抽象，是思想、态度、判断、渴望或信仰的具体体现"。仪式的感性经验禀赋使其非但能够具象化人们头脑中的信仰世界，并且可通过情感共鸣的认同机制来影响行动者的实践。"一种宗教是一个象征符号体系，它所做的是在人们中间建立强有力的、普遍的和持续长久的情绪和动机，依靠形成有关存在的普遍秩序的概念并给这些概念披上实在性的外衣，它使这些情绪和动机看上去具有独特的真实性"②。通过审美变形的艺术化形式，雷垌的冼夫人信仰崇祀仪式非但横跨不同的场域，生产出一系列作为实践隐喻的相似生活风格空间；并且将这种"审美—形式"的表达关联于约定俗成的"语义—信息"，以此将自我认同的叙事关联于特定族群的情感交流机制、共享文化图式与伦理德性规约，由此也就将共同体的精神气质与世界观图式予以了具象化的表现，这种表现是真实且不可再度还原为符号的。

三、礼俗互渗：冼夫人信仰作为活的记忆空间

民间信仰的崇奉原则是"灵验性"，亦即人神交流的方式是祈盼实质上的实用性回报。但随着社会物质实践与日常生活方式的变迁，冼夫人信仰的信众群体、崇信内容和信仰实践理念实际上已然发生了很大的变迁。特别是在科学知识介入影响的社会情境中，该信仰当中所涵括的诸多灵异叙事内容与拜祭活动的现实功利性期待，实则已然失去实质影响。然此绝非意味着该信仰文化事象而今已无存在价值，事实上，正是这种社会转型的契机，揭橥出民间信仰空间当中葆育着活的共同体精神蕴涵，澄明了基层民众经由体化实践而内在涵养着的、日用而

---

① 〔意〕佩尔尼奥拉：《仪式思维》，吕捷译，商务印书馆，2006年，第38页。
② 〔美〕格尔兹：《文化的解释》，第96—97页。

不觉的集体核心价值观。这种将"物"性融于"事"性，从而在文化行动事件中建构一方诗意栖居美学寓所的集体表象实践，实则相当于建构审美自由境界的空间设置活动，它不是某种作为既成结果被给予的行动布景，而是持续参与至空间生产过程动态的可裂殖生成之场域，并且可随现实语境之变迁而发生社会功能之位移，亦即"过去的文化遗产在实用价值消失时可能在当下生活中孕育生长出更具情感意味的心灵价值"[①]。基于这种活的文化理念，我们亟须对非遗价值做出契合文化生态语境的评估，辩证地看待传统文化之当代发展及其生态环链价值，关注非遗在重构感知体验与情感认同方面所具有的殊异化价值，并从中发掘、甄辨、弘扬这种小传统文化空间中所葆育涵养着的中华文明之传统文化基因、实践智慧与伦理共识，从铸牢民族共同体意识视角重识这种记忆的诗性意涵，并从文化共时态的共享情感结构中探寻民族共同体共享记忆之历时性文本学链条与结构化谱系。

就此而言，"冼太阿嬷会"是雷垌乡民栖居于冼夫人信仰文化空间之中所型塑生成的祭祀共同体，这种中国传统农业社会生活中的基层组织，通过周期复现的"冼姑太回娘家"仪式与冼太庙以锚定其集体身份认同的时空坐标，由此建构浑融圆满的环状时间意识与"曼陀罗式样"的立体空间感知，将此神龛视作精神赖以寄寓的家园隐喻，但凡社区日常生活场景中事无巨细俱向此"姑太仙"禀报，借此祈求神佑。在第一章第一节"冼夫人信仰神话原型探赜"中，我们曾论述过"乳长二尺余"的秦时冼氏，并指出"冼夫人"之谓极有可能是俚族部落女酋首之类称而非个称。但重点不在于记忆的原初意图，而在于记忆被回溯的方式，亦即"我们"究竟是如何通过故事的讲述而将活的民族精神葆育在我们的记忆所系之处，并借此而诗意地栖居。以雷垌祭祀"冼姑太"的更衣祝文[②]为例：

（其一）恭惟姑太仙，威宣慈佑伟人。落血雷垌，家史登记传闻。太极武后，护国本真。良称女将，忠贞同群。扫除毒害，高明乾坤。高牙大纛，勒马

---

① 高小康：《从记忆到诗意：走向美学的非遗》，《文学评论》2021 年第 2 期。
② 《祝文神咒选录》，载张均绍编：《冼夫人故里雷垌》，中国国际出版社，2009 年，第 185—186 页。

驰巡。杖犀映日，灵比罗侯。保善安民，削平僭乱。六朝功勋，忠肝义胆。金陵半角，圣母元君。佗襲余萼，泽被周亲。三书纲目，万世沾恩。果升天仙德道，屡显大神。聊将宝扇，救难显现金身。昨换衣服，革故鼎新。迄今承祖志，外氏家宾。同沾化雨，乐叙天伦。兹当仲冬，微备藻苹。来者领受，回时赐恩。仰祈默佑，乃武乃文。庆哉尚飨。

（其二）恭惟姑太仙，发迹高凉。落血雷峒，生身爹娘。杖犀映日，诩赞勋勤。灵比罗侯，龙殿桂香。金戈铁马，圣力昭彰。除奸护国，保善安良。扶持外孙，默佑康强。更求庇荫，徽备酒浆。铜翻宝扇，灯笼神账。对联财帛，奉献烛香。耕丰读显，老少无恙。家家降福，户户祯祥。尚飨。

在此人神交流的仪俗祝语文本中，神话故事空间中手持“鹏羽宝扇”而叱咤岭海方域的“冼姑太”回忆形象，与精英大传统话语中那个杖犀映日传天诏、绣幨旗纛靖狼氛的谯国夫人意象叠加共现。她被认同为“落血雷峒”，亦即共同体的老祖母，而此位置与俚族初民的部落神王位置构成某种历史隐喻的对称关系。其升天仙得道，屡显大神。在论及灵验性之际，与其类比的神祇是“罗侯”。操演更衣仪式的是冼夫人之“周亲”，仪式的寓意为“革新鼎故”。祝文中表征精英文化大传统之“礼”的意象（如“杖犀”“大纛”“女将”等）与民间文化小传统之“俗”的语素（如“宝扇”“灯笼”“对联”“财帛”“烛香”等）交错叠置。当中既涉及《大学》中所提出的“三纲领”（明明德、亲民、止于至善）和“八条目”（格物、致知、诚意、正心、修身、齐家、治国、平天下）内容，又有以外孙身份祭祀冼夫人的“同沾化雨，乐叙天伦”之融洽无间的祭祀场景描述，更有祈愿“冼姑太”泽被雷峒、庇荫万代、耕丰读显、老少平安、家家降福、户户祯祥等既朴实又功利性的具体崇祀目的。以此文本作为一个蠡测本土精英精神世界的窗口，我们可以看到“礼”与“俗”之间的流动性。在这些“以家达乡”的地方精英眼中，冼夫人既是有史可据的国家女将，亦是雷峒的姑太或曰“我们的家神”。“仙姑太”之生平既是戎马护国、铲恶锄奸、保善安良的一生，是三纲八目理念之实例化演绎；又是“太极武后，护国本真”、灵比罗侯、扶持外孙、默佑康强的溟漠神明，总与"我们"同在。而从其崇信的具体内容来看，举凡家宅安康、功名得就、田耕丰产等祈愿，无不与社区日常生活秩序的正常运作休戚相关。

帝制中华时期，智识精英集体共享的"内圣外王"道德准则及其"修身、齐家、治国、平天下"的政治关怀，造就了精英信仰的价值评断尺度更多的是基于王朝国家的宏观视角而外在化地俯瞰地域社会的俗信。据《国语·鲁语上·展禽论祀爰居》："夫圣王之制祀也，法施于民则祀之，以死事勤则祀之，以劳定国则祀之，能御大灾则祀之，能捍大患则祀之。"[1]因此，在精英文化大传统中，位列正统而得享官祀的冼夫人信仰之存在合理性与合法性在于其"以劳定国"且能"御大灾捍大患"。如清顺治十二年，相斗南知电邑，逾年适逢冼庙修葺竣工，遂撰文记叙，文中据此以评断冼夫人是否应得力民崇祀，序文并载其纂修之邑乘。康熙五十六年，电白知县周文杰据祀典条文引证夫人享祀祠宇"俎豆遍于高凉，理固宜然"之所由，一则夫人"以劳定国"，其"历授陈隋褒嘉，庞赉逾格"；二则夫人"功德被民，捍大灾而御大患者屡矣"，更"殆明太祖，又封高凉郡夫人，春秋崇祀"，拥有来自王朝中央直接赋权的"正统性"文化标签。[2]同治四年（1865），化州守牧撰写的《重修冼太夫人庙募疏》碑文言简意赅地表述了类似的观点，认为"享千载绵绵之祀者，莫不立千载赫赫之功"[3]。同治八年，到儋州中和区走马上任的徐锡麟小在《儋州中和区宁济庙冼夫人加封碑记》中申明"窃维崇德报功，最重明禋之祀"，因而"捍灾御患，允推不世之功"乃为冼夫人得享血食千年的依据，以此论证崇祀冼夫人确实合乎礼仪。[4]

然而，在大众文化土壤中，信仰结构中的"冼姑太"更多不是作为帝国加诸于地方之上的外在权力符号隐喻，而是作为一种浸润着族群生命体验的回忆形象。它将共同体的核心价值观涵养在其内在化的义化习性当中，以周期复现的方式持续意指、商榷、重阐"我们的认同"。就此而言，本土精英既已谙习国家正

---

① ［清］阮元校刻：《十三经注疏》，第 1590 页。
② 参见［清］孙铸等纂修：《重修电白县志》，第 54—55 页。
③ 碑今存化州同庆道冼庙。
④ 倪谦主编：《冼夫人文化研究》第一卷，第 464 页。

统礼制的话语表述，亦在其社区生活的过程中耳濡目染地接受着共同体风尚习俗的传统教化，因此，在其意识形态世界当中，"礼"与"俗"的互动、互渗与互阐过程是个无意识的过程。而正是这种无意识的文化涵养方式，使得冼夫人信仰文化空间成为葆育中华文明优秀传统与核心价值观的文化异托邦之一。亦正是这种诉诸具身感知、参与体验与情感共鸣之径而不断重阐的"我们的认同"，使得冼夫人信仰对于粤西南基层民众而言，成为一个承载着厚重历史感与独特地方感的凝聚性框架。其所涵括的，是裹挟着他们的情感、记忆、认同、欲望、幻象、禁忌等多元情愫，并在年岁的厮磨间永葆历史感与地方感灵韵的记忆所系之处。

四、审美区隔与游客凝视：冼夫人信仰文化分享何以可能？

2021年，在雷垌第1404周年的"冼姑太回娘家"仪式中，我们依然能看到浩浩荡荡的仪仗队伍，除了少数一群打扮成士大夫模样的宗族成员以外，其他参与巡游的女性成员皆身着红色民国长裙并撑红色油纸伞，男性成员则统一穿上仿古代行军铠甲的黄色服装，当中有人肩挑生鸡笼与各式农产品，此外就是列队前行的道士团和舞狮队伍。这种模仿冼夫人当年出巡盛况的民俗仪式，今天仿佛更多地传达出一种文化展演的意味。队伍走过城门，就直接上了先期备好的彩车，巡境仪式与时俱进地调用了现代的交通工具。就此而言，该仪式空间即为一个短暂生成的异托邦，它在一个当下真实的文化场所将若干看似不可共存、龃龉悖反的空间并置再现，从机械流逝的线性时间机制中逃逸出来，而在仪式的场景再现中进入了一个亦真亦幻的场所，这个场所"包含所有时间、所有时代、所有形式、所有爱好的愿望"[①]。当浸入这样一个传统文化氛围空间之际，上袄下裙的民国女子、曲裾深衣的汉朝男子、黄衣黄甲的仿古军戎服大队，现代扮相的舞狮演员，伴随着喧天的锣鼓、攒动的人潮以及端坐神辇之上的冼夫人行宫像，时间骤然仿佛变成了叠置共生的一段段褶皱。而这种涵括所有类型时间与多元表现旨趣社会空间的场所，作为微型宇宙，本身又外在于当下的所有常规位所。它是集体欢腾

---

① 〔法〕福柯：《另类空间》，王喆译，《世界哲学》2006 年第 6 期。

须臾的文化表演，作为日常生活的补偿机制，只在特定的时空节点被短暂地营造建构出来。

就创造出一种不同于当代空间其他常规位所的异托邦维度来看，这种传统民俗既有其积极的一面，亦有其弊端。就其积极的一面而言，传统民俗的遗产化运动，为基于冼夫人信仰文化实践以表征与阐释"我们的认同"提供了记忆活化的社会空间。民俗文化基于口传心授的文化习性模塑特点，使其可有效规避外部文化生态环境的某些冲击而恒葆活的生命力。但亦是这种身体化的习性特点，使得小传统文化异常容易随着集体纪念意识的削弱而陷入文化传承危机，甚至在自发生成的记忆环境不再的情形中渐趋消匿。就此而言，"冼姑太回娘家"等传统集体仪式活动在当代空间中的循环复现本身，即具有一种修订、重构与传承"我们的认同"的文化自觉、自信与自重意义。特别是在当地政府、学者与民众主动发掘、灵活调用、整合融贯雷峒文化生态资源与历史人文底蕴的举措中，依托于摩崖石、棋盘石"花码字"的考古发现，冼夫人试剑石与大天井等民间口传叙事建构的记忆地点，良德古驿道及其环农业观光带的历史人文景观呈现，以及围绕着仲芳冼公祠与良艺冼公祠而动态整合的村落庙会与祭祖典仪等冼夫人文化记忆资源，诸如"冼姑太回娘家"此类的传统文化复兴现象非但蕴藉着文化的诗意内涵，并且契合近年来国家所规划实施的乡村振兴发展战略核心理念。[①]质言之，此既为一种拯救现代人茕茕孑立情感认同困境的诗意"返乡"路径，亦是我国当前基于传统礼俗文化以建构中国当代和谐社会的重要代表实例。就其消极的一面而言，雷峒"冼姑太回娘家"仪式乃至于其新春年例习俗，就某种程度而言已然不复是纯粹的传统民俗信仰活动，而是在游客的凝视期待中转变成了某种刻意编排的文化表演。这种混杂着宗教信仰奉献与文化休闲娱乐旨趣的巡游仪式，显然

① 根据中共中央、国务院分别于2018年1月与9月印发的《关于实施乡村振兴战略的意见》与《乡村振兴战略规划（2018—2022年）》，以及2020年6月26日第十三届全国人大第十九次会议通过审议的《中华人民共和国乡村振兴促进法（草案）》，坚持以社会主义核心价值观引导中华优秀传统文化传承发展的重要举措之一，即以乡村公共文化服务体系建设为载体，深入发掘地方传统文化资源中所葆育着的中华文明基因、思想观念、道德规范与人文精神，将物质文明建设与精神文明建设统一起来，"培育文明乡风、良好家风、淳朴民风，不断提高乡村社会文明程度"。

致力于推广新的观看方式——不是将其视为一种庄严肃穆的宗教信仰仪式，而更多在于建构出一种可供文化怀旧、返古猎奇体验的异域。巡游仪式着装亦基本上是为了迎合游客凝视的异域情调期待，租借服装随机而定。这样一种商业资本推动下的文化展演方式，对于那些想要从内部视角感知体验冼夫人文化精神底蕴的游客而言，宛若某种伪民俗的制造。就像海德格尔当年游览亚得里亚海之际所反诘的：这是希腊吗？何以我们所知道、所预期的一切全未出现？没有捕捉到预期希腊元素的我们，究竟应该凝视什么？[①]

因此，现在的问题是，我们究竟应当如何看待这种利弊兼备的传统文化复兴现象？如何解决基于审美区隔与游客凝视的双重内外分阁机制而产生的传统文化分享难题？事实上，这种双重的文化区隔机制，究极而言乃是因为非遗的文化主体、保护主体与该公共空间中的其他异质文化主体，总是不可避免地受到其所属文化传统的意识形态之干预与范导，从而带着自身的文化偏见看待另一种文化，将 "他我" 理解为贬抑性他者。厄里与拉森提醒我们，尽管在意识形态话语的自然修辞运作及其文化霸权机制之询唤作用下，观看似乎与权力毫无瓜葛，但 "凝视" 之看的文化习俗规定性或曰其社会建构之维却始终作为缺席的在场，影响着我们运用视觉乃至于通感联觉所把握到的那个世界以及作为关系性共在的他我。"当我们在凝视特定的景致时，会受制于个人的经验和记忆，而各种规则、风格，还有在全世界四处流转的各种影像和文本，也都会形成我们凝视的框架"。为了搜寻可以将自身从经常经验中区分开来的猎奇体验，游客凝视倾向于将其认为非比寻常、流连不已的一切 "通过相片、明信片、电影、模型等等来捕捉眼前景致，或把它变成具体的视觉对象。这些作为皆能使凝视的对象跨越时空而被重新复制、捕捉和散布"。质言之，地方在游客凝视中被赋义，被文本化为意指着特定语义蕴涵的能指符号。而各种非观光技术的传播建构，强化了这种游客的凝视框架，仿佛出游的目的就是要收集符号，将亲眼所见的文化景观与其头脑中的某种意指蕴涵相关联，由此以生成一系列类型化的凝视文本，不断为旅游建构新的

---

① See M. Heidegger, *Sojourns*, Albany: State University of New York Press, 2005, pp. 7–12.

凝视对象。[①]因此，要走出这种现代主体彼此不可通约的表征危机与对话窘境，亟须参与对话的不同文化主体悬置其先在的、作为价值范导的文化凝视之看，设身处地地站到与"我"对话的"他我"位置，内在化地感知体验并直觉把握另一种文化的记忆认同叙事方式及其情感交流机制。这种多元主体共在场域中的文化主体交互镜像式体验，在传统社会凝聚性结构的"我们的认同"题旨之上，叠加了一个互相承认的要求，亦即在后全球化语境中基于"我—你"平等对话交流机制，以建构"我们互为承认"的后团结伦理道德规范的要求。

毋庸置疑，非遗在当代活态传承中亟须解决的一个关键难题，即如何通过非遗保护主体的介入，发掘中国传统农业社会空间中丰富的民俗文化资源，激活文化主体被现代性存封起来的传统文化经验记忆与文化传承自觉意识。此问题的解决亟须修复在历史通过阈限中已遭程度不同创伤的民间文化生态，发掘非遗文化传统的当代价值，借此以强化主体对其文化传统的认同感、归属感与自信心，进而基于铸牢中华民族共同体的"我们的认同"，重构契合生态文明建设理念、具有当代与延及后世价值的非遗文化空间。按照霍耐特的阐释，"自信"范畴最初是作为精神分析术语被爱利克·H. 埃里克森偶然发现并加以应用的，意指主体对其自身需要之价值的最初安全感。主体借由间性交往而获得对其自身需求、判断、技能之肯定性评价的最初体验，自信、自重（self-respect）与自尊（self-esteem）作为三种积极的主体与自我的关系形式，其内在化的形成过程均离不开主体间性互动过程当中能够直接体验的承认行为。[②]此即意味着，文化自信绝非苑囿于个体私隐性空间中的单声独白。相反，它是一种单称主体在进入公共话语领域之际，直面多元主体的对话、磋商、角逐的"承认运动"过程，而祈望最终导向间性主体建构与谦逊空间生成的必要自我认同理念。这种理念期待他文化主体能够对自身做出肯定性的评价，并以同样的标准自我要求。在文化内部，文化自信意味着文化成员对其所属共同体伦理价值观进行主动认同与自觉内化，积极地介入其传统文化活态传承的体化实践当中，勇于承担这种责任，并以此为

---

① 参见〔英〕约翰·厄里等：《游客的凝视》，黄宛瑜译，上海人民出版社，2020 年，第 2—6 页。

② 参见〔德〕霍耐特：《我们中的我：承认理论研究》，第 3—19 页。

荣，亦即"认同"的议题。而在文化交往的情形中，文化自信则意味着文化主体祈望其民族形象的表征意指实践能够得到异文化主体的理解与承认，并以同样的道德标准要求自己对其他文化主体的民族形象做出同样的反应，亦即"承认"的议题。

按照列斐伏尔的空间生产理论，空间实践致力于生产可被直观感知的集体表象，以此保障"连续性以及一定程度的内聚力"①。冼夫人信仰作为粤西南地域社会共同体的文化记忆所系之处，通过多元形态的传统节庆典仪以生产与再生产基层社群身份认同的凝聚性结构语言。正是这些"诞生于各种集体欢腾的社会环境"甚或是"诞生于这种欢腾本身"②的文化记忆场景，使得个体基于糅合了感知的（perceived）与构想的（conceived）成分的实际的（lived）空间体验而被整合进群体。借此具身参与感知的集体表征实践，日常生活中未被阐明的社会型构与空间组合关系得到了具象化的表达。这种用以凸显、确认与强化"我们的认同"的凝聚性结构表象，借用社会学之父帕森斯的表述，即为能够陶冶个体成员性情的象征化了的社会现实（the social reality symbolized），这种表现性符号系统的主旨在于诉诸情感交流的方式以将个体召唤为文化主体。③

在庆典仪式操演的集体欢腾中，神圣与世俗的界限被划分并凸现。这些作为集体表征重要标识的功能性载体，除却积淀为集体无意识的文化记忆以外，还有凭借空间实践而被标识出来了的、作为神圣或者集体身份象征的特定场所（如庙宇、祭坛、墓园等），及其相互关系而网结生成的"境"的象征性划分。正是这些可被直观感知的集体表象，使得那些作为该社会"型构特征的特殊位置与空间组合"脱却了纯粹的物性，而被赋予了人文精神的价值意蕴。它们作为超越于日常世俗生活之上的神圣力量，规范着个体与群体的行为。借此，生长于斯的个体成员通过感知体验、浸渍濡染与审美交融之径，与此兼容物质性、功能性与象征

---

① H. Lefebvre, *The Production of Space*, p. 38.
② 〔法〕涂尔干：《宗教生活的基本形式》，第289页。
③ See Talcott Parsons and Edward Shills eds., *Towards General Theory of Action*, Cambridge: Harvard University Press, 1952, p. 165.

性的文化组合空间，建构起某种基于认同感、归属感与依恋感的情感纽带。就此而言，构想的（conceived）再现空间与感知的（perceived）空间实践，实质上均在活的（live）再现空间中被接合成为某种内在于"我们"的具身体验与情感认同内涵。尽管当中不乏"知识、符号、代码以及'正面关系'"的文化编码，充满了为保障某种程度的内聚力而规定的行为方式以及有意识设置的"特殊位置与空间组合"，但其绝非某种外在于我们生活世界的客观实在，而是必然关联于特定共同体对于其生活意义的理解，关联于其对于自身生活世界的前反思的、不言而喻的、无条件信从的实践信念（doxa）。从这样一种观点出发，诸如"冼姑太回娘家"此类的传统文化复兴现象，其更重要的当代文化价值在于既凝聚"我们的认同"亦重构"我们的承认"意识。一方面，其凝聚、重阐、确认了"我们的认同"，戳破了当代空间的整合均质表象，引领现代人诗意"返乡"，重构一方可供"我们"诗意栖居的文化记忆"家园"。另一方面，其通过文化展演的方式进入当代多元文化互动交往的场域，基于互为承认交往的"我—你"对话伦理关系，从本体论维度上承认"他我"的在场意义，并以同样的道德准则要求得到对方的承认，最终基于可溯源至共同之"在"的根基，将"我们的认同"中的"我们"层层外拓至可兼容我与你、地方、民族—国家、人类、宇宙等不同划分等级的共同体，如此重构"我们的承认"意识。

诚如宗教存在主义哲学家马丁·布伯所言，原初词"我—你"与"我—它"意指着两种迥然异趣的主体意识，绝不存在茕茕孑立之"我"。[1]在前者，"我"与自然、他人以及精神实体建立三种境界不同的关系世界；在后者，"我"则成为利用、奴役、戕害、遮蔽其他在者之罪魁祸首。走出这种偏狭的民族中心主义立场，亟须主体"让发自本心的意志和慈悲情怀主宰自己"，在物我交融的关系境界中将其凝视目光所投射的观照对象如其所是地在场，成为与"我"同在的"你"或曰"他我"，而非作为知识奴役对象或表征建构刻板印象的"它"或曰"沉默的他者"。这就要求我们转换惯常的视角，观"他我"之看，站到"他

---

[1]　参见〔德〕布伯：《我与你》，陈维纲译，生活·读书·新知三联书店，1986年，第17—51页。

我”的立场感其所感。基于这种交互镜像的凝视体验，“他异性”（alterity）即获得了本体论的意义与价值。这种对于小传统文化之本体论意义的价值肯认，既是联合国教科文组织作为政府间组织介入全球文化多样性保护运动、促进文化平等对话交流、对弱势文化实施人性价值与生态伦理关怀的世界遗产与非遗保护运动初衷①，亦是化解“全球分裂、文明断层线、文化多元主义和全球化、大熔炉”等近代以来的世界文化生态失衡与宏观文化冲突危机之基点。②

第二节 “乡恋”：冼夫人信仰的空间美学蕴涵

鸿蒙之期，原始先民相信自然界之运动乃是一种“曼陀罗式样”生生不息的圆周状循环。圆形或环形意味着完满。自现代以降，流徙移民与族裔散居经验打破了此前浑融圆满的立体空间感知与循环时间感知，空间作平面化、单维化呈现，时间作线性化、矢量化向前拓展。“过去”已然不可挽回地逝去，“当下”仍旧不断向前，詹姆逊曾指后现代文化语境中消费逻辑的蔓延使得当下世界愈发丧失其历史纵深之维，转而变为一幅幅拼贴图像，“现实被迅速转化为影像，时间被割裂为一连串永恒的当下”③。被置入知识建构对象位置的遗产认知经过了一个复杂过程，近代民族国家的组织形态，一方面要求对既存的历史断井残垣做出选择和表态；另一方面，社会化的认同需要意识愈来愈高。如此，凭借历史感的灵韵及其物质、精神残留物以构筑个体与群体认同，是人类与生俱来的行为准绳之一种。④

---

① 参见〔澳〕梅斯克尔：《废墟上的未来》，王丹阳等译，译林出版社，2021年，第1页。

② 参见高小康：《全球文化分裂与文化新生态》，《清华大学学报》2021年第6期。

③ 〔美〕詹明信：《晚期资本主义的文化逻辑》，张旭东编、陈清侨等译，生活·读书·新知三联书店，1997年，第419页。

④ See D. C. Harvey, "Heritage Pasts and Heritage Presents: Temporality, Meaning and the Scope of Heritage Studies," *International Journal of Heritage Studies*, Vol. 7, No. 4, 2001, pp. 319–338.

一、冼夫人信仰的文化生态壁龛：都市空间中的异托邦

在今日马来西亚雪兰莪州增江北区，屹立着一座规模宏伟的冼太庙，其坐北朝南，琉璃瓦顶，龙凤呈祥，双龙盘柱，古色古香，两侧楹联上书"名著高凉功昭社稷 泽敷南国威震乾坤"。此庙为高州、信宜籍马来华人侨胞捐建，其曾在20世纪五六十年代该地马来族与华族身份认同冲突中起到积极的矛盾调适作用，促就多元族群和谐共处局面的达成。1962年6月，高州籍旅马侨胞陆兆熊先生受马来西亚华人社团委托，专程返回祖国，至高州冼太庙举行"割香"仪式，其十数日南渡旅程中恒葆香火不断，将"冼夫人"恭请至马来西亚。增江冼太庙费时将近八年方才获得该地政府允建批示并筑就竣工，自此以往，"岭南圣母"崇拜在此异国他乡落地生根。增江冼太庙推行无偿义务管理的庙务制度，至今运营顺畅，其信众群体非但涵括马来华人，并且包括众多祖籍菲律宾、印度和越南等国移民。每年农历十一月二十四日冼夫人神诞期间，该庙宇俱会大摆筵席，欢聚畅饮，喜宴八方宾客。时逾近五十载，该州根登新村祖籍茂名的华侨社群亦获政府允准，正积极筹备贷费备建该华人新村自属的冼太庙。早在2014年，其高级拿督、根登冼太庙主席高其任，即已归国返乡恭迎冼夫人金身至会馆内奉祀，以供平日乡民瞻仰以及岁时举行冼夫人诞辰拜祭典礼。2019年，根登高州会馆会长、冼太庙顾问黄关兴，又捐出十二亩土地资产，向政府申报建庙并获允。此外，在吉隆坡市中心，马来高州总会亦在会长拿督胡朝栋先生的主持下，不远千里自家乡请来冼夫人香火并定制金身造像，恭迎"冼太"进驻会馆九层大厦顶楼的冼夫人纪念馆。该纪念馆占地面积高达六百平方米，其陈列摆设参照高州冼太庙规制，集展厅与神龛于一体，着意于吸引信众瞻仰朝拜之余进一步理解冼夫人信仰之文化蕴涵。在其麾下统属的二十九个分会中，已有务边、森美州、宋溪等十六间属会奉祀冼夫人金身，其他属会亦正处密锣紧鼓的积极筹备过程当中。该会由约50万茂名籍华人组成，其皆为伐木、耕作、割胶、开矿华人劳工后裔。作为马来西亚新一代的侨民，他们大抵俱生长于斯，故土家园意象则借祖辈口述心授，并糅合媒体图像、旅游印象和想象力增补等途径所得。然而，冼夫人信仰文化空

间，却为他们切近那方因时空距离阻绝而未曾切肤体验的乡土传统，提供了恋地情结的寄寓场所，并启喻其积极参与至溯源觅根、慎终追远的旅途之中。自2010年以降，该会每年均举办"寻根"主题夏令营活动，组织旅马华裔青年社团成员赴高州冼太庙参与祭拜典仪，并游历故土。在马来西亚，华人比重占据其人口总额逾20%，冼夫人信仰在此异国方域早已被视作华裔家国故土之象征，故其同时亦吸引着大量非茂名祖籍的华人定期前往朝圣拜祭。此外，增江冼太庙与马来西亚高州总会分别创设华人奖助学金基金会，旨在传播冼夫人之"好心精神"，资助质优同乡后辈接受高等教育。①

早在1939年，冼夫人即作为崇祀主神之一出现在马来西亚柔佛州昔加末武吉仕钵排海庙中，时海南籍华人将其作为"家神"带至该地，在越南、泰国、新加坡等东南亚国家的华裔会馆捐建庙宇中，冼夫人崇祀现象十分惯见，侨胞们尊称其为"冼太亚婆"。目前，冼夫人信仰在"一带一路"沿线国家颇具影响力，其全球享崇庙宇数额高达两千余座。②在马来西亚，祖籍茂名的华人构成了冼夫人信仰的主体，这是个较为特殊的移民群体，其大抵俱未亲历体验过父辈们所描述的家国故土生活，族裔散居的经验却赋予其更为强烈的原乡寻根意识。在此情境脉络中，冼夫人信仰空间作为故土家园的隐喻，在该地华裔社群寻觅身份归属感的文化记忆凝定过程当中，萦绕着怀旧原乡的审美灵韵。如此，"引香"与"朝圣"作为旅马华裔文化"寻根"实践之能指，表征着这些族裔散居社群重构集体记忆之强烈欲望诉求及其故土家园场所依恋。在此冼夫人信仰空间的异域转换生成过程中，其质朴浑厚的乡土民俗传统气息，与都市化程度极高的吉隆坡等现代化空间中标举科技、进步、力量的工业文化意象形成强烈对比反差，从而型构生成一种异质空间并置的奇崛怪异审美体验。跨国异域都市空间中的冼太庙与冼太诞，标示出旅马华裔社群冼夫人信仰文化空间的场所性与时间性二重维度，该文化空间中周期复现的崇祭朝拜典礼与筵席聚餐等献祭分祚仪式，站到了现代社会的时空分离与抽离化机制之悖面，那些曾被"从地方性的场景中'挖出

---

① 倪谦等:《好心精神传大马 冼太庙中寄乡情》,《南方日报》2019 年 7 月 3 日第 A14 版。

② 参见石沧金:《马来西亚海南籍华人的民间信仰考察》,《世界宗教研究》2014 年第 2 期。

来'（lifting out）"的社会关系，在此都市化空间的文化生态壁龛中实现了植入性的"再联结"。①冼夫人信仰的崇拜意识及其仪式实践，将无根漂泊的族裔散居个体整合入一个重塑集体身份认同的"社区共同化"过程中，其"围绕着共享认同展开，奠基在价值与信仰的系统上"。②此文化空间迥然异质于该地的其他摩登景观，后者以其高度整合、连贯、均衡的符号表象形态，隐匿起当代空间的深层裂隙。而冼夫人信仰文化空间，则为嵌插在此共时呈现的常规位所网状型构中分散并置的异质空间，是故土家园意象及地方依恋赖以寄寓的文化生态壁龛。它们是一种反位所的场所，或曰被实际实现了的乌托邦，这些场所与其他常规位所（sites）之间构成奇怪的关联方式，其"以中断、抵消或颠倒关系的集合为方式"，映射出一系列去意识形态的前反思空间。③作为异域现代都市空间中记忆原乡的家园隐喻，冼夫人信仰以其传统民俗文化形态的双重异质禀性，标示出时、空二维错位的并置体验。对于该都市空间中的非华裔族群而言，冼夫人信仰文化空间表征出"异托邦"（heterotopias）与"异托时"（heterochronies）的交错叠置的陌生区隔镜像，线性时间与整合空间皆自其惯常习见的完满形态处逃逸出来。作为地方性场景的民间信仰传统横跨时空距离异域联结，在现代化的都市场景中偏居一隅。旅马华裔社群将前现代集体经验中萦回不去的故土家园意象在其新聚居区域中重建再塑，借此文化景观的创设与构筑实践，"把家神带走"。倚重于冼夫人信仰文化生态壁龛的建构实践，旅马华裔共同体在其被现代性所祛魅与存封的集体经验中，试图寻觅那隐匿甚久的故土家园意象之神圣灵韵。

二、"我们把家神带走"：存封经验的唤醒与集体记忆的重构

按照索尔的定义，"文化景观"是人文精神镌刻于自然空间的产物，文化是原动力，自然区域是媒介，文化景观是结果。④美国国家公园管理局将此概念界

---

① 〔英〕安东尼·吉登斯：《现代性与自我认同》，赵旭东等译，生活·读书·新知三联书店，1998 年，第 19 页。
② 〔英〕曼纽尔·卡斯特：《21 世纪的都市社会学》，刘益诚等译，《国外城市规划》2006 年第 5 期。
③ 〔法〕福柯：《另类空间》，王喆译，《世界哲学》2006 年第 6 期。
④ Carl Sauer, *The Morphology of Landscape*, *Land and Life*, California: University of California Press, 1925.

定为"结合历史事件、活动、个人或展示其他文化或艺术价值的一个地理区域"，其涵括四种类型：其一，历史遗址：融入了历史、事件、活动或人物的景观；其二，史上遗留的设计景观：此为依据设计规则或主导范式而被风景园林师、建筑师、园艺家等有意识设计与规划完成了的景观；其三，历史乡土景观：此为凭借人文实践（行动、居住等）而被型塑生成的景观；其四，人类学景观：此为文化遗产类型的景观，其涵括多元异质的文化或自然资源蕴意。①联合国教科文组织则将其划分为"有意设计的景观""有机进化的景观"和"关联性文化景观"三类。此三种类型释义如下：其一，有意设计的景观：其涵括因艺术审美诸因而设计建造的花园与其他公用场地景观，此类景观往往糅合了宗教或纪念因素。其二，有机进化的景观：其产生于原初意义上的社会、经济、行政与宗教需要，并在适应其周遭生态环境的调适意义上衍化为如今形态，此类景观由此在形式与型构特征方面呈现为一种不断复写的文本形态。有机进化的景观又可再度细分为"残余物或化石型景观"与"可持续性景观"两个子范畴。其三，关联性文化景观：其糅合了自然因素，并蕴藉着浓厚的宗教、艺术与文化蕴意，并不甚倚重于文化物证。②文化景观是历史记忆、感性体验、身份认同等人文精神与自然环境交叉互渗之果，其本身处于时间之中，是历史感在文化空间中的共时呈现，其以可借直观可感的形式标示出自身的在场。景观意象具有"可识别性"与"可印象性"二重禀赋，其总体化意象倚重于道路、边界、街区、节点与标志物而得以表征与完形。"景观也充当着一种社会角色。人人都熟悉的有名有姓的环境，成为大家共同的记忆和符号的源泉，人们因此被联合起来，并得以相互交流，为了保存群体的历史和思想，景观充当着一个巨大的记忆系统"③。作为嵌插、散落、

---

① See C. Birnbaum, *Preservation Brief 36: Protecting Cultural Landscapes: Planning, Treatment and Management of Historic Landscapes*, Washington D. C.: National Park Service, Preservation Assistance Division, 1994.

② See UNESCO, "Intergovernmental Committee for the Protection of the World Cultural and Natural Heritage," in *Operational Guidelines for the Implementation of the World Heritage Convention*, 1994; Nora Mitchell, "Cultural Landscapes in the United States," in *Cultural Landscapes of Universal Value: Components of a Global Strategy, Cooperation with UNESCO*, 1995.

③ 〔美〕林奇：《城市意象》，方益萍等译，华夏出版社，2001年，第95页。

并置于当代文化空间中一个更大的冼夫人信仰文化景观系统之有限组成部分，马来西亚都市空间中冼夫人信仰的文化生态壁龛，是对高州冼太庙与冼太诞文化空间的异域重构，其将故土家园的隐喻借文化景观型塑之径"带走"，并在高楼鳞次栉比的现代空间中镶嵌插入其"家神"赖以栖居之壁龛。

在现代性侵蚀地方性知识以前的传统社会场景中，"对多数人以及对日常生活的大多平常活动来说，时间和空间基本上通过地点联结在一起。时间的标尺不仅与社会行动的地点相联，而且与这种行动自身的特性相联"①。明清时期，冼夫人作为国家祀典神祇享崇春秋二祭。乾隆年间，民间杂姓地缘社群或同姓血缘宗族凭借置田捐租、登记纳税的方式，介入到官民共襄盛举的冼夫人祭祀仪式当中。冼太诞与春秋二祭一并组成高邑崇祀冼夫人的"岁时三祭"型构。②明清以降，粤西南地域社会自通都大邑至穷乡僻壤皆随处可见的冼夫人崇祀庙宇，构成岭海方域内部独特的人文景观聚落。③此时空框架共同塑就该岭海方域冼夫人信仰独特的地方感觉结构，凝定生成该文化空间的场所精神与依恋蕴涵；并将彼时该地"编户齐民"表述其"正统性"身份认同的里（图）甲制语言编织入内，将地方性知识与场所精神相接合，由此建构生成整合该地多元社群迥异认同表述的乡土家园意象及其场所依恋精神。这种乡土家园的场所依恋，使得冼夫人信仰在清末民初帝国权力体系分崩离析之际并未伴随着王朝赋权的消殒而失却其引人入胜的光韵。相反，该文化空间作为乡土家园之隐喻，在历史感不断拉入共时呈现人文景观（如冼庙、冼墓、仪式等）的过程中，恒葆其场所依恋精神之灵动性。其蕴藉着粤西南地域社会独特的审美意蕴、集体经验、感性认同与文化叙事，这些深层结构的文化内涵凭借社区日常生活场景中周期复现的民俗叙事、风尚习俗、庆典礼仪等显在文化表现形式而得以表征。

在当代全球化与现代化的语境当中，普遍的流徙经历裹挟着焦灼不安的情

---

① 〔英〕吉登斯：《现代性与自我认同》，第18页。

② 参见《复回名目事碑》，碑存高州冼夫人庙。

③ 民国时期仅茂名县冼太庙即有63座，时该地庙宇共153座20种。参见广东炎黄文化研究会编：《冼太夫人史料文物辑要》，中华书局，2001年。

愫，不时侵蚀漂泊无依的现代人心灵。时空分离、抽离化机制与反思性监控导致了传统经验在现代社会语境中的陨落，其以 "经验的封存"（sequestration of experience）之形态在当代科学祛魅后的世界中被 "悬搁"。自我认同成为一种反思性的生成实践，曾在前现代社会乡土家园中以确切形式凝定的标准化时空坐标亦然被流变的现代情势所拆毁，"在场和缺场纠缠在一起"，"远距离的社会事件和社会关系与地方场景交织在一起"。①科学话语的祛魅并未导致传统空间的陨落，反而使得经验在封存之后，回忆叙事借其断裂、匮乏、贬值诸形态，揭橥现代性神话的幻象特质及其意义之丛生罅隙。"现代性最大的危险就在于，它对传统的极端不尊重，面临着将我们与过去的联系全盘抹去，从而浪费传统所包含的救赎的 '当时的索引' 这种无价之宝的重大危险"②。"讲故事的人" 不复将传统的经验嵌插编织入其叙事的文本当中，作为集体无意识寄寓之所的 "家园" 意象倏然衍变成为 "孤零零的、谜一样的视觉形象"。③破解这种现代性的困境之关键，在于 "'存封' 经验的再启封"④，亦即唤回乡民传统文化中被现代性话语悬置、遮蔽、祛除甚久的 "魅" 之过程。这种萦回不去的乡土怀旧情愫与家园遗产意象之扑朔迷离的神秘感，实则即为传统文化之神圣光韵，其归属感、确定感与依恋感的原初寓所，亦即乡土家园的意象。

巴什拉说，"家园" 的隐喻意指着那个浸润着我们原初体验的微型宇宙，其以世界犄角的有限形态承载着浑融完满的幸福安定感与心灵慰藉。此为一个藏储着经验传统与文化记忆的空间，古老的谚语 "我们把家神带走"，允诺着一个朝向集体无意识记忆纵深之维而敞开的梦想，"在比最久远的记忆更远的地方，向家的梦想者开放"。其微光照亮了 "回忆与无法忆起之物的结合"，此价值序列的 "回忆与形象的共同体" 澄明了此在之 "在世"（being-in-the-world）。无所凭依的情感归属瞬息有了凝滞与驻守的寓所，感性体验与灵动记忆凭借想象力渗

---

① 参见〔英〕吉登斯：《现代性与自我认同》，第5—23页。

② 〔美〕沃林：《瓦尔特·本雅明：救赎美学》，吴勇立、张亮译，江苏人民出版社，2008年，第224页。

③ 〔美〕阿伦特编：《启迪：本雅明文选》，第230页。

④ 高小康：《非物质文化遗产地图：传统文化与当代空间》，《文化遗产》2008年第1期。

透此间，其庇护着那原初的心灵归属感，等待再度被唤醒。如此，"家园"意象所维系的情感依恋与人性价值，使得"被想象力所把握的空间不再是那个在测量工作和几何学思维支配下的冷漠无情的空间。它是被人所体验的空间。它不是从实证的角度被体验，而是在想象力的全部特殊性中被体验"。①

马来西亚华裔社群不远千里返归故里举行"割香"仪式，将冼夫人信仰援引入其族裔散居社区的实践表明，"记忆场所的真正空间存在于一代代传承的集体无意识深处"②，"家园"意象作为文化乡愁之"根"，"家神"意象隐喻着故土家园记忆场所之神圣光韵，并持续意指着寄寓此间的集体无意识，这些蕴藉着粤西南地域社会独特审美趣味、原始意象、感性经验、集体自我与身份认同诸要义的深层文化内涵，构成了非遗保护美学标准视域中冼夫人信仰活态传承之关键。如此，"把家神带走"的冼夫人信仰文化空间跨国异地重建实践作为能指，将此族裔散居的华人社群之文化自觉意识予以表征。"非遗保护中的保存、传承、教育、传播、交流等各种具体实践行为不应当仅仅把注意力集中为保护对象的物质形态，更重要的是通过美学研究和接受活动培育对非遗精神内涵的感受、体验、认同和想象力"③。作为非遗事象的冼夫人信仰，其美学价值的发掘与评估，应当倚重于发掘并理解那些藏储于该文化社群信仰叙事、风尚习俗、生活方式、地方性知识等文化表层形式之下的"家园"意象、审美趣味与感性经验等深层人文精神涵指。此为一个从历史到记忆的感性化、主观化、审美化的"想象共同体"型塑与身份认同建构的动态衍变过程，其集体自我的感知、想象、体验与认同，凝缩成为那个藏储着原初场所依恋的家园隐喻。

三、"为承认而斗争"：从"认同"到"承认"

在《文化身份与族裔散居》中，霍尔指出"文化身份"涵括两个并行不悖的理解维度：其一，"文化身份"意味着一种想象社群集体自我的共享文化阐释，

---

① 参见〔法〕巴什拉：《空间的诗学》，第4—23页。
② 高小康：《空间重构与集体记忆的再生》，《学习与实践》2015年第12期。
③ 高小康：《分形全球化与非遗保护的中国标准》，《文化遗产》2018年第6期。

其蕴藉着群体共享的历史意识与文化代码，这些集体经验的时空框架及其社会经验元语言机制为特定文化共同体成员提供一套连贯、整合、均衡的身份认同与意义阐释框架。其二，"文化身份"的亘古恒常表象之下是其几乎从不间断的生成性、流变性与建构性禀赋，"文化身份"所塑就的毋庸置疑的归属感只是一种凝聚社群认同的需要，任何群体均是立足于持续向前的"当下"视域，不断回溯、裁剪、矫饰"过去"，并以此为基础指向一个更为合乎期待的理想"将来"的身份认同建构。在此意义上，"文化身份"即不仅是既存的认同表述，亦然同时是变化着的自我认同建构，共享的历史意识与文化经验代码型塑生成"现在的我们"这一差异化的共同体，并且这种差异在"过去—当下—未来"的身份认同叙事框架中持续地被标识出来。[1]冼夫人信仰作为粤西南地域社会传承已逾千年的文化记忆，促成其活态传承的所有动力机制中，最为根本的即为"文化身份"的认同建构与归属感型塑动力。迥异于历史编纂学的求知与求真的知识意志，"文化身份"表征场域中的历史是"有人栖居"的历史，其诉诸感性化、主观化、审美化的回忆再现方式以指涉"过去"，而非凭借客观理性原则指导以恢复绝假纯真的历史场景。应当说，文化记忆倚重于回忆叙事的格式塔矫形修辞学，将散落并置于"当下"场景之中的历史感知拼凑作冼夫人信仰"回忆形象"灵韵乍现的星座体系，借此以标示出"现在的我们"独特的文化身份认同框架。然其在启喻历史真理的形象乍现须臾，仅仅界定了"社会自我"与"广义他者"之间的界限，却将真理的阐释或者说对历史意识之具体而微妙的诠析自由，赋予与之相认同的流动、异质、匿名的文化实践个体与群体。

迥异于19世纪历史主义的线性发展逻辑寓言，"我们处于同时的时代，处于并列的时代，邻近的和遥远的时代，并肩的时代，被传播的时代。我们处于这样一个时刻，在这个时刻，我相信，世界更多的是能感觉到自己像一个连接一些点和使它的线束交织在一起的网，而非像一个经过时间成长起来的伟大生命"[2]。全球化的都市文化空间并未能够取代前现代的乡土文化空间。"家神"作为记忆

---

① 参见罗钢等编：《文化研究读本》，中国社会科学出版社，2000年，第208页。
② 〔法〕福柯：《另类空间》，王喆译，《世界哲学》2006年第6期。

原乡寓所所蕴藉并不断复写的集体意识与生命体验之隐喻，为全球化现代化浪潮中无根漂泊的异化者提供一方返璞归真的诗意栖居场所。人口迁居流徙的现代性经验，乡村共同体在新型城镇建设与都市化进程中的解构导致了"家园"的陨落与"家神"的复兴。作为粤西南地域社会文化共同体的"家神"隐喻，民间信仰结构中的"冼夫人"符号再现体，持续意指着一个庇佑心灵、慰藉创伤、皈依圆融的集体经验与记忆原乡。那些嵌插于当代文化空间中的冼夫人信仰文化生态壁龛，即以散落并置的"家园"意象形态，持续意指着多元文化社群在现代性的时空分离与抽离化机制作用下的自我认同之困境，其以异托邦的形态揭橥现代性进步神话的罅隙，启喻着"封存的经验"之再启封的必要性与迫切性。地方性知识并未跟随现代化同质整合阴霾的扩张滋蔓而消失匿迹；相反，其在全球化霸权话语的质询挤压下反倒被唤醒、激活、重构，并以此作为情感认同与集体经验之基点，维系特定文化社群独特的身份认同叙事，此为自我意识觉醒与身份认同建构的悖论。

在《存在与虚无》中，萨特提出想象性他者反视视觉主体的"凝视"的概念，认为在人类的经验领域中，他者之存在及其象征性的"凝视"目光，对于视觉主体自我型塑的结构化功能不可或缺。[1]嗣后，拉康在其研讨班中将此概念置入"镜像阶段"理论的研究中，反诘视觉主体观看行为的自主程度，认为异质他者之标识唤醒"照镜婴儿"对其自我镜像的反观意识。[2]福柯亦主张，"在镜子中，我看到自己在那里，而那里却没有我，在一个事实上展现于外表后面的不真实的空间中，我在我没有在的那边，一种阴影给我带来了自己的可见性"，认为异质文化之镜建构视觉主体关联周遭环境整体的外部视角，助其在反观自我镜像的表征中，主体意识觉醒，并进一步构筑认同。[3]在文化全球化的交往过程中，自我镜像他者化的反视体验有时是非自觉生成的，譬如说，边缘文化被主导话语贬抑成为知识再现对象的文化他者情形。这种被置入观赏对象位置的文化交往过

---

① 　J. Lacan, *The Seminar of Jacques Lacan*, Book I, p. 215.

② 　J. Lacan, *The Seminar of Jacques Lacan*, Book XI, p. 73.

③ 　〔法〕福柯:《另类空间》，王喆译，《世界哲学》2006 年第 6 期。

程，"可能生成反观自身的镜像意识——当他者意识到自己作为他者的存在时，也就产生了作为主体被承认的要求"，并由此造成了现代民族国家时期惯见的异质主体性对立抵抗的多元文化互享困境。①走出此多元文化主义困境，有必要超越主体性认同的苑围，进入彼此承认的主体间性互动过程中，"为承认而斗争"。

在《耶拿实在哲学》中，黑格尔为反对由霍布斯所提出的"所有人反对所有人的战争"之假说而提出"为承认而斗争"的交往理论模型。"承认"在黑格尔的意识哲学中，主要指涉个体与集体在其社会化、历史化过程中的"自我意识"实现可能性。"在承认中，自我已不复成其为个体。它在承认中合法地存在，即它不再直接的存在。被承认的人，通过他的存在得到直接考虑因而得到承认，可是这种存在本身却是产生于'承认'这一概念。它是一个被承认的存在（Amaranths Sein）。人必然地被承认，也必须给他人以承认。这种必然性是他本身所固有的"②。嗣后，法兰克福学派代表霍耐特在其关于耶拿时期黑格尔的研究论著中，结合美国社会心理哲学家米德的"主我—客我"理论，发展了黑格尔意义上的"承认"学说。霍耐特承自黑格尔的"承认"则更为着重于"自我意识"在社会交往中的互为建构性关联，认为"人类主体的统一性来自主体间性承认的经验"③。米德认为："人类在刺激他者时也能自我刺激，在回应他者的刺激时也能回应自己的刺激，这一事实的确把一个社会客体放置在他的行为之中。从这一社会客体中，可能出现一个客我，能够和他发生关联的就是所谓的主体经验。"④米德的符号互动理论阐释了个体社会化过程中交互主体的认同型塑过程及其"主体间性"的对话磋商禀赋。在此基础上，霍耐特提出了三种"主体间性"的承认形式：（1）爱或情感关怀的形式；（2）法律承认或法权的形式；（3）团结或社会尊重的形式。⑤行动并感知着的社会个体与群体"自我意识"的型塑究其本质而言乃是一个"承认运动"（Bewegung des Anerkennens）的过程，"自我意识"实现

---

① 高小康：《非遗美学：传承、创意与互享》，《社会科学辑刊》2019 年第 1 期。

② 朱更生编译：《黑格尔全集Ⅱ》，北京：人民出版社，2017 年，第 505 页。

③ 〔德〕霍耐特：《为承认而斗争》，胡继华译，世纪出版集团，2005 年，第 77 页。

④ 〔美〕米德：《心灵、自我与社会》，赵月瑟译，上海译文出版社，2005 年，第 240 页。

⑤ 〔德〕霍耐特：《为承认而斗争》，第 30 页。

于"承认运动"的斗争之中。在话语表述的文化交往过程中，"自我意识"实现于异质自我表述的话语交锋过程中，"承认运动"是"自我意识"实现的过程而非目的。在此意义上，"为承认而斗争"所强调的即是交互主体形成过程中"自我意识"的对话性、异质性、生成性禀赋，此为我们理解"间性主体"的独特禀赋及导向社会共同体的道德团结提供哲学基础。在当下文化认同危机四伏的全球化、现代化语境中，多元文化主体互动交往过程中的同一性与异质性问题日益成为人文社科的关注焦点。如果说，"身份认同"的议题所致力于证明的是多元文化主体迥异自我表述的独特性、边界性与合理性问题，那么"承认"理论的议题则着眼于论证这些多元主体彼此之间如何能够在保持自身差异的基础上达成道德上的社会团结问题。

四、原初乡土经验与族群记忆

"现代性就是过渡的、短暂的、其变化如此频繁的成分，你们没有权利蔑视和忽略"[①]。现代性的后果是，其以前所未有的方式，"把我们抛离了所有类型的社会秩序的轨道，从而形成了其生活形态。在外延方面，它们确立了跨越全球的社会联系方式；在内涵方面，它们正在改变我们日常生活中最熟悉和最带个人色彩的领域"[②]。哈维将这种现代性的时空经验概述为"时空压缩"，其一方面促使时间空间化为"存在"；另一方面，它又凭借时间消灭空间，促使前现代的空间壁垒在时间的加速度作用下不断坍塌，一切仿佛都正在形成，世界宛若内在地朝向我们崩溃了。[③]正是在此现代性话语全球滋蔓流布的过程中，"乡愁"作为一种特殊的场所依恋情愫，在地方性知识遭遇合法性怀疑的全球化语境中被标示出来。"乡愁"指为因时空阻绝而滋蔓的缅怀情愫，譬如说苦忆往昔，怀恋故土，对已然失落的地方场所心怀依恋、渴求、怀旧等感性知觉等，其在当下已然发展

---

① 〔法〕波德莱尔：《1846 年的沙龙》，郭宏安译，广西师范大学出版社，2002 年，第 424 页。
② 〔英〕吉登斯：《现代性的后果》，田禾译，译林出版社，2000 年，第 4 页。
③ 〔英〕哈维：《后现代的状况》，阎嘉译，商务印书馆，2003 年，第 300 页。

成为一种秉持全球化与现代化怀疑论的文化实践。[1] 现代性话语裹挟着进步神话肆虐开展的拆旧建新运动，导致传统的断裂与历史感的消弭，加之社会急遽衍变所携带的认同危机感，促使"乡愁"在怀旧话语之审美变形中表征为重构的认同，故土依恋情结与家园景观意象在回忆想象的修辞中相与联结，并被裹上一层神圣唯美的光韵。究其根本而言，怀旧与乡愁修辞再现中"过去"呈现为一种矫形化的诗意建构，其倚重于择定的象征指称物或符号再现体，试图借往昔时空重现以象征性消费此中所寄寓着的眷念依恋之审美感知。

　　"家神"，是民间信仰空间中冼夫人的典型回忆形象。冼夫人信仰回忆形象的民间再现场域中储藏着粤西南地域社会共享的文化记忆，其承载着该地民众独特的"圣母崇拜"集体无意识，并在岁月的厮磨间不断因应着流变的社会历史文化语境而发生叙事母题与审美意象的置换变形。"信仰远非'隐秘的'、纯粹的精神状态，它总是物化（materialized）在我们有效的社会行为之中。信仰支撑着幻象，而幻象调节着现实。"[2] 冼夫人信仰绝非纯粹抽象的心灵概念感知；相反，其具象化于特定的直观可感物化形式当中，渗透于社区日常生活的肌理。在此散落并置而循环复现的社区日常叙事系统中，民众在其惯常行为中共同实践着冼夫人信仰的回忆叙事行为，并日用而不知。这些抽象的集体精神气质与宇宙图式在地域社会日常生活节期安排、空间组合、民间故事、神弦曲目、仪式祭典等"有意味的形式"中得到了具象化表征。本雅明说，神性之光韵"为遥远之物的独一显现，虽远，犹如近在眼前。静歇在夏日正午，沿着地平线那方山的弧线，或顺着投影在观者身上的一截树枝——这就是在呼吸那远山、那树枝的光韵"[3]。文化记忆为自历史纵深维度走来冼夫人信仰回忆形象镀上一层自然圆融的光韵，在此返璞归真的审美经验重构过程中，语言与真理的原初蕴意宛若瞬息被揭橥，"语言以他口中和心中的词语为发端，就像孩子的游戏一样自然、真实、

---

① See A. R. Hirsch, "Nostalgia: A Neuropsychiatric Understanding," *Advances in Consumer Research*, Vol.19, No.1, 1992, pp. 390-395.

② 〔斯〕齐泽克：《意识形态的崇高客体》，季广茂译，中央编译出版社，2002年，第49页。

③ 〔德〕本雅明：《迎向灵光消逝的年代》，许绮玲等译，广西师范大学出版社，2008年，第65页。

简单"①。在社区日常循环讲述的冼夫人信仰民间叙事中，人们"最初听到的、亲眼看到的、亲手摸到的一切都是活生生的词语"②。民众们借以表征冼夫人"回忆形象"的话语建构世界物我交融，意义充盈并拓展着社区真实的时空视域，记忆诗学赋予这些"讲故事的人"以满足、无间、踏实的"诗意地栖居"感知。在民间故事所构筑的世界中，亦人亦神的冼夫人从来不是令人目眩而不可触及的距离化审美对象；相反，她是始终象征性在场的社区慈爱仁德的老祖母。在人们忙于生计之际，诸地冼庙门前的广场便成为毋庸看护的"托儿所"，那缕萦回不去的目光穿越时间与空间的距离，成为社区道德秩序的稳妥保障。在故事虚构出来的话语世界中，冼夫人信仰原型中的"圣母崇拜"意象被激活，文化记忆储存着俚族初民对于谯国夫人冼氏的认同情愫及其家园守护神的崇拜意象，"世界周围笼罩着一种光韵，一种在看向它的目光看清它时给人以满足和踏实感的介质"③。应当说，在岭南地域社会的冼夫人信仰空间中，神性光韵缭绕的回忆形象迥然异质于任何距离化的终极价值膜拜圣像，其将经验持续贬值的现代人回置至"家园"的境域之中。借故事嵌入生活的冼夫人崇拜意识，渗透于社区日常世俗场景的肌理，其源于情感共鸣的记忆审美经验，并在生命气息的交感互渗中吸引着人们的目光与介入，构筑着粤西南地域社会集体身份认同的凝聚性结构。如此，冼夫人信仰回忆形象所再现的"过去"绝非某种外在于我们的档案化、距离化抑或作为外在强制"记忆—责任"的被给予的宏大叙事，而是内在化的"我们的认同"。④

相较于精英文化大传统这种凭借典籍文字、文化机构、正规教育体系等进行传播、保存、扩散，并且先验预置了逻辑基点的高度整合性官方文化形态而言，民间文化小传统往往呈现为地域性的、区隔化的、群落化的习俗惯例文化。民间信仰非整合性的审美经验长期处于被压抑的状态，在公众视域当中的美学研究领域基本上处于缺席状态。在当代文化全球化侵蚀与本土传统复兴的博弈动态中，

---

① 〔德〕本雅明：《本雅明文选》，陈永国等译，中国社会科学出版社，1999 年，第 275 页。

② 〔德〕本雅明：《本雅明文选》，第 275 页。

③ 〔德〕本雅明：《摄影小史》，王才勇译，江苏人民出版社，2006 年，第 19 页。

④ 参见〔法〕诺拉编：《记忆之场》，第 13—22 页。

小传统文化的美学价值被赋予了重阐再估的契机。在此情境脉络当中，民间信仰以其非整合性的异托邦特质被标示出来。冼夫人信仰文化事象表明，小传统文化在前现代"家园"意象渐次失落的现代化与全球化运动中，可为日益沉沦的异化者重新赎回一方寄放其本己情感归属的异质化美学寓所。

在20世纪人文社科的"空间转向"思潮中，理性主义的线性历史观连同其凭借进化论逻辑而高扬的时间性，被移离研究的中心。以往那些被阐释成为惰性、凝滞、非辩证的空间性，反倒被发现隐藏着多重维度的叠合机制，甚至存储着那些持续被刻意遗忘、驱逐、遮掩的创伤、禁忌、幻想、记忆、认同等异质情愫。迥异于经典美学关于美的普遍性与历史性的逻各斯先验预设，冼夫人信仰文化的当代美学形态呈现为一种空间化的场所依恋。作为浸渍着原初乡土经验与族群记忆的活态文化形式，冼夫人信仰在当前全球化同质改写及现代化进程急遽推进的视域中，对于维系粤西南地域社会文化认同，保护多元异质文化生态，延续传统乡土文化命脉，拯救日益沉沦的异化者诸方面，具重要意义。其揭橥地方性审美经验的异质性，并致力于建构异质文化之间"美美异和"的审美文化生态环境。

安德森（B. Anderson）将民族解读作"想象的共同体"[1]，亦即凭借语言"建构事实上的特殊的连带"（particular solidarities）。在当代文化空间中，"想象的共同体"并非仅仅涉及民族国家等宏大叙事维度，而更是在多元文化群落化生成的语境中成为当代身份认同主题的一种范式。冼夫人信仰空间作为一个文化实践的场域，其重要社会功能之一即在于维系多元社群和洽共处的身份认同文化生态，型塑异质共生的"想象的共同体"并维系调整其边界。现代性进程的急遽推进确凿暴力剥落了诸多乡土生命体验的记忆与可能，特别是伴随着消费主义逻辑在全球范围的兴起，地方性知识往往被全球化话语所侵蚀。在此同质化文化霸权逻辑的辖控阴霾中，冼夫人信仰文化空间作为嵌插、混生、并置于当代语境中的异托邦，为多元社群提供文化记忆与传统经验维系的文化生态壁龛。在当代传统文化空间渐次萎缩的情势下，冼夫人信仰活态传承保护的关键在于，诉诸美学标准以

---

① 〔美〕安德森：《想象的共同体》，吴叡人译，上海人民出版社，2003年，第152页。

甄别其文化内涵，认识到这种独特的乡土文化形态并非有待现代性话语启蒙改造的前现代落后文化形态或者迷信的封建意识形态残留，而是往往蕴藉着特定社群集体无意识内容的共享文化图式，其涵括的内容大致上可划分为作为信仰实践的仪式庆典和抽象的信仰崇拜观念两方面。质言之，那些我们今日目之所及的作为各种洗夫人信仰事象的文化表征形式（如民间传说、习俗惯例与庆典礼仪等），连同操演此信仰仪式的相关物质性、象征性、功能性的场所，以及自觉参与到仪式典礼场合中去的文化主体，共同组成了该信仰事象活态传承繁衍的必要性空间条件组合，亦即该文化事象活态延续的文化生态壁龛。文化生态壁龛所存储的核心内容即维系特定群体身份认同的文化记忆。而文化记忆空间作为该族群集体无意识的寓所，其美学内涵就在于文化主体与该场所之间的情感认同连带，亦即场所依恋或"恋地情结"（topophilia）。

早在1947年，英国诗人奥登在其为约翰·贝杰曼诗集作序时，即用"topophilia"这个概念指涉一种非占有性的，不局囿于任一具体地点的人类之爱，这种爱可以出现在一个人对其从未涉足地方的微妙愉悦满足感受当中。[1]法国现象学哲学家巴什拉在《空间的诗学》中化用了"topophilia"这个概念，将之表述为一种"场所爱好"（topophilie），认为这种情感是栖居者所把握到的"幸福空间的形象"之基源，并明言其研究旨趣正在于这种前反思的具身体验空间，这"实际上是很简单的形象，那就是幸福空间的形象。在这个方向上，这些探索可以称作场所爱好。我的探索目标是确定所拥有的空间的人性价值"[2]。华裔美籍地理学者段义孚先生在其"空间与场所"（space and place）理论的阐释亦使用此概念，用以指涉人类实践者通过通感联觉的身体整体处境感受而攫获的情感经验。其认为，恋地情结可"广泛而有效地定义人类对物质坏境的所有情感纽带。这些纽带在强度、精细度和表现方式上都有着巨大的差异。也许人类对环境的体验是从审美开始的。美感可以是从一幅美景中获得的短暂快乐，也可以是从稍纵即逝

---

① See W. H. Auden, Selected and Introduction to Slick *but Not Streamlined*, John Betjeman, New York: Doubleday & Company Inc. Publication, 1947, pp. 11-12.

② 参见〔法〕巴什拉:《空间的诗学》，第27页。

但豁然显现的美之中获得的强烈愉悦。人对环境的反应可以来自触觉，即触摸到风、水、土地时感受到的快乐。更为持久和难以表达的情感则是对某个地方的依恋，因为那个地方是他的家园和记忆储藏之地，也是生计的来源"。尽管恋地情结并非人类最强烈的一种情感，但"当这种情感变得很强烈时，我们便能明确，地方和环境其实已经成为情感事件的载体，成为符号"①。高小康先生借"乡恋"范畴以转译"恋地情结"概念，指出小传统美学的异质性、活态性及其顽强的生命力即在于这种场所依恋所蕴藉着的是个人的场所记忆与情感需要、心理发展之间的关系，认为"正是这种整合的早期空间记忆培养了一个人对以乡土空间为基质的传统文化的认同和依恋，成为个人和文化群体无法抹去的心理积淀和文化性格，因此也成为无法抹去的乡愁之根"②。由"乡恋"所标识的物质地理环境，凭借想象力的拓展而被增补了一个包孕着特殊审美体验的人文维度，此亦即当代空间中的文化异托邦"镜子"所映射出来的那个朝向历史感纵深维度的非整合世界，其混杂无序、鲜活灵动，掺杂着编码与未编码的符号。

在《忧郁的热带》中，列维－斯特劳斯曾引述法国作家夏多布里昂《意大利游记》的这样一句话以阐释这种人学意味的场所依恋，他写道："每一个人身上都拖带着一个世界，由他所见过、所爱过的一切所组成的世界，即使他看起来像是在另外一个不同的世界里旅行、生活，他仍不停地回到他身上所拖带的那个世界里去。"③在《幻象》中，叶芝亦曾以诗性智慧和想象描述了此作为集体无意识寓所的文化记忆空间及其场所依恋的重要意义：

如果幻象打断了睡眠，看到幻象的人就回到了遥远的过去。他在明亮的光线中发现了神话的象征，这些神话与象征只有通过延长的研究才能证实，他已经从个人的记载中逃脱，进入了种族的记载，在相对较为肤浅的交流中，只要

① 〔美〕段义孚：《恋地情结》，第 136 页。
② 参见高小康：《乡恋：传统文化的美学空间》，《中国文艺评论》2016 年第 1 期；高小康：《"小传统"文化视域中的美学发展路径探寻》，《中国社会科学评价》2016 年第 4 期。
③ 〔法〕列维－斯特劳斯：《忧郁的热带》，王志明译，中国人民大学出版社，2000 年，第 39 页。

幽灵的实际思想在场，词语和象征就来自个体的记载，而不是个体的记忆。[①]

　　每个社群俱有自身专属的一套文化记忆方式，其承载着该群体集体无意识的生命记忆。冼夫人信仰作为当代文化空间中活态传承的小传统文化形态，恰如夏多布里昂意义上那个每个人身上"所拖带着个那个世界"，又如叶芝所言指的"幻象"，它真实地存在于"我们"的潜意识当中，习焉不察。只有机械式物理时间流逝被倏然阻断的瞬间，在告别了冗复机械的日常生活而皈附"遥远的过去"时，那些保留在我们内心深处的集体无意识原型以及根深蒂固的"乡恋"情愫，方才可能将日益沉沦之人拉回神话与象征的沉浸式观照灵韵之中，并依凭作为集体智慧结晶的诗性语言，抵达那个作为绝对过去的文化记忆原乡。因此，这些拯救异化者的文化记忆，这些封存着"乡恋"情愫的记忆原乡，这种返璞归真的诗意栖居的生命体验，绝非虚无缥缈的"个体的记忆"，而是实际存在的"个体的记载"。其真真切切地指向一个我们浸渍其间却日用不知其所用的乡土传统文化空间，此文化空间藏储着标识出一个族群独特生命肌理的集体无意识。正是在此意义上，此记忆场所方才具有了诺拉所言指的那种不断置换变形、繁衍滋蔓的、引人入胜的独特魅力。这个存储着"乡恋"的异质化人文空间看似简单但却又宛如迷宫般迂回曲折，"记忆之场只能来自它们在持续的意义变动和不可预见的枝蔓衍生中的变形能力"[②]，其将那些无意识形态范畴的内容藏匿于看似可被直接感知的经验维度之下，造成了迭合并置的复杂空间形态。

本章小结　我们借何以诗意栖居：
家神的嵌入与家园的重构

　　按照联合国教科文组织《宣布人类口头和非物质遗产代表作条例》的定义，

---

① 〔爱〕叶芝：《幻象》，第 232 页。
② 〔法〕诺拉编：《记忆之场》，第 24 页。

文化空间或曰："'文化场所'的人类学概念被确定为一个集中了民间和传统文化活动的地点，但也被确定为一般以某一周期（周期、季节、同程表等）或是以一时间为特点的一段时间。这段时间和这一地点的存在取决于按传统范式进行的文化活动本身的存在。"非遗文化空间既可指涉"民间和传统文化活动的集中地域"，亦可被确定为"具有周期性或事件性的特定事件"，判断的根据在于甄别特定文化空间是否为"文化现象的传统表现场所"。^①由此可见，非遗的文化空间意指一种藏储着鲜活文化记忆内容的场所，一种借由特定族群集体表象与意指实践之径而不断动态模塑的现象学空间，一种历史感不断转化生成当下可感意象的时空一体境域。在此文化空间或曰记忆之场中，时间并非意指着不可逆转的永恒流逝，空间亦非作为实体或偶性的虚空背景或无限广延，时间与空间的概念均异质于康德意义上的先天直观纯形式，"这些概念并不是直接出现在我们的实际感知中，我们是通过想象性投射的方式来呈现它们可能的样子"^②。

如诺拉所言，"记忆之场诞生并维系于这样一种意识：自发的记忆不再存在"。在加速度的历史通过阈限中，重新被送回公共场域的记忆"不再是全然鲜活的，也不是已经完全死亡"，宛若记忆海洋退潮之后沿岸留下的贝壳。而从这些夹杂着"本能的眷恋"与"历史疏离感"的物质载体、表现形式、记忆索引中，我们仍可感受到某种"象征性的生命悸动"。^③"冼姑太回娘家"习俗即为这样的冼夫人信仰文化场所，它是短暂生成、周期复现、再现传统的仪式表演空间，但其敬天法地、慎终追远的初始意图在当代传统复兴浪潮中，已然被改写成为一种建构记忆与表达认同的文化诗学修辞。尽管仍旧以周期复现的习俗操演方式持续意指着一个已然逝去的神圣往昔，但这种文化赋义行为的旨趣不在生活之返古、传统之复魅，而在于经由这样一种意识与经验的意向性结构方式，投注情感，设置空间，不断表征与重阐"我们的认同"。

旅马华裔跨国重建冼夫人信仰文化场所的实践亦然如是，其出现本身在某种

---

① 参见冯骥才主编：《中国民间文化遗产抢救工程普查手册》，高等教育出版社，2003年，第218—219页。
② 〔英〕克劳瑟：《视觉艺术的现象学》，李牧译，南京大学出版社，2021年，第90页。
③ 参见〔法〕诺拉编：《记忆之场》，第11—13页。

程度上隐喻着现代人的心理匮乏与文化乡愁。这种集体精神贫瘠的文化症候，意味着自发的记忆环境已然不再。在现代社会道德理性的"正当"指令下，曾于古典伦常世界中被内在化被体验的记忆，几欲忘却了其与"至善""美德"之间的本然关联。相较于将鲜活记忆固化封存为束之高阁的档案记忆，或距离化静观与凝视反思的传统，信仰仪式的习俗操演与信仰实践的文化空间重建，更多地从记忆传承的责任与文化自觉维度进入传统民俗事象的保护。这种重构的记忆不是弗洛伊德式的原风景抑或普鲁斯特式的"小玛德莱娜点心"，它不是从个体私隐的心理学维度，而是从公共意义上的社会责任维度进入文化记忆之保护实践。其着意于破解现代性分化逻辑所造成的对话不可公度性魔咒，重构能够给予个体以归属感、认同感与依恋情愫的有机团结共同体。因此，这些记忆场所再度进入公共领域的目的，不在于从宏观、外在、整体的角度去提供一种全景俯瞰式的记忆表象，而在于对某些过去的场景进行指涉，从而合法化"此时此地"共同体叙事中的"我们的经验"，进而凝聚、确认、强化"我们的认同"。

　　无论是"冼姑太回娘家"的村际互动仪俗，抑或围绕着建庙、修庙与日常管理活动而组建冼夫人祭祀基金会的共同体结构方式，在帝制中华时期均为岭海方域常见的社会认同凝聚与共同体想象方式。在其被建构之初，因有一系列风格相似的信仰空间与之并置，由此并不那么引人注目。而这些曾经并未被赋予强烈象征意义的空间，之所以在后传统时代会被建构成如此引人入胜的文化微型宇宙，原因有二。其一，自发生成的记忆环境在加速度的历史通过阈限中被改写成残缺不全的记忆之场，因此，场内一切唯余的记忆索引均被赋予了高度象征化的凝缩蕴意，因为这是重构"我们的认同"之基源。其二，在后传统时代，记忆场所独特的空间运作机制相对于其他的常规位所而言，构成一种异质化的美学效果。在此文化异托邦中，重要的并非所叙之事（回忆事件本身），而在于将"事"性重新赋予"物"性的叙事修辞策略及其所产生的实际社会结构化功能。此为茕茕孑立的现代人提供了一种"诗意返乡"的价值范导，召唤其借具身参与体验的情感共鸣方式，重新进入一种有机团结而非机械团结的共同体凝聚性认同。

　　作为活态传承的地方民俗事象，冼夫人信仰的文化空间由一系列生成于不同时空语境当中的文化生态壁龛所组成。这些散落并置于当代空间的历史文化场所，本身亦处于语境变迁的洪流之中。但无论其延续、裂变、增殖，抑或解体、销匿、陨毁，这些处于空间生产动态中的传统文化生态壁龛之共性在于，"家神"的在场。"家神"是民间信仰空间中冼夫人的典型回忆形象，这种社会自我形象的嵌入与在场，是文化生态壁龛恒葆其系统维衡内驱力之根源。非遗保护美学标准视域中的冼夫人信仰活态传承之关键在于，理解并体悟那些寄寓于信仰叙事、风尚习俗、地方性知识等文化表层形式之下的"家园"意象、审美趣味与感性经验等深层的人文精神蕴涵。

余论	文化记忆：艺术表征、认同 建构与活的文化史书写

作为过去行为的结果，社会空间在允许发生于间的可能性行动与明令禁止的异质举措之间做出选择并颁布律令。在所有的这些行动中，有些服务于生产，有些服务于消费。社会空间蕴涵了大量的异质化知识。[①] 冼夫人信仰作为凝聚"我们的认同"的记忆之场，其自觉建构的事件与过程，发生在该信仰形态被纳入国家"正统性"认同语言系统之后。借由各种直观可感的纪念象征符号之编排设置，冼夫人信仰成为粤西南地域社会表达身份认同的"地方"，或曰能够跨越时空阻隔而凝聚生成不同地缘与血缘伦理共同体的文化记忆之场。

第一节　弥散性：渗透社区日常生活的民间信仰

"民间信仰"是个含混的概念，目前学界对此范畴的认知裂隙，基本可归纳为以下几点：其一，"民间信仰"与"民间宗教"的界定分歧；其二，"民间"所指涉的范围究竟是涵括所有该空间参与者在内的普泛意义上的"大众"，抑或仅指基层民众；其三，民间信仰范畴当中"迷信"与"俗信"之间的界限及其意识蕴涵诸方面的认知分歧。民间信仰的概念含混性，恰恰指明该空间的非整合秉性；而其逃逸现代性分化逻辑规制的独特禀赋，又为葆育中华文明基因、涵养集体智

---

① H. Lefebvre, *The Production of Space*, p. 73.

慧、创生礼俗互动契机提供场域。在历经以西方"宗教"概念观照中国民间信俗并给出中国社会"非宗教论"的外在判断阶段后[①]，我国学者开始基于中国本土的社会、历史、文化特殊性以重识我们的民间信仰，强调对此概念的界定应更关注其"民俗性"形态与社会组织功能，需从文化价值维度内在地对之做出评价。

钟敬文先生将民间信仰概述为在绵延时序中，基层社区"自发产生的一套神灵崇拜观念、行为习惯和相应的仪式制度"，认为其兼涉抽象观念与具体实践，并具有社会契约性质的行动规约功能。[②]葛兆光先生提出，有必要将作为知识表述对象的民间信仰，置回具体社会文化生态语境中阐释。中国民间信仰的真实图景是类型学所无法收拾的，在知识状摹与语词阐发遭遇挫败之处，民间信仰依循其独特的系统维衡方式衍化承继。无论被赋予"迷信""民间文化""民间宗教"抑或"非遗"之名，这种信仰形态都是基层民众情感需要的一种表达方式。而这种情感交流机制与相关仪式实践，有自身运作的一套机制，并不一定与精英建构的表象重合。[③]赵世瑜先生对比阐释了"民间信仰"与"民间宗教"两个概念，认为前者主要是指作为普通民众日常生活型构部分的一种超自然力信仰形态，涵括抽象的信仰观念与周期搬演的仪式实践，其并无强制性的组织系统抑或教义戒律，且基本无涉暴力或政治冲突，由此而区别于后者。[④]郑振满与陈春声先生认为民间信仰对于中国文化史研究的价值，不仅在于其将民众对于生命本质、超自然力量等终极问题的朴素思考蕴含于周期节俗与仪式行为等宇宙观图式的表现形式当中，并且更是与科举、职官、教育、律法、礼制等精英文化创造物休戚相

[①] 中国社会的"非宗教"论观点，是19世纪末西方传教士等文化传播研究学者初入中国之际提出的一种论调。彼时，这些西方汉学家以西方宗教概念观照中国社会的民间信仰，认为这种文化事象既无系统化、制度化的神学系统或经典理论文本可供回溯，又匮乏西方宗教意义上那种秩序明确而等级森严的教会组织系统，甚至其定期操演的庆典集会和朝拜仪式亦往往呈现出一种松散的社会组织关联，因而断言中国是一个非宗教化的社会。这种观点在中国近代社会的知识精英处得到发展，在西方借坚船利炮强行撞开中国大门之际，近代的中国知识分子亟须型塑一个"非宗教"的伟大中华文明，以缓解其在面对强势西方他者之际的焦虑情愫，并进而诉诸解构"迷信"的话语路径以启蒙民众并"建构"政权。参见杨庆堃：《中国社会中的宗教》，第3—6页。

[②] 参见钟敬文主编：《民俗学概论》，上海文艺出版社，1998年，第187页。

[③] 葛兆光：《认识中国民间信仰的真实图景》，《寻根》1996年第5期。

[④] 赵世瑜：《狂欢与日常——明清以来的庙会与民间社会》，生活·读书·新知三联书店，2002年，第13页。

关。这种"俗"之灵动与"礼"之精微，作为中华文明之一体两面，根植于普通百姓代际相传、口传心授、言传身教的日常生活土壤。就此而言，民间信仰空间更重要的在场意义在于，它是精英话语无法垄断表述权的一种异质化空间。这种多元多维、礼俗兼涉、历久弥新的活态空间，以较独特的方式传承、葆育、涵养着地方社会在语境更迭变迁中所涤渍积淀的历史文化蕴涵，既为研究者提供观察乡村社会共时现象的全息视点，亦揭橥地方象征秩序中所隐含着的历史纵深维度。① 高丙中先生提倡从一个知识谱系的宽度来把握"民间信仰"范畴，认为作为文化现象的民间信仰同时涵括系统化、组织化的民间宗教活动以及散播于生活场景中的民俗实践；而作为研究课题的民间信仰，则为理解不同文化能动者之世界观图式与实践逻辑之重要取径。学界致力于阐释这种基于社会生活整体观的民俗事象，非但因其乃通达民众意识形态世界的甬道之一，更在借此兼容"历史感与某种中国特性"的范畴，我们可期理解中国社会中精英与大众的最大文化"公约数"，究竟借何以促成并维续一种关乎"中国历史的连续性和民族国家认同"的集体意识。② 萧放先生将民间信仰理解为能同时满足民众直观认知社会与寄寓情感需求的意识形态世界，指出"信仰与情感、意志、科学一样，是人们对人生、天地、自然与超现实世界的一种知识性把握"。这种根植于民众生活土壤的信俗，尽管其表象与实践方式不一而足，但"从根源上来看都是要维护人的正常生命过程"。就此而言，民间信仰是某种内在于民众生命经验的东西。在强调非遗保护实践的今天，民间信仰事象应当就其传统性、伦理性与濒危性等判断标准被有所选择地纳入非遗保护名录，"对于当代社会民间信仰的重建在总体上要给予积极扶持的态度，以实现建设共有精神家园的和谐社会目标"。③

普通民众所理解的民间信仰，关注日常生活中的具体信仰实践及其感性体验，尤为注重行业庇佑、祷祝灵验、福禄寿财诸类实用性功能；而精英话语范式中的民间信仰，则更多聚焦于启蒙叙事与教化话语等宏大叙事，无论这种表述之

---

① 郑振满、陈春声主编：《民间信仰与社会空间》，第 2 页。
② 高丙中：《作为非物质文化遗产研究课题的民间信仰》，《江西社会科学》2007 年第 3 期。
③ 萧放：《文化遗产视野下的民间信仰重建》，《探索与争鸣》2010 年第 5 期。

赋权者是王朝国家抑或启蒙现代性。综观我国学者从内在文化视角对"民间信仰"概念做出的修正阐释，可见出这种渗透于中国人日常生活肌理的信仰形态，能为社会组织建构及其运作维衡提供重要的文化凝聚势能。基于本体论价值观与文化解释视角，我们亦不难见出此信仰形态之难能可贵在于，其将中华文明的传统基因与中华民族的实践智慧葆育涵养在活的文化生态壁龛中。相较于现代社会诉诸普适性的"正当"（right）来维持公共秩序之有效运作而言，民间信仰凝聚共同体认同、传播传统文化核心价值观与模塑社会共通感的方式，主要是诉诸"感性"而非"理性"。这种奠基于传统社会一元总体德性规约的精神信仰与文化实践，可通过设置一整套地方风俗情景的再现程式，以在特定时空节点进行周期复现的实例化演示，不断将伦理共同体对于"至善"与"美德"的审美理念阐释，转化生成为直观可感的文化意象嵌入空间。并且，这种传统文化事象主要是诉诸反思性判断（基于特殊情境反思而洞悉其中的共性）而非规定性判断（以一般的概念规定特殊的现象）之径以建构其共享的意识形态世界，因此能适应不断变迁的现实语境，对既存结构做出必要的增补修订，由此也就弥合了经验与先验、个体与集体、世俗与神圣之间的隔阂。

如杨庆堃先生[①]所言，涵括民间信仰在内的宗教形态之共同旨趣在于引导人生，即通过设置特定的信仰系统与仪式实践之径，缔结某种组织连带关系，以此直面人生的终极关怀问题，解释溢出了经验领域与理性知识理解视域的现象。在中、印、欧三大文明体系中，唯有中国宗教在社会中的地位十分模糊，对这种信仰形态在影响民众宇宙观图式及其对人的整个生命模式之感知、理解与把握方面的功能估计不足。低估民间信仰在中国社会中的广泛影响力，实际上有悖于历史与现实。神坛庙宇与寺院佛堂等崇祀拜祭空间，组成了中国广袤疆域中一道独特的风景线，从历史、空间与社会三重维度，持续以微型宇宙的方式折射着中华文明的整体格局与中国社会的历史变迁。其在《中国社会中的宗教》一书中区分了两种宗教信仰形态，即制度性宗教（institutional religion）与弥散性宗教（diffused

---

[①] 参见杨庆堃：《中国社会中的宗教》，第1—6、228—230页。

religion）：

> 制度性宗教在神学观中被看作一种宇宙生活体系，它包括：（1）独立的神学观或宇宙观，用以解释世界和人类事物；（2）由系统性的象征（神、灵魂和他们的形象）和仪式组成的独立信仰体系；（3）由专门神职人员组成的组织，帮助阐释神学观念，并主持仪式。借助于独立的概念、仪式和结构，宗教具有了一种独立的社会制度的属性，故而成为制度性宗教。另一方面，弥散性宗教被理解为：拥有神学理论、崇拜对象及信仰者，于是能十分容易渗透进一种或多种的世俗制度中，从而成为世俗制度的观念、仪式和结构的一部分，失去了显著的独立性。宗教的这种弥散形式在涂尔干的著作中有较为清楚的描述。……弥散性宗教……作为一种基层支持力量，对于世俗制度和整体的社会秩序却十分重要。……宗教的元素渗透进所有主要的社会制度，以及中国每一个社区的组织生活中。正是在宗教的这种弥散形式中，人们能够最大限度地接触到宗教。

制度性宗教因其拥有独立的一整套神学概念、仪式体系与解经机构而自成一体。相形之卜，弥散性宗教却无意于强制勒令信众去严格执行一套清规戒律，其神学观念与仪式系统的典型特征即如植物般根植于社区生活的土壤，是与基层民众节令安排的时间制度系统、社区景观布局的空间设置以及乡土社会象征秩序结构等世俗制度与社会组织方式隐性相关的一种"基层支持力量"。正因如此，华琛才说，帝制中华时期王朝国家从文化上整合地方社会的一种重要方式是赐予基层民众崇信的某些神明以正统性封号。①

如果说，在盛行于西方社会的制度性宗教中，我们管窥到一种类乎"法"的外在强制性力量；那么，在中国民间信仰文化的弥散性宗教处，我们则蠡测到另一种与"礼"相仿的文化组织与认同凝聚力量。民间信仰的弥散性禀赋，

---

① See James L. Watson, "Standardizing the Gods," in *Popular Culture in Late Imperial China*, pp. 292-324.

并非意指其宛若散沙一盘，毫无凝聚力。事实上，这种弥散性意味着民间信仰统筹公共事务的组织原则不是基于个体意志的善，或曰，由于亟须完成某些公共事务等外在目的而聚合起来的善；相反，它是基于本体论意义上的善，是某种内在于信仰实践者宇宙观图式中的"至善"理念的实例化演示，是信众们在民俗节庆的集体欢腾情境中情不自禁、发自内心的情动反应。这类哲学家泰勒曾以节目演出高潮顷刻、观众全体起立并热烈鼓掌情形为譬喻加以阐明的自在情感反应，是无须任何外在章程进行强力规制的自觉文化行为，是异质于"聚合的善"的"本体的善"。[①] 基于节日庆典与进香朝圣等民间信仰实践分析，杨庆堃先生亦曾论证，看似组织松散的民间膜拜团体，实则有其行为引导的一整套规范原则，即作为集体过去实践产物的传统习俗规定性。[②] 这种前现代社会的松散组织形态，严格依赖于具体可感的时空框架以型塑其成员的集体身份认同；在此框架之中，集体欢腾情境中被内在化体验并被把握为"幸福的空间形象"的"家园"意象，反复在周期操演的社区节庆仪俗场景中被激活，成为审美交融体验的记忆之场。这种将历史感拉入共时场景以营造出某种地方感的集体表象与文化意指实践，恰恰是模塑共同体成员归属感、认同感、自信心与文化自觉意识的重要审美教育方式。这种文化审美偏好的型塑过程，借用莎曼的表述即"为感官知觉上色"[③]。正是这种渗透社区日常生活经纬的强大社会共通感模塑与文化习性涵养力量，使得民间信仰空间构成了一种中介国家话语、精英表述与民众实践的他异化空间，一种礼俗得之互动、互渗、互塑的文化异托邦。

如贺麟先生所言，"信仰是一种知识形态"[④]。民间信仰是中国基层社会生活的重要组成部分，其深嵌于地方社区的日常生活经纬，浸润着基层民众独特的生命体验与情感表达。正是民间信仰异质于主流文化审美趣味的他异性，使得此类文化空间成为能够挫败现代工具理性逻辑与西方文化殖民阴谋、拯救日渐沉沦

---

① 参见〔英〕泰勒：《答非所问：自由主义—社群主义之争》，载《公民共和主义》，第382—383页。

② 参见杨庆堃：《中国社会中的宗教》，第83—103页。

③ See Russel Sharman, "The Anthropology of Aesthetics: A Cross-Cultural Approach", *JASO*, Vol. 28, No.2, 1997, pp. 177−192.

④ 贺麟：《文化与人生》，商务印书馆，2002年，第88页。

的现代异化者之文化生态壁龛。这些并置共生、各美其美、美美异和的"异托邦"非但藏储着作为习俗规定性的实践智慧，并且持续意指着作为中华文明重要型构部分的"礼"之在场。正是这种礼俗互动、互渗、交叠的共生形态，使得该空间成为建构"我们的认同"的重要文化表象与意指实践的场域。如阿帕杜莱所言，地方性（locality）与其说是一种概念或尺度，毋宁说是一种语境或关系。这种复杂微妙的、现象学意义上的质性（quality），唯有在以全球化为必要参照系的殊异化社会感觉、互动交流与语境关联中，方可得之尽悉阐明。作为一种社会组织原则与文化表征形式，全球化进程从悖面催生了现代民族国家对于地方文化的再生产需求。在社会组织制度层面上，国家与市民社会的崛起，资本与人口的全球化流动构成了"地方"遭遇"全球"的当代语境；在文化表征层面上，全球文化的同质化阴霾与地方文化的多样性延续，构成了当前文化生态的一体两面。②在后全球化语境的文化生态危机境遇中，民间信仰事象所涉及的文化习性与文化空间，作为基层民众集体历史实践之身体化与客观化的产物，具有抵抗西方文化涵化侵蚀、救赎全球文化同质危机的生态价值。借非遗话语烛照民间信仰，应当集中探讨如何可能将其"转变为建构民族国家内部正面的社会关系的文化资源"。在经验层次上"调查、描述、理解民众在日常生活中的仪式活动及其相关的组织和观念"，在理论层次上"换一个角度认识中国近代以来的社会史、思想史、政治史和学术史"，在实践层次上"厘清民间信仰与国家的文化认同和公民社会建设之间的密切关系"。① 就此而言，冼夫人信仰更重要的文化价值在于，其葆育涵养着中华文明的传统基因、实践智慧与伦理共识，既是粤西南地域社会多元分化族群所共享的"我们"的文化记忆与身份认同基点，亦是铸牢中华民族共同体意识的重要传统文化资源，更是世界文化多样性创作的杰出代表实例。

---

① See Arjun Appadurai, *The Production of Locality*, Routledge, 1995, pp. 178, 190–195; Arjun Appadurai, "Disjuncture and Different in the Global Cultural Economy," in *Theory, Culture and Society*, Vol. 7, No. 2, 1990, pp. 295–310.

② 参见高丙中：《作为非物质文化遗产研究课题的民间信仰》，《江西社会科学》2007 年第 3 期。

第二节　冼夫人信仰：文化记忆与"我们的认同"

作为一个"持续积累"的语义系统，冼夫人信仰横跨了绵延的时间之流与广袤的空间距离，是一个施特劳斯意义上的"时间黑洞"式的共时性结构。此结构系统所囊括的语义要素、语法规则乃至作为缺席之在场的权力驱动力，为其所衍生的多元异质空间提供交流协商的意义共享基础。无论是作为帝制王权意在规训普通民众的正统性意识形态询唤机制，抑或文化实践者借以表述其殊异化身份认同意识的表征意指实践，甚或是百姓日用而不觉、渗透于社区生活世界的集体无意识或曰共享概念图，作为象征文化系统的冼夫人信仰均能为秉持不同实践意图与运用迥异情感投注方式的文化行动者，提供一个以"承认运动"为价值导向的意义交流、互享、互赏平台。作为非遗事象，冼夫人信仰究极而言乃是一个活态传承的文化羊皮卷，是百越少数民族文化与中原汉文化交叠共生的有机形态，其为我们提供了一个从礼乐文明与风尚习俗交互模塑角度进入传统文化生态研究的视角。谯国夫人冼氏，作为一个历经梁、陈、隋三朝而最终于唐代进入王朝正史书写中的俚族女首领，其被整合进帝制中华主导话语体系的偶然契机及其嗣后的不同情境化再现，亦即粤西南地域社会之"俗"与中华文明之"礼"互动、互阐、互渗的事件与过程，其以活的文化史书写方式，铭刻着百越族群从文化认同上融入中华民族大家庭的共同记忆。

冼夫人信仰的滥觞之期，兴许远早于《隋书·谯国夫人传》的书写契机，亦即前述帝国勠力再现一个"祖母圣像"以询唤酋豪认同的历史事件。十分有可能，作为由古西瓯遗裔演变而来的岭南俚人集体无意识的"圣母崇拜"结构，冼夫人信仰的神话原型可溯回至更早的岭南俚族铜鼓文化圈的"雷母崇拜"，其嗣后在母系氏族农耕社会置换变形为以"蛙图腾"为表象、以"女娲"为人格化意象的"地母崇拜"形态，并在俚人初民引譬连类的原始思维中诗意化作亦祖亦神的"圣母崇拜"形态。粤式铜鼓作为冼夫人信仰崇拜的重要载体，既是岭南西瓯系俚人后裔的礼乐法器，亦是其权力与财富的重要象征；其借由鼓身滋蔓的云雷纹饰与立体铸蛙的视觉隐喻，持续指涉着一个已然失落了的"圣母"神王时代。

在此崇拜结构当中，"冼夫人"作为一个母系氏族女酋首之类称，兼司高禖、生殖、丰产、巫医、守护诸职，其被认同为一个"万能神"式的存在。其中心意象即为"家园守护神"，福、禄、寿、喜、财"五福"之赐予，无不依傍于此亦人亦神的"岭南圣母"冼氏。每当社区遭遇天灾人祸，既存日常生活陷入混乱，象征秩序与乡民生存受到威胁之际，冼夫人信仰藏储于该社群集体无意识当中的原始意象便会被瞬息激活，以智者、救星、救世主等形象再现。

在王朝主流话语介入以后，冼夫人信仰被拉入一个帝国"神话"的主流话语系统之中，与国家"正统性"认同的意识形态相关联。《隋书》原本乃一盛唐王朝为了询唤特定的文化启蒙对象，即以冯盎为首的冯冼豪酋集团而型塑生成的文本。该文本致力于"以史为镜"，借力于对冼夫人勋垂节钺之生平的再现，以立足王朝国家视角，诠释何为央廷所期许的酋帅势豪归附王权的"正统性"表述范式。然而，伴随着冯冼豪酋集团于唐末的倏然没落，这种盛唐王权所勠力建构的"土酋归附"标准范式并未就此而销声匿迹。相反，该基于文化对话情势而偶然创作的文本，在历史的绵延中积淀为冼夫人信仰的记忆原典，并在多元异质的文化语境与具体实践中反复被援引、重阐、征用。至迟到有宋一代，"冼夫人"符码作为一个帝国权威的象征与"正统性"意识形态的隐喻，被赋予了本然如是、毋庸置疑的阐释。作为王朝国家文化治理方案的重要符号系统，冼夫人信仰经由地方官员、缙绅衿士、普通民众之对话交流、磋商博弈与互为承认的集体参与共谋，渐次凝定为地方多元分化族群向王朝国家表达正统性身份认同的标准文化实践方式。更重要的是，此王权自上而下加诸于地方、已经矫形、高度意识形态化的镜像结构，并未严格遵循帝制王朝原本的设计意图而被消极地全盘领受。相反，旁斜溢出、不可化约的具身参与实践总是有意无意地"篡改"着此文化之镜的预置语法规则，生成涵指殊异的解码阐释，并在此基础上缔结新的社会认同表述。在此历史感与地方感的模塑事件与建构过程中，主流意识形态与地方认知逻辑在彼此的遭遇与会面中，总能达致某种协商共谋，生成特定情境脉络中"冼夫人"符号的约定俗成蕴意与"礼俗互动"的文化表象空间。

在一千四百余年的帝制中华历史过程中，基于王朝更迭的结构断裂与秩序重组契机，不同情境脉络中国家主导话语为信仰结构中的冼夫人回忆形象注入了不同的"正统性"文化蕴涵：盛唐时期，唯恐冯盎有异动的唐太宗听取了魏徵"怀之以德"的建议，遂将蛮酋女首领冼夫人载诸正史，建构为"事三代主，唯用一好心"的忠义圣母形象，作为帝制中央的权威隐喻象征性莅临彼时实则仍由酋豪掌控的粤西南地域社会；南汉至南宋，在海南儋州宁济庙的信仰空间中，官方话语的表征实践首次完成其对冼夫人形象由人而神的升格化建构。作为彼时帝制央廷自上而下强加给地域社会的一套基于文化整合意图的"正统性"认同表述框架，冼夫人信仰既为帝制中央提供了一种象征性解决其对于边区动乱乃至脱域恐慌的文化治理方案，又为地域社会中异质、匿名、流动的社群提供一套建构"正统性"身份认同表述的合法语义系统与标准行为程式，如此而为国家、精英与大众三种场域实践者提供了一个达成可通约共识的互动交流平台。明代中叶，在两广瑶乱的社会历史情境中，冼夫人信仰在粤西南地域社会经历了一次中心庙宇搬迁的空间格局调整，并在嗣后社区秩序重建过程中，为地方社会的不同伦理共同体提供一套区分"自我／他者"或曰"民／贼"的能动性表述语言，以文化治理方案取代了暴力军事征伐，由此而深入民心。有清一代，伴随着粤西南地域社会的话语阐释主导权由既往的外派官员向本土缙绅衿士转移，信仰结构中的冼夫人回忆形象由"蛮妃"渐变为"女师"以至于"吾高州之女"，"我们的认同"意识从"自在"转向"自为"。伴随着清末民初的农民起义冲击效应，信仰结构中的冼夫人回忆形象在粤西南基层民众中的克里斯玛魅力一度成为帝国掌权者与农民起义军为询唤民众认同而争夺的符号。而从陈金钉义军揭竿而起后的系列事件来看——如广东巡抚郭嵩焘题请加崇封号并经礼部奏准；昭忠祠迁至高州冼太庙之侧，同时地方官员与缙绅衿士筹资修葺府属六邑冼庙并集体朝谒瞻仰；咸丰年《琼山县志》声称冼夫人沙滩显圣"酣战海匪张十五"，以及光绪年《高州府志》渲染传播营副使将卓兴得冼夫人神助而于高凉山大败农民起义军等神异叙事——冼夫人信仰作为"正统性"认同的约定俗成表意符号，显然已成为某种嵌合于基层民众感觉结构当中的信念。因此我们看到，高凉山冼庙等精英建构的冼夫人显圣地点，在彼时的民众阶层处反响平平，其直接表象即庙宇荒墟。可见高邑乡民并未如其叙事设计者所预期的那番，成为话语询唤的被动驯服主体。事实上，正是这种能够帮助民众分辨是非的可信感觉，作为实践感，持续为百姓提供评价标准与行为范导，从而挫败了清廷的挪用策略与征用意图。因为无论是在"好的"与"坏的"之间做出伦理价值判断，抑或在"正确的"与"错误的"之间做出认知价值判断，俱亟须援引其已然内化的传统文化价值观念。冼夫人文化的核心精神价值对于基层民众而言是某种被内在化把握的东西，某种作为"世界准身体意图"的实践感，某种对于合理实践活动的感觉结构与可理解关系，某种由族群实践智慧所积淀于身体的倾向、趣味、性情、投入、信念。这种"对一个场的与生俱来的归属"，使得文化持有者可内在化地感知、理解、判断其栖身世界中必然与偶然遭遇的事件。因此，在场内所发生的事件中，唯有契合这种实践感的部分，方可被接合进其已然内化的经验系统，被把握为合乎情理的、具有无目的的合目的性的有意义事件。这种实践信念是某种经由漫长实践而自主内在化于身体的集体无意识，它是前反思的"知"，而非天马行空的迷信或无知。方志中建构的这些神异故事挪用了冼夫人信仰的克里斯玛魅力，却忽视了这种对他人身体与信念的支配权之根源在于"得到集体承认的影响"。[1]质言之，基层民众信仰结构中的冼夫人回忆形象是"我们的认同"基点，是庇护"我们"安定感与幸福感的"家神"；"冼夫人"是"天道"之转喻与"正义"之化身，而非"王道"之隐喻。因此，当其"显圣"，意图定点即在于"护民"，而非如修志者所意欲表述的那番，意味着"正义"站在清廷那边。就此而言，这些被有意建构并传播的精英趣味的神异叙事，实际上从未真正达成其询唤认同与规训民众的意识形态效果。及至清廷统治秩序分崩离析，"民族—国家"的现代政权组织形态移置封建制帝国体系，冼夫人信仰一度被崇尚科学理性的现代性话语挤压至边缘，沦为"迷信"，其在公共话语领域中的合法性被取消，享祀庙宇亦在"庙产兴学"运动中遭遇程度不同的破坏。但信仰实践场所的陨毁，并不意味着信仰意愿的消弭。事实上，正是在这种社会断裂重组契机的不断考验中，民众意识形态世界中的冼

---

[1]　参见〔法〕布迪厄：《实践感》，第93—98页。

夫人回忆形象方才真正彰显出作为本体论意义上"共同的善"之价值维度。如哲学家泰勒所指出的，这种"善"区别于现代社会个体意志整合意义上的"聚合的善"，它不是某种被外在强制给予的、亟须通过设置的一个理性自持主体以保证其"正当"与有效性运作的道德要求，而是发乎内心、不由自主的自在情感反应，由此更少地能为精英意识所垄断。新中国成立以来，基于国家宗教与文化政策的调整，信仰结构中的冼夫人回忆形象再度进入公共话语领域，并在民间文化遗产化的时代契机中，被赋予了含义重阐与价值再估的契机。

综上，冼夫人信仰空间作为一个持续中介着国家与社会对话的非整合空间，当中既有作为权威隐喻的国家意识形态或曰主导话语镌刻痕迹，亦包孕着地方不同伦理共同体的感觉结构。正是在此意义上，冼夫人信仰的空间美学价值，非但在于其为粤西南多元分化的地方社群提供集体无意识的美学寓所，更在于其持续引导这些共同体跨越狭隘的民族中心主义立场而进入"我们的认同"，基于民间信仰实践而不断生成同属于"我们"的文化记忆。这种社会共通感的造就过程，亦即粤西南地域社会通过地缘或血缘组织形式参与至冼夫人信仰场域实践中来的文化认同整合过程。其为不同族群的文化记忆叙事与身份认同表述提供了可通约的阐释框架，并进而将这种"我们的认同"接合至中华民族共同体的认同结构当中。在此意义上，冼夫人信仰空间，亦即列斐伏尔所言指的那种混杂着话语的表述与非话语的实践、编码与未编码内容的活的"再现空间"，或曰福柯意义上蕴藉着异质化美学能量的"他者空间"。这是一种被真正实现了的"乌托邦"，其引人入胜之处恰恰在于其逃逸意识形态规制、鼓励自由实践的开放包容秉性。这种局域化的世界，以文化生态壁龛形态散落并置、嵌合穿插于千城一面的当代空间，由此戳破了现代性逻辑与全球化话语所勠力建构的连贯整合空间表象。以冼夫人信仰为中心的考察表明，在国家与社会互动的视角下，"地方神明的正统化"与"正统神明的地方化"实则两个并行不悖的结构化过程。在地域社会精英群体借文化之径以生产"正统性"认同的集体表象空间实践过程中，地方与国家整合，习俗与礼仪互渗，分别从社会与文化二维，建构着地域社会的组织结构与文化象征秩序。在此兼容了一致性结构与多样性表述的文化认同型塑过程中，精英与大众之间的互动交流被展现得淋漓尽致。事实上，正是这些张弛有度的对话磋商，持续塑造着地域社会的组织结构及其独特的文化记忆。

第三节　冼夫人信仰作为记忆之场：时代变迁与地域差异

冼夫人信仰空间作为记忆之场，既有地域差异之标识，亦有历史变迁之镌刻。就共时态的互文语境而言，冼夫人信仰空间由一系列零散并置、错落共生的文化生态壁龛所型构。这些壁龛作为微型宇宙，自有其文化习性与场域逻辑的特殊规定性，但又彼此风格相似，共享一套模塑认知、情感与道德能力的传统教化程序，以大致相同的方式对其集体自我的理想形象进行表征意指，在艺术形象塑造与审美理念表达维度上分享可通约的社会感觉结构。而自历时性维度上的文本学链条观之，生成于不同时空情境脉络中的冼夫人信仰文化空间又各自有其所援引依据的记忆原典，这些逻辑在先的符号性与知识型构成了不同文化生态壁龛的空间边界，它是不同历史性在相应文化场所中的镌刻、延续与再度现实化，并倾向于建构忽略骤变与冲突的亘古恒常记忆表象。

出于社会历史情境脉络中的迥异意图，多元行动者从此信仰体系中择取了不同的结构要素以建构其文化记忆叙事与身份认同表述。集体过去的实践活动，生成这些并置共生的文化场所各自殊异化的场域逻辑。这些逻辑在先的场域规则作为一种实践感"印入身体"，借文化主体的具身实践而不断得之具象化的实例演示与动态的情境调适。此即意味着，生成于不同时空语境的冼夫人信仰文化空间彼此交叠共生，各有其文化习性与场域实践的规定性。这些作为原始分类形式的习性模式"在意识形态和话语之外发挥作用，因而不受有意识地审查和控制：它们在实践中支配这些实践，将人们错误地称之为价值的东西隐藏在最不由自主的动作或表面上最微不足道的身体技巧中"。习性作为实践感，其与经客观化的意义的一致，生成一个具有"直接明证性"与某种程度"客观性"的常识世界，保证实践活动与世界意义的一致性，该常识世界确保"各种经验的协调"以及同类或类似经验借由表现而不断得之强化的效果。由此，习性作为一种普遍与可移植的审美配置，能够适应日常生活变迁而在"有机体—环境"交互模塑的空间拓扑学关联中不断生成一系列风格相似的文化空间。此即意味着，一方面，习性作为"被建构的结构"，能够将集体的审美趣味转化生成为直观可感的符号、景观、意象，使民族的精神气质、性格、格调被表象为某种客观化、对象化、公共意义上的社会事实。另一方面，习性作为"建构中的结构"，其在生成与践履这些"就像婚姻一样公开，就像农业一样可视"的文化行为之际，在建构某种"被表现的社会世界"或曰"生活风格的空间"的事件与过程中，可根据不同场域的逻辑规定性建构相应被分类的与可分类的生活风格空间。[①]

如扬·阿斯曼所言，哈布瓦赫对于集体记忆的"永恒现在时"阐释，强调了记忆之活的精神特质及其传播与领受的具身性禀赋。然而，他却忽略了交往记忆的时间跨度有限性问题（通常不会超过八十年），因此未能阐明经由物质载体与经典诠释等体制支撑的文化记忆之运作机制问题。亦即，这种记忆何以能够跨越数千载的时空阈限而得之以集体经验形态有机传承，在后裔处作为情感纽带重新攫获再具身化表征的契机。因此，有必要重构哈布瓦赫意义上的"集体记忆"概念，甄别范西纳所言指的社会再现"过去"的三重结构，即：（1）基于晚近交往经验的非正式世代记忆，这种社会记忆形态涉及日常生活中共同体的常识知识与情感结构，代际时长通常在三代人以内；（2）叙述"神圣往昔"、再现"绝对过去"、想象族群起源的高度体制化的正式文化记忆，这种文化记忆形态以口传、歌谣、舞蹈、仪式、面具等象征符码形式为物质载体，并依赖于吟游诗人、雕刻师、仪式专家、讲故事的人等传统社会中的技艺专职人员来进行筹划传播；（3）以具身形态浸入体验"此时此地"传统文化氛围的文化实践者之个体记忆。"在口传社会里，历史意识仅在两个层面运行：起源的时刻和最近的过去"。所谓"浮动的缺口"，即是意指这种横亘在文化记忆与社会记忆之间并随代际传承而不断化生变形的记忆裂缝。就此而言，特定族群借由仪式节俗等文化实践方式而

[①] 参见〔法〕布迪厄：《实践感》，第 74—82 页；〔法〕布迪厄：《区分》，第 267—275、739—740 页；〔美〕格尔兹：《文化的解释》，第 95—97 页。

定期设置的集体欢腾之共在时空体验，意图定点在于造成一种均衡稳定、连贯整合、毋庸置疑的集体身份认同意识，让具身参与体验的文化成员能够自觉内化一种隐含着"浮动的缺口"的族群整合记忆表象，以此建构、维续、强化共同体的想象性认同。正是在此意义上，记忆作为一种组织并调节社会生活的有机团结建构功能机制，让文化主体"能够过一种群体和共同体的生活，这反过来又使我们能够构建一种记忆"。此乃一种积极主动的自觉记忆过程，这种"我们"的记忆通过象征化的修辞方式，将外在的无人栖居的历史转化生成为可供反复体验、理解与再认识的内在文化记忆形态。由此，也就使得共同体的记忆叙事僭越社会共时态情境而进入历史、神话与文化的时间，并在具身主体内在化的感知体验与情感共鸣的事件与过程中不断赋予文化遗产以活的生命力。这种再度象征化的自主建构与自觉传承过程，使得文化记忆能够融贯个体记忆层面的内在自我认同与基于生动交往经验的社会自我认同而进入文化认同的时间，进入特定伦理共同体想象其族群神圣往昔的文化记忆叙事场域。因此，"'记忆'并不是一种隐喻，而是一种转喻，它以记忆头脑和提示性对象之间的物质接触为基础"。持续处于建构动态中的有机鲜活的文化记忆"不仅是在跟他人记忆的互动，也是跟'东西'、跟外在象征符号的互动"。这些作为记忆载体的外在对象是"我们"既往情感投注事件与过程的建构效果，"携带着我们曾经注入其中的一些记忆"。①

　　从历时性维度观之，信仰结构中的冼夫人回忆形象非但经历了记忆强度之变化（从记忆到遗忘到再记忆），亦承受着来自认同叙事主导范式的变迁压力（从"蛮妃"到"女师"再到"吾高州女"）。然而，就一些特殊的记忆地点而言，信仰叙事中的冼夫人回忆形象倾向于隐藏起冲突与断裂的踪迹，将其表述锚定为一种无时间变化的意象，仿佛遽变只是发生在起源叙事的神话历史空间，嗣后便是亘古恒常、周而复始、年年如是的循环。这使得在这些地点当中，该信仰形态呈现出一种莫比乌斯环状的拓扑翻转特质，即基于交往记忆的"晚近的过去"拥有

---

① 参见〔德〕扬·阿斯曼：《交往记忆与文化记忆》，载《文化记忆研究指南》，第 137—149 页。

极其丰富的信息，越往前回溯则信息渐减且趋于不确定，而在更早的历史中我们又可找到关于族源叙事的丰富信息。扬·阿斯曼把传统叙事这种将"晚近的过去"与"神圣的往昔"贯串起来的"首尾相接"形态，归因于共同体文化记忆框架的凝聚性运作机制。亦即，通过将基于代际交往的"生平式回忆"缝合至族源叙述的"巩固根基式回忆"之径，周期性重复的中间阶段代替了范畴变迁与结构重组的事件与过程。这种集体共谋参纂的族群身份认同连贯叙事，之所以倾向于隐藏断裂、冲突、龃龉，缘由在于其宗旨为定期唤醒、更新、强化认同感，以此赋予共同体文化记忆以天命的阐释。[1]哈布瓦赫更是一针见血地指出，"历史通常始于传统中止的那一刻——始于社会记忆淡化和分崩离析的那一刻"[2]。此即意味着，在外在的、固化的、无人栖居的历史凝定之前，是内在的、无意识的、自发形成的记忆环境（milieux de memoire）尚存之期。彼时，基于生动交往经验的集体记忆之场，呈现为有人栖居的形态，尽管这种栖居的诗意曾因习焉而并不被觉察。因此，我们可将这些在历史通过阈限之后生成的记忆之场（lieux de memoire），认同为某种介于历史与记忆、官方话语与民间意识、信史与口传之间的文化记忆寄寓场所。其"夹杂着归属感和疏离感"，是"在记忆海洋退潮之后"唯余的生命气息，兼具物质性、象征性与功能性三重禀赋。并且，诺拉从场所记忆这种宛若自我缠绕的莫比乌斯环形态中总结出了记忆场所存在的根本理由，即以记忆对抗遗忘，使死者永生，化无形为有形，将意义的最大值锁定在最小的标记中。而这种让生与死、时间与永恒、个体与集体、平淡与神圣、静止与变动由对抗分立走向共生关系的并置性，或曰"持续的意义变动和不可预见的枝蔓衍生中的变形能力"，恰恰是记忆之场的魅力之所在。[3]

就此而言，该信仰空间作为异质化的记忆之场，其在纵向维度上囊括着不同社会历史语境所镌刻之时代精神内容，在横向维度上则包孕着多元伦理共同体基

---

① 参见〔德〕扬·阿斯曼：《文化记忆》，第43—52页。

② 〔法〕哈布瓦赫：《论集体记忆与历史记忆》，载〔德〕埃尔、冯亚琳主编：《文化记忆理论读本》，余传玲等译，北京大学出版社，2012年，第87页。

③ 参见〔法〕诺拉编：《记忆之场》，第12、22—32页。

于迥异叙事主题、文化习性、审美趣味与艺术风格所建构的生态壁龛，由此也就构成了该信仰场域"各美其美、美美异和"的集体表象共时态。这些或以谱系学链条或以互文性语境方式交互叠置的壁龛，对于冼夫人文化精神传承而言具有同等生态环链价值。综观不同时空语境中，信仰结构所再现的冼夫人回忆形象纷繁驳杂、旨趣殊异、交叠辉映，无论是从精英抑或民间视角进入此记忆之场，无疑俱会发现，关于冼夫人的叙事早已溢出了谯国夫人冼氏有史可据的生平，而进入神话历史的文化价值建构过程。质言之，冼夫人文化精神的影响超越了谯国夫人冼氏生活的时代与地域而在延及后世、跨越族群、僭越地域区划的意义上影响着多元分化的异质社群。并且，这些打上了时代烙印的冼夫人回忆形象作为话语的表述与非话语的实践，其价值范导作用与社会结构功能已然产生不可化约的文化认同凝聚效果。冼夫人回忆形象的不同叙事版本与表征形式，恰恰表明该文化意象在储存、传递与释放共同体情感能量过程中，被不断倾注新的生命活力。就此而言，文化记忆的过程，亦即一种历史文化图像在持续向前的"当下"社会交往共时态中反复被再度象征化的激活、体验与重构过程。阿比·瓦尔堡将这种文化记忆机制，表述为由艺术家之精神领域的极性结构（宗教性—数理性）与表达领域的极性结构（图像性—符号性）叠合而成的活的文化象征系统。正是经此双重张力组合之中介，文化历史图像的理据性规约方才不断在非理性的原初生命情态之激活复现中被重新锻造；记忆女神图像方才不唯是空洞的形式能指，而必然裹挟着饱满的生命激情与情感能量。[1] 而在意指这种历史文化图像之际，精英大传统与民俗小传统的书写方式尽管取径不一，但殊途同归：前者往往引经据典，诉诸艺文创作、方志纂修、赋诗唱酬等方式来回忆，强调艺术家之天才独创与形象书写的智性维面。后者则更多是集体创作的情景再现，即通过编撰神异叙事、搬演神话历史、定期举行祭祀仪式等方式来营造出某种传统文化氛围，召唤参与者在具身感知、参与体验与情感共鸣中将这种记忆进行内在化。此二者之共性在于，均试图在叙事中再现某些历史画面，以冼夫人在场之原初情境传达某种概

---

[1] See Aby Warburg, "The Absorption of the Expressive Values of the Past," Matthew Rampley trans., *Art in Translation*, Vol. 1, Issue 2, 2009, pp. 273−283.

念、道理、信念。但就借记忆叙事型塑审美交融的氛围空间、唤起实践者之认同意识并达致情感共振交流体验的强度与效度方面而言，口传心授的民俗文化小传统显然更具优势，因其可源源不断地从流动的生活世界中汲取养分，将活的民族精神葆育在集体表征意指的动态场景当中。

如果说口传叙事主要的凝聚功能在于，借再现神圣往昔之场景，将"冼太嬷"作为"万能神"嵌入社区日常生活共时态，那么节俗礼俗的村际互动，即通过带动乡村经济市场运转的方式，不断创造出集体欢腾的高峰体验效果。外乡商贾贸易的涌入，使得节日庆典情境中的"此时此地"尽显歌舞升平、祥云密布、物阜民丰之盛况。这种基于具身参与体验的情境化记忆，使得冼夫人信仰成为粤西南地域社会外迁移民思恋故土家园的记忆所系之处，即便在民俗传统沉寂之期亦然如是，作文缅怀追忆者不在少数。关于冼夫人的文化记忆经久不衰，渗透于社区日常生活肌理，组建起作为当地民众时间制度的地方传统节日系统。这些基于特定时空框架的记忆地点包括冼夫人传奇故事嵌入其中的一系列记忆场所，如高州冼太庙、旧城冼太庙、山兜娘娘庙、平云山冼太庙、浮山霞垌坡诚敬夫人庙、海口市得胜沙冼夫人庙、苍兴一都冼夫人庙等。这些信仰实践场所的共同特点在于，其均围绕着冼夫人生平的事迹，凝结着某些事件的记忆。这种记忆形态并不鼓励推陈出新，而是意在借信仰实践慎终追远，建构维续一整套地方的正统表述，并将其嵌入共同体的感觉结构当中，作为社区生活组织的重要时空坐标，以此保障既存结构秩序之有效运转。

譬如说，迥异于冼夫人官祀仪式的节期，曾出土冼夫人第五代孙媳许夫人墓和第六代孙夫妇合葬墓的冯家村冼太庙会定于每年冼夫人诞、忌二辰在诚敬夫人庙前的汉人坡（看人坡）举行迎神赛会活动。同样的日期，在谯国夫人故里电城镇山兜乡，由庄垌蔡族联合丁村黄族组建的冼夫人圣诞乡傩祭祀共同体，亦会定期操演"冼太回娘家"与"冼太探四邻"仪式。而在海南琼山县的新坡镇，由梁沙坡十排、十甲乡民所组建的冼夫人崇祀记忆共同体亦成立了冼夫人祭祀基金会，周期操演军坡节俗。即便在庙宇因遭遇损毁或重建易址的历史通过阈限中，这些记忆共同体亦围绕着其集体经验中仅存的心象记忆，努力重构营造"冼夫人"持续在场的记忆所系之处，以此更新、确认、强化"我们的认同"。而在高州冼太庙的流行叙事版本中，该记忆场所在"十年浩劫"中所遭到的破坏①，亦丝毫未有影响当地民众对于感觉结构中"冼太嬷"始终伴随着共同体砥砺前行的信念——该庙宇前的空地一直都是民众寄放孩童的安全"托儿所"。在绵延时序中，历经各种灾难洗礼的高州民众虔诚地相信"不怕高州人，就怕高州神"。他们始终笃信冼夫人于溟漠间定会保障社区秩序稳定，庇佑合境安康。由此可见，尽管特定记忆地点所承载之信史不无断裂、龃龉或冲突，但这些记忆共同体却总是有意无意地跳过此等骤变与重组事件。并且，借由某些无史可据的神异叙事，其不遗余力地将集体参纂的小叙事链接于大传统中的冼夫人历史记忆，目的在于发明传统、创设借"礼"阐"俗"的契机，为集赀修庙、轮值祭祀、节期仪俗等社区生动交往记忆赋予"正统性"的文化阐释蕴意。而正是这种能动性的回忆建构机制，使得冼夫人文化记忆内在地嵌合于地方民众的感觉结构，成为他们生命体验之不可或缺的型构部分。

民俗传统的节庆礼俗操演及其所周期复现的历史原初场景，是特定伦理共同体借民间信仰实践以反复激活其冼夫人文化记忆，重新确认、更新修订、巩固强化其身份认同的重要现实化路径。这种实践智慧（phronesis）超越于理论智慧（Sophia）和科学知识（episteme）的重要禀赋，即在于它乃是一种以自身为目的、经由传统教化而自觉涵养的精神品性。这种精神品性非但涵括从被给予的特殊出发寻找普遍性规律的反思判断能力，并且必然蕴藉着某种逻辑在先的"社会习俗存在的规定性"。这种规定性作为一种积极的道德的伦理考量，能够不断参照具体的运用实例以调适其既存的伦理判断标准。质言之，实践智慧能够将柏拉图与苏格拉底意义上的善（arete）与知（logos）相区分，将关于正确行为的永恒理念，区分于特殊情境当中涉及道德理念之选择与应用的行动知识，由此也就

---

① 今庙遗存的十三通碑刻（捐题碑四、规条碑四、传记碑三、诗文碑二），作为明清高邑官绅衿士集体参撰的冼夫人记忆书写，是1983年时任高州县博物馆馆长的张均绍老先生在其办公室内墙偶然发现并开掘出来的。然而这些国家二级文物在公众视野中浮沉的史实，在当地民俗叙事中却被有意无意地忽略了。

将"实然知识"区分于"应然知识"。[①]在此意义上，道德理念与行动知识之历时性生成维度得之揭橥，实践智慧可拓展既得的知识视域，不断介入未知领域之探索。更为重要的是，这种精神品性并未偏废"善"而独尊"知"；相反，其以"求真"和"臻善"为必要理念，不断在爱智慧的探索旅程中促进传统文化之范畴重组与结构变迁。

综上，冼夫人信仰文化空间作为记忆所系之处，藏储着粤西南地域社会多重叠合的集体记忆内容与场所化了的人性价值，可为日益沉沦的现代"异乡人"提供一种诗意返乡的价值范导，助其在新的文化生态环境中重筑一方可寄托情感、赖以栖居的美学寓所。

第四节　从历史到记忆：民族艺术表征与活的文化史书写

以冼夫人信仰为中心的考察表明，地方民俗文化持续为中华文明礼俗互动、互渗、互塑创生场域。无论是混杂于民间信仰叙事中椎髻跣足、袒胸露乳、统帅天兵的冼夫人口传诗学形象，抑或"文笄束兜鍪，姣服冒犀甲""张锦伞，乘介马""一节忠三君，丰碑永堪勒"的整合精英书写表象，信仰结构中的冼夫人回忆形象均是在"礼俗互动"的文化赋义实践中持续被建构与重阐的集体自我形象。并且，这些生成于不同时空语境的回忆形象彼此之间并非移置替换的简单关联，而是交叠辉映、并置共生、演化增殖。事实上，正是这些张弛有度的对话磋商，造就了中国文化的大一统格局，并持续模塑着地方文化的独特风格及其对于中华文明坚定的认同感与归属感。就此而言，非遗事象作为广义的民族艺术表征活动，以一种更为灵活生动的方式进行着文化史的书写。

尽管"非遗"概念涵盖口头传统、手工技艺、表演艺术、社会实践、自然宇宙观与其他类型人文知识等多样形态的文化表现形式，但其深层结构或曰文化精

---

① 参见〔德〕伽达默尔：《诠释学Ⅰ：真理与方法》，第27—30、394—417页。

神内涵实则俱可归结为民族共同体想象并表征其集体自我的文化表象（结构）与意指实践（能动性）过程，亦即民族形象建构与表征的广义艺术实践。[①] 作为活态传承的传统文化形态，非物质文化在当代语境中的遗产化过程经历了一个物质形态保护到精神内涵保护的深化拓展过程。这种从固化封存的"历史"到有人栖居的"记忆"之认知位移，揭橥民族形象建构与表征的艺术实践，究极而言乃是一种活的文化史书写方式。迥异于精英文化大传统的艺术史建构旨趣，这种民族形象建构与表征的艺术实践，将集体审美经验葆藏在族群诗意栖居的记忆所系之处。其在持续向前的"当下"情境中，不断借由设置空间的参与体验方式，将地方感与历史感嵌入"此时此地"，反复生成葆育集体灵魂之情感召唤力量的传统文化氛围空间。这种"表意"与"造境"的生态实践与情感投注方式，使得表征文化记忆的传统民俗活动作为艺术生态实践，能够跨越时空的阈限，恒葆一种唤起记忆、激扬情感、凝聚认同的势能。借此文化主体具身参与体验的感通实践方式，民族精神被载入个体的心性记忆，成其为主体身份认同感、族群归属感与文化自觉意识的滋源。叶芝[②] 将这种伦理共同体记忆或曰"种族的记载"在"我们的认同"之叙事情境中的独特显形方式指称为"幻象"，民族艺术正是以这种持续意指与阐释"神话的象征"方式，不断溯回"遥远的过去"。在此漫溢灵动的历史感光韵中，集体无意识的文化记忆内容逃逸观念象征的抽象秉性，转化生成为嵌合在"此时此地"场景中能够直击心灵的可感意象，并向融入此族群诗性记忆氛围的具身主体显象。

如巴什拉[③] 所言，现象学意义上的"家园"是能够给予其栖居者以安全感、归属感与认同感的"幸福空间的形象"。这种在意识意向性中浮现的空间，之所

[①] 根据我国国务院办公厅 2005 年 3 月颁布的《关于加强我国非物质文化遗产保护工作的意见》之附件《国家级非物质文化遗产代表作申报评定暂行办法》对于"非遗"概念的界定，非遗涵括"各族人民世代相传的、与群众生活密切相关的各种传统文化表现形式（如民俗活动、表演艺术、传统知识和技能，以及与之相关的器具、实物、手工制品等）和文化空间"。转引自王文章：《非物质文化遗产概论·附录》，文化艺术出版社，2006 年，第 397 页。

[②] 参见〔爱〕叶芝：《幻象》，第 232 页。

[③] 参见〔法〕巴什拉：《空间的诗学》，第 2—27 页。

以能够"在它的现实性中被把握"而非停留在幻象的乌托邦中，原因即在于传统文化氛围的可营造秉性。质言之，民族精神不是作为仅供瞻仰凝视的静观对象停留在美轮美奂的"彼岸"，而是穿越绝对的过去、神圣的往昔，向"此时此地"记忆场所中吐纳灵气的可感意象生成，以"家神"形态嵌入当下境域，将均质虚无的空间设置为恋地情结依附的"家园"。这种诉诸感知者之处身情态以将地方感与历史感嵌入当代文化空间的"表意"与"造境"实践，正是文化记忆向审美意象生成的传统文化氛围空间营造与美学寓所再生成的广义民族艺术生态实践。这种艺术生态实践作为活的文化史书写方式，将传统艺术价值判断的"物"性焦点转移至将"物"性融于"事"性的文化表征事件与过程当中。这种从静观之物到生态实践的焦点转移，意味着我们亟须诉诸别一种路径以进入非遗事象的艺术生态实践之文化阐释与价值评估当中，摒弃传统形而上学的先验本体预设与传统哲学的知识论立场而重返流动的经验场域与日常生活世界，在事物的关系性存在和主体感性体验与生命活动的展开过程中，重新理解艺术作为"审美的人"适应其生存环境的一种"使其特殊"的生态实践方式。以此生态美学视角观之，非遗事象作为民族形象表征的艺术生态实践，其更重要的价值不在于静观之物当中某种内在固有的、能够激发观者审美愉悦的可感属性（"物"性），不在于单称主体的审美静观与内省反思体验（"事"性），而在于其借"使其特殊"的文化表意实践方式设置空间、构筑家园、诗意栖居，即作为艺术生态实践的"事件"性。如迪萨纳亚克所言，"艺术起源与发展的主要进化条件就在与生存相关的那些活动"，其以最为意味深长的方式对共同体的情感利害关系作为价值范导与伦理规约。"作为在生物学意义上被赋予的倾向"或曰"使某种东西特殊的欲望"，艺术"让人感觉良好"（feel good）的愉悦满足感不唯是某种智性的愉悦，而首先是一种身体、感觉、情绪上的生命快感。在集体共在的社会公共领域当中，遵循约定俗成方式苦心经营的某种艺术行动事件诉诸"美化、夸张、构造、并置、塑造和变形"等修辞方式，为其参与者创生一种审美交融、情感共鸣的共享心境。借此精心创制的文化乌托邦形式，群体在其具身参与体验的文化表意、价值赋义与情感交流模塑的事件与过程中，在知觉的、概念的、情绪的、身体的经验中，调和了具身能动者之"欲望的或生理的"本能与其社会的、历史的、文化的道德要求之间的龃龉，由此而建构、强化、确认了一种共同体的认同边界。[①]

迥异于无限广延的均质虚空，传统文化氛围空间是为确定的人性价值所充盈着的空间，是在"有机体—生态环境"的交互模塑过程中被不断构筑生成的空间，是在"人—地"关联情状中借由具身主体整体处境感受而显象的某种现象学意义上的空间。一方面，它是某种"似物的东西"（etwas Dinghaftes）。气氛是被"物之迷狂"所熏染了的空间，是物之此在将其属性（涵括传统的物之存在论意义上的第一性的质与第二性的质）投射至周遭环境中以表达其在场的产物。"气氛自身是某物在场的领域，是物在空间中的现实性"。另一方面，它又是某种"似主体的东西（subjekthaft）"。气氛不是主体心意状态的某种规定性，其借特定场所化了的情感基调触动进入该空间中的感知者，是物之在场情态与主体之置身性基于"绽出"与"通感"的事件和过程而持续型塑的过程性、关系性、居间性空间。[②]物在空间中如其所是地端呈、涌现与澄明的在场情态，之所以能对浸入其中的文化主体产生普遍的情感触动效用，即因这种由某种情感质性所定调了传统文化氛围空间，是特定伦理共同体遵循约定俗成方式编排组合空间中物的元素，按照其传统习俗规定性程序来具象化相应地方感与历史感的空间。这种通过实践感（sens pratique）的行为范导功能，依据族群之共享"过去"的索引而进行的无目的之合目的性的场域实践，实质上即是某种通过具身参与体验方式以回应"集体灵魂"之召唤的实践。这种实践更重要的意义在于，其将共同体的世界观图式、审美趣味与德性规约予以表征，诉诸通感联觉之径而非理性概念的方式以造就融贯着族群认知、情感与道德能力的共通感觉。这种诉诸"世界的准身体意图"而营造型塑出相应"被表现的社会世界"或曰"生活风格的空间"的民族精神表征实践，在生产可分类的实践和作品（行为发生原则）以及区分和评价这些实践和产品（系统分类原则）的交互关系中[③]，将文化史的书写转化为在"此时此地"情境里

---

① 参见〔美〕迪萨纳亚克：《审美的人》，户晓辉译，商务印书馆，2016年，第70—102、134—135页。

② 参见〔德〕波默：《气氛美学》，贾红雨译，中国社会科学出版社，2018年，第4—27页。

③ 参见〔法〕布迪厄：《区分》，第268—275页；〔法〕布迪厄：《实践感》，第93—94页。

建构"我们的认同"之"表意"与"造境"的民族艺术表征活动。就此而言，这种"表意"与"造境"活动，将族群审美经验与地方性知识涵养在主体间性的审美交流共时态，并在互文语境中葆育共享图像之历时的文本学链条。

此即意味着，文明发展的系统维衡机制绝非某种黑格尔意义上的抽象理念之逻辑演绎或一元线性总体史之进化展开过程。相反，某种文化形态的表现形式、文化蕴涵与价值评估，应当依据相应情境脉络中民族艺术的表征活动及其所建构的日常生活风格空间而进行语境化的理解与阐释。正因如此，潘诺夫斯基说，"人文主义者，从根本上说，就是历史学家"，因其研究对象是既能为世界赋义，亦可"使心灵回想起"它借物质存在以构筑栖居寓所、抵达诗意之家的此在在世方式的艺术史。图像解释的三个层次，即（1）艺术母题世界的第一性或自然的主题层次，（2）图像故事和寓言世界的第二性或程式主题层次以及（3）象征世界的内在意义或内容层次，分别从图像生产描述的风格史、图像原典知识分析阐释的类型史以及综合直觉的文化象征史三维，将图像研究由本质主义的形式分析深拓至文化蕴涵的象征解释。① 赫伊津哈认为，历史感最好用"幻象"或曰"唤起图像"来加以描述，审美因素在激发历史想象方面所起的作用远远超过了任何其他事物，"审美直觉对于形成一个整体历史画面尤为重要"。因为恰恰是经由表征民族时代精神风貌的艺术活动及其产品所激发诱导的主观感受与整体印象，方才使得历史人物通过图像复活。语境中的风尚习俗在文化场景的再现中被内在化地解读，诗意想象的形象化思维方式让我们构成对一种文明的全景感知视图。如此，"通过图像，我们可以'更明晰、更敏锐和更多彩——一句话，更历史地'看到往昔"。借由想象力与通感联觉的身体整体处境感受，浸入历史画面再现场景中的主体，在历史的灵韵而非过去生活的实情中，看见历史、体验往昔，在强烈的直觉中进入一个文明的记忆纵深维度。②

质言之，艺术与审美活动通过集体实践的身体化方式凝定成为特定族群的行

---

① 参见〔美〕E.潘诺夫斯基：《视觉艺术的含义》，第6—7页；〔美〕E.潘诺夫斯基：《图像学研究：文艺复兴时期艺术的人文主题》，戚印平、范景中译，上海三联书店，2011年，第3—13页。

② 参见〔英〕哈斯科尔：《历史及其图像》，孔令伟译，商务印书馆，2018年，第706—720页。

为倾向系统或曰图式生成结构，亦即布迪厄所言指的集团习性。这种既作为"建构的结构"亦作为"建构中的结构"的文化习性，能够跨越不同的场域边界以"不断生产实践的隐喻"，从而抵抗外在自然的与文化的生态环境之变迁制约，以大致相同的方式在文化主体每个"此时此地"的实践场域中建构生成风格相似的日常生活世界，由此造成在一个文明内部传统基因葆育与时代精神刻写同步进行的民族文化有机生长与民族精神活态传承过程。在此意义上，"趣味使被纳入身体的物质范畴内的区别进入有意义的区分的象征范畴内"，文化习性作为内隐着特定文化价值观图式的行为倾向系统，在其建构"被分类的和能分类的生活风格"空间的具身参与实践过程中，持续将抽象的民族时代精神蕴涵予以具象化表达。借此场所化、直观化、殊异化的审美趣味、风格形式与情感交流机制，不断标识、调整并强化"我们的认同"。①

此外，这种准诗性的力量不唯作为某种稍纵即逝的民俗场景，消弥于日常生活或区隔于地方精英的感知世界；相反，从文人艺文创作中的信仰节俗场景描绘中，我们亦可跨越时空阻隔，生动地感受到这种礼俗互动的集体欢腾气氛。此为活的文化史书写实践对于精英意识形态世界反向渗透的一种表征，并由此而创生了别一种类型的礼俗互动契机与文化基因葆育机制。以王弘诲的《天池草·谯国夫人庙诗》为例，诗作开篇忆古，转述正史叙事中的冼夫人回忆形象。只言片语即将"夫人自昔起隋梁，锦伞铁骑拥牙幢。削平僭乱报天子，策勋启镇威炎方。谯国褒封几千载，英风烈烈常不改"的女将风采与圣母神韵复活。嗣后，其撰描个人亲历的"闹军坡"地方节俗情境记忆，讲述了在李家墟市龙梅里这一新区初建的冼夫人庙特殊记忆地点中所见到的"岁时伏腊走村氓，祝釐到处歌且舞"景象，从视、听、味、嗅、触的通感联觉维度，基于由声音、图像、感觉所综合建构的整体传统礼俗氛围，想象性拓展并状摹了自"高凉"至"琼海"地方乡民群众一年四时奉祀祭拜冼夫人的情景，再现了岁时冼夫人诞辰的盛大节庆场面，是所谓"桂糈椒浆奠四时，香火高凉达琼海。年年诞节启仲春，考钟伐鼓声渊渊"。

---

① 参见〔法〕布迪厄:《区分》，第268—275页。

军坡节、冼夫人诞节以及春祭的重合，意味着地域社会民众具身参与到“礼俗互动”的文化实践中来，集体建构着地方习俗对于国家正统礼制的认同表征。在此意义上，对于已然内化并谙习王朝国家标准话语程式的本土精英而言，地方信仰叙事中的“冼夫人”回忆形象既有其“礼”的一面，又有其“俗”的维度。作为地方之“俗”，冼夫人诞节在琼海方域的时间系统中被赋予了具体的社会组织功能，亦即作为仲春祭祀的自然时间划分与生计活动安排的节点，以撞钟伐鼓、既歌且舞、络绎舟车、士女殷轸的集体狂欢节日氛围，祈愿丰年、祷祝平安，开启当地新一轮的农事耕作活动。而作为国家之“礼”，冼夫人诞节在特定社群集体表象的空间实践过程中，复现了谯国夫人冼氏整点军阵、讨叛安国、功在社稷的标准女将回忆形象。特别是在“迩来豺虎日纵横，青云魍魅群妖精”的社会失序恐慌中，祷告神明“愿伏神威一驱逐，阖境耕凿康哉宁”的地方祭祀活动，构成了国家、精英、民众三者的“公约数”。借此忆古怀今的信仰叙事，基于这种传统文化氛围的身体处境感受与审美交融体验，诉诸具身参与、通感体验与情感共鸣之径所再现的节俗情境，即在“军麾俨从开府日，杀气直扫蛮荒尘”的恢宏场景中，直接传达了“何谓正统性”的文化通约阐释。此类基于具体文化生态场景再现而不断重构生成的冼夫人回忆形象，既是文化记忆中冼夫人正统性形象的标准化再现，亦是地方风尚习俗诉诸信仰叙事而反复操演的情境化表征。无论是“礼”之刻写抑或“俗”之表象，冼夫人形象均持续作为“正义”之化身，地域社会象征秩序稳妥运作之保障。正是这点共识，持续建构并维系着国家与社会之间对话互动的可公度基点。

　　瓦尔堡将古希腊神话中记忆女神的名字“摩涅莫辛涅”（ΜΝΗΜΟΣΥΝΗ）刻写在其研究室大门，“它提醒学者，在解释过去作品时，他正在充当着人类经验仓库保管员的角色。同时它又提醒人们，人类经验本身就是个研究课题，而且这种经验要求我们用历史的材料去研究‘社会记忆’的作用方式”[1]。民族艺术表征作为活的文化史书写方式，揭橥“记忆的固有生成逻辑对应着一种准诗性

---

① 〔英〕温德·埃德加：《瓦尔堡的“文化科学”概念及其对美学的意义》，杨思梁译，《新美术》2018 年第 3 期。

的力量，这在记忆女神摩涅莫辛涅的神话传说中就已经有所反映，并在哈布瓦赫的社会心理学反思框架中得到进一步证实"①。在古希腊神话中，摩涅莫辛涅为天神乌勒诺斯与地神盖亚之女，她与众神之王宙斯——时间之神克洛诺斯与地母瑞亚之子——的结合孕育了九位文艺缪斯女神。此神话隐喻着文艺与时间、记忆、回忆的关联非但奠基于"此在此时此地"的感知体验，并且亦是在澄明的意义上将人类的本己存在延伸至宇宙洪荒的"思"之维度，使借由设置空间之径以臻至的诗意栖居状态契合"思"之圆融，让此在在其存在的展开状态中作为"审美的人"（迪萨纳亚克语）而非"单向度的人"（马尔库塞语）在场。记忆女神将集体智慧创造的"真知"与"至善"保存在可感的艺术形式之中，人类可以凭借永不餍足的求知欲望积极学习探索并祈祷诗神的灵感之降，以最终通过回忆而重新皈依知、情、意融会贯通的原初之境。就此而言，"文化记忆，它就像一个填满了传统'记忆图案'的大型仓库，提供了各种可能性来连接现在和古老的过去"②。这种"准诗性的力量"绝非某种对于过去的简化形式认知，而是尝试基于具身主体的整体处境感受，直觉领悟并内在化地理解某些约定俗成的文化象征表达。

质言之，形象化思维是一种借"象"释"意"的感性认知方式，其培养的是一种为社会习俗存在所规定的精神品性，兼涉特定伦理共同体的世界观图式、审美趣味与德性规约三维，集中体现其认知、情感与道德能力。这种对于意象进行释义的活动，涉及主体的历史与道德存在维度，因此更多是一种为社会共通感所规定的文化阐释。这种通过形象思维去培养记忆力与想象力的传统教化方法，造就的是一种可"本能地即时地进行"的"对于可信东西的感觉"，亦即维柯所言指的社会共通感。按照伽达默尔的阐释，社会共通感是"在所有人中存在的一种对合理事物和公共福利的感觉，而且更多地还是一种通过生活的共同性而获得，并为这种共同性生活的规章制度和目的所限定的感觉"。其精神的与社会的品性，指明了传统文化对于陈述之有效性的规定更多依赖于某种语境化的"预感和意

---

① 〔美〕阿龙·康菲诺：《记忆与心态史》，载《文化记忆研究指南》，第 114 页。

② 〔德〕阿斯特莉特·埃尔等编：《文化记忆研究指南》，李恭忠等译，南京大学出版社，2021 年，第 109 页。

向"，并强调道德与审美判断并不服膺于理性而独具情感特质。[①] 就此而言，民族艺术表征活动持续从"风格—形式""类型—知识"与"文化—象征"的综合维度进入活的文化史书写场域，将信息传递、情感交流、意义循环的文化事件关联于构筑审美自由境界的"求真"与"臻善"理念，由此而以迥异于精英艺术书写的方式葆育涵养着共同体的文明基因、实践智慧与伦理共识。

在后全球化语境当中，小传统文化进入了较前不同的多元主体共在场域。冼夫人信仰为我们提供了一个具体实例，表明文化惯习作为一种普遍的与可移植的审美配置，可根据不同场域的逻辑规定性，重构相应被分类的与可分类的生活风格空间，此为后全球化语境中非遗文化空间的再生产提供合理性论证。在此意义上，冼夫人信仰作为记忆所系之处，构成了与全球并置的地方，与现代共生的传统，与其他多元主体同在的"我们"的记忆原乡。从"价值"而非"实事"角度进入冼夫人信仰研究，意味着基于社会文化史的观察视角，将此民间信仰形态理解为伦理共同体表征其集体自我形象的文化意指实践，亦即广义的民族艺术表征活动。这种从"历史"到"记忆"的认知位移，表明涵括冼夫人信仰在内的民俗非遗更重要的美学价值在于，其作为活的文化史书写的艺术化表征方式与内在化的文化记忆功能。这种诉诸文化习性、经由实践感而不断将历史感与地方感嵌合于"此时此地"的集体表征场域实践，使得非物质的传统民俗文化成为一个个能够支撑起存在的记忆原点。就此而言，涵括冼夫人信仰在内的传统民俗空间作为文化记忆之场，正是在既为实践者提供其自我认同的社会框架与正当行为的范导原则，亦为其提供诗意栖居的美学寓所的意义上，成为"我们的根""我们的家园"。此即意味着，"在此处（here），世界正向我们揭示出来，而在彼处（there），我们可以向之出发"[②]。

---

① 参见〔德〕伽达默尔：《诠释学 I：真理与方法》，第 33—66 页。
② 〔加〕爱德华·雷尔夫：《地方与无地方》，第 66 页。

后　记

从美学视角进入冼夫人信仰的文化研究思路，缘起于我的导师高小康先生近年来带头发起的非遗美学研究及其所主持的教育部哲学社会科学研究重大攻关项目"非物质文化遗产美学研究"之启发。《从历史到记忆：冼夫人信仰"回忆形象"的表征与阐释》是在我的博士毕业论文基础上修改完善后的成果，论文从构思、开题至定稿，俱离不开高老师的悉心指导与耐心教诲。他知识渊博、治学严谨、视野开阔、思想深邃。高老师对非遗美学之理论阐发，引导我将冼夫人信仰文化空间视为一个多元主体对话喧声、协同构筑、共生共荣的文化记忆之场。在此场域之中，诸文化生态壁龛以既分立自治，又互享互赏的多重多维叠置方式，将冼夫人文化精神葆育涵养在族群诗意栖居的记忆所系之处。

冼夫人信仰是活态传承于我国粤西南地域社会以及港澳台地区的传统民俗文化事象，并远播至马来西亚、新加坡、泰国、越南、菲律宾、印度尼西亚等海上丝绸之路沿线国家地区，是冼夫人精神理念的重要传播媒介，亦是中华文明多元一体格局的生动例证与世界文化多样性的重要代表作，具有丰厚的历史人文底蕴与地域民俗审美含义。目前关于冼夫人信仰与冼夫人文化的研究已积累大量成果，但从审美文化角度切入者则尚阙如。这种嵌合于社区日常生活情境的传统民俗事象，既蕴藉着中华民族共同体源远流长的文明基因、实践智慧、伦理共识与情感共鸣，亦持续意指着地方社会与基层民众的能动性表述及其独特的风俗、趣味、格调。正是这种能够贯通国家与社会、精英与民众、信史与口传诸旨趣殊异表述的灵活机制，使得信仰结构中的"冼夫人"得之穿越超凡的彼岸、神圣的往昔，转化生成为当下传统文化氛围空间中吐纳灵气的可感意象，以"家神"形态嵌入一时一地的社区生活场景，渗透于此时此地"我们"的感觉结构，成为与基层伦理共同体休戚与共、相伴相依、砥砺前行的"冼太嬷"。在此意义上，"家神"是民间信仰空间中冼夫人的典型回忆形象。当其在场，均质虚无的"空间"即转换生成为诗意栖居的"地方"。

由于涵括民间信仰在内的小传统文化事象研究是民俗学、人类学、社会学与历史学等人文社科领域的典型课题，因此，如何将传统的文艺美学研究思路融入进来，将形上的理论思辨与形下的经验研究相结合，并使之融会贯通、博采众长，仍是一个有待商榷的重要课题。本书从写作到完稿，历经重重关卡，亦与此不无相关。但让我尤为感恩的是，论文写作过程中的种种考验无不发我深省，已然成为我生命之不可或缺的型构部分。而今回望，倏然发现每次历练均为一次自我超越的契机，一次视野拓容、思路调整与知识增值的自我涵养事件与过程。

感谢"民间文化新探书系"编委会将此作品列入出版计划，感谢北京师范大学非物质文化遗产研究与发展中心的编审老师们在此书出版过程中的辛勤付出。感谢我的博士后合作导师程相占教授，感谢蒋述卓教授、王坤教授、陈林侠教授、罗筠筠教授、刘晓春教授、罗成副教授为我论文提出的重要修改意见，"听君一席话，胜读十年书"。感谢匿名评审老师为我论文提供的专业指导，对书中的优、缺点做出评价，对我相当具有启发性意义，借此机会一并感谢。从硕士生涯开始，我有幸得遇良师，受到黄仕忠教授、宋俊华教授、康保成教授与蒋明智教授等古典文化与非遗文化研究专家的学业指导，受益良多，在此一并致谢！

如今，在山大文艺美学研究中心，我又遇见了许多亦师亦友的前辈，并在他们的指导下更深入地理解了"生态美学"的研究理念，即"生态美学"乃是就审美方式而非审美对象而立论。就此而言，在神性世界消隐、传统经验阙如、社会共通感衰微、伦理范导缺位的后全球化语境中，非遗美学与生态美学在研究理路上的进一步交渗整合，即被赋予了文化生态危机救赎的现实伦理关怀意义。不过，如何基于非遗保护实践经验而从理论上推进此二者的对话与整合，仍任重而道远。在此基础上，我在书稿校勘的过程中有意识地围绕着对此问题的初步思考，将近期所学所思融入其中，对博士论文的相关表述做出修订。由于本人学力有限、资历尚浅，本书尚存诸多不足，请各位专家拨冗批评指正。

冀望未来征程，谨记初心，砥砺前行，与读者朋友们共勉！

蔡达丽

2022年11月于山东大学博士后公寓

图书在版编目（CIP）数据

从历史到记忆：冼夫人信仰"回忆形象"的表征与阐释 / 北京师范大学非物质文化遗产研究与发展中心主编；蔡达丽著. — 北京：商务印书馆，2023

（民间文化新探书系）

ISBN 978 - 7 - 100 - 22660 - 8

Ⅰ.①从… Ⅱ.①北… ②蔡… Ⅲ.①冼夫人（522-602）— 人物研究 Ⅳ.①K828.5

中国国家版本馆 CIP 数据核字（2023）第121735号

民间文化新探书系

从 历 史 到 记 忆

冼夫人信仰"回忆形象"的表征与阐释

北京师范大学非物质文化遗产研究与发展中心　主编

蔡达丽　著

商 务 印 书 馆 出 版

（北京王府井大街36号　邮政编码 100710）

商 务 印 书 馆 发 行

山西人民印刷有限责任公司印刷

ISBN　978 - 7 - 100 - 22660 - 8

2023年12月第1版　　　　开本 787×1092　1/16
2023年12月第1次印刷　　　印张 23½

定价：120.00元